Musikwirtschafts- und Musikkulturforschung

Reihe herausgegeben von

Carsten Winter, Hannover, Deutschland
Martin Lücke, Berlin, Deutschland
Matthias Rauch, Ludwigshafen, Deutschland
Peter Tschmuck, Wien, Österreich

Die neue Reihe Musikwirtschafts- und Musikkulturforschung [MMF] ist programmatisch explizit überdisziplinär angelegt. Die Bände diskutieren Musikkultur und Musikwirtschaft als „Laboratorien" unserer Kultur und Wirtschaft, in deren komplexen Zusammenhängen Leute neue Lebensweisen und UnternehmerInnen u.a. neue Geschäftsmodelle und Formen der Schöpfung von kulturellen, sozialem und ökonomischem Kapital innovieren. Die Reihe publiziert aktuelle Forschung sowie historische und systematische Studien und ist dabei fachlich, theoretisch und methodisch offen für Beiträge, die auch jenseits der Kultur- und Wirtschaftswissenschaften empirisch und konzeptuell zu einem Verständnis von Musikkultur und Musikwirtschaft beitragen z.B. mit Blick auf ihre rechtlichen, ästhetischen oder politischen, medialen oder auch ethischen Bedingungen und Voraussetzungen.

Peter Tschmuck

Die digitale Revolution in der Musikindustrie

Band 1: Die Revolution bricht los

Springer VS

Peter Tschmuck
Institut für Popularmusik
Universität für Musik und darstellende Kunst Wien
Wien, Österreich

ISSN 2569-1430 ISSN 2569-1422 (electronic)
Musikwirtschafts- und Musikkulturforschung
ISBN 978-3-658-52439-5 ISBN 978-3-658-52440-1 (eBook)
https://doi.org/10.1007/978-3-658-52440-1

Die Deutsche Nationalbibliothek verzeichnet diese Publikation in der Deutschen National bibliografie; detaillierte bibliografische Daten sind im Internet über https://portal.dnb.de abrufbar.

Planung/Lektorat: Barbara Emig-Roller
Springer VS ist ein Imprint der eingetragenen Gesellschaft Springer Fachmedien Wiesbaden GmbH und ist ein Teil von Springer Nature.
Die Anschrift der Gesellschaft ist: Abraham-Lincoln-Str. 46, 65189 Wiesbaden, Germany

Für meine geliebte

Magdaléna

Vorwort

Dieses dreibändige Buchprojekt hat eine lange Entstehungsgeschichte und reicht zurück bis in die späten 2000er-Jahre. Am 20. März 2009 habe ich den Blog zur Musikwirtschaftsforschung gestartet, in dem ich mich seitdem mit den aktuellen Entwicklungen in der Musikwirtschaft und Musikindustrie aus wissenschaftlicher Perspektive auseinandersetze. Für diesen Blog habe ich viele Beiträge verfasst, die in dieses Buchprojekt aufgenommen wurden. Natürlich musste ich diese Beiträge überarbeiten und aktualisieren, aber sie bilden das Rückgrat der drei Bände zur digitalen Revolution in der Musikindustrie. Damit die LeserIn nachvollziehen kann, in welcher Form die Blogbeiträge in den Text eingeflossen sind, habe ich in den Endnoten darauf verwiesen. So können auch noch die originalen Texte, auf denen diese drei Bände beruhen, nachgelesen werden.

Der Blog zur Musikwirtschaftsforschung war aber nicht nur ein Steinbruch, aus dem ich die passenden Stücke entnommen habe, um sie zu bearbeiten und in das finale Werk einzufügen, sondern wurde auch zum Kristallisationspunkt für die Musikwirtschaftsforschung schlechthin. Aufgrund der unerwartet starken Resonanz auf meine Blogbeiträge, die weit über den deutschen Sprachraum hinausging, habe ich mich entschlossen, ein Jahr später eine englische Version des Blogs zu starten. Das Feedback war überwältigend. Aus allen Teilen der Welt wurde auf den Blog zugegriffen und die Beiträge wurden intensiv kommentiert. Es musste also viele andere WissenschaftlerInnen geben, die sich auch mit musikwirtschaftlichen Fragen auseinandersetzen, für die es aber noch keinen Diskursraum geschweige denn eine Scientific Community gab.

Motiviert von meiner geliebten Frau Magdaléna haben wir beide beschlossen, für Juni 2010 eine internationale Konferenz zur Musikwirtschaftsforschung mit Unterstützung der mdw – Universität für Musik und darstellende Kunst Wien zu organisieren. Das Konferenzthema „Music File Sharing and Music Flatrate Models“ erregte damals große mediale Aufmerksamkeit mit internationaler Berichterstattung. Damit war klar, dass wir einen Stein ins Rollen gebracht hatten und nahmen das zum Anlass, auch in den nächsten Jahren zu verschiedenen Themen der Musikwirtschaft internationale Konferenzen in Wien an der Universität für Musik und darstellende Kunst zu organisieren.

Die Konferenzen wurden zum alljährlichen Treffpunkt der MusikwirtschaftsforscherInnen aus aller Welt, wobei dem Austausch mit den PraktikerInnen aus der Musikwirtschaft großer Stellenwert zukam. Im Oktober 2015 wurde dann im Rahmen der 6. Music Business Research Days in Wien die International Music Business Research Association (IMBRA) gegründet, um der entstehenden Scientific Community einen institutionellen Rahmen zu geben. Gemeinsam mit der beim Springer-Verlag erscheinenden deutschsprachigen und englischsprachigen Buchreihen zur Musikwirtschaftsforschung und dem International Journal of Music Business Research (IJMBR), dessen erste Ausgabe im April 2012 erschien, waren damit alle Zutaten für die Ausbildung des wissenschaftlichen Faches der Musikwirtschaftsforschung gegeben. Was mit einem Blog begann, hatte nun eine strukturelle und inhaltliche Basis bekommen.

Aber was hat das alles mit diesem Buchprojekt zu tun? Sehr viel, weil die Konferenzen sich mit den unterschiedlichsten Aspekten der digitalen Revolution in der Musikindustrie befassten und auch Niederschlag in den Publikationen der Buchreihen und im Journal fanden. Das waren wichtige Inspirationsquellen für dieses dreibändige Werk, zu dem ich bereits im November 2013 erste Skizzen anfertigte und ein Inhaltsverzeichnis erstellte. Aber die rasante Entwicklung in der Musikindustrie warf alle Konzepte immer wieder über den Haufen. Was heute noch aktuell war, war morgen schon wieder obsolet. Es mussten also noch viele Jahre vergehen, bevor sich ein klareres Bild vom Ablauf der digitalen Revolution in der Musikindustrie ergab. 2013 war nicht klar, wie sich die Musikstreamingökonomie entwickeln wird. Der Boom am Musikrechtemarkt hatte noch nicht begonnen und niemand konnte sich damals ausmalen, welche massiven Auswirkungen künstliche Intelligenz auf die Musikindustrie haben wird. Dass dann auch noch eine weltweite Pandemie das Musikveranstaltungswesen vollkommen zu Erliegen bringen wird, war jenseits aller Vorstellungskraft. So gesehen war es ganz gut, dass mich andere Projekte von der Arbeit an diesem Buchprojekt abhielten.

Aber es war stets präsent und ich habe aufmerksam die mediale Berichterstattung verfolgt, Geschäftsberichte und Statistiken aufbereitet sowie viele wissenschaftliche Beiträge gesichtet und gelesen. Es war dann nur noch eine Frage der Zeit, wann das Buchprojekt umgesetzt werden konnte. Ein Auslöser war sicherlich die Krebserkrankung meiner geliebten Frau, die im September 2022 diagnostiziert wurde. Ihr, die so viel mit der jährlichen Organisation der Musikwirtschaftsforschungskonferenzen zu Etablierung der Scientific Community und des wissenschaftlichen Faches, beigetragen hat, wollte ich ein Denkmal setzen. Ihre Erkrankung führte mir aber auch vor Augen, wie zerbrechlich unsere menschliche Existenz ist und dass wichtige Projekte dann umgesetzt werden müssen, wenn es noch möglich ist und ich die Kraft dafür habe. So beschloss ich, dieses Buchprojekt nicht länger auf die lange Bank zu schieben und es endlich anzupacken.

Ursprünglich war geplant, nur ein Buch zur digitalen Revolution in der Musikindustrie zu schreiben. Im Entstehungsprozess wuchs der Umfang des Buches aufgrund der Fülle der Themen und Materialien immer weiter an und schon bald waren mehr als 1.000 Seiten erreicht. Meine beiden Lektoren bei Springer VS und Springer International haben mich dann sanft darauf hingewiesen, dass ein solch umfangreiches Werk nicht so einfach am Markt unterzubringen ist und es daher besser wäre, es auf mehrere Bände aufzuteilen. Das führte zur Idee, die Entwicklung der digitalen Revolution mit Blick auf die Vergangenheit (Band 1), die Gegenwart (Band 2) und die Zukunft (Band 3) zu gliedern, was sich als gangbarer Kompromiss erwies. Natürlich geht es in diesem ersten vorliegenden Band nicht nur um die Aufarbeitung der Vergangenheit, sondern es gibt auch klare Bezüge zur Gegenwart und es werden auch zukunftsweisende Trends aufgezeigt, aber im Großen und Ganzen ist es doch eine Rückschau. Ähnlich verhält es sich mit den anderen beiden Bänden, die nicht ohne einen Blick in die Vergangenheit auskommen, um die Gegenwart und die sich abzeichnende zukünftige Entwicklung besser zu verstehen, aber dann doch auf die Gegenwart und die Zukunft fokussieren. Aber insgesamt sollten die drei Bände als gesamtheitliches Werk betrachtet werden, in dem der Ablauf der digitalen Revolution und die Triebkräfte dahinter aufgearbeitet und analysiert werden.

Wien
31. Mai 2026

Peter Tschmuck

Danksagung Ein solches umfangreiches Buchprojekt kann nur mit der Unterstützung vieler helfender Hände umgesetzt werden. Allen voran möchte ich meiner Frau Magdaléna danken, die mich stets dazu motiviert hat, am Thema dranzubleiben und das Buchprojekt Realität werden zu lassen. Meiner Tochter Cornelia danke ich dafür, dass sie sich auch für musikwirtschaftliche Themen begeistern kann und mir ein wertvoller und kritischer Gesprächspartner geworden ist, von der ich sehr viel über den Umgang der jungen Generation mit Musik lernen konnte. Wichtig in der Entstehungsgeschichte dieses Buchprojekts sind auch die vielen FachkollegInnen, die mit ihren Kommentaren und Diskussionsbeiträgen ein wichtiges Korrektiv und eine Inspirationsquelle für meine Forschung darstellen. Schließlich möchte ich auch den MitarbeiterInnen des Springer VS Verlages und Springer International danken, ohne die dieses Buchprojekt nicht in dieser Form umsetzbar wäre.

Competing Interests Der/die Autor*in hat keine relevanten Interessenskonflikte im Zusammenhang mit dieser Publikation.

Einleitung

Als ich vor mehr als einem Vierteljahrhundert begann, zur Musikwirtschaft und insbesondere zur Musikindustrie[1] zu forschen, galten vollkommen andere Spielregeln. Musik wurde in Form von Tonträgern verkauft und Konzerte sowie Konzerttourneen hatten die Funktion, den Tonträgerverkauf zu promoten. Die gesamte Wertschöpfung war um den Tonträger herum konzipiert und auch die Musikschaffenden bezogen ihre Einkommen direkt oder indirekt aus dem Verkauf von CDs, Schallplatten und Musikkassetten.

Die Digitalisierung hat diese Spielregeln vollkommen obsolet gemacht. Musik auf Tonträger wurde, ökonomisch gesprochen, von einem privaten zu einem öffentlichen Gut. Wenn vor dem Einsetzen der digitalen Revolution in der Musikindustrie der Preismechanismus des Marktes reibungslos funktionierte, wurde er danach durch den Gratis-Musikkonsum über Peer-to-Peer-Filesharing-Netzwerke ausgehebelt. Es galt weder das Ausschluss- noch das Rivalitätsprinzip des Marktes, was eben ein öffentliches Gut charakterisiert. In der Ökonomie spricht man auch von einer Form des Marktversagens, weil niemand mehr vom Konsum des Gutes Musik ausgeschlossen werden kann und die KonsumentInnen untereinander nicht mehr um das knappe Gut Musik in Rivalität stehen, das heißt, keine Nutzeneinbußen haben, nur weil jemand anderer auch Musik im digitalen Raum konsumiert.

[1] Ich verwende den Begriff Musikindustrie als Netzwerk der drei industriellen Kernsektoren phonografische Industrie, Musikverlagswesen und Musikveranstaltungswirtschaft. Damit positioniere ich mich gegen die Auffassung, dass es mehrere Musikindustrien mit unterschiedlichen Wertschöpfungslogiken gibt. Gerade die digitale Revolution hat zu einer Konvergenz der drei Sektoren geführt, wonach phonografische Industrie, Musikverlagswesen und Musikveranstaltungswirtschaft keine getrennten Silos sind, sondern eng miteinander verwobene Wertschöpfungsnetzwerke, die sich gegenseitig bedingen.

Eine solche Situation stellt für die Unternehmen in einer solchen Industrie eine Katastrophe dar. Sie können mit ihren etablierten Geschäftsmodellen kein Geld mehr verdienen und müssen versuchen, neue Strategien zu entwickeln, um Musik zumindest teilweise wieder zu privatisieren und zu monetarisieren. Es muss vor allem das Ausschlussprinzip des Preismechanismus des Marktes wieder hergestellt werden und Musik von einem öffentlichen in ein sogenanntes Maut- oder Klubgut umgewandelt werden. Das gelang schließlich mit der Etablierung des Musikstreamings als neue Form der Musik-Monetarisierung. Musik wird nicht mehr verkauft, sondern der Zugang zur Musik wird kontrolliert und dafür kann wieder ein Preis verlangt werden. Zwar bleibt die Nicht-Rivalität im Musikkonsum bestehen, weil die Musikstreaming-KonsumentInnen keine Nutzeneinbuße haben, wenn auch andere zur gleichen Zeit die gleiche Musik streamen, aber der Musikkonsum kann wieder monetarisiert werden.

Allerdings ist dieser Prozess der Umwandlung eines öffentlichen in ein Maut- oder Klubgut langwierig und von wirtschaftlichen Turbulenzen begleitet. Voraussetzung ist, dass es für Musik Eigentumsrechte gibt, die durchgesetzt werden können. Dabei spielen das Urheberrecht sowie verwandte Schutzechte eine zentrale Rolle. Ohne diesen rechtlichen Rahmen wäre es den AkteurInnen der Musikindustrie unmöglich gewesen, wieder Fuß zu fassen und ins Geldverdienen zu kommen.

Ich möchte genau diesen Prozess vom Kontrollverlust der Wertschöpfung durch die Umwandlung von Musik von einem privaten in ein öffentliches Gut bis hin zur Wiedererlangung dieser Kontrolle durch das Musikstreaming als Maut-/Klubgut historisch aufarbeiten. Dieses ganze Buchprojekt bedient sich daher auch nicht der ökonomischen Analyse, sondern der historiografischen Methode, die mit Dokumentenanalyse und deren Interpretation arbeitet. Diese Arbeit sieht sich aber auch in der Tradition der guten alten politischen Ökonomie, die in den letzten Jahren vor allem in der Analyse von Entertainment-Industrien eine Renaissance erlebt. Dazu werden die Unternehmen der Musikindustrie aber auch der Tech-Branche, die Einfluss auf die Entwicklung der Musikindustrie genommen haben, in ihren Strukturen, Prozessen und in ihrer Vernetzung analysiert. Anhand von zahlreichen Fallstudien wird dabei die Wechselwirkung zwischen regulatorischen Rahmenbedingungen und den Veränderungen in den Strukturen und Prozessen innerhalb der betroffenen Unternehmen aber auch die Beziehungen zwischen den verschiedenen AkteurInnen der Musikindustrie offengelegt.

Als Analyseraster dient dabei das Konzept des digitalen Paradigmenwechsels, der wie schon andere historische Umbrüche wie die Jazz-Revolution in den 1920er Jahren oder die Rock ‚n‘ Roll-Revolution in den 1950er Jahren nach demselben Muster abläuft. Dabei wird das Neue in einer ersten Phase ignoriert. Wenn das nicht mehr möglich ist, wird das Neue in Phase 2 in seiner Bedeutung für das eigene Tun heruntergespielt. Wenn auch das nicht mehr funktioniert, so beginnt in Phase 3 der Kampf gegen das Neue, bis sich herausstellt, dass dieser Kampf eigentlich aussichtslos ist und man sich in Phase 4 mit dem Neuen arrangiert und seine Strukturen und Prozesse entsprechend anpasst.

Die Anlage dieses Buchprojekts in drei Bänden orientiert sich an diesem Ablauf und der damit verbundenen historischen Entwicklung. Ich möchte daher bereits in der Einleitung zum ersten Band einen Überblick über das gesamte dreibändige Buchprojekt liefern. In Band 1 wird der Blick in die Vergangenheit geworfen. Der Prolog befasst sich mit der Markteinführung der CD 1982 durch Philips und Sony, aber es wird auch die weniger bekannte Vorgeschichte zur digitalen Musikspeicherung nacherzählt, um dann die Rolle der MP3 als zentrales digitales Musikformat seit den 1990er-Jahren näher zu beleuchten. Nach dem Prolog gliedert sich der vorliegende erste Band in zwei Teile. Im ersten Teil wird der Abwehrkampf der phonografischen Industrie gegen das Musik-Filesharing und im zweiten Teil das Vordringen externer Player aus der Tech-Branche in die Musikindustrie, um diese nachhaltig zu revolutionieren, thematisiert, worauf ich noch zurückkommen werde.

Band 2 liefert die Analyse zur gegenwärtig dominierenden Musikstreamingökonomie, die die Wertschöpfung in der phonografischen Industrie und im Musikverlagswesen beherrscht. Beide Industriesektoren sind von Oligopolen der Musikkonzerne – auch Musik-Majors genannt – geprägt. Dieser Oligopolisierungsprozess, in dem aus fünf Musik-Majors Anfang des 21. Jahrhunderts nur mehr drei übriggeblieben sind, wird in einem weiteren Teil von Band 2 historisch aufgearbeitet werden. In diesem Prozess hat sich aber nicht nur die Anzahl der marktbeherrschenden Unternehmen reduziert, sondern diese haben sich neu erfunden. Zwar sind deren Namen – Universal, Sony und Warner – gleichgeblieben, aber ihre internen Strukturen und Prozesse haben sich grundlegend verändert und es sind vollkommen neue Unternehmen gleichen Namens daraus erwachsen. Aber auch die Indies, wie die kleinen und mittelgroßen phonografischen Unternehmen und Musikverlage genannt werden, haben sich neu erfunden und erfolgreich Superstars wie Adele (XL Recordings/Beggars Group) und Taylor Swift (Big Machine Records) aufgebaut, aber sie haben auch regionale Märkte erobert. Besonders eindrucksvoll ist dabei der Erfolg von K-Pop, der von Südkorea aus, die Welt erobern konnte. Aber auch das Vordringen lateinamerikanischer Musik und nichtenglischsprachiger Musik über ihre Heimmärkte hinaus, wurde und wird von den Indies vorangetrieben.

Der Vormarsch der Streamingökonomie hat aber auch die Einkommen der Musikschaffenden (KomponistInnen/AutorInnen, InterpretInnen und ProduzentInnen) aus der phonografischen Industrie und dem Musikverlagswesen sinken lassen, wodurch es zu einer stärkeren Abhängigkeit vom Live-Musik-Sektor gekommen ist. Dieser hat sich seit 2000 ebenfalls drastisch verändert. War der Konzert- und Tourneemarkt in den 1990er-Jahren noch stark regional strukturiert und von vielen Veranstaltern und unabhängigen Konzernlocations geprägt, wurde auch dieser Markt durch das Auftreten neuer Player wie Live Nation und CTS Eventim vollkommen umstrukturiert und oligopolisiert, manche behaupten sogar monopolisiert. Auch dieser Umstrukturierungsprozess, der nur im Kontext des digitalen Paradigmenwechsels verständlich ist, wird im dritten Teil in Band 2 genau beleuchtet und analysiert.

Band 3 wirft dann einen Blick in die Zukunft, indem bereits laufende Entwicklungen, die die Musikindustrie in Zukunft prägen werden, untersucht werden. Im ersten Teil des dritten Bandes wird der Boom am Musikrechtemarkt genauer unter die Lupe genommen, der durch Milliardeninvestments durch die größten Finanzdienstleister der Welt wie beispielsweise Black Rock, Blackstone, KKR und Apollo Global Management getrieben wird. Neue Musikinvestment-Vehikel sind in den letzten Jahren entstanden, die en gros Musikrechte aufkaufen und in neue Finanzprodukte wie Asset-Backed-Securities (ABS) verpacken, um für die InvestorInnen höhere Renditen zu erzielen. Musik wird dadurch zu einem Investitions- aber auch Spekulationsgut, das in Form von Wertpapieren gehandelt werden kann. Dieser Boom wird auch durch die KI-Revolution weiter befeuert werden, weil die Tech-Firmen ihre KI-Modelle mit urheberrechtlich geschützten Musikinhalten trainieren und damit an den Grundfesten des Urheber- und Leistungsschutzrechts rütteln. Die Musikkonzerne versuchen mit Klagen die Tech-Konzerne dazu zu zwingen, ihre Musikkataloge für diese Zwecke zu lizenzieren, was bereits erste Erfolge zeitigte. Damit könnte in Zukunft noch mehr Geld in den Musikrechtemarkt fließen und den Boom befeuern.

Dem Thema KI wird daher im dritten Band nicht nur deshalb ein ganzer Teil mit mehreren Kapiteln gewidmet sein, sondern es werden die rechtlichen Herausforderungen generativer KI, Stichwort Deep Fakes, Urheberrechtsschutz und Schutz der Persönlichkeitsrechte, genauso beleuchtet wie neue Geschäftsmodelle mit generativer Musik-KI und Musik-Avatare in Videogames und im Live-Musikbusiness. Schließlich werden im Band 3 die Emerging Musikmärkte in Asien – allen voran natürlich Südkorea mit dem K-Pop-Phänomen – Lateinamerika und Afrika analysiert, weil sich die Wertschöpfung der Musikindustrie in Zukunft dorthin verlagern wird.

Alle diese Entwicklungen können aber nur dann verstanden werden, wenn wir die Ursachen und Auslöser für die digitale Revolution in der Musikindustrie besser verstehen lernen. Und damit kommen wir wieder zurück zu diesem bereits vorliegenden ersten Band des Buchprojekts. Im Prolog spüren wir den Wurzeln der Digitalisierung in der Musikindustrie nach und landen dabei bei der Compact Disc

(CD), die 1982 von den beiden Elektronikkonzernen Philips und Sony erfolgreich am Markt eingeführt worden war. Beide Unternehmen waren auch Eigentümer von Tonträgerunternehmen – die PolyGram und Sony-Columbia –, die die CD als innovatives Tonträgerformat mit größerer Speicherkapazität betrachtet haben. Was die Verantwortlichen der Tonträgerkonzerne nicht erkannt haben, war, dass die Musik, die in digitaler Form auf der CD gespeichert war, auch unabhängig vom Tonträger als digitales File existieren konnte. Deshalb haben die ErfinderInnen der CD auch auf einen Kopierschutz verzichtet. Als dann aber in den 1990er-Jahren die vom Fraunhofer Institut für Integrierte Schaltungen entwickelte MP3 (abgeleitet von Moving Picture Expert Group Layer 3) das Internet eroberte, wurde die Musik vom Tonträger unabhängig und, wie David Bowie das so treffen beschrieben hat, flüssig wie Wasser.

In dieser Form überschwemmte die Musik das Internet, wo sie sich in Form des Peer-to-Peer Filesharing rasch und vor allem gratis verbreitete. Teil 1, der mit „Das digitale Armageddon" überschrieben ist, beschäftigt sich ausführlich in fünf Kapiteln mit dem Kampf der phonografischen Industrie gegen das Musik-Filesharing. Dabei wird anhand von Gerichtsunterlagen im Detail die juristische Auseinandersetzung mit dem Filesharing-Pionier Napster genauso nachgezeichnet, wie gegen die dezentralen Musiktauschbörsen, die auf den Gnutella- und FastTrack-Internetprotokollen beruhten. Als der Kampf vor den Gerichten in den USA und in Europa aus Sicht der großen MusikrechteinhaberInnen zu scheitern drohte, begannen die Musikindustrieverbände mit Massenklagen gegen individuelle FilesharerInnen, die weltweit sicherlich in die Millionen gingen, das Problem an der Wurzel zu bekämpfen, nämlich dort, wo die Urheberrechtsverletzungen begangen wurden, nämlich bei den Musikfans. Als dann aber die Gesetzgeber weltweit den RechteinhaberInnen neue legistische Möglichkeiten wie die Störerhaftung oder die Beihilfe zur Urheberrechtsverletzung an die Hand gaben und die Gerichte begannen, im Sinn der Musikindustrie zu urteilen, wurden die Massenklagen, auch wegen des immer lauter werdenden negativen Medienechos, still und leise wieder eingestellt.

Der Kampf richtete sich nun gegen andere Formen der unautorisierten Verbreitung von digitalen Musikfiles wie BitTorrent-Tracker, UseNet-Clients, Filehosting und Musik-Cloud-Services, der mit aller Härte des Gesetzes geführt wurde und mit Gefängnisstrafen und millionenschweren Schadenersatzzahlungen für die BetreiberInnen dieser Systeme endete. Das Ende dieses Kampfes fiel zeitlich in etwa mit dem Aufstieg des Musikstreamings zusammen, das wieder Geld in die Kassen der Musikkonzerne spülte und eine neue Wachstumsphase in der phonografischen Industrie einleitete.

Im zweiten Teil von Band 1 wird die Rolle externer Player beleuchtet, die die Musikindustrie nachhaltig verändert haben. Es waren vor allem die Tech Konzerne –

deshalb auch die Überschrift „Big Tech in der Musikindustrie" –, die neue Geschäftsmodelle etablierten. Allen voran ist Apple zu nennen, dessen Gründer, Steve Jobs, sehr früh das Potenzial der digitalen Musikdistribution erkannte und mit dem iTunes-Musikstore die digitale Revolution vorantrieb und mit dem iPod einen Lifestyle-Produkt schuf, das die Umsätze von Apple in neue Dimensionen beförderte. Apple wurde dadurch von einem Computerhersteller zu einer Technologieplattform, über die Hardware mit Entertainment-Software revolutionär verknüpft wurde. Die letzte große Innovation, die diese Entwicklung vorantrieb, war das iPhone, das zum zentralen Kommunikations- und Entertainment-Tool wurde und bis heute ein wichtiger Umsatzträger des Konzerns ist.

Eine wichtige Rolle in der Umstrukturierung der Musikindustrie hat auch der Internethändler Amazon gespielt, über den anfangs Bücher aber bald auch schon CDs und andere Tonträger verkauft wurden. Amazon hat damit den Musikeinzelhandel revolutioniert und den stationären Handel in die Krise gestürzt. Amazon hat aber auch sehr früh das Potenzial des digitalen Musikverkaufs erkannt und wurde zum wichtigsten Konkurrenten von Apple am Musikdownloadmarkt, bevor es dann mit Verspätung auf den Musikstreamingzug aufgesprungen ist. Trotzdem spielt Amazon mit seinen Amazon Web Services eine zentrale Rolle bei der Bereitstellung der technischen Infrastruktur für das Musikstreaming und hat auch früh das Potenzial von künstlicher Intelligenz im Musikbereich erkannt, indem es KI-Firmen wie Anthropic finanziell unter die Arme griff.

Mit Google treibt ein weiterer Tech-Konzern die KI-Revolution voran, die auch die Musikindustrie nachhaltig verändern wird. Historisch betrachtet, spielte Google aber als Eigentümer der User-Generated-Content-Plattform YouTube eine zentrale Rolle in der Umgestaltung der Musikindustrie. YouTube revolutionierte die Verbreitung von Musikvideos und war lange Zeit die wichtigste Plattform für den Gratis-Musikkonsum. Das war den MusikrechteinhaberInnen von Anfang an ein Dorn im Auge, die auch vor Gericht gegen YouTube vorgingen. YouTube war sogar der Stein des Anstoßes, dass die Europäische Union ihre Urheberrechtsgesetzgebung verändert hat, was einen regelrechten Kulturkampf auslöste, der schließlich zugunsten der Musikindustrie entschieden wurde. Dieser Kampf rund um YouTube, aber auch andere Anbieter von Musikvideos im Internet wird im Kapitel zu „Google und YouTube" genauer beleuchtet.

Schließlich werden in diesem Teil zu „Big Tech in der Musikindustrie" auch noch die Social Media-Angebote und ihre innovative Rolle in der Musik-Promotion genauer untersucht. So schuf MySpace neue Möglichkeiten für MusikerInnen, sich einer Weltöffentlichkeit zu präsentieren, konnte aber diesen Wettbewerbsvorteil nicht nutzen und wurde von Facebook, das später zu Meta werden sollte, abgelöst. Der Aufstieg und tiefe Fall von MySpace wird daher genauso analysiert, wie die große Relevanz, die Meta mit seinen Social-Media-Plattformen für die Musikpromotion spielt.

In diesem zweiten Teil von Band 1 ist jedem dieser Tech-Konzerne – Amazon, Apple, Google/YouTube und Meta – ein Kapitel gewidmet, in dem auch ihre innovativen Beiträge zum digitalen Paradigmenwechsel behandelt werden. Auffallend ist, dass die Innovationen nicht von den angestammten AkteurInnen der Musikindustrie ausgingen, sondern von Industrie-Outsidern, die mit ihren Aktivitäten das Wertschöpfungsnetzwerk der Musikindustrie revolutioniert haben. Damit kann auch die Hypothese, die ich in einem früheren Buch aufgestellt habe, belegt werden, wonach Paradigmenwechsel in einer Industrie stets von außerhalb kommen müssen, weil die internen Player aufgrund technologischer und kultureller Pfadabhängigkeiten sich gleichsam in der Lock-in-Situation befinden, die nur durch externe Kreativitäts- und Innovationsprozesse beseitigt werden kann. Dass die etablierten Unternehmen der Musikindustrie nicht wie bei früheren Paradigmenwechseln verschwanden bzw. von neuen Playern integriert wurden, hat damit zu tun, dass sich die Musikkonzerne neu erfunden haben und durch die Musikstreamingökonomie ein neues Wertschöpfungsnetzwerk etablieren konnten. Das wird aber Gegenstand von Band 2 des Buchprojekts sein. Hier noch einmal ein Überblick über das gesamte Buchprojekt

Band 1: Die digitale Revolution in der Musikindustrie – die Revolution bricht los
- Prolog: Die CD – das Trojanische Pferd
- Teil 1: Das digitale Armageddon
- Teil 2: Big Tech in der Musikindustrie

Band 2: Die digitale Revolution in der Musikindustrie – die Musikstreamingökonomie
- Teil 1: Wie Phönix aus der Asche – die Musikstreamingökonomie
- Teil 2: Die Oligopolisierung der Musikindustrie
- Teil 3: Music Life Is Live – der Aufstieg des Live-Musikbusiness

Band 3: Die digitale Revolution in der Musikindustrie – der Blick in die Zukunft
- Teil 1: Musikrechte – das Öl des 21. Jahrhunderts
- Teil 2: Emerging Music Markets
- Teil 3: Künstliche Intelligenz in der Musikindustrie
- Conclusio: Wie alles zusammenhängt

Inhaltsverzeichnis

Prolog: Die CD – das Trojanische Pferd

1

Die Digitalisierung der Musikindustrie begann nicht erst rund um den Jahrtausendwechsel mit dem Auftreten von Napster und anderen Peer-to-Peer-Filesharing-Netzwerken, sondern kann auf die Markteinführung der Compact Disc – kurz CD – durch die beiden Elektronikkonzerne Philips und Sony auf das Jahr 1982 datiert werden. Die Verantwortlichen der beiden Konzerne waren sich aber nicht bewusst, dass die CD eine Technologie verkörperte, die zu einem vollkommenen Paradigmenwechsel in der Musikindustrie, einer „digitalen Revolution", bei der kein Stein auf dem anderen blieb, führte.

Die CD wurde von den VertreterInnen der Musikindustrie als ein neues Tonträgerformat mit größerer Speicherkapazität und besserer Sound-Qualität als die Vinyl-Schallplatte betrachtet. Die Tatsache, dass Musik in digitaler Form auf CD gespeichert war, wurde bestenfalls als technologische Innovation angesehen, aber am Geschäftsmodell, Musiktonträger zu produzieren, herzustellen und vertreiben, änderte sich aus damaliger Sicht wenig. Das immense disruptive Potenzial digitaler Tonträger wurde Langezeit nicht erkannt und durch Rekordumsätze in der phonografischen Industrie überdeckt. Als dann Ende der 1990er-Jahre Napster die Bühne betrat und bewies, dass Musik auch unabhängig von Tonträgern in Form digitaler Files verbreitet werden konnte, wurden die VertreterInnen der Musikindustrie am linken Fuß kalt erwischt. Jene Technologie, die der Tonträgerindustrie den größten Boom ihrer Geschichte beschert hatte, trug gleichzeitig scheinbar den Keim des Todes in sich. Es griff rasch Panik um sich, weil die Verantwortlichen in der phonografischen Industrie der Überzeugung waren, dass Musik in ihrer digitalen Form plötzlich nur mehr gratis verfügbar war und nicht mehr verkauft werden konnte.

P. Tschmuck, *Die digitale Revolution in der Musikindustrie*, Musikwirtschafts- und Musikkulturforschung,
https://doi.org/10.1007/978-3-658-52440-1_1

Die Industrie reagierte mit Klagen gegen die Musiktauschbörsen und als das auch nichts half sogar gegen die eigenen MusikkonsumentInnen.

Bevor wir aber dazu kommen und den Kampf der phonografischen Industrie gegen Filesharing und ihre NutzerInnen genauer betrachten, wollen wir im Prolog zu diesem Buch zurück zu den Wurzeln der Digitalisierung von Musik gehen, die eine ganze Industrie schließlich auf den Kopf stellen sollte.

1.1 Die Erfindung der CD – die offizielle Geschichte

Die Geschichte der CD begann mit einem Flop. Am 15. Dezember 1978 wurde im US-amerikanischen Atlanta in drei Elektronikgeschäften eine Weltneuheit zum Verkauf angeboten: der Magnavision VH-8000 Bildplattenspieler von Magnavox, einer Tochtergesellschaft des niederländischen Elektronikriesen Philips. Mit diesem Gerät konnten Laserdiscs, hergestellt von der MCA DiscoVision, einem Tochterunternehmen des Musik- und Filmkonzerns MCA, abgespielt werden.[1] Der erste verfügbare Titel war der Horrorklassiker „Der Weiße Hai" von Steven Spielberg.[2]

Der Magnavision VH-8000 war allerdings mit einem Preis von US$ 749 kein Schnäppchen. Trotzdem waren die Geräte in kürzester Zeit ausverkauft, wahrscheinlich auch deswegen, weil Philips statt der versprochenen 50 Stück nur die Hälfte zum Verkaufsstart liefern konnte. Das lag daran, dass Philips nur die einzelnen Komponenten in die USA lieferte, die dann in einem Magnavox-Werk im Bundesstaat Tennessee manuell zusammengebaut werden mussten. Deshalb machte Philips mit jedem verkauften Gerät einen massiven Verlust, weil die Herstellungskosten weit über dem Verkaufspreis lagen.[3]

Als dann 1979 die Auslieferung in die USA endlich klappte und erste Geräte auch in Seattle verkauft wurden, begannen sich rasch Beschwerden der KundInnen zu häufen. Sie klagten über eine schlechte Wiedergabequalität der Filme, die immer wieder hängen blieben und sich in manchen Fällen gar nicht abspielen ließen.[4] Darauf begannen die gegenseitigen Schuldzuweisungen zwischen der MCA und Philips. Die MCA kritisierte die schlechte Qualität der Player, während die Philips-Ingenieure Softwarefehler bei der Laserdisc-Herstellung für die Probleme verantwortlich machten. Als Philips dann noch herausfand, dass die MCA mit dem

[1] Blam Entertainment Group. 2016. MCA DiscoVision History. 8. November. http://blamld.com/DiscoVision/DiscoVision_History.htm. Zugriff 15. Apr. 2026.

[2] Mast, Gerald. 2003. *A short history of the movies*. New York: Longman, S. 198.

[3] Blam Entertainment Group. 1996. MCA DiscoVision Philips Involvement. 2. Juni. http://blamld.com/DiscoVision/Philips.htm. Zugriff 15. Apr. 2026.

[4] Blam Entertainment Group. 2016. MCA DiscoVision History.

japanischen Elektronikhersteller Pioneer parallel Abspielgeräte entwickelte, war der Ofen aus.[5] Philips zog sich aus der Kooperation mit der MCA zurück[6] und wandte sich einem Projekt zu, das parallel zur Video-LP, entwickelt wurde: die Audio-LP, kurz ALP.

Ursprünglich wurde die Idee verfolgt, ein Gerät für die Wiedergabe der Video-LP (VLP) und Audio-LP (ALP) zu entwickeln. Die Crux daran war, dass eine ALP den gleichen Durchmesser haben musste wie eine VLP, die der Vinyl-Langspielplatte (LP) nachempfunden war. Auf einem solchen Medium konnten mehrere Stunden Musik gespeichert werden, was auf Ablehnung beim hauseigenen PolyGram-Label stieß. Der Preis eines solchen Tonträgers wäre zu hoch und es machte wirtschaftlich keinen Sinn, so viel Musik auf einem Tonträger zu speichern und zu verkaufen. Deshalb schlug Lou Ottens, der technische Leiter der Audio-Sparte bei Philips, den TechnikerInnen der Philips Research Laboratories 1972 vor, einen Tonträger zu entwickeln, der Musik in der Länge von etwa einer Stunde mittels Lasertechnologie speichern konnte.[7] Sie machten sich sogleich an die Arbeit und präsentierten am 15. Dezember 1974 einen ALP-Player mit einem Helium-Neon-Laser, der allerdings Musik nur in Mono-Qualität wiedergeben konnte.[8] Der Anfang war damit aber gemacht und es wurde ein größere Projektgruppe eingesetzt, um am ALP-Projekt zu arbeiten. Am 25. November 1977 konnte Ottens dem Top-Management von Philips den Prototypen des ALP-Players vorstellen, was auf positive Resonanz stieß. Es wurde grünes Licht für die Entwicklung eines Musiktonträgers gegeben, der mit dem ALP-Player wiedergegeben werden konnte.[9] Dem kaufmännischen Direktor der Audio-Sparte von Philips, Joop van Tilburg, gefiel aber der Name „Audio Long Play“ nicht, und er schlug stattdessen „Compact Disc“ – kurz CD –

---

[5] Blam Entertainment Group. 1996. MCA DiscoVision Philips Involvement.

[6] Der Laserdisc bzw. Video-LP, wie sie von Philips genannt wurde, war nur ein kurzes Leben beschieden. Die Magnavision Bildplattenspieler von Magnavox verschwanden rasch wieder vom Markt und wurden durch den Pioneer VP-1000 ersetzt, der sich aber nur am japanischen Markt durchsetzen konnte. Siehe Blam Entertainment Group. 1996. MCA DiscoVision Philips Involvement.

[7] Passchier, Joop. o. D. History of the cd – timeline 1970–1999. DutchAudioClassics.nl. https://www.dutchaudioclassics.nl/history_of_the_cd_-_timeline_1841-1999/. Zugriff 15. Apr. 2026.

[8] Passchier, Joop. o. D. History of the cd – timeline 1970–1999. DutchAudioClassics.nl. https://www.dutchaudioclassics.nl/history_of_the_cd_-_timeline_1841-1999/. Zugriff 15. Apr. 2026.

[9] Passchier, Joop. o. D. History of the cd – timeline 1970–1999. DutchAudioClassics.nl. https://www.dutchaudioclassics.nl/history_of_the_cd_-_timeline_1841-1999/. Zugriff 15. Apr. 2026.

in Anlehnung der von Philips erfolgreich in den 1960er-Jahren am Markt eingeführte Compact Cassette, als neuen Namen für den digitalen Tonträger vor.[10]

Das CD-Lab, wie die Projektgruppe zur CD-Entwicklung nunmehr genannt wurde, konnte im Herbst 1978 im schweizerischen Dorf Ouchy den „Pinkeltje", benannt nach dem freundlichen Zwerg eines sehr bekannten niederländischen Kindermärchens, den Top Executives von Philips vorstellen.[11] Die Produkt-Demonstration wurde von den Philips-Verantwortlichen sehr wohlwollend aufgenommen und ein Termin zur öffentlichen Präsentation des Compact-Disc-Systems für das Frühjahr 1979 ins Auge gefasst.

Am 8. März 1979 war es dann so weit. Joop van Tilburg präsentierte den VertreterInnen der internationalen Presse im Philips-Headquarter im niederländischen Eindhoven die Compact Disc und den ersten CD-Player.[12] Die Urversion der CD war 1,5 mm dick und hatte einen Durchmesser von 11,5 cm, abgeleitet von den Maßen der Diagonale einer Compact Cassette. Im Gegensatz zur Vinyl-Schallplatte wird bei der CD die Tonspur nicht mehr direkt abgetastet, sondern mittels Laser ausgelesen. Mithilfe der Puls-Code-Modulation (PCM) werden die digitalen Informationen, die der Laserstrahl erfasste (jede Vertiefung ist eine Eins und jede glatte Fläche eine Null) in elektrische Schwingungen umgewandelt und über einen Verstärker an den Lautsprecher weitergeleitet[13] – das Ergebnis ist Musik. Die MedienvertreterInnen waren von der Präsentation sehr beeindruckt, vor allem wie glasklar die „Unvollendete Sinfonie" von Franz Schubert klang. Kein Kratzen, kein Rauschen, kein Knistern war zu hören. Aber auf die Frage der JournalistInnen nach dem Datum der Markteinführung, wichen die Philips-Verantwortlichen aus. Das Compact-Disc-System entsprach noch nicht den internationalen Standards und war technisch nicht kompatibel mit anderen Abspielgeräten.[14]

[10] Passchier, Joop. o. D. History of the cd – timeline 1970–1999. DutchAudioClassics.nl. https://www.dutchaudioclassics.nl/history_of_the_cd_-_timeline_1841-1999/. Zugriff 15. Apr. 2026.

[11] Passchier, Joop. o. D. History of the cd – timeline 1970–1999. DutchAudioClassics.nl. https://www.dutchaudioclassics.nl/history_of_the_cd_-_timeline_1841-1999/. Zugriff 15. Apr. 2026.

[12] Passchier, Joop. o. D. Worldpremiere – Philips introduces the Compact Disc. DutchAudioClassics.nl. https://www.dutchaudioclassics.nl/worldpremiere-philips-introduces-the-compact-disc-eindhoven-8-march-1979/. Zugriff 15. Apr. 2026.

[13] Passchier, Joop. o. D. Worldpremiere – Philips introduces the Compact Disc. DutchAudioClassics.nl. https://www.dutchaudioclassics.nl/worldpremiere-philips-introduces-the-compact-disc-eindhoven-8-march-1979/. Zugriff 15. Apr. 2026.

[14] Passchier, Joop. o. D. Worldpremiere – Philips introduces the Compact Disc. DutchAudioClassics.nl. https://www.dutchaudioclassics.nl/worldpremiere-philips-introduces-the-compact-disc-eindhoven-8-march-1979/. Zugriff 15. Apr. 2026.

Es traf sich daher gut, dass das japanische Ministerium für Industrie und Technologie (MITI) für März 1979 eine Konferenz ausrichtete, in der über den technischen Standard digitaler Tonträger gesprochen werden sollte. Auch japanische Unternehmen wie JVC, Matsushita und Sony arbeiteten an der digitalen Tonaufzeichnung und so wollte Philips den Anschluss nicht verpassen. So reiste eine Woche nach der öffentlichen Präsentation des Compact-Disc-Systems, eine größere Abordnung von Philips-Verantwortlichen mit großem technischen Gepäck nach Japan, um dort einen Kooperationspartner zu finden. Sie präsentierten die CD und den „Pinkeltje" bei verschiedenen japanischen Unternehmen und stießen auf höfliches Interesse, ohne dass sich eine Kooperation ergab. Als die niederländische Delegation schon abreisen wollte, meldete sich der Sony-Mitbegründer Akio Morita bei Joop van Tilburg und zeigte sich an einer Zusammenarbeit interessiert.[15]

Der Anruf von Sony-Präsident Morita kam aber nicht aus heiterem Himmel. Im Juni 1978 hatte der Sony-Vizepräsident, Norio Ohga, auf Einladung von Philips das Stammwerk in Eindhoven besucht. Dabei wurden ihm auch die Audio-LP und der ALP-Player vorgestellt, wovon er sehr beeindruckt war.[16] Sony entwickelte zu diesem Zeitpunkt ebenfalls eine optische Videodisk, die mit einem Puls-Code-Modulationssystem (PCM) abgespielt werden konnte. Die PCM-Technologie kam bereits beim Betamax-Videorekorder, der seit 1975 am Markt war, zum Einsatz, und sollte die digitale Videoaufnahme ermöglichen. Das Ergebnis war der PCM-1, der 1977 auf den Markt kam und als Adapter für den Betamax-Rekorder angeboten wurde. Die Sony-Techniker hatten aber auch schon das Potenzial eines reinen digitalen Audio-Players erkannt, aber Sony-Vizepräsident Ohga, der auch CEO der Plattenfirma CBS/Sony war, die als Joint Venture 1968 mit dem US-amerikanischen CBS-Columbia-Konzern, gegründet worden war, lehnte einen Tonträger mit einer Speicherkapazität von 13 h und 20 min als viel zu lang ab. Er argumentierte, dass CBS/Sony kein Geld mit einem Tonträger, der stundenlang Musik wiedergeben könne, verdienen würde.[17]

Als Ohga nun die Forschungsergebnisse von Philips sah, wusste er, dass sich eine Kooperation mit dem niederländischen Elektronikkonzern lohnen würde. Er selbst hatte bereits Mitte der 1960er-Jahre die Zusammenarbeit mit Philips bei der

---

[15] Passchier, Joop. o. D. Philips collaboration with Sony. DutchAudioClassics.nl. https://www.dutchaudioclassics.nl/Collaboration_with_sony/. Zugriff 15. Apr. 2026.

[16] Sony.com. o. D. Sony History. Chapter 8 ‚This Will Replace the LP Record'. https://www.sony.com/en/SonyInfo/CorporateInfo/History/SonyHistory/2–08.html. Zugriff 20. Apr. 2026.

[17] Sony.com. o. D. Sony History. Chapter 7 Making Digital Audio a Reality. https://www.sony.com/en/SonyInfo/CorporateInfo/History/SonyHistory/2–07.html. Zugriff 20. Apr. 2026.

Durchsetzung des technischen Standards der Compact Cassette auf den Weg gebracht.[18] Das Vertrauensverhältnis war also vorhanden. Nun sollten Sony und Philips den gemeinsamen Standard für einen digitalen Tonträger entwickeln und am Markt durchsetzen. Zwischen August 1979 und Juni 1980 fanden abwechselnd in Eindhoven und Tokio jene, mittlerweile legendären, sechs Meetings der Entwickler-Teams von Philips und Sony statt, in denen der technische Standard der Compact Disc festgelegt wurde.[19]

Beim ersten Treffen Ende August 1979 wurden die technischen Voraussetzungen für die CD diskutiert. Die Philips-Techniker, es waren allesamt Männer, präsentierten den Sony-Vertretern, ebenfalls nur Männer, was bereits technisch umgesetzt worden war und wo es noch der Problemlösungen bedurfte. Folgende Punkte mussten geklärt werden: (1) der äußere Durchmesser der CD und der innere Durchmesser des Abspielloches sowie die CD-Dicke; (2) die maximale Abspieldauer; (3) die Abtastfrequenz und die Bit-Rate; (4) die Modulationsmethode; (5) die Methode der Fehlerkorrektur, um Störgeräusche zu vermeiden und (6) die Laserfrequenz.[20]

Der Ausgangspunkt war die Audio-LP von Philips mit einem Durchmesser von 11,5 cm, einer Dicke von 1,5 mm und einem Loch-Durchmesser von 15 mm, der von der kleinsten niederländischen Münze, der 10-Cent-Münze, liebevoll auch „Dubbeltje“ genannt, abgeleitet war.[21] Der Durchmesser von 11,5 cm entsprach der Diagonale der Kompaktkassette und wurde auch von der zur Philips gehörigen PolyGram präferiert, die bereits ein CD-Presswerk in Hannover betrieb, das CDs mit diesem Durchmesser herstellen konnte. Das würde eine Abspieldauer von 60 min ergeben, wodurch ein Großteil des klassischen Musikrepertoires auf eine CD passen würde.[22] Als Abtastfrequenz schlug Philips 20 kHz bei einer Datenrate von

[18] Sony.com. o. D. Sony History. Chapter 5 Promoting Compact Cassettes Worldwide. https://www.sony.com/en/SonyInfo/CorporateInfo/History/SonyHistory/2–05.html. Zugriff 20. Apr. 2026.

[19] Passchier, Joop. o. D. Perfecting the Compact Disc System – The six Philips/Sony meetings – 1979–1980. DutchAudioClassics.nl. https://www.dutchaudioclassics.nl/The-six-meetings-Philips-Sony-1979-1980-The-Start-of-Digital-Audio/. Zugriff 20. Apr. 2026.

[20] Passchier, Joop. o. D. Perfecting the Compact Disc System – The six Philips/Sony meetings – 1979–1980. DutchAudioClassics.nl. https://www.dutchaudioclassics.nl/The-six-meetings-Philips-Sony-1979-1980-The-Start-of-Digital-Audio/. Zugriff 20. Apr. 2026.

[21] Passchier, Joop. o. D. Perfecting the Compact Disc System – The six Philips/Sony meetings – 1979–1980. DutchAudioClassics.nl. https://www.dutchaudioclassics.nl/The-six-meetings-Philips-Sony-1979-1980-The-Start-of-Digital-Audio/. Zugriff 20. Apr. 2026.

[22] Passchier, Joop. o. D. Perfecting the Compact Disc System – The six Philips/Sony meetings – 1979–1980. DutchAudioClassics.nl. https://www.dutchaudioclassics.nl/The-six-meetings-Philips-Sony-1979-1980-The-Start-of-Digital-Audio/. Zugriff 20. Apr. 2026.

14 Bit vor. Die Bit-Rate ist jene Menge an Daten, die pro Sekunde je Datenpunkt ausgelesen werden kann. Bei zwei digitalen Zuständen – also 0 oder 1 – könnten $2^{14} = 16.384$ mögliche Zustände ausgelesen werden, was aus Sicht der Philips-Techniker für die EndkonsumentInnen ausreichen würde, weil eine CD-Aufnahme mit 16 Bit, also $2^{16} = 65.536$ mögliche Zustände gemastert wurde.[23]

Aber schon beim CD-Durchmesser kam von Sony beim ersten Treffen Widerstand, weil ein größerer Durchmesser, der zu mehr Abspielzeit führen würde, gewünscht war. Die Abtastfrequenz und die Bit-Rate wurde von Sony als zu niedrig angesehen und sollte bei 50,4 kHz bzw. 16 Bit liegen.[24] Und auch bei den Methoden zur Modulation und Fehlerkorrektur gab es zwischen den Philips- und Sony-Technikern massive Differenzen.[25]

Das zweite Meeting Anfang Oktober 1979 in Tokio brachte noch keine Annäherung bei den unterschiedlichen Positionen, aber Sony rückte von der Forderung ab, einen videokompatiblen Tonträger zu entwickeln. Damit war klar, dass die CD ausschließlich der Musikwiedergabe dienen sollte. Alle strittigen Punkte mussten aber auf das dritte Treffen knapp vor Weihnachten 1979 in Eindhoven vertagt werden. Bis dahin sollten Testpressungen mit unterschiedlichen technischen Parametern gemacht werden, um die Ergebnisse zu diskutieren.[26] Aufgrund der Testergebnisse entwickelte Sony ein neues Modulationsmodell, das nun wesentlich weniger Bit-Fehler verursachte und als „Eight-to-fourteen-Modulation" (kurz EFM) bezeichnet wurde. Dennoch hielt Philips an seinem Vorschlag für ein Modulationssystem fest. Auch zu allen anderen Differenzen, konnten noch keine Lösungen gefunden werden. Die Zeit drängte aber, weil Ende März 1980 das Digital-Audio-Disc-Komitee (DAD Committee) in Japan tagte und Sony dort Ergebnisse präsentieren musste.[27]

---

[23] Passchier, Joop. o. D. Perfecting the Compact Disc System – The six Philips/Sony meetings – 1979–1980. DutchAudioClassics.nl. https://www.dutchaudioclassics.nl/The-six-meetings-Philips-Sony-1979-1980-The-Start-of-Digital-Audio/. Zugriff 20. Apr. 2026.

[24] Passchier, Joop. o. D. Perfecting the Compact Disc System – The six Philips/Sony meetings – 1979–1980. DutchAudioClassics.nl. https://www.dutchaudioclassics.nl/The-six-meetings-Philips-Sony-1979-1980-The-Start-of-Digital-Audio/. Zugriff 20. Apr. 2026.

[25] Passchier, Joop. o. D. Perfecting the Compact Disc System – The six Philips/Sony meetings – 1979–1980. DutchAudioClassics.nl. https://www.dutchaudioclassics.nl/The-six-meetings-Philips-Sony-1979-1980-The-Start-of-Digital-Audio/. Zugriff 20. Apr. 2026.

[26] Passchier, Joop. o. D. Perfecting the Compact Disc System – The six Philips/Sony meetings – 1979–1980. DutchAudioClassics.nl. https://www.dutchaudioclassics.nl/The-six-meetings-Philips-Sony-1979-1980-The-Start-of-Digital-Audio/. Zugriff 20. Apr. 2026.

[27] Passchier, Joop. o. D. Perfecting the Compact Disc System – The six Philips/Sony meetings – 1979–1980. DutchAudioClassics.nl. https://www.dutchaudioclassics.nl/The-six-meetings-Philips-Sony-1979-1980-The-Start-of-Digital-Audio/. Zugriff 20. Apr. 2026.

Deshalb wurde für Mitte März 1980 ein viertes Meeting in Tokio angesetzt. Die beiden Techniker-Teams standen nun unter Druck, endlich Ergebnisse liefern zu müssen. Der erste Durchbruch gelang mit der Einigung auf eine Abtastfrequenz von 44,1 kHz, die Sony schon bei seinem PCM-1 einsetzte. Damit ging Sony von seiner Maximalforderung ab und Philips war bereit, eine höhere Abtastfrequenz zu akzeptieren. Ähnlich wie bei der Abtastfrequenz setzte sich Sony auch bei der Bit-Rate durch. Auch wenn bis zu diesem Zeitpunkt die 16-Bit-Technologie nur bei militärischen Anwendungen eingesetzt wurde, wollte Sony sicherstellen, dass Klassik- und Jazz-Aufnahmen eine hohe Wiedergabequalität haben sollten. Damit war der 16-Bit-Standard etabliert. Bei den Modulations- und Fehlerkorrektur-Methoden konnte aber keine Einigung erzielt werden. Sony hatte aber bei der Fehlerkorrektur eine neue Methode, den Cross-Interleaved-Reed-Solomon-Code (CIRC) ins Spiel gebracht und wollte bis zum nächsten Meeting Testergebnisse dazu liefern. Der größte Konflikt war aber um den CD-Durchmesser ausgebrochen. Philips beharrte auf 11,5 cm, was eine maximale Abspieldauer von 60 min bedeutet hätte, wohingegen Sony 12,7 cm mit einer Abspieldauer von 75 min präferierte. Weil sich die Entwickler-Teams in dieser Frage unversöhnlich gegenüberstanden, wurde sie zur Lösung an die höhere Managementebene delegiert.[28]

Als die beiden Entwickler-Teams Mitte Mai 1980 in Eindhoven zu ihrem fünften Meeting zusammentrafen, war die Entscheidung gefallen. Die CD sollte einen Durchmesser von 12 cm und eine Dicke von 1,2 mm haben. Die Vorgabe kam von Sony-Vizepräsident Ohga, der der Leiter der Audio-Sparte von Philips, Joop van Tilburg, letztendlich zähneknirschend zugestimmt hatte.[29] Wie es zu dieser Entscheidung kam, dazu gibt es bis heute unterschiedliche Narrative. Die Version von Sony kann auf der Unternehmens-Homepage nachgelesen werden. Die Philips-Verantwortlichen argumentierten demnach, dass der 11,5 cm-Durchmesser der Deutschen Industrienorm (DIN), die in Europa gängig war, entsprechen würde und eine Abspieldauer von 60 min ausreichend wäre. Norio Ohga, der auch ein ausgebildeter Opernsänger war, hielt dem entgegen, dass eine CD groß genug sein sollte, damit Beethovens Neunte Sinfonie in jeder Interpretation darauf Platz haben sollte. Daraufhin wandten die Philips-Techniker ein, dass eine 12-cm-CD nicht in eine Sakko-Brusttasche passen würde. Die Sony-Techniker nahmen nun Maß an

[28] Passchier, Joop. o. D. Perfecting the Compact Disc System – The six Philips/Sony meetings – 1979–1980. DutchAudioClassics.nl. https://www.dutchaudioclassics.nl/The-six-meetings-Philips-Sony-1979-1980-The-Start-of-Digital-Audio/. Zugriff 20. Apr. 2026.

[29] Passchier, Joop. o. D. Perfecting the Compact Disc System – The six Philips/Sony meetings – 1979–1980. DutchAudioClassics.nl. https://www.dutchaudioclassics.nl/The-six-meetings-Philips-Sony-1979-1980-The-Start-of-Digital-Audio/. Zugriff 20. Apr. 2026.

japanischen, amerikanischen und europäischen Sakkos, und stellten fest, dass es kein Sakko gab, dessen Brusttasche kleiner als 14 cm wäre. Daraufhin lenkte das Philips-Team ein und der CD-Durchmesser wurde mit 12 cm festgelegt, was eine Abspieldauer von 74 min und 42 s ergab.[30]

Eine andere Version erzählt hingegen Kees A. Schouhamer Immink, der als Team-Mitglied aufseiten von Philips bei einigen der Meetings dabei war und sich auf die Sitzungsprotokolle beruft. Aus diesen geht hervor, dass Norio Ohga weniger wegen seiner Liebe zur Musik die 12-cm-CD favorisierte, sondern der PolyGram mit ihrem bereits bestehenden CD-Presswerk in Hannover nicht kampflos das Feld überlassen wollte. Sony hatte bereits Pläne in der Schublade, sein eigenes Presswerk zu bauen. Um den Konflikt nicht weiter zu eskalieren, lenkte das Philips-Management ein und stimmte einem CD-Durchmesser von 12 cm zu.[31] Damit widerspricht Schouhamer Immink auch der offiziellen Version, die Philips jahrelang auf seiner Homepage verbreitet hatte. Demnach hätte die Gattin von Norio Ohga den Wunsch geäußert, dass die Neunte Sinfonie von Beethoven auf eine CD passen müsste. Daraufhin hätten MitarbeiterInnen der PolyGram das Archiv durchforstet und wären auf die Interpretation von Beethovens Neunter durch die Berliner Philharmoniker unter Wilhelm Furtwängler bei den Bayreuther Festspielen von 1951 gestoßen, die eine Länge von genau 74 min hat. Diese Interpretation wäre nur auf einer CD mit einem Durchmesser von 12 cm unterzubringen gewesen.[32]

Wie auch immer, beim fünften Treffen der beiden Entwickler-Teams wurde der CD-Durchmesser von 12 cm und die Abtastfrequenz von 44 kHz bei einer Daten-Rate von 16 Bit beschlossen. Keine Einigung konnte aber bei der Modulation und Fehlerkorrektur erzielt werden. Es war daher noch ein sechstes Meeting vonnöten, das vom 17. bis 18. Juni 1980 in Tokio stattfand. Um endlich zu einem Abschluss zu kommen, kamen Sony und Philips nach längerer Diskussion überein, dass die BES-Modulationsmethode von Philips übernommen, aber nach der von Sony vorgeschlagenen EFM-Methode benannt werden sollte. Bei der Fehlerkorrektur wurde festgestellt, dass die Verfahren von Philips und Sony gleichwertig wären und ein

---

[30] Sony.com. o. D. Sony History. Chapter 8 ‚This Will Replace the LP Record'. https://www.sony.com/en/SonyInfo/CorporateInfo/History/SonyHistory/2–08.html. Zugriff 20. Apr. 2026.

[31] Schouhamer Immink, Kees A. 1998. The CD Story. *Journal of the Audio Engineering Society* 46: 458–465 und Schouhamer Immink, Kees A. 2007. Shannon, Beethoven, and the Compact Disc. *IEEE Information Theory Society Newsletter*. December 2007: S. 42–46.

[32] Schouhamer Immink, Kees A. 1998. The CD Story. *Journal of the Audio Engineering Society* 46: 458–465 und Schouhamer Immink, Kees A. 2007. Shannon, Beethoven, and the Compact Disc. *IEEE Information Theory Society Newsletter*. December 2007: S. 42–46.

gemeinsames Patent eingereicht werden sollte.[33] Damit waren die letzten Hindernisse zu einer Einigung aus dem Weg geräumt und das erfreuliche Ereignis wurde in einem Foto der beiden Entwickler-Teams dokumentiert.[34] Das neue digitale Audiosystem wurde aufgrund von markenrechtlichen Bedenken von „Digital Compact Disc" in „Compact Disc Digital Audio" umbenannt.[35]

1.2 Die Erfindung der CD – die inoffizielle Geschichte

Das ist die offizielle Geschichte der Entwicklung der CD. Es gibt aber auch noch eine inoffizielle, die vollständigkeitshalber auch nacherzählt werden soll. Am 29. November 2004 erschien in der Seattle Times eine Story über den Erfinder James T. Russell.[36] Im Interview stellte Russell fest: „What I invented was the optical-digital data-storage technology – the fundamental technology behind the whole thing." „The whole thing" war die CD, deren technologischen Grundlagen Russell Mitte der 1960er-Jahre entwickelt hatte. Der Klassikfan war unzufrieden darüber, dass Vinyl-Schallplatten nach mehrmaligem Anhören zerkratzten und die Wiedergabequalität darunter litt. So entwickelte er in seinem Privatlabor im US-Bundesstaat Washington in den frühen 1960er-Jahren eine Technologie, mit der es möglich war, analoge Signale auf einer Kunststoffplatte zu speichern. Seine Idee war, ein Tonaufnahme- und Wiedergabesystem zu entwickeln, bei dem zwischen Tonträger und dem Abspielgerät kein physischer Kontakt mehr bestand. Das war am besten mithilfe von Licht zu gewährleisten, wobei Null dunkel und Eins hell repräsentieren sollte. Das war das Grundkonzept der digitalen Datenspeicherung, die Russell bereits von digitalen Magnetbändern kannte. Damit konnten ganze Sinfonien auf einem kleinen digitalen Datenspeicher untergebracht und wiedergegeben werden.[37]

[33] Passchier, Joop. o. D. Perfecting the Compact Disc System – The six Philips/Sony meetings – 1979–1980. DutchAudioClassics.nl. https://www.dutchaudioclassics.nl/The-six-meetings-Philips-Sony-1979-1980-The-Start-of-Digital-Audio/. Zugriff 20. Apr. 2026.

[34] Passchier, Joop. o. D. Perfecting the Compact Disc System – The six Philips/Sony meetings – 1979–1980. DutchAudioClassics.nl. https://www.dutchaudioclassics.nl/The-six-meetings-Philips-Sony-1979-1980-The-Start-of-Digital-Audio/. Zugriff 20. Apr. 2026.

[35] Passchier, Joop. o. D. Compact Disc Digital Audio logo. DutchAudioClassics.nl. https://www.dutchaudioclassics.nl/compact-disc-digital-audio-logo/. Zugriff 20. Apr. 2026.

[36] Dudley, Brier. 2004. Scientist's invention was let go for a song. The Seattle Times, 29. November. https://seattletimes.com/html/businesstechnology/2002103322_cdman29.html. Zugriff 22. Apr. 2026.

[37] MIT. 1999. Inventor of the Week – James T. Russell. Dezember 1999. https://web.archive.org/web/20030417162935/https:/web.mit.edu/invent/iow/russell.html. Zugriff 22. Apr. 2026.

Zu diesem Zeitpunkt arbeitete Russell für das Pacific Northwest Laboratory von Battelle in Richland, das Forschungs- und Entwicklungsarbeiten für das Atomkraftwerk Hanford Site durchführte. Am 9. März 1965 präsentierte er die Ergebnisse seiner Experimente seinen Vorgesetzten bei Battelle, die darin durchaus Potenzial sahen und ihn anspornten, sein Projekt weiterzuverfolgen. Daraufhin baute Russell ein Gerät, mit dem die Datenpunkte aus hellen und dunklen Bereichen mit einem Durchmesser von jeweils einem Mikrometer auf einer lichtempfindlichen Platte aufgezeichnet wurden. Mit einem Laser konnten diese binären Muster ausgelesen werden, die dann von einem Computer in elektronische Signale umgewandelt wurden.[38] Damit war das Grundkonzept des CD-Players entwickelt und Russell reichte am 1. September 1966 mit Hilfe von Battelle sein Musikspeicher- und -wiedergabeverfahren als Patent ein, das am 17. März 1970 genehmigt wurde.[39]

Allerdings fehlten Battelle die finanziellen Mittel, um das Patent in eine kommerzielle Anwendung umzuwandeln und suchte InvestorInnen, die Geld für die Umsetzung zur Verfügung stellten. Im Herbst 1971 konnte der New Yorker Risikokapitalgeber Eli Jacobs gewonnen werden, der die Digital Recording Corporation (DRC) gründete, um F&E-Mittel für die weiterführende Forschung zur Digitaltechnologie im Battelle Laboratory bereit zu stellen. Russell konnte nun seine Forschungen vorantreiben und es gelang ihm, TV-Sendungen digital auf Kunststoffplatten zu speichern und wiederzugeben – damit hat er quasi den Vorläufer der DVD erfunden. Eli Jacobs verschickte tausende Informationsbroschüren an relevante IndustrievertreterInnen und lud sie 1974 zur Präsentation des Prototyps eines optischen Audio- und Video-Players ins Battelle Laboratory ein. Unter den Eingeladenen befanden sich auf VertreterInnen von Sony und Philips, die sich scheinbar nicht für die Erfindung interessierten und den Erwerb einer Lizenz ablehnten. 1980 gründete Jacobs die Firma Digital Recording in Salt Lake City, um digitale Audio-Player und die entsprechenden Trägermedien herzustellen.[40]

Als Sony und Philips 1981 die CD und später dann auch noch die Abspielgeräte der Öffentlichkeit vorstellten, war Russell davon überzeugt, dass sie seine Patente

---

[38] MIT. 1999. Inventor of the Week – James T. Russell. Dezember 1999. https://web.archive.org/web/20030417162935/https:/web.mit.edu/invent/iow/russell.html. Zugriff 22. Apr. 2026.

[39] US Patentamt. 1965. Analog to digital to optical photographic recording and playback system, Patent-No. US3501586A. https://patents.google.com/patent/US3501586. Zugriff 22. Apr. 2026

[40] Dudley, Brier. 2004. Scientist's invention was let go for a song. The Seattle Times, 29. November. https://seattletimes.com/html/businesstechnology/2002103322_cdman29.html. Zugriff 22. Apr. 2026.

verletzten, was die Rechtsanwälte von Digital Recording aber verneinten.[41] 1985 ging dem Unternehmen aber das Geld aus und stellte seinen Betrieb ein.[42] Bis zu diesem Zeitpunkt hielt Russell über 25 Patente zu Erfindungen, die im Zusammenhang mit der optischen digitalen Aufnahmetechnik und der Wiedergabe standen. Diese Patente wurden nun von der Optical Recording Corporation (ORC) in Toronto um US$ 1,0 Mio. gekauft.[43]

Das Unternehmen teilte einer Reihe von CD-Herstellern mit, dass deren Technologie auf Patenten von Russell, die nun der ORC gehörten, beruhte. Gleichzeitig nahm die ORC zu Sony und Philips Kontakt auf, um eine Zusammenarbeit anzubieten. Beide Konzerne lehnten aber ab, weil sie selbst schon die CD und das dazu gehörige Abspielgeräte konstruiert hatten, die seltsamerweise dem Design von Russell sehr ähnlich waren. Nun drohte die ORC Sony und Philips mit einer Patentklage. 1987 lenkte zuerst Sony ein und stimmte einem außergerichtlichen Vergleich zu, in dem das Unternehmen Lizenzzahlungen in Millionenhöhe an die ORC leistete. Philips stellte sich noch eine Zeitlang quer, musste aber 1988 ebenfalls Lizenzentgelte für die CD-Technologie an ORC zahlen. Insgesamt konnte die ORC US$ 10 Mio. an Lizenzzahlungen von Sony und Philips erkämpfen. 1990 verklagte die ORC Warner Communications, weil sich das Medienkonglomerat weigerte, einen Lizenzdeal einzugehen. Der Streit wurde vor Gericht ausgefochten und schließlich erhielt die ORC 1992 recht und Warner musste für jede CD, die zwischen 1986 und 1991, als das Patent auslief, hergestellt worden war, US Cent 6 bezahlen, was sich auf eine Schadenersatzsumme von US$ 30 Mio. summierte.[44]

Alle anderen CD-Hersteller ließen es nun nicht mehr auf einen Prozess ankommen, und zahlten an die ORC „freiwillig" die Lizenzentgelte für die Nutzung CD-Technologie. James T. Russel hat aber davon nie einen Cent gesehen, aber hoffte, zumindest als Erfinder der CD anerkannt zu werden. Die Lizenz-Deals, die Sony und Philips bezüglich der Patente von Russell eingingen, sind immerhin so etwas wie ein Eingeständnis, dass sie nicht allein die CD erfunden haben, sondern auf den Vorarbeiten von Russell aufbauten. Dieser hatte sich ohnehin nie eine Illusion

---

[41] Dudley, Brier. 2004. Scientist's invention was let go for a song. The Seattle Times, 29. November. https://seattletimes.com/html/businesstechnology/2002103322_cdman29.html. Zugriff 22. Apr. 2026.

[42] Dudley, Brier. 2004. Scientist's invention was let go for a song. The Seattle Times, 29. November. https://seattletimes.com/html/businesstechnology/2002103322_cdman29.html. Zugriff 22. Apr. 2026.

[43] Dudley, Brier. 2004. Scientist's invention was let go for a song. The Seattle Times, 29. November. https://seattletimes.com/html/businesstechnology/2002103322_cdman29.html. Zugriff 22. Apr. 2026.

[44] Marshall Cavendish. 2008. *Inventors and inventions. James T. Russel – Inventor of the Compact Disc*. Band 5: 1288–1292.

darüber gemacht, mit seinen Erfindungen reich zu werden, wie er im Interview mit der Seattle Times eingesteht: „I didn't really expect I was going to make a lot of money, because I recognized early on it was going to take a big company to put this all together and get it out on the market, because it was a revolutionary thing." Aber er sollte zumindest als Vater der CD gewürdigt werden.

1.3 Die Markteinführung der CD und der CD-Markt-Boom

Die revolutionäre Erfindung CD wurde 1981 nun der Weltöffentlichkeit präsentiert. Am 15. April 1981 lud der österreichische Stardirigent Herbert von Karajan, während der von ihm gegründeten Osterfestspiele, zu einer Pressekonferenz in das ORF-Landesstudio Salzburg, um die Compact Disc (CD) aus der Taufe zu heben. Als „Taufpaten" waren der Sony-Präsident, Akio Morita, der Leiter der Philips-Audio-Sparte, Joop van Tilburg, und der PolyGram-CEO, Richard Busch, eingeladen. Der Hauptdarsteller war aber Karajan selbst, der als künstlerischer Berater im Projekt zur CD-Entwicklung eingebunden war. Die CD bezeichnete der Dirigent als „Wunder" und unterstrich diese Einschätzung mit vier Tonbeispielen, die allesamt aus seinen eigenen Einspielungen für die Deutsche Grammophon und Philips entnommen wurden: (1) das Vorspiel zum 1. Akt von Richard Wagners „Parsifal"; (2) ein Ausschnitt aus dem 1. Akt von Wolfgang Amadeus Mozarts „Zauberflöte"; (3) das Finale des 3. Akts von Giuseppe Verdis „Falstaff" und (4) ein Ausschnitt aus dem Finalstück „Das große Tor von Kiew" von Modest Mussorgskys „Bilder einer Ausstellung" in der Orchesterversion von Maurice Ravel. So sollte Musik seiner Meinung nach auf Tonträger klingen. Der gesamte Komplex der Klangfarbe, Tonhöhe und Lautstärke wird auf einem solch hohen Niveau decodiert, dass die Qualität der Aufnahmen nicht verloren ging.[45]

Allerdings konnte Karajan die Tonbeispiele nur auf zwei Prototypen von CD-Playern, die Sony und Philips zur Verfügung gestellt hatten, präsentieren. Im Handel war zu diesem Zeitpunkt noch kein CD-Player verfügbar. Trotzdem wurde das Compact Disc Digital Audio System von Philips und Sony am 27. Mai 1981 im

[45] Eine Zusammenfassung der Pressekonferenz hat Karina Zybina unter dem Titel „Weltpräsentation des ‚Compact Disc Digital Audio System' (Audio-CD)" verfasst, die im ORF-Archiv Salzburg bzw. im Eliette und Herbert von Karajan Institut Salzburg verfügbar ist. Online kann der Artikel auf http://salzburg-geschichte-kultur.at/weltpraesentation-des-compact-disc-digital-audio-system-audio-cd/?print=print nachgelesen werden. Zugriff 21. Apr. 2026.

Plaza Hotel in New York City den US-MedienvertreterInnen präsentiert. Die Pressemappe sprach von einer „digitalen Revolution", die aber erst knapp zwei Jahrzehnte später losbrechen sollte und die CD in die Bedeutungslosigkeit beförderte. Davon konnten die Philips- und Sony-Vertreter an diesem Tag noch nichts wissen und so wurde die CD als neuer Tonträger mit größerer Speicherkapazität und besserer Klangqualität als die Vinyl-Schallplatte gefeiert. Fünf Vorteile der CD gegenüber der Vinyl-Schallplatte wurden hervorgehoben: (1) ein Laser tastet die digitale Tonspur ohne mechanische Berührung ab; (2) die Musikdaten sind vor Staub und Kratzern mit einer Schutzschicht geschützt; (3) mit dem Durchmesser von 12 cm braucht die CD wesentlich weniger Stauraum als eine Vinyl-Schallplatte; (4) CD-Player sind wesentlich kleiner und handlicher als Schallplattenspieler und können auch im Auto verbaut werden und (5) die CD gibt ein wesentlich größeres Klangspektrum wieder als die Schallplatte, das der Live-Performance im Konzertsaal entspricht.[46]

Diese Versprechungen konnten aber erst eingelöst werden, wenn auch die passenden Abspielgeräte am Markt verfügbar waren. Deshalb arbeiteten Sony und Philips mit Hochdruck an CD-Playern für die EndverbraucherInnen. Gleichzeitig mussten sie aber auch das neue Tonträgerformat bei der Konkurrenz durchsetzen. Ein erster Schritt in diese Richtung gelang, als im April das DAD-Komitee (Digital Audio Disc Committee) offiziell das Philips/Sony-Format empfahl. Bereits im Januar 1981 hatte mit Matsushita, Hersteller von Panasonic-Elektrogeräten, ein erster wichtiger Konkurrent das neue CD-Format übernommen. Im Oktober 1981 präsentierte Philips seinen ersten Prototypen eines CD-Players bei der größten Messe für audiovisuelle Medien in Japan und konkurrierte damit mit Sony, das ebenfalls am ersten markreifen CD-Player arbeitete.[47]

Am 1. Oktober 1982 war es dann so weit. Sony präsentierte der Öffentlichkeit den CDP-101-Player[48] und hatte damit den Wettlauf mit Philips gewonnen, das erst im März 1983 seinen CD100 auf den Markt brachte.[49] Bei der CD-Herstellung

[46] Der gesamte Inhalt der Pressemappe findet sich bei Passchier, Joop. o. D. Compact Disc Digital Audio – The Record of Tomorrow. Philips/Sony press kit, May 27 1981. DutchAudioClassics.nl. https://dutchaudioclassics.nl/compact-disc-digital-audio-the-record-of-tomorrow-introduction-press-kit-27-may-1981/. Zugriff 21. Apr. 2026.

[47] Passchier, Joop. o. D. History of the cd – timeline 1970–1999. DutchAudioClassics.nl. https://www.dutchaudioclassics.nl/history_of_the_cd_-_timeline_1841-1999/. Zugriff 15. Apr. 2026.

[48] Sony.com. o. D. Sony History – Chapter 9: Opposed by Everyone. https://www.sony.com/en/SonyInfo/CorporateInfo/History/SonyHistory/2–09.html. Zugriff 21. Apr. 2026.

[49] Passchier, Joop. o. D. History of the cd – timeline 1970–1999. DutchAudioClassics.nl. https://www.dutchaudioclassics.nl/history_of_the_cd_-_timeline_1841-1999/. Zugriff 15. Apr. 2026.

hatte aber Philips mit seiner PolyGram-Tochter die Nase vorn. Am 17. August 1982 startete im Stadtteil Langenhagen in Hannover die Massenproduktion von CDs. In diesem Jahr produzierte die PolyGram 400.000 Stück CDs. 1983 waren es dann schon 6 Mio., 1984 erhöhte sich der Output auf 13 Mio. und 1985 wurden bereits 25 Mio. Stück CDs in Langenhagen hergestellt.[50]

Der CBS/Sony-CEO, Ohga, hatte es hingegen nicht so leicht, in die CD-Produktion einzusteigen. Der US-Partner, die CBS-Columbia, war wenig begeistert vom Compact Disc Digital Audio System. CBS hatte viel Geld in Plattenpresswerke investiert, die nun drohten, obsolet zu werden. Stattdessen waren große Investitionen in CD-Presswerke nötig, die einer ganz anderen Produktionslogik entsprachen.[51] Während ein Plattenpresswerk die klassische Industrie mit Schmutz und lauten Maschinen repräsentierte, waren CD-Presswerke High-Tech-Unternehmen, die auf höchste Hygiene bei der CD-Herstellung achten mussten, damit kein Staubkorn die CD-Rohlinge kontaminieren konnte. Aber auch der Tonträgerhandel stemmte sich gegen das neue Tonträgerformat, weil damit zusätzliche Investitionen in neue Regale und Stellflächen nötig wurden.

Schließlich konnte Ohga die Verantwortlichen bei CBS-Columbia mit dem Argument überzeugen, dass CBS/Sony jedes Jahr eine Dividende von 100 % seines Eigenkapitals an die beiden Eigentümer Sony und CBS ausschütten würde. Ein Bruchteil davon würde ausreichen, um damit ein CD-Presswerk in Japan zu bauen. Norio Ohga erhielt von CBS-Columbia die nötige Zustimmung und ließ in der japanischen Präfektur Shizuoka die erste Produktionsstätte für CDs außerhalb von Deutschland errichten.[52] Rechtzeitig zur Markteinführung des Sony CD-Players am 1. Oktober 1982 veröffentlichte CBS/Sony das Album „52nd Street" von Billy Joel auf CD. Es war der erste von fünfzig CD-Titeln, die das Label 1982 auf den Markt brachte.[53]

Damit war das CD-Zeitalter angebrochen. Zum Jahreswechsel 1983 waren 36 Hardware-Hersteller als Partner des Compact Disc Digital Audio Systems beigetreten, darunter namhafte Elektronik-Unternehmen wie Bang & Olufsen,

---

[50] Passchier, Joop. o. D. Polygram Demonstration Sampler Compact Disc. DutchAudioClassics.nl. https://www.dutchaudioclassics.nl/Polygram-Philips-Demonstration-Sampler-Compact-Disc/. Zugriff 21. Apr. 2026.

[51] Sony.com. o. D. Sony History – Chapter 9: Opposed by Everyone. https://www.sony.com/en/SonyInfo/CorporateInfo/History/SonyHistory/2–09.html. Zugriff 21. Apr. 2026.

[52] Sony.com. o. D. Sony History – Chapter 9: Opposed by Everyone. https://www.sony.com/en/SonyInfo/CorporateInfo/History/SonyHistory/2–09.html. Zugriff 21. Apr. 2026.

[53] Sony.com. o. D. Sony History – Chapter 9: Opposed by Everyone. https://www.sony.com/en/SonyInfo/CorporateInfo/History/SonyHistory/2–09.html. Zugriff 21. Apr. 2026.

Grundig, Hitachi, Samsung, TEAC und Toshiba. Nur zögerlich traten die Musiklabels dem CD-Konsortium bei. Anfang 1983 waren das neben PolyGram, CBS/Sony und CBS-Columbia die japanischen Labels Nippon-Columbia und Toshiba-EMI, die US-amerikanische RCA und das Indie-Label Nimbus.[54]

Während also die CD-Technologie bereits 1982 am japanischen Markt war, wurde sie im Frühjahr 1983 schrittweise in den Ländern Westeuropas eingeführt. Im März wurden die ersten CD-Player in Frankreich, West-Deutschland, in den Niederlanden und im Vereinigten Königreich auf den Markt gebracht. Im April folgten dann Belgien, die Schweiz und Schweden und schließlich konnte man im Mai auch in Dänemark, Finnland, Österreich und Spanien CD-Player in den Geschäften kaufen.[55]

Schwieriger war die Markteinführung der CD-Technologie in den USA, weil die Majors – CBS-Columbia, RCA und Warner Music Group – der CD reserviert gegenüberstanden. Am 1. Juni 1983 brachte Philips den CD100-Player über seine US-Tochter Magnavox auf den Markt. Die CDs mussten allerdings noch von der PolyGram aus Europa importiert werden.[56] Wichtig war daher, dass Sony in Kooperation mit der CBS im Mai 1983 das erste CD-Presswerk in Terre Haute im Bundesstaat Indiana eröffnete, das aber erst im September 1984 seinen Vollbetrieb mit der Pressung von Bruce Springsteens Album „Born in der U.S.A." aufnahm.[57] Dennoch konnte sich die CD nur langsam am US-Markt durchsetzen. 1986 wurden in den USA 53 Mio. CDs verkauft, was lediglich einem Marktanteil von 10 % entsprach. Erst 1988 konnten in den USA mehr CDs als Vinyl-Schallplatten abgesetzt werden.[58] Damit war der Durchbruch geschafft und es brach ein CD-Boom los, der die phonografische Industrie zu neuen Umsatzrekorden führte (Abb. 1.1).

Die Umsatzentwicklung am phonografischen Markt in den USA zeigt (Abb. 1.1), dass das Vinyl-Album als Umsatzträger nicht sogleich vom CD-Album

[54] Passchier, Joop. o. D. Compact Disc system ready for launch – 1982. DutchAudioClassics.nl. https://www.dutchaudioclassics.nl/philips_press_compact_disc_system_ready_for_launch_1982/. Zugriff 21. Apr. 2026.

[55] Passchier, Joop. o. D. Compact Disc system ready for launch – 1982. DutchAudioClassics.nl. https://www.dutchaudioclassics.nl/philips_press_compact_disc_system_ready_for_launch_1982/. Zugriff 21. Apr. 2026.

[56] Passchier, Joop. o. D. Compact Disc system ready for launch – 1982. DutchAudioClassics.nl. https://www.dutchaudioclassics.nl/philips_press_compact_disc_system_ready_for_launch_1982/. Zugriff 21. Apr. 2026.

[57] Tschmuck, Peter. 2012. *Creativity and Innovation in der Music Industry*. 2. Auflage. Springer, S. 166.

[58] Tschmuck, Peter. 2012. *Creativity and Innovation in der Music Industry*. 2. Auflage. Springer, S. 166

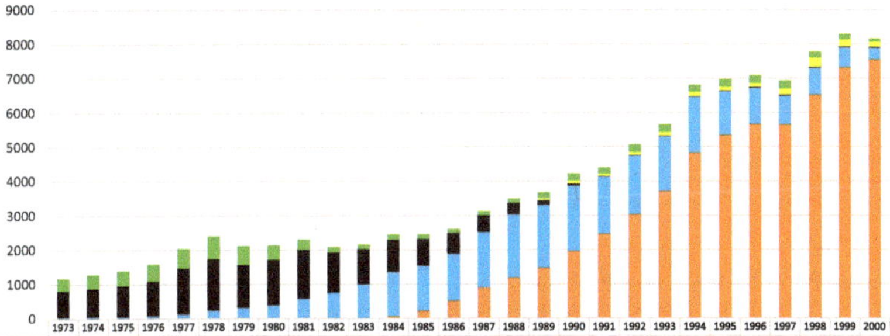

	1973	1974	1975	1976	1977	1978	1979	1980	1981	1982	1983	1984	1985	1986
Physich andere	377	411	437	503	574	657	562	421	307	170	143	158	149	121
Video (VHS & DVD)														
Vinyl-Album	756	822	901	1.009	1.331	1.500	1.248	1.334	1.420	1.168	1.024	939	777	596
MC-Album	42	48	54	80	137	246	318	386	581	757	991	1.304	1.319	1.367
CD-Album											10	59	222	531

	1987	1988	1989	1990	1991	1992	1993	1994	1995	1996	1997	1998	1999	2000
Physich andere	116	132	168	194	176	220	212	202	206	214	219	164	145	83
Video (VHS & DVD)			68	102	70	93	126	136	130	139	191	299	222	166
Vinyl-Album	481	323	134	52	18	8	6	11	15	22	20	21	19	17
MC-Album	1.619	1.852	1.830	1.899	1.652	1.705	1.595	1.628	1.260	1.042	833	777	581	342
CD-Album	910	1.193	1.478	1.971	2.477	3.042	3.718	4.833	5.355	5.673	5.662	6.519	7.319	7.546

Abb. 1.1 Die Umsatzentwicklung am phonografischen Markt in den USA nach Tonträgerformaten, 1973–2000. (Quelle: Recording Industry Association of America (RIAA), US Music Revenue Database, https://www.riaa.com/u-s-sales-database/. Zugriff 27. Apr. 2026)

abgelöst wurde, sondern von der Musikkassette. 1984, als bereits CDs im Wert von US$ 59 Mio. in den USA verkauft wurden, überholte der Umsatz mit Musikkassetten-Alben (US$ 1,3 Mrd.) jenen von Vinyl-Alben (US$ 939 Mio.). Musikkassetten sollten noch bis in die 1990er-Jahre hinein, wirtschaftlich relevant sein. 1994 wurden noch Kassetten-Alben im Wert von US$ 1,6 Mrd. verkauft. In diesem Jahr war das CD-Album mit US$ 4,8 Mrd. bereits das dominante Tonträgerformat. Vinyl spielte zu diesem Zeitpunkt mit US$ 11 Mio. keine Rolle mehr. 1990, als die MC ihren historischen Umsatzhöchstwert von US$ 1,9 Mrd. erzielte, war das CD-Album mit US$ 2,0 Mrd. bereits das wirtschaftlich wichtigste Tonträgerformat in den USA. Die CD-Umsätze stiegen im Laufe der 1990er-Jahre rasant an und erreichten 2000 mit US$ 7,5 Mrd. ihren historischen Höchstwert. Innerhalb eines Jahrzehnts hatte sich der CD-Umsatz fast vervierfacht. Dabei sind die Umsätze mit CD-Single-Verkäufen noch gar nicht inkludiert,[59] die 2000 bei US$ 66,4 Mio. lagen. Beim Single-Format zeigten sich aber bereits die ersten Anzeichen der digitalen Revolution. Wurden 1997 noch CD-Singles im Wert von US$ 126,9 Mio. in den USA verkauft, so waren es drei Jahre später um 48 % weniger.

Die CD hatte also in den 1990er-Jahren einen noch nie dagewesenen Umsatzschub am US-amerikanischen Tonträgermarkt ausgelöst. Es waren die goldenen Zeiten der phonografischen Industrie, die ab 2000 je zu einem Ende kamen. Der

[59] Die Umsätze mit den Single-Formaten von Vinyl, MC und CD sind in der Kategorie „physisch andere" zusammengefasst. Die Single-Formate machen aber nur einen Bruchteil der Album-Umsätze aus.

Umsatzboom überdeckte die technologischen Veränderungen, die mit der Digitalisierung einhergingen und die digitale Revolution in der Musikindustrie auslösen sollten, die Gegenstand dieses Buchprojekts ist.

1.4 Die MP3-Story

Bevor wir aber dazu kommen, braucht es noch eine weitere Zutat, dass die digitale Revolution in der Musikindustrie losbrechen konnte, und das war die Entwicklung der MP3. Das Kürzel steht für Moving Picture Expert Group Layer 3 und ist ein Verfahren zur Komprimierung digital gespeicherter Audiodaten. Entwickelt wurde das MP3-Format am Frauenhofer-Institut für Integrierte Schaltungen (IIS) in Erlangen unter der Federführung von Karlheinz Brandenburg. Am Beginn stand eine Doktorarbeit mit dem Titel „Ein Beitrag zu den Verfahren und der Qualitätsbeurteilung für hochwertige Musikcodierung", die Karlheinz Brandenburg 1989 vorlegte.[60] Darin beschreibt er die technische Umsetzung von Kodierverfahren für Audiosignale. Sein Doktorvater, Dieter Seitzer, hatte ihn 1982 überredet zu erforschen, wie weit Audiodaten ohne Qualitätsverlust reduziert werden können, damit sie von einer CD mit einer Bit-Rate von 1,4 Mbit/s über eine Telefonleitung, die nur 64 kbit/s erlaubt, übertragen werden können.[61] Dazu müssen die Daten komprimiert werden, aber dürfen dabei nicht an Qualität einbüßen. Es war bereits bekannt, dass Störgeräusch bei Musikaufnahmen nicht mit allen Mitteln unterdrückt, sondern nur unter die Schwelle des Hörbaren gedrückt werden müssen. Dazu nutzt man den Maskierungseffekt des menschlichen Gehörs. Ein lautes Schallereignis kann ein leiseres Störgeräusch überdecken, wenn beide gleichzeitig auftreten. Das Störgeräusch wird dann vom menschlichen Ohr nicht mehr gehört.[62] Diesen Maskierungseffekt nutzte Brandenburg, indem er einen Algorithmus entwickelte, der sich mit Wiederholungsschleifen – auch Iterationsschleifen genannt – selbst optimierte. Das heißt, die Audiosignale werden in einem ersten Schritt in allen für das menschliche Ohr nicht hörbaren Frequenzbereichen beschnitten, um im nächsten Schritt die Stellen mit hörbaren Störungen durch Wiederholung so zu optimieren, dass sie nicht mehr zu hören sind. Dieses Verfahren meldete Karlheinz

---

[60] Brandenburg, Karlheinz. 1989. *Ein Beitrag zu den Verfahren und der Qualitätsbeurteilung für hochwertige Musikcodierung*. Dissertation an der Universität Erlangen-Nürnberg.

[61] Miller, Franz. 2015. Die MP3-Story. Eine deutsche Erfolgsgeschichte. Kindle-Ausgabe. München: Hanser Verlag. Pos. 1097.

[62] Miller, Franz. 2015. Die MP3-Story. Eine deutsche Erfolgsgeschichte. Kindle-Ausgabe. München: Hanser Verlag. Pos. 1140–1161.

Brandenburg sogleich zum Patent an.[63] Es handelte sich dabei um den Optimal-Coding-in-the-Frequency-Domain-Algorithmus, kurz OCF-Algorithmus, der bereits das Grundkonzept der MP3 darstellte.[64] 1988 baute Brandenburg mit anderen Forschern am Frauenhofer-Institut für Integrierte Schaltungen (IIS) in Erlangen einen Prototyp eines Coding/Decoding-Geräts (Codec), das eine Audiosignalcodierung mit nur 64 kbit/s mit hoher Audioqualität ermöglichte.[65]

Es gab nun eine Echtzeithardware, mit der Experimente durchgeführt und die Kodierungssoftware verbessert werden konnte. Diese wurde auch benötigt, um das EU-Forschungsprojekt für einen Digitalen Rundfunk (DAB), den das IIS 1987 an Land gezogen hatte, umsetzen zu können. Die Vorgabe war, dass digitales Radio mit CD-Qualität senden und auch über Mobilgeräte empfangen werden sollte. Da die Übertragungsrate von DAB höchstens 256 kbit/s betragen durfte, musste die Datenrate massiv, ohne Qualitätsverlust, komprimiert werden.[66]

Für dieses Projekt wurde jene Forschungsgruppe zusammengestellt, die letztendlich die MP3 entwickelt sollte, darunter Karlheinz Brandenburg, der zu diesem Zeitpunkt noch an der Universität Erlangen-Nürnberg tätig war. In etwa zur gleichen Zeit startete die Unterhaltungsindustrie eine Initiative, die einen weltweiten Industriestandard für die gemeinsame Video- und Audiokomprimierung entwickeln sollte. Die Forschungsgruppe in Erlangen schloss sich dieser Initiative an, die sich als Moving Picture Expert Group (MPEG) konstituierte.[67] Ziel der MPEG war es, die CD-Technologie für Filme nutzbar zu machen. Das Problem bestand nun darin, dass auf einer CD das Audiosignal mit einer Bitrate von 1,5 Mbit/s verfügar war, aber das kodierte Video-Signal bereits 1,2 Mbit/s benötigte. Es blieben also nur mehr 256 kbit/s für das Audiosignal zur Verfügung, das daher drastisch ohne Qualitätsverlust komprimiert werden musste.[68] Damit stellt sich das gleiche Problem wie beim digitalen Radio.

---

[63] Miller, Franz. 2015. Die MP3-Story. Eine deutsche Erfolgsgeschichte. Kindle-Ausgabe. München: Hanser Verlag. Pos. 1183.

[64] Miller, Franz. 2015. Die MP3-Story. Eine deutsche Erfolgsgeschichte. Kindle-Ausgabe. München: Hanser Verlag. Pos. 1182.

[65] Miller, Franz. 2015. Die MP3-Story. Eine deutsche Erfolgsgeschichte. Kindle-Ausgabe. München: Hanser Verlag. Pos. 1297.

[66] Miller, Franz. 2015. Die MP3-Story. Eine deutsche Erfolgsgeschichte. Kindle-Ausgabe. München: Hanser Verlag. Pos. 1350–1372.

[67] Miller, Franz. 2015. Die MP3-Story. Eine deutsche Erfolgsgeschichte. Kindle-Ausgabe. München: Hanser Verlag. Pos. 1404.

[68] Miller, Franz. 2015. Die MP3-Story. Eine deutsche Erfolgsgeschichte. Kindle-Ausgabe. München: Hanser Verlag. Pos. 1512–1522.

Die TeilnehmerInnen an der MPEG-Initiative wurden nun aufgefordert, Vorschläge für einen Audio Coding Standard einzureichen. Das IIS ging mit dem von Brandenburg entwickelten OCF-Codec ins Rennen. Schließlich gab es drei Gegenkonzepte, von denen vor allem der MUSICAM-Codec des deutschen Instituts für Rundfunktechnik (IRT), der gemeinsam mit Matsushita, Philips und dem französischen Rundfunkinstitut entwickelt wurde, vielversprechend war. Um mehr Gewicht zu bekommen, schloss sich ISS mit dem US-amerikanischen Telefonanbieter AT&T, der France Telecom sowie Thomson-Brandt zusammen, die den auf OCF beruhenden ASPEC-Codec entwickelten.[69]

Die MPEG-Kommission entschied schließlich, dass MUSICAM und ASPEC gleichwertig waren und beide Forschungsgruppen zusammenarbeiten sollten, um den MPEG-1 Standard zu entwickeln. Da die MUSICAM-Gruppe aber schon zwei Varianten des Codierungsverfahrens – Layer 1 und Layer 2 – entwickelt hatte, die Audiosignale aber nur auf 192 kbit/s bzw. 128 kbit/s komprimieren konnten, musste ein Layer 3 entwickelt werden, um eine Komprimierungsrate von 64 kbit/s zu erreichen.[70]

Diese Aufgabe fiel der ASPEC-Gruppe zu und dabei federführend dem Fraunhofer Institut in Erlangen. Es mussten dazu noch einige technische Probleme gelöst werden. Die größte Herausforderung war, A-capella-Gesang ohne Qualitätsverlust für zwei Stereokanäle zu komprimieren und störungsfrei wiederzugeben. Schon während Karlheinz Brandenburg an seiner Dissertation gearbeitet hatte, las er in einer HiFi-Zeitschrift, dass Lautsprecher-Hersteller den Song „Tom's Diner“ von Suzanne Vega dazu verwendeten, um die Qualität ihrer Produkte zu testen. Er besorgte sich die CD mit dem Song, mit dem er seinen OCF-Algorithmus testete. Das Ergebnis war unbefriedigend und der Song sollte ihn nun jahrelang begleiten bis das „Tom's Diner“-Problem technisch gelöst werden konnte. Der Song „Tom's Diner“ ist ein A-cappella-Lied, das in Mono gut klang. Sobald aber eine Stereo-Version aus der komprimierten Datei abgeleitet wurde, klangen beide Kanäle zusammen schrecklich. Brandenburg und sein IIS-Team hörten den Song tausende Male an, analysierten Ton für Ton und versuchten den Algorithmus zu optimieren. Nach sehr vielen Tests konnte dann doch die Lösung mit dem Joint-Stereo-Verfahren gefunden werden. Dabei werden die Kanäle nicht einzeln, sondern kombiniert codiert. Dazu musste das Forschungsteam ein eigenes Verfahren entwickeln,

[69] Miller, Franz. 2015. Die MP3-Story. Eine deutsche Erfolgsgeschichte. Kindle-Ausgabe. München: Hanser Verlag. Pos. 1554–1566.

[70] Miller, Franz. 2015. Die MP3-Story. Eine deutsche Erfolgsgeschichte. Kindle-Ausgabe. München: Hanser Verlag. Pos. 1666.

mit dem „Tom's Diner" schließlich auch Stereo in bester Qualität wiedergegeben werden konnte.[71]

Als dann schließlich alle Probleme gelöst und die unabhängigen Tests bei Rundfunkanstalten erfolgreich durchgeführt worden waren, wurde im November 1991 beim MPEG-Treffen in Japan der MPEG-1 Standard festgelegt und 1992 von der International Organisation for Standardisation (ISO) in Kraft gesetzt.[72] Damit bestand MPEG-1 aus drei Modi. Layer 1 konnte Audiosignale auf eine Bitrate von 192 kbit/s komprimieren und wurde bei der Digitalen Compact Cassette (DCC) von Philips, die als Konkurrenzprodukt zu Sonys MiniDisc (MD) entwickelt worden war, eingesetzt. Layer 2 hatte mit 128 kbit/s eine höhere Komprimierungsrate und kam beim Digitalen Radio (DAB) zum Einsatz, weil die Rundfunkindustrie hinter diesem Projekt stand.[73] Das bedeutete aber auch, dass das Fraunhofer IIS beim DAB-Projekt ausgebremst wurde und nun mit leeren Händen dastand. Für den vom IIS federführend mitentwickelten Layer 3, der eine Audiosignalkomprimierung von 64 kbit/s ermöglichte und Layer 1 und 2 technisch überlegen war, gab es daher keine wirtschaftliche Anwendung.[74] An diesem Punkt hätte die Geschichte enden können, und die MP3 hätte niemals ihren Siegeszug angetreten, wenn die Technologie nicht den Weg ins damals noch junge Internet gefunden hätte.

Bevor es aber dazu kam, versuchte das Forschungsteam vom Frauenhofer IIS MPEG-1 Layer 3 in Nischenmärkten zu vermarkten. Eine Anwendung bestand darin, Audiosignale über das 1989 in Deutschland eingeführte ISDN-Telefonnetzwerk[75] zu versenden. Vor allem Rundfunkanstalten benötigten für Live-Übertragungen teure Standleitungen für ihre Berichte. ISDN bot nun die Möglichkeit, Konzerte oder Sportereignisse kostengünstig live über das Telefonnetz zu übertragen. Allerdings musste dazu die Übertragungsrate auf 64 kbit/s reduziert werden. Mit der Technologie vom IIS war das möglich und so bauten die ISS-Forscher bereits 1991 zehn Geräte für Rundfunkstudios.[76] Vor allem deutsche

[71] Eine ausführliche Darstellung zur Lösung des „Tom's Diner"-Problems findet sich bei Miller, Franz. 2015. Die MP3-Story. Eine deutsche Erfolgsgeschichte. Kindle-Ausgabe. München: Hanser Verlag. Pos. 1732–1774.

[72] Miller, Franz. 2015. Die MP3-Story. Eine deutsche Erfolgsgeschichte. Kindle-Ausgabe. München: Hanser Verlag. Pos. 1699.

[73] Miller, Franz. 2015. Die MP3-Story. Eine deutsche Erfolgsgeschichte. Kindle-Ausgabe. München: Hanser Verlag. Pos. 1666.

[74] Miller, Franz. 2015. Die MP3-Story. Eine deutsche Erfolgsgeschichte. Kindle-Ausgabe. München: Hanser Verlag. Pos. 1972.

[75] ISDN steht für Integrated Services Digital Network und ermöglicht die Digital-Telefonie.

[76] Miller, Franz. 2015. Die MP3-Story. Eine deutsche Erfolgsgeschichte. Kindle-Ausgabe. München: Hanser Verlag. Pos. 2239–2250.

Rundfunksender testeten erfolgreich die ISDN-Übertragung und im Februar 1992 wurde die neue Technik von so gut wie allen deutschen Privatsendern eingesetzt, um von den Olympischen Winterspielen im französischen Albertville live zu berichten.[77] In den USA baute die Firma Telos den Audiocodec Zephyr, für den die Layer 3-Technologie lizenziert wurde und für Live-Sportübertragungen über Telefonleitungen eingesetzt wurde.[78] Damit war MPEG-1 Layer 3 auch in den USA angekommen.

Als 1993 Karlheinz Brandenburg endgültig als Leiter der Audioabteilung ans Frauenhofer IIS in Erlangen wechselte, wurden die Bemühungen, Layer 3 bekannt zu machen und zu lizenzieren, intensiviert.[79] Gleichzeitig wurde auch die Encoder-Technik verbessert und die Speicherchips so verkleinert, dass sie in Personal Computern (PCs) verbaut werden konnten.[80] Das Forschungsteam hatte auch die Idee für einen kompakten Musik-Player im Format einer Zigarettenschachtel, der 1994 als Prototyp mit dem Solid State Player bzw. MPEG Audio Layer 3 entwickelt wurde. Allerdings hatte das Gerät nur eine Speicherkapazität von 1 MB und konnte nur wenige Minuten Musik speichern, was aber für Testzwecke ausreichend war.[81]

Brandenburg und sein Team arbeiteten aber auch daran, MPEG 1 Layer 3 für das Internet kompatibel zu machen. Sie hatten beobachtet, dass vor allem in den USA Musik übers Internet verbreitet wurde. Pionier dabei war das Internet Underground Music Archive (IUMA). IUMA wurde 1993 von drei Studenten der University of California in Santa Cruz, Jeff Patterson, Jon Luini und Rob Lord, ins Leben gerufen, um MusikerInnen und Bands, die noch keinen Plattenvertrag hatten, zu helfen, ihre Musik direkt an die Fans zu verbreiten und mit ihnen zu kommunizieren. Die Musikdateien mussten allerdings anfangs noch im WAV- oder AIFF-Format über FTP- und Gopher-Sites verschickt werden, weil das World

[77] Miller, Franz. 2015. Die MP3-Story. Eine deutsche Erfolgsgeschichte. Kindle-Ausgabe. München: Hanser Verlag. Pos. 2266–2277.

[78] Miller, Franz. 2015. Die MP3-Story. Eine deutsche Erfolgsgeschichte. Kindle-Ausgabe. München: Hanser Verlag. Pos. 2288.

[79] Miller, Franz. 2015. Die MP3-Story. Eine deutsche Erfolgsgeschichte. Kindle-Ausgabe. München: Hanser Verlag. Pos. 2332.

[80] Miller, Franz. 2015. Die MP3-Story. Eine deutsche Erfolgsgeschichte. Kindle-Ausgabe. München: Hanser Verlag. Pos. 2431.

[81] Miller, Franz. 2015. Die MP3-Story. Eine deutsche Erfolgsgeschichte. Kindle-Ausgabe. München: Hanser Verlag. Pos. 2499.

Wide Web (WWW) noch nicht zur Verfügung stand.[82] Das hatte natürlich zur Folge, dass das Herunterladen eines Songs eine gute halbe Stunde lang dauerte.[83]

Trotz dieser Einschränkungen war das IUMA ein durchschlagender Erfolg und wurde 1998 von GoodNoise Records gekauft, das zuvor bereits die beiden Online-Musikhändler Nordic Entertainment Worldwide und die Creative Fulfillment Inc. erworben hatte.[84] Letzteres Unternehmen betrieb auch die MP3-Online-Seite eMusic, die nun als gemeinsame Marke für alle drei Plattformen fungierte. eMusic hatte das MP3-Format populär gemacht und bot nun auch über die IUMA Songs als MP3-Dateien zum Download an. Allerdings geriet eMusic schon bald in wirtschaftliche Schwierigkeiten und musste 2001 vor allem beim IUMA Personal abbauen.[85] Aber das konnte das erste Musik-Download-Portal nicht retten und noch im selben Jahr schloss das IUMA seine Pforten und die Marke sowie die verbliebenen Assets wurden an die italienische Musikfirma Vitaminic verkauft.[86] Und auch der MP3-Pionier eMusic erlitt ein ähnliches Schicksal und wurde nur zwei Wochen später von der Universal Music Group um US$ 24,6 Mio. gekauft und erfolglos als Musik-Online-Shop am Markt positioniert.[87]

Zu diesem Zeitpunkt war MP3 bereits der Inbegriff für digitale Musik. Der Name bzw. die Marke MP3 wurde aber erst 1995 geschaffen. Franz Miller zitiert in seinem ausgezeichneten Buch „Die MP3-Story" eine interne E-Mail des Fraunhofer IIS, in der auf eine Umfrage im Institut referenziert wird, wonach eine überwältigende Mehrheit für.mp3 als Datei-Endung für MPEG Audio Layer 3-Dateien gestimmt hätten. Anlass dazu war die Nutzung der Komprimierungssoftware im Windows-Betriebssystem.[88]

Der Treiber hinter dieser Entwicklung war der US-Online-Dienst CompuServe, der bereits seit 1993 Musik zum Download im Internet anbot. Bis 1996 war

[82] Scott, Jason. 2012. IUMA (Internet Underground Music Archive) Collection. Internet Archive, 15. Mai. https://archive.org/details/iuma-archive?tab=about. Zugriff 29. Apr. 2026.

[83] Miller, Franz. 2015. Die MP3-Story. Eine deutsche Erfolgsgeschichte. Kindle-Ausgabe. München: Hanser Verlag. Pos. 2658.

[84] Reece, Dough. 1998. OnlineLabel GoodNoise To Buy Two MP3 Firms. Billboard, 24. Oktober. S. 8.

[85] Scott, Jason. IUMA.

[86] CNET. 2001. Digital music provider buys IUMA. 23. März. https://www.cnet.com/tech/services-and-software/digital-music-provider-buys-iuma/. Zugriff 29. Apr. 2026.

[87] Evans, James. 2001. EMusic Bought by Universal for $24.6 Mio.. PC World, 9. April 2001. https://web.archive.org/web/20060527071820/http://www.pcworld.com/news/article/0%2Caid%2C46704%2C00.asp. Zugriff 29. Apr. 2026.

[88] Miller, Franz. 2015. Die MP3-Story. Eine deutsche Erfolgsgeschichte. Kindle-Ausgabe. München: Hanser Verlag. Pos. 2725–2734.

CompuServe mit 4,5 Mio. NutzerInnen zur größten Musikdown-Plattform geworden.[89] Das erregte natürlich auch die Aufmerksamkeit der Musikindustrie, die Klage gegen das in Columbus, Ohio ansässige Unternehmen einreichte, weil es 900 Songs, deren Urheberrechte nicht geklärt worden waren, online verfügbar gemacht hatte. Im November 1995 kam es zu einem außergerichtlichen Vergleich, in dem CompuServe sich bereit erklärte, US$ 586.000 an Entschädigung an die Kläger zu bezahlen.[90]

CompuServe achtete von nun an darauf, keine urheberrechtlich geschützte Musik ohne Lizenzierung auf seiner Plattform anzubieten, nutzte aber vermehrt das MP3-Format vom Fraunhofer IIS, das ab 1996 über die Firma Opticom, die von einem ehemaligen Institutsmitarbeiter gegründet worden war, die MP3-Software unter anderem auch an Microsoft und Apple lizenzierte.[91]

Das war noch vor dem Super-GAU. Denn im Sommer 1997 wandten sich einige Kunden an Opticom mit der Beschwerde, dass an einer US-Universität ein MP3-Encoder auf einem Server für Freeware aufgetaucht war und fragten, ob die Software nun gratis verfügbar wäre. Bei Opticom und beim IIS schrillten daraufhin die Alarmglocken. Der Encoder war quasi der Schlüssel dazu, dass jedermann MP3-Dateien herstellen und verbreiten konnte. Opticom fand ziemlich schnell heraus, dass ein australischer Student mit einer gestohlenen taiwanesischen Kreditkarte einen MP3-Encoder gekauft, den Code gehackt und leicht verändert auf den Server der US-Universität gestellt hatte. In die README-Datei hatte er sarkastisch geschrieben: „This is freeware thanks to Fraunhofer".[92] Zwar konnte der Täter ausgeforscht und bestraft werden, aber die Büchse der Pandora war damit geöffnet. Alle Bemühungen des Frauenhofer IIS gemeinsam mit den Musikindustrieverbänden einen Kopierschutz für die MP3 zu entwickeln, war nun obsolet geworden.[93] Die Musiktitel einer CD konnten nun problemlos als MP3-Dateien gespeichert und übers Internet verfügbar gemacht werden.

---

[89] Miller, Franz. 2015. Die MP3-Story. Eine deutsche Erfolgsgeschichte. Kindle-Ausgabe. München: Hanser Verlag. Pos. 2680.

[90] The New York Times. 1995. Compuserve to Settle Suit. 8. November. https://www.nytimes.com/1995/11/08/business/the-media-business-compuserve-to-settle-suit.html. Zugriff 29. Apr. 2026.

[91] Miller, Franz. 2015. Die MP3-Story. Eine deutsche Erfolgsgeschichte. Kindle-Ausgabe. München: Hanser Verlag. Pos. 2739.

[92] Miller, Franz. 2015. Die MP3-Story. Eine deutsche Erfolgsgeschichte. Kindle-Ausgabe. München: Hanser Verlag. Pos. 3155.

[93] Miller, Franz. 2015. Die MP3-Story. Eine deutsche Erfolgsgeschichte. Kindle-Ausgabe. München: Hanser Verlag. Pos. 2832.

Es dauerte nicht lang und schon wurde im Oktober 1997 der erste MP3-Download-Shop von Michael Robertson mit dem Namen MP3.com in San Diego gelauncht. Robertson hatte rasch das Potenzial der MP3 erkannt und kaufte eine schon bestehende MP3-Website und sicherte sich für tausend US-$ den Domainnamen MP3.com, der ursprünglich von Martin Paul eingetragen worden war.[94] Robertsons Geschäftsmodell bestand darin, MusikerInnen ohne Labelvertrag dazu zu bringen, ihre Musik gratis als MP3s auf seiner Plattform anzubieten, die durch Werbung finanziert war. Im Gegenzug erhielten die MusikerInnen 50 % des Umsatzes der CDs, die MP3.com auf Bestellung der NutzerInnen herstellte und per Post versandte.[95]

Die kanadische Singer/Songwriterin Alanis Morissette war eine der ersten KünstlerInnen, die mit MP3.com einen Vertrag schloss. Sie investierte darüber hinaus aber auch noch in MP3.com und kaufte 100.000 Unternehmensanteile. Das sollte sich bezahlt machen, als MP3.com am 21. Juli 1999 an die New Yorker Börse ging und US$ 370 Mio. an Kapital einsammeln konnte. Der Ausgabepreis der Aktie von US$ 28 sprang gleich am ersten Handelstag auf US$ 105.[96] Auch andere bekannte KünstlerInnen wie Tom Petty, Tori Amos und der Rapper Ice T, wurden lautstarke UnterstützerInnen von MP3.com, wo ihre Musik gratis heruntergeladen werden konnte.[97]

Im Januar 2000 launchte MP3.com das Feature My.MP3.com, über das NutzerInnen ihre CDs auf einen Server hochladen konnten, um sie über die Cloud zu streamen. Das rief die Musik-Majors auf den Plan, die im Upload von CDs eine Urheberrechtsverletzung sahen und gegen MP3.com klagten. Das Gericht schloss sich im Mai 2000 der Rechtsmeinung der Kläger an und verurteilte MP3.com wegen Urheberrechtsverletzung.[98] Bevor noch die Strafhöhe festgelegt werden konnte, einigte sich MP3.com außergerichtlich auf einen Schadensersatz von

[94] Miller, Franz. 2015. Die MP3-Story. Eine deutsche Erfolgsgeschichte. Kindle-Ausgabe. München: Hanser Verlag. Pos. 3177.

[95] Miller, Franz. 2015. Die MP3-Story. Eine deutsche Erfolgsgeschichte. Kindle-Ausgabe. München: Hanser Verlag.. Pos. 3188.

[96] Morgan, Laura. 2000. Sell Out. Entertainment Weekly, 25. Mai. https://web.archive.org/web/20120924063658/http://www.ew.com/ew/article/0,,85238,00.html. Zugriff 29. Apr. 2026.

[97] Miller, Franz. 2015. Die MP3-Story. Eine deutsche Erfolgsgeschichte. Kindle-Ausgabe. München: Hanser Verlag. Pos. 3212.

[98] UMG Recordings, Inc. et al. vs. MP3.com, Inc. Case No. 92 F. Supp. 2d 349, United States District Court, Southern District New York, Opinion, 4. Mai 2000. https://scholar.google.com/scholar_case?case=11855946717485949470&q=92+F.+Supp.+2d+349&hl=en&as_sdt=6,39. Zugriff 29. Apr. 2026.

US$ 53,4 Mio. an die Universal Music Group, deren Musikkatalog das MP3-Portal im Gegenzug nutzen durfte.[99] Insgesamt beliefen sich aber die Forderungen aller Kläger auf US$ 150 Mio., was für MP3.com existenzgefährdend war.[100]

In dieser ausweglos erscheinenden Lage erschien nun die Muttergesellschaft der Universal Music Group, Vivendi, als Retter in der Not und kaufte im Mai 2001 MP3.com um US$ 372 Mio., um Content für den von Universal geplanten Musik Online-Store Duet zur Verfügung zu stellen.[101] Die Investition in MP3.com sollte sich als Fehlschlag herausstellen und Universal verkaufte den MP3-Pionier 2003 mit Verlust an CNET Networks, das schließlich den Betrieb einstellte.[102]

Das war das unrühmliche Ende jener Musikplattform, die die MP3 populär und zum technischen Standard für die Verbreitung von Musik im Internet gemacht hatte. MP3.com war aber auch ein erstes Opfer der Musikindustrie, deren führende Unternehmen das Online-Portal fast zu Tode geklagt hatten. Es sollte ein Vorgeschmack darauf sein, was sich in den nächsten Jahren noch ereignen sollte, als die digitale Revolution mit voller Wucht losbrach und die Musikindustrie in ihren Grundfesten erschütterte. Die CD und MP3 waren die technischen Voraussetzungen für einen Paradigmenwechsel in allen Sektoren der Musikindustrie – phonografische Industrie, Musikverlagswesen und auch Musikveranstaltungswirtschaft –, der bis heute noch nachwirkt und in diesem Buchprojekt historisch aufgearbeitet wird.

[99] Neumeister, Larry. 2000. MP3.com Reaches Settlement with Universal. ABC News, 15. November. https://abcnews.com/Technology/story?id=119300&page=1. Zugriff 29. Apr. 2026.

[100] ABC News. 2000. MP3.com Settles With Sony Music. 23. August. https://abcnews.com/Technology/story?id=119530&page=1. Zugriff 29. Apr. 2026.

[101] Billboard. 2001. Vivendi Universal Acquires MP3.com. 29. August. https://www.billboard.com/music/music-news/vivendi-universal-acquires-mp3com-79680/. Zugriff 29. Apr. 2026.

[102] Hines, Matt. 2003. CNET to buy, retune MP3.com. CNET, 14. November. https://www.cnet.com/tech/home-entertainment/cnet-to-buy-retune-mp3-com/. Zugriff 29. Apr. 2026.

Literatur

Dokumente, Gerichtsakte, Gesetze, Geschäftsberichte etc.

UMG Recordings, Inc. et al. vs. MP3.com, Inc. Case No. 92 F. Supp. 2d 349, United States District Court, Southern District New York, Opinion, 4. Mai 2000

US Patentamt. 1965. Analog to digital to optical photographic recording and playback system, Patent-No. US3501586A

Bücher, Buchbeiträge und wissenschaftliche Artikel

Brandenburg, Karlheinz. 1989. Ein Beitrag zu den Verfahren und der Qualitätsbeurteilung für hochwertige Musikcodierung. Dissertation an der Universität Erlangen-Nürnberg

Marshall Cavendish. 2008. Inventors and inventions. *James T. Russel – Inventor of the Compact Disc*. Band 5: 1288–1292

Mast, Gerald. 2003. *A short history of the movies*. New York: Longman

Miller, Franz. 2015. *Die MP3-Story. Eine deutsche Erfolgsgeschichte*. Kindle-Ausgabe. München: Hanser Verlag

Schouhamer Immink, Kees A. 1998. The CD Story. *Journal of the Audio Engineering Society* 46: 458–465

Schouhamer Immink, Kees A. 2007. Shannon, Beethoven, and the Compact Disc. *IEEE Information Theory Society Newsletter*. December 2007: 42–46

Tschmuck, Peter. 2012. *Creativity and Innovation in der Music Industry*. 2. Auflage. Heidelberg etc.: Springer

2 Das digitale Armageddon

Armageddon (oder auch Harmagedon) ist jener Ort nach der Offenbarung des Johannes, an dem die endzeitliche Schlacht zwischen Gut und Böse geschlagen wird. Für die Unternehmen der phonografischen Industrie war dieser Ort das Internet, wo sich um die Jahrtausendwende herum der Untergang der Tonträgerindustrie durch das Peer-to-Peer-Filesharing, verkörpert durch die Musiktauschbörse Napster, abzuzeichnen begann. In den Etagen der Musikkonzerne herrschte eine Weltuntergangsstimmung, weil sich die Überzeugung breit gemacht hatte, dass man gegen Gratis-Musik im Internet nicht konkurrenzieren konnte.

Ich habe diese historische Phase als einen der großen Paradigmenwechsel – nach der Jazz-Revolution in den 1920er-Jahren und der Rock ‚n' Roll-Revolution in den 1950er-Jahren – in der Geschichte der Musikindustrie bezeichnet, der nach einem ganz bestimmten Muster abläuft.[1] In Phase 1 wird das Neue bzw. das Innovative ignoriert. Das war, wie wir bereits gesehen haben, im Zeitalter der CD der Fall, als deren Erfinder nicht erkannt haben, dass die digitalen Files auch unabhängig vom Tonträger existieren und weitergegeben werden können. Als dann das Fraunhofer Institut für Integrierte Schaltungen (IIS) das MP3-Format in die Welt setzten, wurde dessen Relevanz für das eigene Geschäftsmodell heruntergespielt, was Phase 2 des Paradigmenwechsels entspricht. Es wurden Maßnahmen ergriffen, um den Kopierschutz der digitalen Musikfiles zu gewährleisten und mit der Secure Digital Music Initiative (SDMI) wollten die Verantwortlichen in der phonografi-

[1] Tschmuck, Peter. 2003. *Kreativität und Innovation in der Musikindustrie*. Innsbruck: Studienverlag. S. 278

P. Tschmuck, *Die digitale Revolution in der Musikindustrie*, Musikwirtschafts- und Musikkulturforschung,
https://doi.org/10.1007/978-3-658-52440-1_2

schen Industrie ab Dezember 1998 wieder die Kontrolle über den Musikvertrieb zurückgewinnen.

Als dann aber der Siegeszug der Peer-to-Peer-Filesharing-Software Napster im Internet begann, dämmerte es Musikindustrie-VertreterInnen, dass sie nun endgültig die Kontrolle über das phonografische Wertschöpfungsnetzwerk verloren hatten. Damit war Phase 3 des Paradigmenwechsels angebrochen, in der die etablierten AkteurInnen in der Musikindustrie gegen das Neue und seine ProtagonistInnen den Kampf aufnehmen. Genau dieser Kampf fühlte sich aus Sicht der Musikindustrie-RepräsentantInnen wie die offenbarte Endzeitschlacht zwischen Gut und Böse im digitalen Armageddon an. Das Böse war das P2P-Filesharing, dem wie einer Hydra immer neue Köpfe nachwuchsen, nachdem die alten abgeschlagen worden waren.

Nachdem Napster erfolgreich niedergeklagt worden war, kamen mit den Gnutella- und FastTrack-Internetprotokollen neue dezentrale Filesharing-Clients wie KaZaA, Grokster, Limewire, eDonkey, BearShare usw. nach, denen man anfangs nicht einmal mit Urheberrechtsklagen etwas anhaben konnte. So gingen die Interessenverbände der phonografischen Industrie dazu über, die Musikfans als Feinde zu betrachten und weltweit Millionen von Musik-FilesharerInnen mit Klagen zu überziehen. Parallel dazu wurde der Kreuzzug gegen die Filesharing-Plattformen fortgesetzt, der mithilfe neuer Gesetze und wegweisender Judikatur immer erfolgreicher geführt werden konnte.

In diesem ersten Teil des Buches wird eben dieser Kampf der Musikindustrie gegen das Musik-Filesharing im Detail historisch anhand von Gerichtsakten, legistischen Maßnahmen und Medienberichten nachgezeichnet. Dieser Kampf fand aber nicht dadurch sein Ende, dass alle Filesharing-Angebote vor Gericht erfolgreich bekämpft und FilesharerInnen aus Angst vor dem Ertapptwerden zu braven MusikkäuferInnen wurden, sondern durch den Eintritt der Musikindustrie in Phase 4 des Paradigmenwechseln, in dem die AkteurInnen das Neue akzeptieren und neue Strategien wie das Musikstreaming entwickeln, um die Krise zu überwinden. Aber das wird dann schon Gegenstand des zweiten Bandes zur digitalen Revolution in der Musikindustrie sein.

2.1 Das digitale Pulverfass

2.1.1 Wie bekommt man den Geist wieder in die Flasche?

Die Lunte am digitalen Pulverfass war also gelegt und es war nur mehr eine Frage der Zeit, wann alles in die Luft flog. Die Musikindustrie setzte alles daran, um den

Deckel wieder auf den Topf zu bekommen. Das versuchte sie auf zweierlei Weise. Zum einen wurden massenhaft Klagen wegen Urheberrechtsverletzungen gegen aus ihrer Sicht illegale Online-Angebote und schließlich sogar gegen die Musikfans angestrengt. Zum anderen wurden technische Maßnahmen gesetzt, um die Verbreitung von MP3-Dateien zu unterbinden.

Bereits mit Mai 1997 beklagte sich die Recording Industry Association of America (RIAA), dass sie 80 Webseiten mit 20.000 Songs in Form von MP3-Dateien gefunden hätte, von denen 99 % illegal wären. Die RIAA begann bereits zu diesem Zeitpunkt rechtlich gegen diese Webseiten vorzugehen.[2] Der Schuss ging aber nach hinten los. Die Klagen erregten mediale Aufmerksamkeit und machten die MP3 erst so richtig populär.

Einen Etappensieg konnte die Musikindustrie aber trotzdem verzeichnen. Am 28. Oktober 1998 wurde der Digital Millenium Copyright Act (DMCA) nach intensiver Lobbyarbeit durch die Film- und Musikindustrieverbände von US-Präsident Bill Clinton per Unterschrift in Kraft gesetzt. Der Anlass für dieses Gesetz war die Ratifizierung der beiden Verträge der World Intellectual Property Organisation (WIPO) aus dem Jahr 1996. Im WIPO-Urheberrechtsvertrag (WIPO Copyright Treaty) wird unter anderem im Artikel 11 geregelt, dass die Vertragspartner rechtliche Normen gegen die Umgehung technischer Maßnahmen, die von UrheberInnen getroffen wurden, um ihre Werke zu schützen, kodifizieren sollen. In Artikel 12 verpflichten sich die Vertragsstaaten, rechtliche Maßnahmen zu setzen, die die unautorisierte Veränderung von Rechtemanagement-Informationen, die in den Werken enthalten sind, zu unterbinden.[3] Das Verbot der Umgehung technischer Maßnahmen und der Veränderung von Rechtemanagement-Informationen werden vom zweiten WIPO-Vertrag über Darbietungen und Tonträger (WIPO Performances and Phonograms Treaty) auf ausübende KünstlerInnen sowie Tonträgerhersteller ausgeweitet.[4] Im Digital Copyright Millenium Act wurde das Umgehungsverbot technischer Maßnahmen zum Schutz des Urheberrechts und das Verbot der Veränderung von Rechtemanagement-Informationen in unter den Para-

[2] Miller, Franz. 2015. *Die MP3-Story. Eine deutsche Erfolgsgeschichte.* Kindle-Ausgabe. München: Hanser Verlag, Pos. 3566

[3] World Intellectual Property Organisation. 1996. WIPO Copyright Treaty. 20. Dezember 1996. https://www.wipo.int/wipolex/en/treaties/textdetails/12740. Zugriff 05. Mai 2026

[4] World Intellectual Property Organisation. 1996. WIPO Performances and Phonograms Treaty. 20. Dezember 1996. https://www.wipo.int/en/web/treaties/ip/wppt/index. Zugriff 05. Mai 2026

grafen 1201 und 1202 geregelt.[5] Gleichzeitig, und das sollte den Musikindustrie-VertreterInnen noch Kopfzerbrechen bereiten, wurde im Online Copyright Infringement Liability Limitation Act (OCILLA), der in des DCMA Eingang fand, die „Safe Harbor"-Bestimmung für Internet Service Provider (ISP) implementiert, wonach Diensteanbieter im Internet nicht für die Urheberrechtsverletzungen ihrer NutzerInnen haftbar gemacht werden können. Allerdings müssen die ISPs urheberrechtlich geschützte Inhalte umgehend entfernen, sobald sie davon Erkenntnis erlangen.[6]

Damit wurden jene Spielregeln im Internet definiert, die in den folgenden Jahren die Entwicklung der Musikindustrie prägen sollten. Mit diesem rechtlichen Rahmenwerk im Rücken startete die Musikindustrie im Dezember 1998 die Secure Digital Music Initiative (SDMI). Ausgerechnet der Vorsitzende der MPEG-Kommission, die den MP3-Standard abgesegnet hatte, Leonardo Chiariglione, wurde als Leiter der SDMI eingesetzt. Er hatte die Aufgabe, die VertreterInnen der Musikindustrie mit jenen der Tech-Firmen an einen Tisch zu bringen, um die technischen Voraussetzungen zu schaffen, urheberrechtlich geschützte Musik gegen unerlaubte Nutzungsformen zu schützen. Insgesamt waren rund 200 Unternehmen aus der IT- und Internetbranche sowie Tonträgerunternehmen und Musikverwertungsgesellschaften Teil der SDMI.[7] Ihnen fiel die Aufgabe zu „technology specifications that protect the playing, storing, and distributing of digital music such that a new market for digital music may emerge" zu entwickeln, wie auf der SDMI-Homepage zu lesen war.[8] Um dieses Ziel zu erreichen, musste die CD mit einem Kopierschutz versehen werden, weil das bei der Markteinführung 1982 verabsäumt worden war und es mussten sich die Gerätehersteller verpflichten, Kopier-

[5] Digital Millenium Copyright Act (DMCA). 1998. 17 U.S.C. 1201 – Circumvention of copyright protection systems. https://www.govinfo.gov/content/pkg/USCODE-2011-title17/html/USCODE-2011-title17-chap12-sec1201.htm. und Digital Millenium Copyright Act (DMCA). 1998. 17 U.S.C. 1202. Integrity of copyright management information. https://www.govinfo.gov/content/pkg/USCODE-2011-title17/html/USCODE-2011-title17-chap12-sec1202.htm. Zugriff 05. Mai 2026

[6] Digital Millenium Copyright Act (DMCA). 1998. 17 U.S.C. 512 – Limitations on liability relating to material online. https://www.govinfo.gov/content/pkg/USCODE-2011-title17/html/USCODE-2011-title17-chap5-sec512.htm. Zugriff 05. Mai 2026

[7] Schulzki-Haddouti, Christiane. 1999. Die Musikbranche schlägt zurück. Der Spiegel, 16. Dezember. https://www.spiegel.de/netzwelt/web/netzdepesche-die-musikbranche-schlaegt-zurueck-a-56770.html. Zugriff 06. Mai 2026

[8] Chiariglione, Leonardo. 2003. *Riding the Media Bits. Opening content protection.* chiariglione.org, 9. November. https://web.archive.org/web/20090312012754/http:/www.chiariglione.org/ride/opening_content_protection/opening_content_protection.htm. Zugriff 06. Mai 2026

schutz in ihre Produkte einzubauen, damit Musik nicht unrechtmäßig verbreitet werden konnte. Aber auch die MP3-Dateien, die bereits das Internet überfluteten, musste von der SDMI unter Kontrolle gebracht werden.

Es war eine Herkulesaufgabe, die widersprüchlichen Interessen der RechteinhaberInnen, der Gerätehersteller und natürlich auch der MusikkonsumentInnen in Einklang zu bringen. Die Tonträgerhersteller wollten vor allem die Musiknutzung streng kontrollieren und reglementieren. Die Hersteller von Wiedergabegeräten wollten vermeiden, dass diese durch den Kopierschutz für die KundInnen unattraktiv wurden und die MusikkonsumentInnen wollten ihre CDs ohne Komplikationen abspielen und legal erworbene Musikdateien auf allen Wiedergabegeräten speichern und abspielen können. Das kam der Quadratur des Kreises gleich. Dessen war sich auch SDMI-Leiter Chiariglione bewusst, als er in einem Interview zugeben musste, dass sich die beteiligten Firmen nicht auf einen gemeinsamen Schutzstandard für digitale Musik einigen werden können. Stattdessen wäre das Ziel, ein freiwilligen Rahmenwerk zu schaffen, um Musik in geschützter Form zu speichern, abzuspielen und zu distribuieren.[9]

Knapp vor dem Weihnachtsgeschäft 1999 einigten sich die SDMI auf ein Zwei-Phasen-Konzept. In der ersten Phase sollte eine Spezifikation für alle portablen Audioplayer definiert werden, die SDMI-kompatible Dateien wiedergeben konnten, also auch MP3-Dateien. In der zweiten Phase würde dann aber eine Einschränkung erfolgen. CDs sollten mit einem Kopierschutz versehen werden, indem digitale, nicht hörbare Wasserzeichen in die Musikdateien eingebaut wurden. Zwar konnten diese CDs noch gerippt werden, aber das Wasserzeichen stellte sicher, dass die Musikdateien aus einer legitimen Quelle stammten. Zudem konnte dadurch nachvollzogen werden, was NutzerInnen mit den Dateien machen würden, weil nur vier Privatkopien erlaubt waren.[10]

Die ersten mit Wasserzeichen versehenen CDs sowie SDMI-kompatible Abspielgeräte sollten noch 1999 auf den Markt kommen, was aber an den Interessensgegensätzen innerhalb des SDMI scheiterte. Im Frühjahr 2000 gab es so gut wie keine kopiergeschützten Geräte im Handel und beim CD-Kopierschutz konnten sich nicht einmal die Musik-Majors untereinander einigen.[11] Der Versuch, kopier-

---

[9] Gründel, Nils. 2000. MP3 war gestern. Der Spiegel, 21. April. https://www.spiegel.de/netzwelt/tech/musik-mp3-war-gestern-a-73818.html. Zugriff 06. Mai 2026

[10] Stanford University. o. D. Objective and Background of SDMI. https://cs.stanford.edu/people/eroberts/courses/cs181/projects/1999–00/dmca-2k/sdmi.html. Zugriff 06. Mai 2026 und Miller, Franz. 2015. *Die MP3-Story. Eine deutsche Erfolgsgeschichte*. Kindle-Ausgabe. München: Hanser Verlag, Pos. 3668

[11] Miller, Franz. 2015. *Die MP3-Story. Eine deutsche Erfolgsgeschichte*. Kindle-Ausgabe. München: Hanser Verlag, Pos. 3679

geschützte CDs auf den Markt zu bringen, endete schließlich in einem Fiasko. Die Plattenfirmen griffen in die Metadaten der CDs und verstießen dabei gegen den von Sony und Philips etablierten Redbook-Standard. Die Folge war, dass sich kopiergeschützte CDs nicht mehr von allen Geräten abspielen ließen. Daraufhin verweigerte Philips als Patenthalter den Tonträgerunternehmen, das Redbook-Zeichen für kopiergeschützte CDs zu verwenden. Den Musik-Majors blieb gar nichts anderes mehr übrig, als auf den Kopierschutz zu verzichten.[12]

Auch bei dem Versuch, den MP3-Standard vom Markt zu verdrängen, gingen die Musik-Majors unterschiedliche Wege. Während die SDMI auf die vom Fraunhofer IIS auf Basis von MP3 entwickelte AAC-Datenkomprimierung setzte, scherte Sony mit dem Atrac3-Datenkomprimierungsformat aus, der auf den hauseigenen portablen Playern verwendet wurde und bei der MiniDisc zum Einsatz kam.[13] Letztendlich konnte sich kein alternatives Datenkomprimierungsformat gegen die MP3 durchsetzen, weil die MusikkonsumentInnen bereits mit ihrer massiven Nutzung von MP3-Musikdateien die Entscheidung getroffen hatten.

Der Todesstoß für die SDMI kam dann bereits im Jahr 2001. Am 6. September 2000 wandte sich die SDMI in einem „Open Letter to the Digital Community" an alle HackerInnen dieser Welt zu versuchen, das für CDs entwickelte Digital Rights Management (DRM) System zu knacken. Bei Erfolg wurde eine Belohnung von US$ 10.000 versprochen.[14] Es meldeten sich daraufhin aber keine zwielichtigen Hacker-Gestalten, sondern der Professor für Computerwissenschaft, Edward Felton, von der renommierten Princeton Universität, dem es mit seinem Team gelang, das Wasserzeichen auf der CD zu knacken und von dieser zu entfernen. Da er auf den Preis von US$ 10.000 verzichtet hatte, unterschrieb er auch nicht die Vertraulichkeitserklärung, die es ihm untersagt hätte, die gewählte Methode zu veröffentlichen.[15] Der wissenschaftlichen Transparenz verpflichtet, wollten Felton und sein Team im April 2001 die Methode, wie sie den DRM-Schutz der SDMI geknackt hatten, in einem wissenschaftlichen Artikel veröffentlichten. Daraufhin brachte der

[12] Miller, Franz. 2015. *Die MP3-Story. Eine deutsche Erfolgsgeschichte.* Kindle-Ausgabe. München: Hanser Verlag, Pos. 3700

[13] Schulzki-Haddouti, Christiane. 1999. Die Musikbranche schlägt zurück. Der Spiegel, 16. Dezember. https://www.spiegel.de/netzwelt/web/netzdepesche-die-musikbranche-schlaegt-zurueck-a-56770.html. Zugriff 06. Mai 2026

[14] Chiariglione, Leonardo. 2000. An Open Letter to the Digital Community. 6. September. https://web.archive.org/web/20020924131633/http://www.sdmi.org/pr/OL_Sept_6_2000.htm. Zugriff 06. Mai 2026

[15] Electronic Privacy Information Center. o. D. Digital Rights Management and Privacy: Ed Felten and Suppression of Academic Inquiry into DRM Systems. https://archive.epic.org/privacy/drm/. Zugriff 06. Mai 2026

US-Industrieverband RIAA eine Unterlassungsklage gegen Felton ein, der nun die Absicht, den Artikel zu publizieren, zurückzog. Das brachte wiederum die Electronic Frontier Foundation (EFF) auf die Barrikaden, die nun ihrerseits Klage gegen die RIAA wegen verfassungswidriger Einschränkung der Meinungsfreiheit einbrachte.[16] Im August 2001 präsentierte Felton seinen Artikel auf einer Konferenz, womit der DRM-Schutz der SDMI offengelegt wurde.[17] Aber noch viel schlimmer war das PR-Desaster für die SDMI in der Öffentlichkeit. Sie hatte zuerst großspurig einen Wettbewerb zum Knacken des DRM-Schutzes ausgelobt und dann, als der Kopierschutz geknackt worden war, die versprochene Belohnung nicht an die HackerInnen aus der Wissenschaft ausbezahlt, sondern diese sogar noch vor Gericht gezerrt. Das Bild war verheerend und während des Rechtsstreits mit Professor Felton, stiegen viele Unternehmen aus der SDMI aus. Bereits zuvor hatte Leonardo Chiariglione die Leitung der SDMI zurückgelegt und damit mehr oder weniger das Ende der Initiative verkündet.[18] Damit war die SDMI gescheitert und stellte schließlich ihre Arbeit ein.

Die Musik-Majors versuchten auch mit der Einführung neuer kopiergeschützter Tonträgerformate dem MP3-Boom etwas entgegenzusetzen. Im September 1999 wurde von Sony und Philips die Super Audio CD (SACD) auf den Markt gebracht, die eine bessere Audioqualität als die herkömmliche CD versprach und auf der auch Musikvideo gespeichert werden konnten. Ungefähr zur gleichen entwickelte Panasonic die DVD Audio (DVD-A), die im März 1999 vom DVD-Forum als Standard freigegeben wurde und 2000 auf den Markt kam. Ähnlich wie die SACD, bot die DVD Audio eine bessere Klangqualität und war auch für Videos speicherfähig. Letztendlich konnten sich aber beide Tonträgerformate nicht durchsetzen. Den höchsten Umsatz wies die SACD in den USA, dem wichtigsten Tonträgermarkt, 2003 mit US$ 14,7 Mio. auf, was sich im Vergleich zu den CD-Umsätze von US$ 6,4 Mrd. als lächerlich wenig ausnahm. In den Folgejahren ging der SACD-Umsatz rasch zurück und fiel bald unter die US$-Millionengrenze. Ein ähnliches Schicksal hatte auch die DVD-A. Der höchste Umsatz wurde in den USA 2005 mit

[16] Electronic Frontier Foundation (EFF). 2001. Felten, et al., v. RIAA, et al. https://www.eff.org/cases/felten-et-al-v-riaa-et-al. Zugriff 06. Mai 2026

[17] Craver, Scott A. et al. 2001. Reading Between the Lines: Lessons from the SDMI Challenge. *Proceedings of the 10th USENIX Security Symposium*. August 13–17, 2001. Washington, D.C., USA https://web.archive.org/web/20220521082515/https://www.usenix.org/legacy/events/sec01/craver.pdf. Zugriff 06. Mai 2026

[18] Chiariglione, Leonardo. 2003. *Riding the Media Bits. Opening content protection*. chiariglione.org, 9. November. https://web.archive.org/web/20090312012754/http:/www.chiariglione.org/ride/opening_content_protection/opening_content_protection.htm. Zugriff 06. Mai 2026

US$ 6,1 Mio. ausgewiesen, um dann rasch in der wirtschaftlichen Bedeutungslosigkeit zu verschwinden.[19]

Trotz dieser Rückschläge setzten die Tonträger-Konzerne alles daran, um den Musikvertrieb wieder unter ihre Kontrolle zu bringen. Der DMCA bot Schutz durch das Verbot der Umgehung von digitalen Rechtemanagement-Systemen, die nun bei eigenen digitalen Musikangeboten forciert wurden.

Im April 2001 wurde von der EMI Group, Bertelsmann, AOL Time Warner und RealNetworks der voll-lizenzierte Musikdownload-Shop MusicNet aus der Taufe gehoben.[20] MusicNet war aber von Anfang an eine Totgeburt. Für US$ 9,95 pro Monat konnten AbonnentInnen aus einem Katalog von nur 75.000 Songs, hundert Titel herunterladen und weitere hundert über ihre PCs streamen. Wer noch zehn Dollar drauflegte, konnte sein Abo zu einer Gold-Mitgliedschaft upgraden und erhielt Zugriff auf einige Live-Sportübertragungen sowie einen Newsfeed von CNN und dem Wall Street Journal. Kein Wunder, dass das Rolling Stone Magazine im Dezember 2001 ein vernichtendes Zwischenresümee unter dem Titel „The Digital Beat: MusicNet Doesn't Rock" zog und das extrem begrenzte Musikangebot, das außerdem noch durch striktes Digital-Rights-Management (DRM) unattraktiv war, kritisierte. Musikdownloads am PC konnten nicht auf einen tragbaren MP3-Player überspielt werden und wurden gesperrt, wenn das Monatsabo nicht verlängert wurde. Angesichts der Gratis-Download-Konkurrenz durch immer neue P2P-Filesharing-Plattformen, über die man auf das gesamte Weltrepertoire an Musik zugreifen konnte, war MusicNet ein lächerlicher Tropfen auf dem heißen Stein.[21]

Zu allem Überfluss waren die beiden größten Musik-Majors, Universal Music Group und Sony Music Entertainment, nicht bereit, ihr Musikrepertoire an MusicNet zu lizenzieren, weil sie im Mai 2001 mit einem eigenen Streamingangebot, das zuerst Duet und später Pressplay genannt wurde, an den Start gegangen war. Für monatlich US$ 14,95 konnten 500 Musiktitel mit schlechter Audioqualität pro Monat gestreamt und 50 davon auf den PC aber nicht auf ein tragbares Abspielgerät heruntergeladen werden. Die Musikfiles waren ebenfalls DRM-geschützt und

[19] Recording Industry Association of America (RIAA). o. D. US Music Revenue Database, https://www.riaa.com/u-s-sales-database/. Zugriff 07. Mai 2026

[20] Miller, Franz. 2015. Die MP3-Story. *Eine deutsche Erfolgsgeschichte*. Kindle-Ausgabe. München: Hanser Verlag, Pos. 4177

[21] Kushner, David. 2001. The Digital Beat: MusicNet Doesn't Rock, Rolling Stone, 12. Dezember. https://www.rollingstone.com/music/music-news/the-digital-beat-musicnet-doesnt-rock-243028/. Zugriff 07. Mai 2026

konnten nach Beendigung des Abos nicht mehr angehört werden.[22] Pressplay und MusicNet wurde deshalb die zweifelhafte Ehre zuteil, ex-aequo auf Rang 9 der PCWorld-Liste der 25 schlechtesten Tech-Produkte aller Zeiten zu landen.[23]

Der Geist, der mithilfe der MP3 aus der Flasche entwichen war, konnte durch keine Maßnahmen mehr zurück in die Flasche gebracht werden. Die Unternehmen der phonografischen Industrie waren mit allen Maßnahmen, wieder die Hoheit über den Musikvertrieb zu erlangen, gescheitert. Weder kopiergeschützte CDs und neue Tonträgerformate wie die SACD und die DVD Audio, noch DRM-geschützte Musik-Onlineangebote konnten am Markt durchgesetzt werden. Gleichzeitig boomten die Peer-to-Peer-Filesharing-Netzwerke (P2P), auch Musiktauschbörsen genannt, über die Musik gratis im MP3-Format aus dem Netz heruntergeladen werden konnte. Der Pionier war das P2P-Filesharing-Netzwerk Napster, dessen Entstehung und turbulente Entwicklung im nächsten Kapitel genauer unter die Lupe genommen wird.

2.1.2 Und am Anfang war – Napster[24]

Ende der 1990er-Jahre gab, es wie wir bereits gesehen haben, viele Plattformen für den freien und kostenpflichtigen Download für Musik-MP3s. Allerdings handelte es um zentral gesteuerte Angebote mit einer überschaubaren Anzahl von Files.

---

[22] Strauss, Neil. 2002. Record Labels' Answer to Napster Still Has Artists Feeling Bypassed. The New York Times, 18. Februar. https://www.nytimes.com/2002/02/18/arts/record-labels-answer-to-napster-still-has-artists-feeling-bypassed.html. Zugriff 07. Mai 2026

[23] PCWorld. 2006. The 25 Worst Tech Products of All Time. 15. Juni. https://web.archive.org/web/20060615062804/http:/www.pcworld.com/reviews/article/0,aid,125772,pg,3,00.asp. Zugriff 07. Mai 2026

[24] Die Abschn. 2.1.1, und 2.2.2 über Napster basieren auf der fünfteiligen Blogserie von Tschmuck, Peter. 2009. 10 Jahre Napster – ein Rückblick: Teil 1. 23. Juli. https://musikwirtschaftsforschung.wordpress.com/2009/07/23/10-jahre-napster-%e2%80%93-ein-ruckblick-teil-1/. Zugriff 29. Mai 2026; Tschmuck, Peter. 2009. 10 Jahre Napster – ein Rückblick – Teil 2. 24. Juli. https://musikwirtschaftsforschung.wordpress.com/2009/07/24/10-jahre-napster-ein-ruckblick-teil-2/. Zugriff 29. Mai 2026; Tschmuck, Peter. 2009. 10 Jahre Napster – ein Rückblick – Teil 3. 27. Juli. https://musikwirtschaftsforschung.wordpress.com/2009/07/27/10-jahre-napster-ein-ruckblick-teil-3/. Zugriff 29. Mai 2026; Tschmuck, Peter. 2009. 10 Jahre Napster – ein Rückblick – Teil 4. 30. Juli. https://musikwirtschaftsforschung.wordpress.com/2009/07/30/10-jahre-napster-ein-ruckblick-teil-4/. Zugriff 29. Mai 2026; Tschmuck, Peter. 2009. 10 Jahre Napster – ein Rückblick – Teil 5. 4. August. https://musikwirtschaftsforschung.wordpress.com/2009/08/04/10-jahre-napster-ein-ruckblick-teil-5/. Zugriff 29. Mai 2026

1998 wollte das der College-Student Shawn Fanning ändern und begann an einem Programm zu basteln, welches in der Lage war, auf die Musikfiles in fremden Computern zuzugreifen. Die erste Version präsentierte er im Herbst 1998 seinen Hacker-Freunden, Jordan Ritter und Sean Parker, bei denen er mit seinem Nickname „Napster" bekannt war, der zum Namensgeber der Software wurde. Parker und Ritter waren begeistert und begannen sogleich mit Fanning die Aufgaben für den Aufbau eines P2P-Filesharingnetzwerks zu verteilen. Jordan Ritter übernahm die Wartung der zentralen Server und sorgte für die Stabilisierung des Sicherheitsservers. Sean Parker wurde involviert, um Fehler im Programm aufzuspüren und zu beseitigen, aber auch, um InvestorInnen an Land zu ziehen.[25]

Im Frühjahr 1999 lag Napster in seiner grundlegenden Architektur als Ergebnis kollektiver Programmierarbeit unter der Federführung von Shawn Fanning vor. Um sich noch intensiver mit der Software beschäftigen zu können, brach Fanning sein Studium an der Northeastern University in Boston ab. Sein Onkel, John Fanning, bot ihm daraufhin an, ihn bei der Firmengründung zu unterstützen. Im Mai 1999 wurden die Gründungspapiere von Napster Inc. von Shawn Fanning unterschrieben, allerdings zu dem Preis, dass sein Onkel 70-Prozent-Eigentümer an der neuen Firma wurde und bei Shawn Fanning lediglich ein Minderheitenanteil von 30 % verblieb.[26]

Im Sommer 1999 konnte mit Yosi Amram ein erster Investor für Napster gewonnen werden, der aber seine Finanzierungszusage über US$ 250.000 an die Bedingung knüpfte, dass Napster Inc. nach San Francisco übersiedelte und eine ihm genehme Geschäftsführung sowie ein von ihm kontrollierter Aufsichtsrat installiert werden sollte.[27]

In der Führungsetage von Napster herrschte aber Chaos. Niemand hatte eine Ahnung vom Musikbusiness und vom Urheberrecht. Die strategischen Überlegungen reichten vom Festhalten an einem nicht-profitorientierten Tauschservice bis zur Umwandlung in eine voll lizenzierte über Abo-Entgelte finanzierte Downloadplattform. Zusätzlich mussten in kürzester Zeit ProgrammiererInnen eingestellt werden, um den exponentiell ansteigenden Traffic am Napster-Server zu bewältigen. Die UserInnen-Zahlen waren seit dem Launch der allgemein zugänglichen Beta-Version im Juni 1999 von wenigen 1000 auf mehrere 10.000 pro Tag

[25] Menn, Joseph. 2003. *all the rave. The Rise and Fall of Shawn Fanning's Napster*. New York: Crown Business, S. 34–39

[26] Menn, Joseph. 2003. *all the rave. The Rise and Fall of Shawn Fanning's Napster*. New York: Crown Business, S. 53–55

[27] Menn, Joseph. 2003. *all the rave. The Rise and Fall of Shawn Fanning's Napster*. New York: Crown Business, S. 84

gestiegen. Im Oktober 1999 durchbrach die Anzahl der täglichen Napster-UserInnen die 1-Millionen-Grenze. Die Musiktauschbörse war die am stärksten wachsende Internetanwendung geworden.[28] Kein Wunder, dass bald auch schon die Medien auf das Phänomen Napster aufmerksam wurden. Am 1. November 1999 erschien ein erster Artikel über Napster im Tech-Magazin Wired. Darin wurde bereits die Frage nach Urheberrechtsverletzungen aufgeworfen und Napster-CEO, Eileen Richardson, versicherte, dass alle gesetzlichen Bestimmungen eingehalten würden: „We're going to follow all the laws to the letter, including the Digital Millennium Copyright Act.... [Napster is] much more about community. We are not interested in people doing anything illegal."[29]

Die Recording Industry Association of America (RIAA) sah das naturgemäß anders. Im Spätsommer 1999 war man auf Napster aufmerksam geworden, nachdem die soeben erst eingerichtete Piraterie-Task-Force in einem einschlägigen Internetforum von der Tauschbörse erstmals gehört hatte. Am 23. September 1999 wurde John Fanning in einem Routine-E-Mail informiert, dass die Napster-Software unautorisiert in die Rechte der MusikurheberInnen und ihrer VerwerterInnen eingreife. „As may or may not be aware, your software, while exciting to both consumers and producers (including potentially our members) of sound recordings, unfortunately facilitates in many cases the unauthorized posting of our members' sound recordings."[30] Beigefügt war dem Schreiben eine Einladung zu Gesprächen, um die Probleme zu thematisieren und eine Lösung zu finden. Der freundliche Ton des E-Mails veranlasste John Fanning zu glauben, dass die RIAA nichts gegen Napster in der Hand hätte und begann auf Zeit zu spielen. Auch die Geschäftsführerin Eileen Richardson setzte auf Verzögerungstaktik und hoffte die Zeit nutzen zu können, damit Napster weiter an NutzerInnen-Zahlen zulegen und als gleichwertiger Partner einen vorteilhafteren Deal mit der RIAA bzw. den von ihr vertretenen Musikkonzernen aushandeln könnte. So begann eine Phase des Lavierens, in dem immer wieder Gesprächstermine angesetzt, dann aber kurzfristig abgesagt oder gar nicht erst wahrgenommen wurden.[31]

---

[28] Menn, Joseph. 2003. *all the rave. The Rise and Fall of Shawn Fanning's Napster*. New York: Crown Business, S. 100–103

[29] Sullivan, Jennifer. 1999. Napster: Music Is For Sharing. Wired, 1. November. https://www.wired.com/1999/11/napster-music-is-for-sharing/. Zugriff 07. Mai 2026

[30] Menn, Joseph. 2003. *all the rave. The Rise and Fall of Shawn Fanning's Napster*. New York: Crown Business, S. 163

[31] Menn, Joseph. 2003. *all the rave. The Rise and Fall of Shawn Fanning's Napster*. New York: 163

Ende Oktober 1999 reichte es dann der RIAA-Geschäftsführerin, Hilary Rosen, und sie beauftragte eine auf Urheberrecht spezialisierte Anwaltskanzlei, eine Klage gegen Napster vorzubereiten. Am 15. November 2000 berichtete Wired von der Klagabsicht der RIAA gegen Napster. Eine RIAA-Sprecherin führte gegenüber dem Technologie-Magazin aus: „We made several attempts over the last few weeks to communicate with [Napster] (…). Unfortunately, our urgent requests for a meeting were not taken seriously. We really had no other option but to file litigation." Für Napster-CEO Eileen Robertson eine glatte Lüge: „She [Robertson] said she had been communicating with the RIAA via voicemail, and left her last message for them 10 days ago. She added that Napster is ‚absolutely' interested in meeting with the RIAA."[32]

Am 6. Dezember 1999 war es dann soweit: Am US-Bezirksgericht in San Francisco wurde Klage wegen Urheberrechtsverletzung gegen Napster Inc. eingebracht.[33] In Absatz 44 der eingebrachten Klage wurde Napster großangelegte Musikpiraterie vorgeworfen:

„In stark contrast to these legitimate companies, Napster is not developing a business around legitimate MP3 music files, but has chosen to build its business on large-scale piracy. Napster seeks to profit by encouraging and facilitating the distribution and reproduction of millions of infringing MP3 files. Moreover, by deliberately refusing to maintain any information about its users in order to make copyright enforcement next to impossible, Napster has created a virtual sanctuary where music piracy can and does flourish on a monumental scale."

In Absatz 46 beschreiben die Anwälte der klagenden Seite genau, wie Napster funktioniert: „(…) Napster provides to its users (at no cost) Napster's proprietary ‚MusicShare' software. This Napster-developed software enables users to connect their computers to a hub of computer servers maintained by Napster, and interacts seamlessly with ‚server side' software developed and maintained by Napster on its computer servers. By using Napster's MusicShare software, once connected to Napster's servers, users choose which of their own MP3 music files stored on their computer hard drives they want to make available for copying by other Napster users. Napster then takes an inventory of the music files each user has so designated and combines and organizes a listing of those song files into an extensive database

[32] Sullivan, Jennifer. 1999. RIAA Suing Upstart Startup, Wired 15. November. https://www.wired.com/1999/11/riaa-suing-upstart-startup/. Zugriff 11.05.2026

[33] A&M Records, Inc. v. Napster, Inc. Complaint for contributory and vicarious copyright infringement violations of California Civil Code Section 980(a)(2) and unfair competition. US District Court for the Northern District of California. Case No. C99–5183-MHP

and directory, which is maintained on Napster's servers and which Napster makes available to all Napster users."

Damit wird die zentrale Server-Architektur beschrieben, über die der Tauschverkehr lief. Diese wird in der darauffolgenden gerichtlichen Auseinandersetzung zwecks einstweiliger Verfügung gegen Napster – zu einem Gerichtsverfahren wegen Urheberrechtsverletzung ist es niemals gekommen – die zentrale Rolle spielen und wesentlich zum Untergang von Napster beitragen.

Die Einbringung der Klage richtete nun die Aufmerksamkeit der Weltöffentlichkeit auf die Musiktauschbörse. Kein Tag verging, ohne dass Medienvertreter Statements von den Napster-BetreiberInnen haben wollten. Alle großen nationalen und internationalen Medien machten aus dem Napster-Hype Titelgeschichten und erhöhten damit nur noch mehr dessen Bekanntheitsgrad. Anfang 2000 war Napster die weltweit bekannteste Marke im Musikbereich.

In der Zwischenzeit hatten sich auch schon MusikerInnen medial zu Wort gemeldet, die in Napster eine tolle Sache sahen. Public Enemy-Mitglied Chuck D verfasste sogar einen hymnischen Gastbeitrag für die New York Times.[34] Ebenso unterstützen Radiohead, Courtney Love, Madonna, Dave Matthews, Moby und Limp Bizkit die Musiktauschbörse mit ihren Wortspenden.[35] Auf der Gegenseite brachte aber auch die RIAA „ihre" MusikerInnen gegen Napster in Stellung. Eminem und Peter Gabriel sprachen sich in der Presse strikt gegen das File-Sharing-System aus,[36] aber am weitesten ging die Heavy Metal Band Metallica. Sie erstattete Mitte April 2000 Anzeige wegen wiederholter Urheberrechtsverletzung ihres Songmaterials, dessen Rechte sie im eigenen Verlag selbst kontrollierte. Zusätzlich zu Napster wurden gleich auch die Yale University, University of Southern California (USC) und die Indiana University von der Band verklagt, weil sie den Zugang zum Napster-Server für ihre Studierenden nicht blockiert hatten.[37] Anfang Mai 2000 fuhren der Metallica-Anwalt sowie der Band-Sprecher und Schlagzeuger, Lars Ulrich, beim Napster-Hauptquartier vor und verlangten öffentlichkeits-

[34] CNET. 2000. Rapper Chuck D throws weight behind Napster, CNET, 1. Mai. https://web.archive.org/web/20120711140750/http://news.cnet.com/2100-1023-239917.html. Zugriff 11. Mai 2026

[35] Gesammelte Wortspenden der KünstlerInnen zu Napster finden sich unter: http://www.singsing.org/files/causacivile/napster/. Zugriff 11. Mai 2026

[36] Menn, Joseph. 2003. *all the rave. The Rise and Fall of Shawn Fanning's Napster*. New York: Crown Business, S. 140–141

[37] Metallica v. Napster, Inc. Complaint, 13. April 2000. District Court of the Central District of California. Case No. C 00–4068 MHP. https://www.courtlistener.com/docket/4144329/metallica-v-napster-inc/. Zugriff 11. Mai 2026

wirksam die Schließung der Tauschbörse.[38] Sie überreichten der Geschäftsführung eine Liste von 335.435 Napster-UserInnen, die unautorisiert Metallica-Songs zum File-Sharing angeboten hatten, und verknüpften damit die Forderung, deren Accounts unverzüglich zu sperren.[39] Um guten Willen zu zeigen und um eine Schädigungsabsicht von sich zu weisen, blockte Napster am 10. Mai insgesamt 317.377 UserInnen. Allerdings meldeten sich diese sogleich unter anderem Namen wieder an und unterliefen damit die Sperrung ihres Accounts.[40] Auch der Rapper Andrew Young, besser bekannt als Dr. Dre, reichte gegen Ende April 2000 Klage ein[41] und forderte Napster auf, 239.612 NutzerInnen zu sperren, die seine Songs verfügbar gemacht hatten.[42]

Unterdessen mussten 50 Großrechner Ende April 2000 zusammen geschaltet werden, um die stark gestiegene Zahl von Suchanfragen zu bewältigen. Mit dem unbändigen Wachstum zeichneten sich im Frühjahr 2000 ernste Liquiditätsprobleme ab. So begann die Suche nach neuen InvestorInnen, die trotz anhängiger Sammelklage der Musikindustrie, bereit wären, einzusteigen. Dabei erwies sich Mehrheitseigentümer John Fanning als Hemmschuh. Immer, wenn schon ein Deal mit einem Risikokapitalgeber vor dem Abschluss stand, torpedierte er die Verhandlungen mit überzogenen Forderungen, weil er um seinen Einfluss fürchtete. Letztendlich gelang es dann doch im April 2000 die Investorengruppe Hummer Winblad als potenten Partner zum Einstieg bei Napster zu bewegen. Hummer Winblad war bereit, US$ 14,5 Mio. an Risikokapital zur Verfügung zu stellen, wobei John Fanning seinen Posten im Aufsichtsrat behalten durfte. Allerdings musste er akzeptieren, dass seine Anteile wegen der Kapitalaufstockung auf 15 % sanken, wodurch er sein Vetorecht verlor. Hummer Winblad hingegen verfügte nun über 20 % der stimmberechtigten Aktien und konnte frei agieren. Zuerst wurden die beiden verbliebenen Aufsichtsratsposten für den Firmengründer John Hummer und

[38] Menn, Joseph. 2003. *all the rave. The Rise and Fall of Shawn Fanning's Napster*. New York: Crown Business, S. 144–145

[39] Borland, John. 2000. Metallica fingers 335,435 Napster users. CNET, 1. Mai. https://www.cnet.com/tech/services-and-software/metallica-fingers-335435-napster-users/. Zugriff 11. Mai 2026

[40] Borland, John. 2000. Napster boots 317,377 members from service. CNET, 9. Mai. https://www.cnet.com/tech/services-and-software/napster-boots-317377-members-from-service/. Zugriff 11. Mai 2026

[41] Andrew Young p/k/a Dr. Dre and Aftermath Entertainment v. Napster, Inc. US District Court for the Central District of California. Case No. C 00–3997 MHP

[42] Borland, John. Dr. Dre chimes in with names to ban from Napster. CNET, 17. Mai. https://www.cnet.com/tech/services-and-software/dr-dre-chimes-in-with-names-to-ban-from-napster/. Zugriff 11. Mai 2026

für eine weitere der Firma nahestehende Person beansprucht. In weiterer Folge wurde Eileen Richardson als CEO durch den Anwalt und Copyright-Experten Hank Barry ersetzt.[43]

Vor allem an der Klagefront war nun ein erfahrener Jurist gefordert. Hier setzte es aber am 5. Mai 2000 die erste Niederlage. Napster hatte sich nämlich selbst als Musikservice-Provider definiert, der unter die „Safe Harbor"-Bestimmung des Digital Copyright Millenium Act aus dem Jahr 1998 fallen würde. Damit berief sich Napster auf eine Passage im Gesetz, in der die Ausnahme „(...) for transmitting, routing or providing connections for material through a system or network controlled or operated by or for the service provider" geregelt ist.[44] Die Richterin stellte nun klar, dass die Datenübertragung nicht von Napster selbst, sondern von den einzelnen UserInnen vorgenommen wurde, womit Napster kein Internetservice-Provider (ISP) im Sinne des Gesetzes sei. Darüber hinaus kritisierte die Richterin, dass Napster es lange Zeit verabsäumt hätte, Maßnahmen gegen die wiederholten Urheberrechtsrechtsverletzungen zu setzen. Diese wurden erst nach Einbringung der Klage im Dezember 1999 gesetzt und bestanden lediglich im Austausch der Passwörter der inkriminierten NutzerInnen, nicht aber in der Sperrung ihrer IP-Adressen.[45] Mit diesem Entscheid war die Rechtsposition von Napster schwer erschüttert und man musste für das bevorstehende Verfahren mit dem Schlimmsten – nämlich einer einstweiligen Verfügung und dem gerichtlich angeordneten Schließen der Tauschbörse – rechnen.

2.2 Das Imperium schlägt zurück

2.2.1 Der Napster-Prozess

Im Mai 2000 begannen die Vorerhebungen, die dem Kläger die Möglichkeit einräumten, VertreterInnen der beklagten Partei unter Eid einzuvernehmen. Der von der RIAA bestellte Anwalt, Russell Frackman, führte die Vernehmungen mit dem Ziel herauszuarbeiten, dass Napster Inc. mit Gewinnerzielungsabsicht gegründet

[43] Menn, Joseph. 2003. *all the rave. The Rise and Fall of Shawn Fanning's Napster.* New York: Crown Business, S. 211–214

[44] Digital Copyright Millenium Act 1998, Sec. 201, Title II: Online Copyright Infringement Liability Limitation Act, § 512(a)

[45] A&M Records, Inc. v. Napster, Inc. Court's 512(a) Ruling, 5. Mai 2000. US District Court for the Northern District of California. Case No. C99–5183-MHP

worden war. Und von Anfang an hätten die EntwicklerInnen der Software nicht nur Urheberrechtsvergehen in Kauf genommen, sondern diese sogar beabsichtigt.

Die Beweislage war für die RIAA-Anwälte so erdrückend, dass sie es wagen konnten, am 12. Juni 2000 eine einstweilige Verfügung gegen Napster bei Gericht einzubringen, die darauf hinauslief, die Musiktauschbörse per Gerichtsbeschluss abzudrehen.[46] Dazu musste aber ein wirtschaftlicher Schaden nachgewiesen werden, der durch die einstweilige Verfügung abgewendet werden sollte. Beide Seiten gaben dazu Gutachten in Auftrag, die jeweils die eigene Position untermauern sollten. Dieser „Krieg der Gutachten“ sollte nicht nur den Napster-Fall entscheiden, sondern den gesamten öffentlichen Diskurs zum Filesharing prägen.

Die Kläger führten eine nicht-repräsentative Telefon-Befragung von 3218 College-StudentInnen von der Field Research Corporation ins Treffen, in der die negativen Auswirkungen der Napster-Nutzung auf den CD-Verkauf demonstriert werden sollte. In ihrem Gutachten kam die Geschäftsführerin von Field Research, E. Deborah Jay, zum Schluss, dass rund ein Viertel der Befragten Napster nutzten, um keine CDs mehr kaufen zu müssen, wobei der Anteil der Nicht-KäuferInnen mit der Nutzungsdauer von Napster anstieg. Zudem zeigte die Studie, dass ein großer Prozentsatz der Napster-NutzerInnen die Songs, die sie herunterluden, weder besessen noch später erworben hat.[47]

Allerdings sind die Studienergebnisse sehr mit Vorsicht zu genießen, weil nur College-Studierende befragt wurden, die eine wesentlich höhere Tendenz zum Filesharing hatten und aufgrund ihrer knappen Budgets kaum Geld für CDs ausgaben. Ähnlich fragwürdig war die zweite wissenschaftliche Studie, die die Kläger gegen Napster in Stellung brachten. Darin versuchte Michael Fine, CEO von Soundscan Inc. nachzuweisen, dass in Plattenläden im Umkreis von Colleges mit Breitband-Internetverbindung die Albenverkäufe zurück gegangen sind, wohingegen insgesamt die Albumumsätze zwischen dem 1. Quartal 1997 und dem 1. Quartal 2000 um 18 % gestiegen waren.[48] Abgesehen davon, dass die Rückgänge in den betroffenen Läden auch auf andere Ursachen als auf Filesharing zurückgeführt hätten werden können, zeigt der allgemeine Anstieg der Albenverkäufe, dass insge-

[46] A&M Records et al. v. Napster Inc., Complaint for contributory and vicarious copyright infringement, violations of Californian Civil Code Section 980(a)(2), and unfair competition, 12. Juni 2000. US District Court for the Northern District of California. Case No. C99–5183-MHP.

[47] A&M Records Inc. v. Napster Inc. Report by E. Deborah Jay, President and CEO, Field Research Corp. 10. Juni 2000. US District Court for the Northern District of California. Case No. C99–5183-MHP

[48] A&M Records Inc. v. Napster Inc. Report by Michael Fine. US District Court for the Northern District of California. Case No. C99–5183-MHP

samt gar kein wirtschaftlicher Schaden für die Tonträgerindustrie eingetreten ist und somit auch die Grundlage für eine einstweilige Verfügung gegen Napster im Grunde nicht gegeben war.

Schließlich ist noch die Studie von Statistik-Professor Ingram Olkin von der Stanford University zu erwähnen, in der er für die Kläger-Seite nachwies, dass alle UserInnen, die durch eine Zufallsstichprobe erfasst wurden, urheberrechtlich geschütztes Material angeboten hatten und 87,1 % der Files, die von Napster-UserInnen im Beobachtungszeitraum heruntergeladen wurden, eindeutig urheberrechtlich geschütztes Material darstellte, das ohne Zustimmung der RechteinhaberInnen verwendet wurde.[49]

Der von Napster beauftragte Gerichtsgutachter, Marketing-Professor Peter S. Fader von der Wharton School, zerpflückte die von den Klägern vorgelegten Studien und versucht in seinen Ausführungen nachzuweisen, dass Napster sogar einen positiven Sampling-Effekt auf Musikverkäufe hatte, was er mit sechs unabhängigen Studien und seiner Eigenen zu untermauern versuchte.[50]

Napster versuchte mit einer weiteren Studie des Stanford-Professors für Ökonomie, Robert E. Hall, nachzuweisen, dass der Musikindustrie durch Filesharing gar kein wirtschaftlicher Schaden erwachse. Hall spielte die beiden Szenarien – Napster darf bis zu einem Verfahren weiter in Betrieb bleiben oder muss aufgrund einer einstweiligen Verfügung vom Netz gehen – durch und kam zum Schluss, dass „Napster's activities will not reduce the plaintiffs' profits in the near future, and therefore shutting down Napster pending trial will not prevent a loss of profits."[51]

Allerdings verlor Napster den „Krieg der Gutachten" vor Gericht, weil sich die Richterin der Sichtweise der Kläger anschloss. In ihrer Urteilsbegründung gab sie zu Protokoll: „But selecting out college students, I don't think was inappropriate and, therefore, does not negate the entire study. What it makes clear to the court, however, is that it is only looking at college students and, therefore, we know that it's only looking at a segment of the market. Nonetheless, a segment that Napster itself has said it has targeted. And it gives us a snapshot, particularly for preliminary injunction purposes, of what is happening in a particular market."[52]

---

[49] A&M Records, Inc. v. Napster, Inc. Report by Ingram Olkin. US District Court for the Northern District of California. Case No. C99–5183-MHP

[50] A&M Records, Inc. v. Napster, Inc. Report by Peter S. Fader. US District Court for the Northern District of California. Case No. C99–5183-MHP

[51] A&M Records, Inc. v. Napster, Inc. Report by Robert E. Hall. US District Court for the Northern District of California. Case No. C99–5183-MHP

[52] A&M Records, Inc. v. Napster, Inc. Judge Marilyn Hall Patel's Ruling [Transcript], 26. Juli 2000. US District Court for the Northern District of California. Case No. C99–5183-MHP und Case No. 00.0074

Angesichts der drohenden einstweiligen Verfügung trat der neue Napster-CEO, Hank Barry, die Flucht nach vorne an. Mit David Boies wurde ein Staranwalt für den Fall gewonnen, der eine neue Verteidigungsstrategie einschlug. Er berief sich auf den Audio Home Recording Act (AHRA), unter dem es KonsumentInnen erlaubt war, private Kopien anzufertigen, was im US-amerikanischen Recht eine Form von „Fair Use" ist. Da die Napster-UserInnen seiner Ansicht nach genau das taten, läge keine Copyright-Verletzung vor. Darüber hinaus berief sich der Anwalt auf die US-Supreme-Court-Entscheidung aus dem Jahr 1984 im Fall Universal City Studios vs. Sony, in dem die Verbreitung von Videorekordern durch Sony von den großen Hollywood-Studios als Copyright-Verletzung angesehen wurde. In einem sehr umstrittenen Spruch entschied das Höchstgericht damals für den Beklagten Sony mit dem Argument, dass mit der neuen Aufnahmetechnologie zwar Copyright verletzt werden würde, aber diese Verletzungen im Vergleich zur legalen, privaten Nutzung in keinem relevanten Verhältnis stehen würden.

Boies Kanzlei aktivierte zudem prominente Vertreter der Open-Source-Community bzw. der Free-Speech-Bewegung wie den Mitbegründer der Electronic Frontier Foundation (EFF) und Grateful Dead-Songschreiber John Perry Barlow[53] sowie den Stanford-Law-School-Professor Lawrence Lessig, sich für Napster einzusetzen. So argumentierte Lawrence Lessig in seiner Eingabe bei Gericht damit, dass viele innovative Technologie wie die Kopiermaschine, der Kassettenrekorder oder der Videorekorder anfänglich auch Urheberrecht verletzten, aber mit der Zeit die legale Nutzung die Oberhand gewann und neue Wege der Abgeltung der RechteinhaberInnen gefunden werden konnten.[54]

Beide Seiten hatten also die Zeit vor der Anhörung genutzt, um die jeweilige Position zu untermauern. Am 26. Juli 2000 begannen im Gerichtsgebäude von San Francisco die Anhörungen bezüglich einer einstweiligen Verfügung gegen Napster. Den Vorsitz führte wieder Richterin Marilyn Hall Patel, die schon die Voruntersuchungen geleitet hatte. Das Eröffnungsstatement kam vom Anwalt der Kläger, Russell Frackman, dem es vor allem darum ging zu belegen, wie immens hoch der wirtschaftliche Schaden für die Label und Verlage sei, der ihnen durch das unautorisierte Filesharing auf Napster zugefügt werde: „Since the court walked in several minutes ago, 30, 40, maybe 50,000 recordings have been downloaded using the Napster system; 14,000 recordings are downloaded a min (…). If we take the six months that Napster has posited it will take to get to trial, there will be 3,6 bil-

[53] A&M Records, Inc. v. Napster, Inc. Declaration of John Perry Barlow. 26. Juli 2000. US District Court for the Northern District of California. Case No. C99–5183-MHP

[54] A&M Records, Inc. v. Napster, Inc. Declaration of Lawrence Lessig. 26. Juli 2000. US District Court for the Northern District of California. Case No. C99–5183-MHP

lion separate recordings downloaded using the Napster system. And 90 percent of those, Your Honor, are copyrighted."[55] Von den 75 Mio. UserInnen würden keine Lizenzgebühren an die RechteinhaberInnen bzw. RechterverwerterInnen fließen, führte der RIAA-Anwalt weiter aus, um fortzufahren: „The longer this goes on, Your Honor, the more impossible it will be for us, and we believe for the court, to do anything realistic."[56] Nicht nur die CD-Käufe würden unter Napster leiden, auch würde es der Musikindustrie verunmöglicht, ihr eigenes Online-Geschäft zu entwickeln.

Der Rechtsvertreter der Musikverlage, Carey Ramos, war als nächster am Wort: „All we request is that Napster be required to comply with the law, to follow the same rules of the road that other media business have followed for years by obtaining permission before enabling the copying. Napster doesn't want to do that. It doesn't want to have to engage in clearences whether they need to get clearence and to seek permission. It's too much effect. It requires them to work before they become Internet billionaires."[57]

Damit war die Linie der Kläger klar erkennbar: Es ging der RIAA keineswegs um irgendwelche persönlichen Rechte von UrheberInnen – diese sind durch das US-amerikanische Copyright ohnehin wenig geschützt –, sondern um den angeblichen wirtschaftlichen Schaden, den Filesharing anrichtete.

Kommen wir nun zu den Argumenten der beklagten Seite. Napster-Anwalt David Boies lenkte anfangs die Aufmerksamkeit auf das Höchstgerichtsurteil im Sony-Videorekorder-Fall aus dem Jahr 1984 und versuchte anhand einer Grafik zu erklären, dass auf Napster nicht nur unautorisiertes Material angeboten würde: „We have at tab No 2 of the book that the court has, a reference to a whole series of substantial noninfringing use of which Napster is capable (…)" und weiter kam der Anwalt nicht, weil ihm Richterin Patel ins Wort fiel: „What does it mean, ‚is capable'? As opposed to ‚is in fact' or ‚has in fact been performing'?"[58] Mit diesem Einwand war Boies Verteidigungslinie bereits geschwächt. Während im Videorekorder-Fall keine Daten über das Nutzungsverhalten existierten, so lagen diese bei Napster in Hülle und Fülle vor und belegten den starken nicht-autorisierten

---

[55] Menn, Joseph. 2003. *all the rave. The Rise and Fall of Shawn Fanning's Napster.* New York: Crown Business, S. 241

[56] Menn, Joseph. 2003. *all the rave. The Rise and Fall of Shawn Fanning's Napster.* New York: Crown Business, S. 241

[57] Menn, Joseph. 2003. *all the rave. The Rise and Fall of Shawn Fanning's Napster.* New York: Crown Business, S. 241–242

[58] Menn, Joseph. 2003. *all the rave. The Rise and Fall of Shawn Fanning's Napster.* New York: Crown Business, S. 242

Gebrauch der Tauschbörse. Ab diesem richterlichen Einwand wurde vor Gericht nicht mehr über die autorisierte, sondern nur mehr über die unautorisierte Napster-Nutzung gesprochen oder anders gesagt, der Sony-Videorekorder-Fall war nutzlos geworden.

David Boies versuchte nun zu belegen, dass Napster als Musik-Service-Provider keine Verantwortung für das illegale Treiben seiner NutzerInnen übernehmen konnte. Aber auch diese Argumentation ließ die Richterin kalt. Bezugnehmend auf die ihr vorliegende Memos und E-Mails aus der Gründungsphase von Napster ging hervor, dass sich Shawn Fanning und seine Mitstreiter nicht nur der Piraterie bewusst waren, sondern diese auch begünstigten.[59] Damit war es nun für den Napster-Anwalt schwer, sich auf den Audio Home Recording Act und die darin erlaubte Privatkopie zu beziehen. Auch der Verweis auf den jüngsten Gerichtsentscheid, dass der Rio-MP3-Player legal wäre, prallte bei der Richterin ab, die nur lakonisch darauf verwies, dass bei der Benutzung des Rio-Players wohl die Inhalte nicht mit der ganzen Welt geteilt und somit kopiert würden.

Nach dem Verlauf der Anhörung war klar geworden, dass das Urteil Napster nicht zum Vorteil gereichen würde. Aber es hatte niemand im Gerichtssaal – nicht einmal die Kläger – erwartet, dass es so drakonisch ausfallen würde. Gleich am Anfang der Urteilsverkündigung stellte Richterin Patel klar, dass Napster Urheberrecht verletze.[60] In weiterer Folge führte die Richterin aus, warum der Höchstgerichtsspruch im Videorekorder-Fall nicht anzuwenden wäre und der Napster-Fall anders liegen würde. Zwar räumte Richterin Patel ein, dass es bei Napster wesentlich schwieriger sei, über die private Nutzung zu urteilen, weil der Fall über die bestehenden rechtlichen Grenzen hinaus ginge, aber das Faktum, dass eine riesige Menge an Musikfiles massenhaft verbreitet werde „(…) cannot be said to engage merely in the typical personal use."[61] Während die HerstellerInnen von Videorekordern ab dem Verkauf der Geräte nicht mehr kontrollieren könnten, was die KäuferInnen damit anstellen, habe Napster zu jeder Zeit die Kontrolle über das Nutzungsverhalten seiner UserInnen. Der Audio Home Recording Act spiele insofern keine Rolle, weil Computer keine „audio home recording devices" im Sinne des Gesetzes wären.

---

[59] Menn, Joseph. 2003. *all the rave. The Rise and Fall of Shawn Fanning's Napster.* New York: Crown Business, S. 242

[60] Menn, Joseph. 2003. *all the rave. The Rise and Fall of Shawn Fanning's Napster.* New York: Crown Business, S. 244

[61] Menn, Joseph. 2003. *all the rave. The Rise and Fall of Shawn Fanning's Napster.* New York: Crown Business, S. 244

Für Richterin Patel galt es erwiesen, dass Napster nicht nur das Gesetz verletzte, sondern auch in jeder Phase vom illegalen Treiben der NutzerInnen hätte wissen müssen: „[It] overwhelmingly establishes that the defandant had actual or, at the very least, constructive knowledge.“[62] Ein Beweis dafür bestünde darin, dass Napster in der Lage war, tausende NutzerInnen auszuschließen, die inkriminiertes Songmaterial von Metallica und Dr. Dre angeboten hatten. Napster müsste also, sofern es nicht auf richterliche Anweisung hin geschlossen werden wolle, sicherstellen, dass in Zukunft kein urheberrechtlich-geschütztes Material ohne Autorisierung getauscht werden könne. Und sie bekräftigte ihr Urteil mit dem ironischen Zusatz: „I'm sure that anyone as clever as the people who wrote the software in this case are clever enough (…) to do it, and come up with a written program that will help identify infringing items.“[63] Auf den Einwand des Napster-Anwalts Boies, dass es für das Unternehmen unmöglich wäre, alle Songs aufzulisten, die Urheberrecht verletzen würden, entgegnete Patel nur lakonisch: „That's their problem. They created the ‚monster'.“[64]

Damit war die einstweilige Verfügung, die auf das Schließen von Napster hinauslief, ausgesprochen und die Sitzung geschlossen. In der mit 10. August 2000 datierten Urteilsbegründung[65] erläuterte die Richterin ausführlich ihren Spruch. Ganz wesentlich war dabei die Überzeugung des Gerichts, dass durch Napster den klagenden Musikkonzernen ein wirtschaftlicher Schaden entstanden wäre. Die Richterin würdigte dabei die Field Research-Studie und die SoundScan-Studie von Peter Fine, die die Position der Kläger untermauerten. Zusätzlich führt die Richterin ins Treffen, dass die Aktivitäten von Napster die Musikkonzerne daran hindern würden, ihr eigenes Online-Geschäftsmodell zu entwickeln Die Studien, die von Napster in Auftrag gegeben wurden, wischte die Richterin hingegen als nicht aussagekräftig und irrelevant vom Tisch. Den von der Verteidigung ins Spiel gebrachten Sampling-Effekt, der dazu führt, das FilesharerInnen auch Musik kaufen, die sie vorher kostenlos heruntergeladen haben, war für die Richterin nicht plausibel. Einmal mehr zeigt sich, dass die Frage, ob und in wel-

[62] Menn, Joseph. 2003. *all the rave. The Rise and Fall of Shawn Fanning's Napster.* New York: Crown Business, S. 244

[63] Menn, Joseph. 2003. *all the rave. The Rise and Fall of Shawn Fanning's Napster.* New York: Crown Business, S. 244–245

[64] Menn, Joseph. 2003. *all the rave. The Rise and Fall of Shawn Fanning's Napster.* New York: Crown Business, S. 245

[65] A&M Records Inc. v. Napster Inc. Opinion, 10. August 2000. US District Court for the Northern District of California. Case No. C99-5183-MHP und Case No. 00.0074

chem Umfang Filesharing die Musikindustrie schädigte, der Dreh- und Angelpunkt für das Napster-Verfahren war.

Die Argumentationslinie der Richterin war klar: Die FilesharerInnen begingen massenhaft Urheberrechtsverletzungen und Napster schaute dem nicht nur tatenlos zu, sondern begünstigte diese sogar noch. Als Beweis, sozusagen die „smoking gun" der Anklage, war eine E-Mail des Napster-Mitbegründers Sean Parker, in der er darauf hinweist, dass Napster gar nicht die realen Namen der NutzerInnen hinter den IP-Adressen wissen möchte, „since they are exchanging pirated music".[66] Napster wusste also von den Urheberrechtsverletzungen und hat demnach Beihilfe (contributory copyright infringement) dazu geleistet und finanziell davon profitiert (vicarious copyright infringement). Napster müsse also mittels Filtertechnologie sicherstellen, dass kein urheberrechtlich geschütztes Material der Kläger mehr über Napster verbreitet werde.[67]

Napster ging gegen diese einstweilige Verfügung sofort in Berufung, um die drohende Schließung zumindest hinauszuzögern.[68] Der dreiköpfige Berufungssenat sorgte dann auch für eine Überraschung, indem er zwar die einstweilige Verfügung inhaltlich bestätigte, aber Napsters Antrag auf erneute Überprüfung des Falles zuließ, was eine ziemlich unübliche Vorgangsweise war.[69] Für Oktober 2000 wurde eine weitere Anhörung anberaumt. Das Napster-Team bekam also eine Galgenfrist eingeräumt, aber das Damoklesschwert der Schließung schwebte immer noch über seinem Haupt.

Das Napster-Management versuchte daher nicht nur mit Hochdruck am Filtersystem arbeiten zu lassen, sondern auch eine rasche Einigung mit den Musikkonzernen herbeizuführen. CEO Barry Hank hatte schon im Sommer 2000 die Fühler ausgestreckt, um die Majors als Partner zu gewinnen. Es gelang ihm auch am 13. Juli 2000 – noch vor der Gerichtsanhörung – ein hochrangig besetztes Meeting zustande zu bringen. Vertreten waren neben den Napster-Repräsentanten Hank Barry und John Hummer auch noch Edgar J. Bronfman Jr., Gründer von Universal Music, Bertelsmann CEO Thomas Middelhoff, Sony-CEO Nobuyuki Idei und US-

[66] A&M Records Inc. v. Napster Inc. Opinion, 10. August 2000. US District Court for the Northern District of California. Case No. C99–5183-MHP und Case No. 00.0074

[67] A&M Records Inc. v. Napster Inc. Opinion, 10. August 2000. US District Court for the Northern District of California. Case No. C99–5183-MHP und Case No. 00.0074

[68] A&M Records Inc. v. Napster Inc. Appeal No. 00–16401. 26. Juli 2000, US Court of Appeals for the 9th Circuit. Case No. C99–5183-MHP und Case No. 00.0074

[69] A&M Records Inc. v. Napster Inc. Order Staying the Preliminary Injunction. 28. Juli 2000. US Court of Appeals for the 9th Circuit. Appeal No. C00–16401 und Appeal No. C00 16403. Case No. C99–5183-MHP und Case No. 00.0074

Sony-Chef Howard Singer. Die Napster-Verantwortlichen boten den Konzernchefs einen 60-Prozent-Anteil an der Firma an, was durchaus auf positive Resonanz stieß. Man ging in gutem Einvernehmen auseinander, damit die Verantwortlichen ihren Aufsichtsräten das Napster-Angebot mit dem Ziel vorlegen konnten, in detaillierte Verhandlungen einzutreten. Allerdings änderte Mehrheitseigentümer John Hummer auf Anraten von Intel-Gründer, Andy Grove, völlig überraschend die Strategie. Grove konnte Hummer nämlich davon überzeugen, dass die Labels kein Interesse an einem „Superradio" hätten, sondern jeden einzelnen Tauschakt kontrollieren wollten. So bluffte Hummer die Label-Betreiber mit einem angeblichen Übernahmeangebot von AOL-Time-Warner in der Höhe von US$ 2,0 Mrd. und ließ in der Zeitschrift Fortune verkünden: „I'am the record industry's worst nightmare".[70] Damit war der Label-Deal gestorben.[71]

2.2.2 Das Ende von Napster

Es waren dann auch nicht die Label-Verantwortlichen selbst, die weiterhin an Napster interessiert waren, sondern der Geschäftsführer der deutschen Bertelsmann AG, Thomas Middelhoff und der Leiter der Bertelsmann eCommerce Group (BeCG), Andreas Schmidt. Schmidt reiste nach dem Platzen des Deals nach San Francisco, um mit Hank Barry und John Hummer weiter zu verhandeln. Auch wenn die Gespräche hart an der Grenze zum Scheitern verliefen, kam man doch zu einer Einigung. Per Handschlag wurde eine Finanzspritze von Bertelsmann an Napster in der Höhe von US$ 60 Mio. vereinbart, die in einen 58-Prozent-Anteil an Napster umwandelbar war.[72]

Middelhoff und Schmidt hatten aber die Rechnung ohne den Wirt gemacht, dann die Verantwortlichen der Bertelsmann Music Group (BMG)waren über den Deal, der hinter ihrem Rücken eingefädelt worden waren, alles andere als begeistert. Sie gaben zu bedenken, dass Napster nicht nur illegal wäre und bei Gericht eine Niederlage hatte einstecken müssen, sondern auch über kein Geschäftsmodell verfügte, und dass die tägliche Zahl von 40 Mio. UserInnen nicht als KundInnen

[70] Nieva, Richard. 2013. Ashes to ashes, peer to peer: An oral history of Napster. Fortune, 5. September. https://fortune.com/2013/09/05/ashes-to-ashes-peer-to-peer-an-oral-history-of-napster/. Zugriff 11. Mai 2026

[71] Menn, Joseph. 2003. *all the rave. The Rise and Fall of Shawn Fanning's Napster.* Crown Business, S. 250–251

[72] Menn, Joseph. 2003. *all the rave. The Rise and Fall of Shawn Fanning's Napster.* Crown Business, S. 264

betrachtet werden dürfte. Es wäre auch nicht so einfach ein Filesharing-System so ohne weiteres in ein Abo-Service umzuwandeln und überhaupt müsste man nur darauf warten, bis das Gerichtsverfahren Napster in den Bankrott treibe und die Assets dann quasi umsonst zu haben wären.[73]

Middelhoff und Schmidt ließen sich von diesen Einwänden aber nicht beeindrucken und sahen in der Napster-Technologie und den riesigen NutzerInnen-Zahlen ein großes wirtschaftliches Potenzial. Sie gingen aber bei den Vertragsverhandlungen aufgrund der vielen juristischen Fallstricke vorsichtig ans Werk. Ihr Kalkül war, dass bei einem positiven Abschluss auch die anderen Musikkonzerne – inklusive des eigenen – dazu bewegt werden könnten, ihre Blockadepolitik aufzugeben und sich bei Napster zu engagieren. Als der Deal letztendlich zum Abschluss kam, war vorgesehen, dass die Bertelsmann AG US$ 60 Mio. als Kredit zu sehr günstigen Konditionen an Napster vergeben sollte, um für den Fall des Einstiegs anderer Label den Kredit in einen Mehrheitsanteil umwandeln zu können. Sollten die anderen Label nicht mitspielen wollen, so behielt sich Bertelsmann zumindest eine Minderheitsbeteiligung von 35 % an Napster vor. Die BMG wollte von dieser Vereinbarung nichts wissen und bestand darauf, dass Napster in die BeCG und nicht in ihr eigenes Imperium eingegliedert werden sollte. Darüber hinaus hielt die BMG ihre Klage gegenüber Napster aufrecht.[74]

Im Oktober 2000 verkündeten Bertelsmann und Napster auf einer Presskonferenz in New York die Details des Deals. Demnach durfte Napster seine P2P-Filesharing-Aktivitäten fortsetzen bis ein neues, lizenzgestütztes Abo-System implementiert werden würde. Bis dahin sollte die BMG auch ihre Klage aufrecht halten dürfen.[75] Damit war klar. Es gab immer noch kein Geschäftsmodell für Napster und der Deal änderte auch nichts am rechtlichen Status-Quo. Das waren keine attraktiven Voraussetzungen für die anderen Labels der Vereinbarung beizutreten. Die Bertelsmann-Leitung hatte sich verrechnet.

Von der Gerichtsfront kamen auch keine guten Nachrichten für Bertelsmann. Das für 2. Oktober 2000 anberaumte Hearing vor einem dreiköpfigen Richtersenat, das von CNN live aus dem Gerichtssaal übertragen wurde, brachte keine Neuig-

[73] Menn, Joseph. 2003. *all the rave. The Rise and Fall of Shawn Fanning's Napster.* Crown Business, S. 264

[74] Menn, Joseph. 2003. *all the rave. The Rise and Fall of Shawn Fanning's Napster.* Crown Business, S. 264

[75] Menn, Joseph. 2003. *all the rave. The Rise and Fall of Shawn Fanning's Napster.* Crown Business, S. 264

keiten mehr.[76] Der endgültige Richterspruch vom 12. Februar 2001 bestätigte das erstinstanzliche Urteil, dass Napster-UserInnen Urheberrecht verletzten. Der Audio Home Recording Act könnte nicht zur Anwendung gebracht werden, weil keine ausschließlich private Nutzung der Musikfiles vorlag und der Sony-VCR-Fall spielte insofern keine Rolle, weil Napster Einfluss auf die NutzerInnen ausüben konnte und sogar mit seinem Verhalten weitere NutzerInnen ermutigte, am unautorisierten File-Sharing teilzunehmen. Zusammenfassend schrieb der Richtersenat: „The district court did not err: Napster, by its conduct, knowlingly encourages and assists the infringement of plaintiffs' copyright."[77] Das Berufungsgericht teilte auch die Einschätzung von Richterin Patel, dass Napster negative Auswirkungen auf die CD-Verkäufe hätte. Zudem verfügte Napster über die technischen Möglichkeiten, NutzerInnen, die das Gesetz verletzten, vom Filesharing auszuschließen. Allerdings, und das war das einzige Zugeständnis an Napster, müsste es nicht selbst die unautorisiert getauschten Files identifizieren, sondern die Daten müssten von den Labels bzw. von den Verlagen zur Verfügung gestellt werden. Der Fall wurde an die erste Instanz und somit zu Richterin Patel zurückverwiesen. Diese verlautbarte am 6. März 2001 die nunmehr gültige einstweilige Verfügung, wonach Napster Sorge tragen müsste, dass jede unautorisierte Nutzung zu verhindern war. Bis 28. Juni 2001 müsste das Filtersystem einwandfrei funktionieren, ansonsten wäre Napster per Gerichtsbeschluss zu schließen.[78]

Um das Gerichtsverfahren endlich loszuwerden, kündigte Napster mit der Rückdeckung von Bertelsmann auf einer Presskonferenz in San Francisco an, dass man den Musikkonzernen US$ 1 Mrd. aus zukünftig zu erwartenden Einnahmen aus einem noch zu etablierenden Abo-System anbieten wollte. Was wie ein Verhandlungsangebot klingen sollte, wurde von der Konkurrenz und der RIAA als Hohn empfunden. Denn was hätte man schon von zukünftigen Einnahmen eines noch nicht existierenden Abo-Services? Napster wurde im Gegenzug aufgefordert, die fortgesetzten Urheberrechtsverletzungen abzustellen, die Verzögerungstaktik

[76] Dazu existieren die Live-Mitschnitte von der Anhörung: C-Span. 2000. A&M Records v. Napster, Oral Arguments Before the U.S. Court of Appeals for the Ninth Circuit, 2. Oktober. https://www.c-span.org/program/public-affairs-event/am-records-v-napster/122237. Zugriff 11. Mai 2026

[77] A&M Records Inc. v. Napster Inc. Summary of Opinion. US Court of Appeals for the 9th Circuit. 12. Februar 2001, Case No. C99–5183-MHP

[78] Metallica v. Napster Inc. US District Court for the Northern District of California. Case No. C 00–4068 MHP sowie Andrew Young p/k/a Dr. Dre and Aftermath Entertainment v. Napster Inc. Court Opinion, 6. März 2001. US District Court for the Northern District of California. Case No. C 00–3997 MHP

vor Gericht aufzugeben und endlich ein brauchbares Geschäftsmodell vorzulegen, über das Lizenzeinnahmen generiert werden konnten. Ansonsten wäre die Alternative, Napster gerichtlich abstellen zu lassen.[79]

Die Napster-ProgrammiererInnen mussten also weiterhin mit Hochdruck am Filtersystem arbeiten. Bis Ende Juni 2001 war es gelungen, die Fehlerquote auf 1–2 % zu senken. Das war aber zu wenig. Das Gericht hatte eine 100-prozentige Filterung verlangt. Für den 11. Juli 2001 war die nächste gerichtliche Anhörung anberaumt. Um seinen guten Willen zu zeigen, stellte Napster am 1. Juli 2001 den Betrieb von sich aus ein und bei 2 Mio. UserInnen wurde buchstäblich von einer Sekunde auf die andere der Bildschirm schwarz.[80] Und das blieb auch so, denn Richterin Patel hatte kein Einsehen: 100 % Filterung oder Napster könnte nicht wieder ans Netz gehen, war ihre klare Vorgabe.[81] Da es technisch einfach nicht umgesetzt werden konnte, war das Filesharing-System Napster Geschichte und man konzentrierte sich von nun an auf die Erstellung eines Abo-Systems. Da war es auch nur ein schwacher Trost, dass ein Tag nach der Urteilsververkündung, Metallica und Dr. Dre ihre Klagen gegen Napster zurückzogen.[82]

Mit dem vorläufigen Ende von Napster war auch Hank Barrys Zeit als CEO abgelaufen. Sein Nachfolger wurde der Bertelsmann-Manager Konrad Hilbers, der nun versuchen sollte, mit den Musikkonzernen zu einem Ausgleich und einem brauchbaren Lizenz-Deal zu kommen. Hilbers arbeitete ein Vergleichsangebot in der Höhe von US$ 250 Mio. aus, das den Label-Verantwortlichen durchaus attraktiv erschien. Für den Bertelsmann-Aufsichtsrat waren aber die Lizenzierungsbedingungen der Labels nicht weitreichend genug. Im März 2002 war klar, dass eine Einigung in weite Ferne gerückt war. Zu diesem Zeitpunkt war Napster nur mehr ein Schatten seiner selbst. Es war auf ein Abo-System geschrumpft, das im Vergleich zu anderen Anbietern wenig Musiktitel im Programm hatte.[83]

---

[79] Menn, Joseph. 2003. *all the rave. The Rise and Fall of Shawn Fanning's Napster.* New York: Crown Business, S. 273

[80] Menn, Joseph. 2003. *all the rave. The Rise and Fall of Shawn Fanning's Napster.* New York: Crown Business, S. 276

[81] A&M Records Inc. v. Napster Inc. Reporter's Transcript of Proceedings. 11. Juli 2001. US District Court for the Northern District of California. Case No. C99–5183-MHP und MDL00–1369 MHP

[82] BBC News. 2001. Napster settles Metallica lawsuit. 13. Juli. http://news.bbc.co.uk/2/hi/entertainment/1436796.stm. Zugriff 11. Mai 2026

[83] Menn Joseph. 2003. *all the rave. The Rise and Fall of Shawn Fanning's Napster.* New York: Crown Business. S. 282–287

Im Juni 2002 traten die Bertelsmann-Verantwortlichen die Flucht nach vorne an. Um einen Großteil der Verbindlichkeiten und die anderen Eigentümer, vor allem John Fanning loszuwerden, wurde am 3. Juni wurde ein Konkursantrag nach Chapter 11 (Restrukturierungskonkurs) gestellt. Den US$ 101 Mio. an Verbindlichkeiten standen nur mehr US$ 7,9 Mio. an Vermögensteilen gegenüber. Der größte Gläubiger war die Bertelsmann AG mit US$ 91 Mio. Damit konnte Thomas Middelhoff die Zügel selbst in die Hand nehmen. Die Konkurrenz nahm aber diesen Schachzug zum Anlass, sich nun bei Bertelsmann wegen der Urheberrechtsverletzungen schadlos zu halten und reklamierten einen Schaden von US$ 85 Mio.. Das machte nun aber die Bertelsmann-Eigentümerfamilie Mohn nervös und im Juli 2002 wurde Middelhoff als Vorstandsvorsitzender der Bertelsmann AG gefeuert. Ihm folgte ein Bertelsmann-Veteran auf dem Vorstandssessel nach, der Napster so schnell wie möglich loswerden wollte. Dazu wurde ein Liquiditätskonkurs angestrebt, um den Forderungen der anderen Musikkonzerne zu entgehen. Im November 2002 wurde der Konkurs über Napster Inc. eröffnet. Die Rechte an der Marke und der Internet-Domain wurden im Zuge einer Versteigerung um US$ 5 Mio. plus US$ 200.000 Überbrückungskredit und US$ 100.000 in Aktienoptionen an Roxio verkauft. Roxio war für seine Software bekannt, mit der MP3s von CDs gerippt werden konnte, um diese dann via Filesharing tauschen zu können.[84] So nahm also die Geschichte von Napster ein unrühmliches Ende. Ein Unternehmen, das noch im Jahr 2000 mehr als US$ 100 Mio. an der Börse wert gewesen wäre, wurde zwei Jahre später um US$ 5,3 Mio. an den Bestbieter verscherbelt.

2.2.3 Der Kampf gegen dezentrale Musiktauschbörsen[85]

2.2.3.1 KaZaA

Im Frühjahr 2000, als der Napster-Hype seinem Höhepunkt zusteuerte, entwickelten der 22-jährige Justin Frankel und der 25-jährige Tom Pepper das Gnutella-Protokoll, das die dezentrale Abwicklung von Filesharing im Internet ermöglichte.

[84] Menn Joseph. 2003. *all the rave. The Rise and Fall of Shawn Fanning's Napster.* New York: Crown Business. S. 287

[85] Dieses Kapitel basiert auf den Blogbeiträgen von Tschmuck. Peter. 2014. Der Kampf der Musikindustrie gegen Filesharing & Co. – Teil 1: KaZaA und Grokster. 14. Juli. https://musikwirtschaftsforschung.wordpress.com/2014/07/14/der-kampf-der-musikindustrie-gegen-filesharing-co-teil-1/. Zugriff 29. Mai 2026 und Tschmuck. Peter. 2014. Der Kampf der Musikindustrie gegen Filesharing & Co. – Teil 2: LimeWire. 29. Juli. https://musikwirtschaftsforschung.wordpress.com/2014/07/29/der-kampf-der-musikindustrie-gegen-filesharing-co-teil-2/ Zugriff 29. Mai 2026

Im Gegensatz zu Napster liefen die Suchanfragen nicht mehr über eine zentrale Server-Architektur, sondern direkt zwischen den TauschbörsennutzerInnen. Am 14. März 2000 stellten Frankel und Pepper die Software inklusive Quellcode als Beta-Version ins Netz.[86] Die Firma Nullsoft, die Frankel nach der erfolgreichen Markteinführung des ersten Audio- und Mediaplayers WINAMP 1997 gegründet hatte,[87] gehörte seit dem 1. Juni 1999 dem Internetservice-Provider American Online (AOL), der das Start-up um US$ 400 Mio. gekauft hatte.[88] Als AOL im Januar 2000 durch einen Aktientausch im Volumen von US$ 164 Mrd. mit dem Entertainment-Konzern Time Warner verschmolz,[89] waren die Aktivitäten von Nullsoft nicht mehr opportun. Auf Druck der Konzernleitung musste Nullsoft einen Tag nach der Veröffentlichung, die Software wieder vom Netz nehmen und dem Entwicklerteam wurde untersagt, weiterhin am Gnutella-Client zu arbeiten. Das konnte die Verbreitung des Gnutella-Protokolls aber nicht mehr verhindern. Tausende ProgrammiererInnen hatten sich die Software heruntergeladen und schon bald kursierten zahlreiche Gnutella-Klone im Netz.

Aber das Gnutella-Protokoll war nicht die einzige Alternative zu Napster. Die estnische Firma BlueMoon Interactive des Programmierers Jaan Tallinn, hatte das FastTrack-Protokoll entwickelt, das ähnlich wie Gnutella funktionierte, sich aber so genannter Supernodes (d. h. sehr schneller Rechner im Netz) bediente, um den Tauschverkehr zu beschleunigen.[90] 2001 verknüpften die beiden Programmierer Niklas Zennström und Janus Friis[91] den von ihnen 2000 geschaffenen KaZaA-Client mit dem FastTrack-Protokoll. Zennström und Friis gründeten in den Nieder-

[86] Haring, Bruce. 2002. *MP3. Die digitale Revolution in der Musikindustrie.* Freiburg: Orange Press, S. 171

[87] Knopper, Steve. 2009. *Appetite for Self-Destruction. The Spectacular Crash of the Record Industry in the Digital Age.* New York: Free Press, S. 148–149

[88] CNET. 1999. AOL buys Spinner, Nullsoft for $400 Mio.. 1. Juni. https://www.cnet.com/tech/services-and-software/aol-buys-spinner-nullsoft-for-400-million/. Zugriff 12. Mai 2026

[89] Barkham, Patrick. 2000. The AOL Time Warner deal. The Guardian, 11. Januar. https://www.theguardian.com/world/2000/jan/11/qanda.patrickbarkham. Zugriff 12. Mai 2026

[90] Wikipedia. 2026. Jaan Tallin. 21. April. https://en.wikipedia.org/wiki/Jaan_Tallinn. Zugriff 12. Mai 2026

[91] Zennström und Friis gründeten 2003 das Voice-over-IP- und Instant-Messaging-Service Skype, das ebenfalls von BlueMoon Interactive programmiert worden war. Skype Technologies SA wurde 2007 vom Internet-Auktionshaus eBay um US$ 2,5 Mrd. gekauft, um es 2011 an Microsoft um US$ 8,5 Mrd. weiter zu verkaufen. Zennström und Friis riefen 2010 schließlich das Musikstreaming-Service rdio ins Leben. Siehe: Wikipedia. 2026. Skype. 12. Mai. https://en.wikipedia.org/wiki/Skype. Zugriff 12. Mai 2026

landen die Firma Consumer Empowerment, die KaZaA vermarkten sollte.[92] Im März 2001 ging das Filesharing-System online und erhielt gewaltigen Zulauf, nachdem Napster im Juli desselben Jahres aufgrund der einstweiligen Verfügung offline gehen musste.

Anfang November 2001 reicht die niederländische Verwertungsgesellschaft Buma/Stemra Klage gegen KaZaA B.V. ein. Buma/Stemra warf KaZaA vor, dass sie durch die Bereitstellung der Filesharing-Software rechtwidrige Handlungen der BenützerInnen begünstigen würde.[93] Buma/Stemra hatte die Klage eingereicht, nachdem sie die Lizenz-Verhandlungen mit KaZaA im Oktober 2001 abgebrochen hatte. KaZaA hatte bereits im September 2000 Buma/Stemra kontaktiert, um Lizenzgespräche aufzunehmen. Im Dezember 2000 wurde zwischen der Verwertungsgesellschaft und dem Filesharing-Netzwerk ein Letter-of-Intent unterzeichnet, in dem die Eckpunkte einer Vereinbarung festgelegt wurden.

In dieser Absichtserklärung bot KaZaA der Buma/Stemra an, dass der gesamte Datenverkehr zwecks Vergütung der RechtinhaberInnen kontrolliert und mit der Schaffung eines Digital Rights Management-Systems (DRM) sichergestellt werden würde, damit nur rechtskonforme Datentransfers möglich wären. Die Verhandlungen verliefen anfangs sehr produktiv und es war vor allem die niederländische Verwertungsgesellschaft, die auf einen raschen Abschluss der Lizenzvereinbarung drängte. KaZaA wollte aber das Streaming aus der Lizenzvereinbarung herausnehmen, um direkt mit den RechteinhaberInnen (d. h. vor allem mit den Labels) darüber zu verhandeln. Den Sommer über wurden unterschiedliche Entwürfe zwischen den Verhandlungspartnern hin und her geschickt und eine Vertragsunterzeichnung schien nur mehr eine Frage der Zeit. Als dann aber die Motion Picture Association of America (MPAA) gemeinsam mit der Recording Industry Association of America (RIAA) am 2. Oktober 2001 Klage wegen Urheberrechtsverletzung bei einem Bezirksgericht in Los Angeles gegen die KaZaA-Muttergesellschaft Consumer Empowerment BV sowie gegen die Filesharing-Betreiber Grokster und Musiccity, die

---

[92] Knopper, Steve. 2009. *Appetite for Self-Destruction. The Spectacular Crash of the Record Industry in the Digital Age*. New York: Free Press, S. 192

[93] Siehe dazu das Urteil des Amsterdamer Bezirksgerichts vom 29. November 2001 in Buma/Stemra v. KaZaA BV. *Pres. Rechtbank Amsterdam, 29. November 2001. LJN-nummer: AD6395, Zaaknr: KG 01/2264*. http://www.uitspraken.nl/uitspraak/rechtbank-amsterdam/civiel-recht/civiel-recht-overig/kort-geding/ecli-nl-rbams-2001-ad6395. Zugriff 12. Mai 2026. Eine inoffizielle Übersetzung ins Englische stammt von der Electronic Frontier Foundation (EFF). 2001. Complaint against KaZaa in the Netherlands. 29. November. http://w2.eff.org/IP/P2P/BUMA_v_Kazaa/20011112_kazaa_complaint.html. Zugriff 12. Mai 2026

die Morpheus-Software veröffentlicht hatten, eingereicht hatten,[94] brach Buma/Stemra die Verhandlungen mit KaZaA BV ab. In einem Fax der Rechtvertreterin von Buma/Stemra wurde der Abbruch der Verhandlungen damit begründet, dass wichtige Informationen zum Datentransfer von KaZaA nicht, wie vereinbart, übermittelt wurden. Als wesentliche Ursache wurde aber auch die in den USA anhängige Klage genannt.[95] Weiters wurde auch kritisiert, dass über die KaZaA-Software verbotenes Material wie z. B. Kinderpornographie verbreitet worden war.[96]

Der Schwenk der niederländischen Verwertungsgesellschaft, die anfangs sehr am Zustandekommen einer Vereinbarung interessiert war, ist bemerkenswert. Das lässt auf einen Strategiewechsel schließen, der durch die in den USA eingebrachte Klage, ausgelöst wurde. Die BUMA/Stemra-Verantwortlichen rechneten sich offenbar gute Chancen aus, einen Prozess gegen KaZaA gewinnen zu können. Die Einschätzung sollte sich anfänglich auch als richtig erweisen. Am 29. November 2001 wurde KaZaA BV von einem Amsterdamer Bezirksgericht schuldig gesprochen, Urheberrechte zu verletzen, wenn die BenutzerInnen Musikfiles mit Hilfe der KaZaA-Software unlizenziert herunterladen würden. KaZaA wurde vom Gericht angewiesen sicherzustellen, dass binnen 14 Tage kein von der Buma/Stemra vertretenes Repertoire mehr über KaZaA verbreitet werden dürfte. Bei Zuwiderhandeln hätte KaZaA mit einer Strafe von NLG 100.000 (ca. EUR 45.000) pro Tag bis maximal NLG 2 Mio. (ca. EUR 900.000) zu rechnen.[97]

---

[94] MGM et al. v. Grokster et al. Complaint for Damages and Injunctive Relief for Copyright Infringement. 2. Oktober. US District Court for the Central District of California. Case No. CV 01–08541 SVW (PJWx) http://w2.eff.org/IP/P2P/MGM_v_Grokster/20011002_mgm_v_grokster_complaint.pdf. Zugriff 12. Mai 2026. Eine weitere Klage gegen die Software-Anbieter haben die beiden Songwriter-Ikonen Jerry Leiber und Mike Stoller unterstützt von einigen Musikverlagen am 17. Juni 2002 eingebracht: Jerry Leiber et al. v. KaZaA et al. Complaint for Copyright Infringement. US District Court for the Central District of California. Case No. 01–09923-SVW (PJW). http://w2.eff.org/IP/P2P/MGM_v_Grokster/338_Leiber_1st_amnd_class_act_cmplnt.pdf. Zugriff 12. Mai 2026. Das Gericht hat in der Folge die beiden Fälle zusammengezogen.

[95] Buma/Stemra v. KaZaA BV. *Pres. Rechtbank Amsterdam, 29. November 2001. LJN-nummer: AD6395, Zaaknr: KG 01/2264.* http://www.uitspraken.nl/uitspraak/rechtbank-amsterdam/civiel-recht/civiel-recht-overig/kort-geding/ecli-nl-rbams-2001-ad6395. Zugriff 12. Mai 2026

[96] Buma/Stemra v. KaZaA BV. *Pres. Rechtbank Amsterdam, 29. November 2001. LJN-nummer: AD6395, Zaaknr: KG 01/2264.* http://www.uitspraken.nl/uitspraak/rechtbank-amsterdam/civiel-recht/civiel-recht-overig/kort-geding/ecli-nl-rbams-2001-ad6395. Zugriff 12. Mai 2026

[97] Buma/Stemra v. KaZaA BV. *Pres. Rechtbank Amsterdam, 29. November 2001. LJN-nummer: AD6395, Zaaknr: KG 01/2264.* http://www.uitspraken.nl/uitspraak/rechtbank-amsterdam/civiel-recht/civiel-recht-overig/kort-geding/ecli-nl-rbams-2001-ad6395. Zugriff 12. Mai 2026

Die Klage in den USA und die Niederlage vor Gericht in Amsterdam hatten Zennström und Friis nervös gemacht und so verkauften sie den KaZaA-Quellcode an den japanischen Games-Entwickler Blastoise, der auch Niederlassungen in Estland und auf einer Insel vor Großbritannien verfügte. Die KaZaA-Eigentümergesellschafter Consumer Empowerment wurde an Sharman Networks verkauft, das zu diesem Zeitpunkt dem Firmenkonglomerat des australischen Multimillionärs und High-Tech-Unternehmers, Kevin Bermeister, gehörte. Eingetragen war die Firma Sharman Networks im pazifischen Inselstaat und Steuerparadies Vanuatu. Die Server standen aber in Dänemark und die Internet-Domain war in Australien von der Firma LEF Interactive registriert worden.[98] Sharman Networks war also nunmehr die beklagte Partei in beiden Verfahren.

In den Niederlanden legte KaZaA BV am 29. November 2001 Berufung gegen das erstinstanzliche Urteil ein und durfte sich am 28. März 2002 über einen vollständigen Freispruch von den Vorwürfen der Urheberrechtsverletzung freuen. Entscheidend für den Freispruch war ein Gutachten von Professor Huizer der Universität Twente, in dem er nachwies, dass zum damaligen Stand der Technik es für die Firma KaZaA BV unmöglich war festzustellen, ob über die KaZaA-Software urheberrechtlich geschützte oder nicht-geschützte Datenfiles verbreitet wurden. Folglich war die Software-Firma technisch nicht in der Lage, unautorisierte Übertragungsvorgänge zu unterbinden. Zudem ging aus dem Gutachten klar hervor, dass über KaZaA nicht nur Musikfiles getauscht wurden, sondern auch andere Personengruppen wie freischaffende FotografInnen, ImmobilienmaklerInnen und ganz normale BürgerInnen eigene Werke über das Tauschnetzwerk verbreiteten. KaZaA erklärte sich darüber hinaus bereit, jede urheberrechtliche Verletzung zu unterbinden, wenn ihnen diese angezeigt würde.[99]

Da KaZaA BV nur eine Software den Internet-NutzerInnen zur Verfügung stellte, über die sie keine Verfügungsmacht mehr hatte, konnte die Firma auch nicht für die unautorisierte Veröffentlichung und Vervielfältigung urheberrechtlich geschützter Werke verantwortlich gemacht werden. Buma/Stemra gelang zudem nicht der Nachweis, dass über die KaZaA-Software ausschließlich urheberrechtlich geschütztes Material verbreitet worden wäre. Es gab durchaus, so das Gericht, eine relevante legale Nutzung der Tauschsoftware. Somit wies das Berufungsge-

[98] Knopper, Steve. 2009. *Appetite for Self-Destruction. The Spectacular Crash of the Record Industry in the Digital Age*. New York: Free Press, S. 191–192

[99] Die Ausführungen orientieren sich an einer inoffiziellen Übersetzung des Urteils des Berufungsgerichts ins Englische durch der Electronic Frontier Foundation (EFF). Amsterdam Appellate Judgment in favor of P2P. 28. März 2002. http://w2.eff.org/IP/P2P/BUMA_v_Kazaa/20020328_kazaa_appeal_judgment.html. Zugriff 12. Mai 2026

richt die Klage der niederländischen Verwertungsgesellschaft zurück, die auch die Gerichtskosten der beklagten Seite im erst- wie zweitinstanzlichen Verfahren zu tragen hatte.[100] Dieses Urteil wurde am 19. Dezember 2003 vom Obersten Gerichtshof der Niederlande in Den Haag bestätigt.[101]

Ein ähnliches Ergebnis wie in den Niederlanden zeichnete sich auch im US-Verfahren ab.[102] Den Beklagten gelang es, das Gericht davon zu überzeugen, dass sie als Bereitsteller der Filesharing-Software nicht kontrollieren könnten, ob damit Urheberrechtsverletzungen begangen würden und auch wenn sie davon Kenntnis hätten, könnten sie nichts dagegen unternehmen. Zudem wurde, wie schon im Napster-Fall, darauf hingewiesen, dass mit der Software substanziale legale Tauschakte von Datenfiles ermöglicht wurden. Der zuständige Bezirksrichter, Stephen V. Wilson, sah es als erwiesen an, dass anders als im Napster-Fall, auf den sich die Kläger beriefen, weder Grokster und StreamCast (die Nachfolgefirma von Musiccity) noch KaZaA BV bzw. Sharman Networks eine technische Infrastruktur (z. B. Server) für den Datenverkehr zur Verfügung gestellt und auch keinen essentiellen technischen Support im Datenverkehr geliefert hätten. Daraus leitete das Gericht ab, dass die Beklagten keine Beihilfe zu Urheberrechtsverletzungen (no contributory infringement of copyright) begangen hatten und würdigte die Versuche der beklagten Unternehmen, Urheberrechtsverletzungen zu verhindern, wenn diese ihnen angezeigt worden waren.[103]

Das Gericht sah es zudem als erwiesen an, dass die Beklagten auch kein indirektes Fremdverschulden bei begangenen Urheberrechtsverletzungen treffe. Dies wäre dann der Fall, wenn die Unternehmen einen finanziellen Vorteil aus den Urheberrechtsverletzungen ziehen würden UND einen Einfluss auf die ungesetzlichen Handlungen hätten. Zwar hätten die beklagten Software-Firmen einen finan-

[100] Electronic Frontier Foundation (EFF). Amsterdam Appellate Judgment in favor of P2P. 28. März 2002. http://w2.eff.org/IP/P2P/BUMA_v_Kazaa/20020328_kazaa_appeal_judgment.html. Zugriff 12. Mai 2026

[101] Siehe dazu das Urteil des Obersten Gerichtshofes der Niederlande in Den Haag in englischer Übersetzung: Supreme Court of the Netherlands. Decree in the case of Buma/Stemra v. Kazaa B.V., 19. Dezember 2003. National Jurisprudence number: AN7253 Case no. C02/186HR http://www.muddlawoffices.com/RIAA/cases/Netherlands.pdf. Zugriff 12. Mai 2026

[102] Eine detaillierte Dokumentation des Gerichtsverfahrens im Fall MGM Studios, Inc. et al. v. Grokster, Ltd. et al. findet sich auf der Homepage der Electronic Frontier Foundation (EFF). o. D. MGM v. Grokster. http://w2.eff.org/IP/P2P/MGM_v_Grokster/. Zugriff 12. Mai 2026

[103] Electronic Frontier Foundation (EFF). o. D. MGM v. Grokster. http://w2.eff.org/IP/P2P/MGM_v_Grokster/. Zugriff 12. Mai 2026

ziellen Vorteil durch Werbeeinnahmen gehabt, aber es hat keine substanzielle Kontrolle über den Datenverkehr, der über das FastTrack-Netzwerk abgewickelt wurde, bestanden. Ein indirektes Verschulden bei den Urheberrechtsverletzungen (vicarious copyright infringement), die die Internet-UserInnen begangen haben, konnte das Gericht also nicht feststellen.[104] Der Richter sah im Gegensatz zum Napster-Verfahren eine Analogie zum Betamax-Fall, wonach Sony nicht für die Urheberrechtsverletzungen der Videorekorder-NutzerInnen verantwortlich gemacht werden könnte.[105]

Diese Urteile waren das Waterloo für die Musikindustrie und die Angst ging um, dass die Schleusen des Filesharings nun endgültig geöffnet werden würden. Zwar hatte das Gericht indirekt bestätigt, dass die Tauschbörsen-NutzerInnen Urheberrechtsverletzungen en masse begingen, aber die Unternehmen, die die Filesharing-Software zur Verfügung stellten, konnten dafür nicht mehr zur Verantwortung gezogen werden. Die maßgeblichen Unternehmen und Interessenverbände der Musikindustrie gingen natürlich sofort in Berufung gegen dieses Urteil, aber sie schlugen noch eine andere Strategie ein. Wenn es schon nicht möglich wäre, die Filesharing-Anbieter gerichtlich zu belangen, so müssten eben die Internet-NutzerInnen, die das Urheberrecht verletzten, direkt zur Verantwortung gezogen werden. Am 8. September 2003 reichte die Recording Industry Association of America (RIAA) deshalb in 261 Fällen Klage gegen individuelle Tauschbörsen-NutzerInnen ein.[106] Dazu aber später noch im Detail.

Vorerst warteten beiden Streitparteien auf den Urteilsspruch des Berufungsgerichts, das das erstinstanzliche Urteil am 3. Februar 2004 bestätigte. Weder konnte den Beklagten Beihilfe noch indirekte Begünstigung von Urheberrechtsverletzungen nachgewiesen werden.[107] Die VertreterInnen der Musik- und Filmindus-

[104] MGM Studios Inc. et al. v. Grokster, Ltd. et al., Order granting defendants Grokster, Ltd.'s and Streamcast Networks, Inc.'s Motion for Summary Judgment and denying plaintiffs' Motion for Summary Judgement. 25. April 2003. US District Court for the Central District of California. Case No. CV 01–08541-SVW (PJWx) and Case No. CV 01–09923-SVW (PJWx). 259 F. Supp. 2d 1029, 1037 (C.D. Cal. 2003). http://w2.eff.org/IP/P2P/MGM_v_Grokster/030425_order_on_motions.pdf. Zugriff 12. Mai 2026

[105] Sony Corporation of America v. Universal City Studios Inc. US District Court for the Central District of California. Case No. 2464 U.S. 417 (1984)

[106] Eine ausführliche Dokumentation der Klagen gegen einzelne Tauschbörsen-NutzerInnen findet sich auf der Homepage der Electronic Frontier Foundation (EFF). o. D. RIAA v. The People. http://w2.eff.org/IP/P2P/riaa-v-thepeople.html. Zugriff 12. Mai 2026

[107] MGM Studios Inc. et al. v. Grokster, Ltd. et al. Opinion by Judge Thomas. 3. Februar 2004. Case No. CV 01–08541 SVW und Case No. CV 01–09923-SVW http://w2.eff.org/IP/P2P/MGM_v_Grokster/20040819_mgm_v_grokster_decision.pdf. Zugriff 12. Mai 2026

trie waren mit diesem Urteil natürlich alles andere als zufrieden und zogen nun vor den Obersten Gerichtshof (Supreme Court) der USA. Da die Eigentümerin von KaZaA, Sharman Networks, nicht ihren Sitz in den USA, sondern in Vanuatu hatte, wurde sie als beklagte Partei aus dem Grokster-Fall herausgelöst. Unmittelbar nach dem Urteil brachte die Australian Record Industry Association (ARIA) Klage gegen Sharman Networks in Australien ein, um KaZaA auf quasi heimischen Boden vor Gericht zu stellen.[108]

In den USA war nun aber der Supreme Court am Zug, dessen Urteil mit Hochspannung erwartet wurde. Es kam dann einem Knalleffekt gleich, als OberstrichterInnen am 27. Juni 2005 den Spruch des Berufungsgerichts zugunsten der Kläger aufhob: „In sum, this case is significantly different from Sony and reliance on that case to rule in favor of StreamCast and Grokster was error."[109] Mit diesem Spruch des US Supreme Courts wurden die Karten für zukünftige Prozesse gegen Anbieter von Filesharing-Software neu gemischt. Die Software-Firmen hatten ab diesem Zeitpunkt eine Mitverantwortung bzw. Haftung für Urheberrechtsverletzungen nicht erst dann, wenn sie von den Rechtsbrüchen gewusst haben und nichts dagegen unternommen hatten, sondern bereits dann, wenn die Software mit dem Ziel verbreitet wurde, Urheberrechtsverletzungen zu ermöglichen.

Der nächste Schlag gegen das Filesharing wurde in Australien geführt, wo am 5. September 2005 das Urteil des australischen Bundesgerichts (Federal Court of Australia) erging, dass Sharman Networks zwar nicht direkt Urheberrecht verletzt hat, aber durch die KaZaA-Software das ungesetzliche Tauschen von urheberrechtlich geschützten Dateien erst ermöglichte und somit indirekt an den Rechtsverletzungen verantwortlich war. Sharman Networks wurde angewiesen, innerhalb von zwei Monaten die Software soweit zu modifizieren, dass keine weiteren Urheberrechtsverletzungen mehr möglich waren. Die Geschäftsführung sowie wie der Eigentümer, Kevin G. Bermeister, denen die Rechtsverletzungen bewusst sein mussten, wurden zusätzlich zu Schadenersatzzahlungen in der Höhe von AUD 5 Mio. an die klagenden Musikunternehmen verurteilt.[110]

---

[108] Universal Music Australia Pty Ltd. et al. v. Sharman License Holdings Ltd. et al. Order [2005] FCA 1242. 5. September mit Corrigendum vom 22. September 2005. http://www.austlii.edu.au/au/cases/cth/FCA/2005/1242.html. Zugriff 12. Mai 2026

[109] MGM Studios Inc. et al. v. Grokster, Ltd. et al. Syllabus, S. 23. 27. Juni 2005. Supreme Court of the United States. Case No. 04–480. http://w2.eff.org/IP/P2P/MGM_v_Grokster/04–480.pdf. Zugriff 12. Mai 2026

[110] Universal Music Australia Pty Ltd. et al. v. Sharman License Holdings Ltd. et al. Order [2005] FCA 1242. 5. September mit Corrigendum vom 22. September 2005. http://www.austlii.edu.au/au/cases/cth/FCA/2005/1242.html. Zugriff 12. Mai 2026

Die Gerichtsurteile in den USA und in Australien besiegelten den Untergang der Napster-Erben KaZaA, Grokster und Morpheus. Grokster Ltd. einigte sich kurz nach dem US-Höchstgerichtsurteil mit den Musik- und Filmfirmen auf Schadenersatzzahlungen in unbekannter Höhe und ging am 7. November 2005 endgültig offline. Im Juli 2006 gab auch Sharman Networks bekannt, sich mit den vier Musik-Majors zu vergleichen, indem US$ 100 Mio. an Schadenersatz geleistet wurde – Zahlungen in nicht genannter Höhe ergingen auch an die Filmstudios. Sharman sagte auch zu, KaZaA in ein lizenziertes und somit legales Geschäftsmodell umwandeln zu wollen, was zwar versucht wurde aber letztendlich scheiterte.[111] Der Verbreiter der Morpheus-Software StreamCast zeigte sich auch nach der erneuten Niederlage vor Gericht kämpferisch und ging in Berufung, in der aber am 16. Oktober 2007 das Urteil vom September 2006 bestätigt wurde.[112] Damit war auch das Schicksal von Morpheus und der Firma StreamCast besiegelt, die 2008 Konkurs anmelden musste.[113]

2.2.3.2 LimeWire

Nachdem die beliebtesten auf dem FastTrack-Protokoll beruhenden Filesharing-Clients gerichtlich ausgeschaltet werden konnten, richteten sich die juristischen Maßnahmen der Musikkonzerne gegen Clients, die das Gnutella-Protokoll benutzten. Besonderer Beliebtheit erfreute sich die P2P-Software LimeWire, die von Mark Gorton programmiert und von der seit Juni 2000 existierenden Firma LimeWire LLC im August 2000 veröffentlicht worden war.[114] Ursprünglich im Schatten von Napster und KaZaA, gewann LimeWire nach den Prozessen gegen die beiden P2P-Clients immer mehr NutzerInnen. 2006 war LimeWire mit einem Marktanteil

[111] Chmielewski, Dawn C. und Charles Duhigg. 2006. Kazaa Settles Piracy Suits. Los Angeles Times, 28. Juli. https://www.latimes.com/archives/la-xpm-2006-jul-28-fi-kazaa28-story.html. Zugriff 12. Mai 2026

[112] MGM Studios Inc. et al. v. Grokster, Ltd. et al. Opinion and Order, 16. Oktober 2007. US District Court for the Central District of California. Case No. CV 01–08541 SVW und Case No. CV 01–09923-SVW http://w2.eff.org/IP/P2P/MGM_v_LGrokster/mgm-v-grokster_518_F_SUPP_2D_1197.pdf. Zugriff 12. Mai 2026

[113] Los Angeles Times. 2008. Morpheus throws in the towel. 1. Mai. https://www.latimes.com/archives/blogs/bit-player/story/2008-05-01/morpheus-throws-in-the-towel. Zugriff 12. Mai 2026

[114] McIntyre, Hugh. 2018. The Piracy Sites That Nearly Destroyed The Music Industry: What Happened To Limewire? Forbes, 21. März. https://www.forbes.com/sites/hughmcintyre/2018/03/21/what-happened-to-the-piracy-sites-that-nearly-destroyed-the-music-industry-limewire/. Zugriff 12. Mai 2026

von rund 35 % – das entsprach 4 Mio. NutzerInnen pro Tag – die mit Abstand am meisten genutzte P2P-App im Netz.[115]

Es war also nur eine Frage der Zeit, bis LimeWire von den Konzernen der Musikindustrie ins Visier genommen werden würde. Am 13. September 2005 forderte die Recording Industry Association of America (RIAA) LimeWire auf, die Urheberrechtsverletzungen einzustellen und sich außergerichtlich zu einigen. Die Verantwortlichen der Softwarefirma lehnten aber dieses Ansinnen ab und so reichte der US-Musikindustrieverband im August 2006 im Namen von 13 Labels – allesamt Tochterunternehmen der damals noch vier Musik-Majors – Klage gegen die Betreiberfirma Lime Group LLC sowie gegen deren Geschäftsführer Mark Gorton und Greg Bildson ein.[116] Verklagt wurde LimeWire auf Anstiftung, Beihilfe und indirekte Haftung für Urheberrechtsverletzungen (inducement, contributory and vicarious copyright infringement) sowie auf unlauteren Wettbewerb.[117] Als Vorbild diente dabei das erfolgreiche Verfahren gegen KaZaA, Grokster und Morpheus.

Die Kläger rechneten sich gute Chancen aus, das Verfahren bereits in der ersten Instanz zu gewinnen. Dass sich der Prozess dann doch fast vier Jahre lang in die Länge zog, ist auf den hartnäckigen Widerstand der LimeWire-Betreiber zurückzuführen. Am 25. September 2006 reichte LimeWire Klage gegen die RIAA und der dahinterstehenden Musikkonzerne wegen Bildung eines verbotenen Kartells ein, das den freien Wettbewerb am Online-Musikmarkt zu unterbinden versuche, indem es alternative Musikanbieter zwinge, zu ihren Konditionen Lizenzen zu erwerben und mit Klage drohe, wenn dem nicht Folge geleistet würde. Die Klage wurde am 3. Dezember 2007 vom einem New Yorker Bezirksgericht abgewiesen,[118] wodurch

---

[115] Bangeman, Eric. 2008. Study: BitTorrent sees big growth, LimeWire still #1 P2P app. ArsTechnica, 22. April. http://arstechnica.com/uncategorized/2008/04/study-bittorren-sees-big-growth-limewire-still-1-p2p-app/. Zugriff 12. Mai 2026

[116] Arista Records LLC et al. v. Lime Group LLC et al. Order and Opinion, 25. Mai 2010. US District Court for the Southern District of New York. Case No. 06 CV 5936 (KMW). http://docs.justia.com/cases/federal/district-courts/new-york/nysdce/1:2006cv05936/288038/216/0.pdf, Zugriff 12. Mai 2026

[117] Der Klage wegen unlauteren Wettbewerbs wurde von den Musikunternehmen erhoben, weil der Schutz von Aufnahmen, die vor 1972 gemacht wurden, nicht unter bundesstaatliches Recht, sondern unter ein Gesetz des Staates New York fiel. Siehe: Arista Records LLC et al. v. Lime Group LLC et al. Order and Opinion, 25. Mai 2010. US District Court for the Southern District of New York. Case No. 06 CV 5936 (KMW). http://docs.justia.com/cases/federal/district-courts/new-york/nysdce/1:2006cv05936/288038/216/0.pdf, Zugriff 12. Mai 2026

[118] Arista Records LLC et al. v. Lime Group LLC et al. Opinion and Order, 3. Dezember 2007. US District Court for the Southern District of New York. Case No. 06 Civ. 5936 (GEL). http://docs.justia.com/cases/federal/district-courts/new-york/nysdce/1:2006cv05936/288038/51/0.pdf. Zugriff 12. Mai 2026

der Weg zum Hauptverfahren frei wurde. Dieses wurde am 10. Mai bzw. am 24. Mai 2010 mit einem vollständigen Schuldspruch gegen die Lime Group LLC sowie deren Geschäftsführung beendet. Neben der Beihilfe und indirekten Haftung für Urheberrechtsverletzungen der Internet-UserInnen wurde LimeWire auch wegen Anstiftung zum Rechtsbruch und unlauterem Wettbewerb verurteilt. Das Gericht sah es erwiesen an, dass LimeWire um die massiven Urheberrechtverstöße der SoftwarenutzerInnen wusste und diese dazu anstiftete und sie dabei unterstützte. Die Urheberrechtsverletzungen waren zudem die Basis für LimeWires Geschäftsmodell und die Firma hatte es auch verabsäumt, die Gesetzesbrüche zu unterbinden.[119]

Nachdem das Gericht die Anstiftung und Beihilfe zur Urheberrechtsverletzung festgestellt hatte, erging am 26. Oktober 2010 die gerichtliche Anweisung, LimeWire vom Netz zu nehmen, weil die Maßnahmen zur Verhinderung weiterer Urheberrechtsvergehen nicht ausreichend wären.[120] Die Website www.limewire.com ging tatsächlich auch offline und der Onlinestore wurde geschlossen, aber die Verantwortlichen von LimeWire waren nicht bereit, sich mit den Klägern außergerichtlich über Schadenersatzzahlungen zu einigen. Das Gericht war daher gefordert, die Höhe des Schadenersatzes zu bemessen. Nachweislich wurden über 11.000 urheberrechtlich geschützte Aufnahmen über LimeWire getauscht, davon 9500, die nach 1972 entstanden sind. Da der Digital Copyright Millenium Act in Abschn. 504(c)(1) zwischen US$ 750 bis 150.000 pro Urheberrechtsverletzung statutarisch festlegt, könnte daraus ein astronomischer Betrag für den Schadenersatz abgeleitet werden. Die klagenden Musikkonzerne stellten sich daher auf den Standpunkt, dass jeder unlizenzierte Download eines Werkes, das nach 1972 veröffentlich wurde, veranschlagt werden müsste. Der Schaden ging bei rund 500 Mio. Downloads, die die Kläger aufgrund einer Studie beanstandeten, in die Billionen-US-Dollar -, wie das Gericht selbst bestätigte: „If Plaintiffs were able to pursue a statutory damage theory predicated on the number of direct infringers per work, Defendants' damages could reach into the trillions."[121] Der Richter wies eine sol-

---

[119] Arista Records LLC et al. v. Lime Group LLC et al. Order and Opinion, 25. Mai 2010. US District Court for the Southern District of New York. Case No. 06 CV 5936 (KMW). http://docs.justia.com/cases/federal/district-courts/new-york/nysdce/1:2006cv05936/288038/216/0.pdf. Zugriff 12. Mai 2026

[120] Arista Records LLC et al. v. Lime Group LLC et al. [Proposed] Consent Injunction, 26. Oktober 2010. US District Court for the Southern District of New York. Case No. 06 CV 5936 (KMW). http://docs.justia.com/cases/federal/district-courts/new-york/nysdce/1:2006cv05936/288038/334/. Zugriff 12. Mai 2026

[121] Arista Records LLC et al. v. Lime Group LLC et al. Opinion and Order, 10. März 2011. US District Court for the Southern District of New York. Case No. 06 CV 5936 (KMW)

che Forderung, die von den Musikkonzernen erhoben wurde, als absurd zurück: „As Defendants note, Plaintiffs are suggesting an award that is ‚more money than the entire music recording industry has made since Edison's invention of the phonograph in 1877.'" Das Gericht bemaß daher den statutarischen Schaden, den LimeWire indirekt verursacht hatte, nicht an der Anzahl der direkt begangenen Urheberrechtsverletzungen, sondern an der Anzahl der urheberrechtlich geschützten Werke, die über LimeWire getauscht wurden.[122] Damit wurde die Schadenersatzzahlung durch das Gericht auf eine Bandbreite von US$ 7,5 Mio. bis zu maximal US$ 1,5 Mrd. für rund 10.000 nach 1972 entstandene Tonaufnahmen eingegrenzt. Darüber wurde den Klägern ein Schadenersatz für rund 1000 Aufnahmen, die vor 1972 entstanden sind, zugestanden.[123] Der Schaden musste dann schließlich gerichtlich nicht mehr festgelegt werden, da sich LimeWire-Betreiber Gorton mit den vier Musik-Majors darauf einigte, US$ 105 Mio. an Schadenersatz zu leisten.[124] Der Rechtsanwalt des beklagten CEO Mark Gorton rechtfertigte diese immer noch astronomisch hohe Summe gegenüber den Medien damit, dass die Majors ursprünglich US$ 75 Billionen an Schadenersatz gefordert hatten, um diese Summe dann auf US$ 40–50 Mrd. und schließlich auf US$ 1,4 Mrd. zu senken.[125]

Der LimeWire-Fall lässt tief blicken. Die klagenden Unternehmen der phonografischen Industrie beriefen sich auf einen Schaden, der sogar vom Richter als viel zu hoch angesehen wurde. Natürlich sollten solche Forderungen auch präventiv gegen andere Firmen wirken, die Filehsharing-Software anbieten, sachlich gerechtfertigt waren sie aber nicht. Gleichzeitig belegt der LimeWire-Fall auch, wie viel Geld mit unautorisiertem Filesharing verdient werden konnte. Im Gerichtsverfahren wiesen die RIAA-Anwälte darauf hin, das LimeWire-Gründer und CEO Gorton US$ 100 Mio. auf einem Bankkonto verfügbar hatte und in Manhattan eine Wohnung im Wert von US$ 4 Mio. besaß. Die Anwälte der Beklagten hielten dem entgegen, dass der Großteil des Vermögens aus einem von Gorton betriebenen Hedge-Fonds bzw. aus einer Firma, die medizinische Software herstellt, entsprang.

[122] Arista Records LLC et al. v. Lime Group LLC et al. Opinion and Order, 10. März 2011. US District Court for the Southern District of New York. Case No. 06 CV 5936 (KMW)

[123] Stempel, Jonathan. 2011. LimeWire wins limit on damages to record labels. Reuters, 11. März. http://ca.reuters.com/article/technologyNews/idCATRE7274O520110311?sp=true. Zugriff 12. Mai 2026

[124] Halliday, Josh. 2011. LimeWire settles filesharing legal battle for $105 m. The Guardian, 12. Mai. https://www.theguardian.com/technology/2011/may/13/limewire-settles-filesharing-legal-battle. Zugriff 12. Mai 2026

[125] Halliday, Josh. 2011. LimeWire settles filesharing legal battle for $105 m. The Guardian, 12. Mai. https://www.theguardian.com/technology/2011/may/13/limewire-settles-filesharing-legal-battle. Zugriff 12. Mai 2026

Fakt ist jedenfalls, dass die LimeGroup, die die Filesharing-Software bereitstellte, 2006 US$ 26 Mio. an Einnahmen generieren konnte, ein Betrag der in den Folgejahren noch weiter anstieg. Schließlich war es Gorton dann noch möglich, US$ 105 Mio. an Schadenersatz zu leisten.[126]

2.3 Die Musikfans als Feinde

2.3.1 Die RIAA-Klagen gegen FilesharerInnen[127]

John Doe ist der amerikanische Otto Normalverbraucher. Der Name steht für den Durchschnittsmenschen aus der Masse. Damit werden aber auch Personen bezeichnet, die nicht identifiziert werden können, wie beispielsweise Leichen. Ursprünglich wurde aber John Doe in England als Platzhalter für fiktive Personen in einem Prozess verwendet. In diesem Sinn wird der Begriff John Doe heute noch in den USA in Gerichtsverfahren angewandt, wenn Prozessparteien entweder anonym bleiben wollen oder nicht identifiziert werden können.[128]

Genau das war der Fall bei jenen Klagen, die die Recording Industry Association of America (RIAA) von 2003 bis 2008 gegen schätzungsweise 35.000 Personen, über deren Internetverbindungen Filesharing betrieben wurde, angestrengt hatte.[129] Da in den meisten Fällen die Identität dieser Personen erst geklärt werden musste, weil nur die IP-Adresse ihres Internetanschlusses bekannt war, wurden die Klagen gegen John Doe eingeleitet.

---

[126] Halliday, Josh. 2011. LimeWire settles filesharing legal battle for $105 m. The Guardian, 12. Mai. https://www.theguardian.com/technology/2011/may/13/limewire-settles-filesharing-legal-battle. Zugriff 12. Mai 2026

[127] Dieses Kapitel basiert auf dem Blogbeitrag von Tschmuck, Peter. 2015. Die US-Musikindustrie vs. die FilesharerInnen – Teil 1: Die RIAA vs. John Doe. 18. Februar. https://musikwirtschaftsforschung.wordpress.com/2015/02/18/die-us-musikindustrie-vs-die-filesharerinnen-teil-1-die-riaa-vs-john-doe/. Zugriff 29. Mai 2026

[128] Zur Begrifflichkeit von John Doe siehe: World Wide Words. o. D. John Doe. http://www.worldwidewords.org/qa/qa-joh2.htm. Zugriff 12. Mai 2026

[129] McBride, Sarah und Ethan Smith. Music Industry to Abandon Mass Suits. The Wall Street Journal, 19. Dezember 2008. http://www.wsj.com/news/articles/SB122966038836021137?mg=reno64-wsj&url=http%3A%2F%2Fonline.wsj.com%2Farticle%2FSB122966038836021137.html. Zugriff 12. Mai 2026

Der Auftakt zur massenhaften Verfolgung von FilesharerInnen war Anfang April 2003. Vier College-Studenten[130] wurde vorgeworfen, dass sie Suchmaschinen entwickelt und bereitgestellt hätten, um in den jeweiligen Intranets ihrer Universitäten den Austausch von Musikdateien zu ermöglichen.[131] In der Klage der RIAA gegen Joseph Nievelt konnte man lesen: „Defendant has hijacked an academic computer network and installed on it a marketplace for copyright piracy that is used by others to copy and distribute music illegally. In addition to operating this piracy marketplace that facilitates direct copyright infringement by others, Defendant is committing direct copyright infringement himself by copying and distributing hundreds of sound recordings over his system without the authorization of the copyright owner."[132] Daraus wäre den klagenden Musiklabels ein irreparabler Schaden entstanden. Für jede Urheberrechtsverletzung forderten die Labels den maximalen Schadenersatz (statutory damage) von US$ 150.000.[133] Bei insgesamt 198 Musiktitel, die Nievelt nachgewiesenermaßen geteilt hatte,[134] beliefen sich die Schadenersatzansprüche auf US$ 29,7 Mio.. Ähnlich gelagert waren die Klagen und Schadenersatzforderungen gegen Daniel Peng,[135] Aaron Sherman[136] und Jesse Jordan.[137] Angesichts der eindeutigen Rechtslage und der damit verbundenen Strafdrohung, blieb den vier Studierenden nichts anderes übrig als sich mit den klagenden Musikfirmen zu vergleichen. Die Strafzahlungen fielen mit US$ 12.000 bis US$ 17.500 pro Person aber immer noch empfindlich hoch aus.[138]

---

[130] Joseph Nievelt von der Michigan Technological University, Daniel Peng von der Princeton University, Aaron Sherman und Jesse Jordan, beide vom Rensselaer Polytechnic Institute der Universität in Troy, New York.

[131] Wired. 2003. RIAA Sues College File Traders. 3. April. https://www.wired.com/2003/04/riaa-sues-college-file-traders/. Zugriff 12. Mai 2026

[132] Atlantic Recording Association et al. v. Joseph Nievelt. 3. April 2003, US District Court for the Western District of Michigan. Case No. 2:03 CV0064, S. 1–2

[133] Atlantic Recording Association et al. v. Joseph Nievelt. 3. April 2003. US District Court for the Western District of Michigan. Case No. 2:03 CV0064, S. 12

[134] Atlantic Recording Association et al. v. Joseph Nievelt. 3. April 2003. US District Court for the Western District of Michigan. Case No. 2:03 CV0064, S. 16–21

[135] Atlantic Recording Association et al. v. Daniel Peng. 3. April 2003. US District Court for the Western District of Michigan. Case No. 03–1441 (SRC)

[136] Atlantic Recording Association et al. v. Aaron Sherman. 3. April 2003. US District Court for the Western District of Michigan. Case No. 03-CV-0416

[137] Atlantic Recording Association et al. v. Jesse Jordan. 3. April 2003. US District Court for the Western District of Michigan. Case No. 03-CV-0417

[138] PBS News. 2003. Recording Industry Settles with Students in File-Swapping Suit. 2. Mai. https://www.pbs.org/newshour/nation/media-jan-june03-riaa-settle_05-02. Zugriff 12. Mai 2026

Trotz der negativen Schlagzeilen, die die Klagen gegen die vier Studenten nach sich zogen, legte die RIAA im Sommer 2003 nach. In einer Presseaussendung vom 8. September 2003 kündigte die RIAA „the first wave of what could ultimately be thousands of civil lawsuits against major offenders who have been illegally distributing substantial amounts (…) of copyrighted music on peer-to-peer networks" an.[139] Die RIAA ließ über spezialisierte Firmen massenhaft IP-Adressen von Filesharing-NutzerInnen und die damit verbundenen Informationen über die geteilten Files sammeln, damit Klagen gegen FilesharerInnen vorbereitet werden konnten.[140] Der Grund für diese nicht gerade populäre Vorgehensweise war zum einen die gerichtliche Niederlage, die die Musikindustrie im April 2003 gegen Grokster und Morpheus einstecken hatte müssen. Wegen dieses Urteils war es, wie wir bereits gesehen haben, nicht mehr möglich, die Bereitsteller von Filesharing-Software gerichtlich wegen Beihilfe zu Urheberrechtsverletzungen zu belangen.

Ein weiterer Grund war, dass die RIAA Anfang Juni 2003 gegen den Internetservice-Provider Verizon einen Erfolg vor Gericht erzielen konnte. Der US-amerikanische Musikindustrieverband hatte im August 2002 Verizon Internet Services aufgefordert,[141] die Identität von NutzerInnen der KaZaA-Filesharing-Plattform preiszugeben.[142] Ein Bezirksgericht im District Columbia hatte die erste strafbewehrte rechtliche Anordnung (Subpoena) am 21. Januar 2003[143] und die

[139] Recording Industry Association of America (RIAA). 2003. Recording Industry Begins Suing P2P File Sharers Who Illegally Offer Copyrighted Music Online. Presseaussendung, 8. September (online nicht mehr verfügbar); zitiert nach Moseley, Will. 2010. A New (Old) Solution for Online Copyright Enforcement after Thomas and Tenenbaum. *Berkeley Technology Law Journal* 25(1): 311–346. https://www.jstor.org/stable/24118635

[140] Bowman, Lisa M. 2003. Labels aim big guns at small file swappers. CNET, 25. Juni. https://www.cnet.com/tech/home-entertainment/labels-aim-big-guns-at-small-file-swappers/. Zugriff 13. Mai 2026

[141] Die RIAA berief sich dabei auf eine umstrittene Passage (17 U.S.C. § 512(h)) im Digital Millennium Copyright Act (DMCA) wonach eine RechteinhaberIn eine strafbewehrte rechtliche Anordnung (Subpoena) gegen einen Serviceprovider verlangen kann, damit dieser die Identität einer mutmaßlichen UrheberrechtsverletzerIn preisgeben muss.

[142] McCullagh, Declan. 2002. Music body presses antipiracy case. CNET, 21. August. https://www.cnet.com/tech/services-and-software/music-body-presses-antipiracy-case/. Zugriff 13. Mai 2026

[143] Recording Industry Association of America v. Verizon Internet Service. Memorandum Opinion, 21. Januar 2003. US District Court for the District of Columbia. Civil Action 02-MS-0323 (JDB). https://web.archive.org/web/20050730091934/http://www.eff.org/legal/cases/RIAA_v_Verizon/20030121-riaa-v-verizon-order.pdf. Zugriff 13. Mai 2026

zweite von der RIAA eingebrachte Subpoena am 24. April 2003[144] bestätigt. Da die Berufung von Verizon keine aufschiebende Wirkung erlangte, mussten Verizon sowie andere beklagte Internetservice-Provider die Identität ihrer KundInnen, über deren Internetanschlüsse Filesharing-Aktivitäten nachgewiesen werden konnten, preisgeben.[145]

Die RIAA nutzte nun die Gelegenheit und schickte zwischen August und September 1500 strafbewehrte rechtliche Androhungen an Internetservice-Provider in den gesamten USA aus.[146] Ab 8.September 2003 wurden dann weitere 261 Klagen gegen FilesharerInnen bei Gericht eingebracht.[147] Dass es dabei auch zu falschen Anschuldigungen kam, weil in Einzelfällen von den ISPs nicht die richtigen Namen zu den ausgeforschten IP-Adressen an den Musikindustrieverband weitergeleitet worden waren, nahm die RIAA in Kauf. Eine RIAA-Sprecherin wurde diesbezüglich in den Medien mit den Worten zitiert: „When you fish with a net, you sometimes are going to catch a few dolphins."[148] Von einem solchen „Fang" berichtete die New York Times[149] am 25. September 2003. Eine 66-jährige, pensi-

---

[144] Recording Industry Association of America v. Verizon Internet Service. Memorandum Opinion, 24. April 2003. US District Court for the District of Columbia. Civil Action No. 03-MS-0040 (JDB). https://web.archive.org/web/20050730091934/http://www.eff.org/legal/cases/RIAA_v_Verizon/030424_usdc_second_subpoena_ruling.pdf. Zugriff 13. Mai 2026

[145] Bowman, Lisa M. und Evan Hansen. 2003. Verizon to hand names over to RIAA. CNET, 4. Juni. http://news.cnet.com/Verizon-to-hand-names-over-to-RIAA/2100-1025_3-1013154.html. Zugriff 13. Mai 2026

[146] Dean, Katie. 2003. Senator Takes a Swing at RIAA. Wired, 17. September. https://www.wired.com/2003/09/senator-takes-a-swing-at-riaa/. Zugriff 13. Mai 2026

[147] Gleichzeitig mit den ersten 261 Klagen wurde ein Amnestieprogramm – „Clean Slate" – angekündigt, wonach FilesharerInnen dazu aufgefordert wurden, ihre Identität bekanntzugeben und die unautorisiert herunter geladenen Musikdateien zu löschen. Nach Abgabe einer eidesstattlichen Erklärung nicht mehr weiter Filesharing zu betreiben, sicherte die RIAA zu, von einer Klage abzusehen. „Clean Slate" war aber ein Misserfolg. Bis zu seiner Einstellung im April 2004 hatten lediglich 1.108 Personen eine eidesstattliche Erklärung abgegeben. Zwei Gründe waren dafür ausschlaggebend: (1) Das Programm bot keine Rechtssicherheit, weil es jedem Label und Verlag weiterhin möglich war, Klagen einzureichen und (2) konnten nur FilesharerInnen, gegen die noch keine Untersuchungen liefen, um Amnestie ansuchen. Siehe dazu Billboard. 2004. RIAA drops amnesty program. 20. April. https://www.billboard.com/music/music-news/riaa-drops-amnesty-program-1439544/. Zugriff 13. Mai 2026

[148] Roddy, Dennis. 2003. The song remains the same. Post-Gazette, 14. September. http://old.post-gazette.com/columnists/20030914edroddy0914p1.asp. Zugriff 13. Mai 2026

[149] Schwartz, John. 2003. She Says She's No Music Pirate. No Snoop Fan, Either. The New York Times, 25. September http://www.nytimes.com/2003/09/25/business/media/25TUNE.html?ex=1098849600&en=6960e362c873ed2e&ei=5070. Zugriff 13. Mai 2026

onierte Lehrerin wurde von der RIAA mit einer Millionenklage bedroht, weil sie angeblich tausende Songs, darunter vor allem Hardcore-Rap von Snoop Doogy Dog, über KaZaA geteilt hätte. Da die Beklagte nachweisen konnte, dass auf ihrem Mac, den sie lediglich für E-Mails verwendete, die besagte KaZaA-Software gar nicht installiert war und sie sicherlich kein Fan von Gangsta-Rap wäre, ließ die RIAA die Millionenklage fallen.

Die öffentliche Empörung über die Vorgehensweise der RIAA veranlasste die Verantwortlichen im Industrieverband, die Taktik zu ändern. Anstatt gleich Klage gegen die FilesharerInnen einzureichen, wurden ab Oktober 2003 Mahnschreiben ausgesandt, die es den Beschuldigten ermöglichte, sich außergerichtlich zu vergleichen, bevor Klage vonseiten der RIAA erhoben wurde.[150] Im Durchschnitt mussten die ertappten FilesharerInnen US$ 3000 an den Musikindustrieverband bezahlen, um eine Klage abzuwenden.[151] Wer sich allerdings nicht vorab vergleichen wollte, wurde von der RIAA weiterhin verklagt.[152]

Die rechtliche Lage änderte sich aber mit dem Spruch des Berufungsgerichts im Fall RIAA gegen Verizon am 19. Dezember 2003.[153] Der Richtersenat kippte die beiden erstinstanzlichen Urteile bezüglich strafbewehrter rechtlicher Anordnung (Subpoena), weil diese nur dann anzuwenden war, wenn das urheberrechtlich geschützte Material direkt auf den Servern der ISPs gespeichert wurde. Eine Subpoena gegenüber den ISPs war aber unzulässig, wenn die Urheberrechtsverletzungen durch die InternetnutzerInnen mit ihren eigenen Computern begangen wurden. Da Verizon keine Möglichkeit hatte, die Urheberrechtsverletzung durch Zugriff auf die privaten Rechner zu verhindern, konnte auch die Herausgabe der Identitätsdaten der UrheberrechtsverletzerIn ohne vorhergehenden richterlichen Beschluss nicht erzwungen werden.[154] Die RIAA ging gegen dieses Urteil sofort in

---

[150] Borland, John. 2003. Record industry warns of new lawsuits. CNET, 17. Oktober. https://www.cnet.com/tech/home-entertainment/record-industry-warns-of-new-lawsuits/. Zugriff 13. Mai 2026

[151] PBS News. 2004. RIAA Sues 532 ‚John Does'. 21. Januar. https://www.pbs.org/newshour/nation/media-jan-june04-riaa-lawsuits_01-21. Zugriff 13. Mai 2026

[152] Borland, John. 2003. RIAA files 80 new file-swapping suits. ZDNET, 30. Oktober. https://www.zdnet.com/article/riaa-files-80-new-file-swapping-suits/. https://www.zdnet.com/article/riaa-files-80-new-file-swapping-suits/. Zugriff 13. Mai 2026

[153] Recording Industry Association of America v. Verizon Internet Service. Opinion. 19. Dezember 2003. US Court for Appeals for the District of Columbia Circuit. 351 F.3d 1229 (D.C. Cir. 2003). https://law.justia.com/cases/federal/appellate-courts/F3/351/1229/525976/. Zugriff 13. Mai 2026

[154] Der gesamte Fall von Recording Industry Association of America v. Verizon Internet Service findet sich bei der Electronic Frontier Foundation (EFF). o. D. RIAA v. Verizon Case Archive. https://www.eff.org/cases/riaa-v-verizon-case-archive. Zugriff 13. Mai 2026

Berufung und rief den US Supreme Court wegen einer letztgültigen Klärung des Falles an. Der Supreme Court wies aber im Oktober 2004 die RIAA-Berufung ab und bestätigte die Entscheidung des Berufungsgerichts.[155] Damit war dem Aussenden von strafbewährten rechtlichen Anordnungen an ISPs ein Ende gesetzt.

Die Niederlage vor Gericht zwang die RIAA abermals ihre Strategie im Kampf gegenüber individuellen FileshareInnen zu ändern. Am 21. Januar 2004 sandte die RIAA erneut 532 Klagen gegen John Doe,[156] also gegen noch unbekannte InternetnutzerInnen aus, deren IP-Adressen aber identifiziert werden konnten. Nach Einbringung der Klage wurden die Gerichte angerufen, strafbewährte rechtliche Anordnungen (Subpoena) gegenüber den ISPs zu autorisieren. Nach Klärung der Identität der InternetnutzerInnen, wurden ihnen dann Mahnschreiben mit einer Klagedrohung zugestellt. Die meisten Betroffenen ließen es gleich gar nicht auf eine Klage ankommen und verglichen sich mit der RIAA außergerichtlich mit Zahlungen um die US$ 3000 aber auch mehr.[157]

Trotz des nunmehr aufwendigeren Verfahrens, die Identität von FilesharerInnen zu klären, stieg die Zahl der Klagen im Jahr 2004 sprunghaft auf mehr als 500 pro Monat an. Ab Juli 2004 wurden dann rund 750 Personen pro Monat von der RIAA mit einem Mahnschreiben bzw. einer Klage bedacht. Es ist zudem bemerkenswert, dass der US-Musikindustrieverband die Klageflut gegen individuelle FilesharerInnen aufrechterhielt, obwohl im Juni 2005 der US Supreme Court im Sinn der Rechtsverwerter gegen die KaZaA-Softwareanbieter entschieden und den Weg für Klagen gegen Filesharingplattform-Betreiber freigemacht hatte. Dessen ungeachtet wurden weiterhin Einzelpersonen verklagt. Bis Februar 2006, als die RIAA keine Presseaussendungen über neue Klagen mehr ausschickte, hatten insgesamt 17.587 InternetnutzerInnen Klagedrohungen von der RIAA erhalten. (Abb. 2.1).

Dass die RIAA ab Februar 2006 keine Pressemeldungen über ihre Maßnahmen gegenüber FilesharerInnen veröffentlichte, bedeutete allerdings nicht, dass die Kampagne beendet worden wäre. Vor allem Studierende waren Hauptziel der Klagen, weil unter ihnen der größte Anteil an FilesharerInnen vermutet wurde. Im Ok-

---

155 Recording Industry Association of America v. Verizon Internet Service. Order. 12. Oktober 2004. US Supreme Court. Case No. 03–1579. https://www.justice.gov/osg/brief/verizon-v-riaa-opposition. Zugriff 13. Mai 2026

156 Schwartz, John. 2004. Recording Industry Is Accusing 532 People of Music Piracy. The New York Times, 21. Januar. http://www.nytimes.com/2004/01/21/business/21WIRE-MUSIC.html?ex=1098849600&en=6fbab6ab32a03237&ei=5070&hp. Zugriff 13. Mai 2026

157 PBS News. 2004. RIAA Sues 532 ‚John Does'. 21. Januar. https://www.pbs.org/newshour/nation/media-jan-june04-riaa-lawsuits_01-21. Zugriff 13. Mai 2026

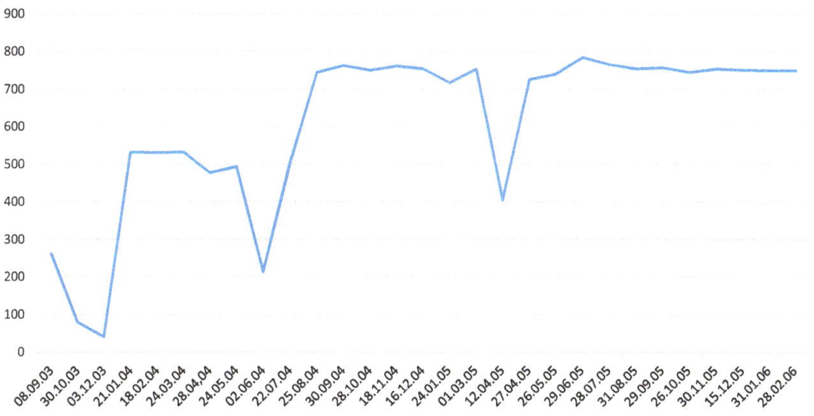

Abb. 2.1 Die Anzahl der monatlichen RIAA-Klagen gegen individuelle FilesharerInnen (09/2003–02/2006). (Quelle: Eigene Darstellung nach RIAA Watch. http://sharenomore.blogspot.co.at/ (online nicht mehr verfügbar))

tober 2007 wurde in Medienberichten die Zahl von mittlerweile insgesamt 30.000 Klagen gegen NutzerInnen verschiedener Filesharingseiten kolportiert.[158]

Am 19.12.2008 berichtete das Wall Street Journal, dass die RIAA ihre zivilrechtliche Kampagne gegen individuelle FilesharerInnen eingestellt hat. Bis zu diesem Zeitpunkt waren an die 35.000 Internet-UserInnen ins Visier des US-Musikindustrieverbandes geraten. Als Begründung für die Einstellung der Kampagne gab eine Sprecherin der RIAA an, dass mit den ISPs eine Vereinbarung getroffen wurde, wonach sie ausgeforschten FilesharerInnen eine Warnmeldung zukommen lassen sollen, dass sie unautorisiert urheberrechtliches Material hochladen würden und dies in Zukunft unterlassen sollten. Bei weiterem Zuwiderhandeln würden noch zwei weitere Mahnschreiben ausgesendet werden. Wenn auch diese nichts fruchteten, so könnte der ISP die Geschwindigkeit des Internetzugangs drosseln bzw. ganz kappen.[159] Das, was wie ein weiterer Strategiewechsel aussah und als Three-Strikes-Modell der abgestuften Abmahnung bezeichnet wurde, war letzt-

---

[158] Leeds, Jeff. 2007. Labels Win Suit Against Song Sharer. New York Times, 5. Oktober. http://www.nytimes.com/2007/10/05/business/media/05music.html?_r=0. Zugriff 13. Mai 2026

[159] McBride, Sarah und Ethan Smith. 2008. Music Industry to Abandon Mass Suits. The Wall Street Journal, 19. Dezember. http://www.wsj.com/news/articles/SB122966038836021137?mg=reno64-wsj&url=http%3A%2F%2Fonline.wsj.com%2Farticle%2FSB122966038836021137.html. Zugriff 13. Mai 2026

endlich eine Kapitulation der RIAA vor einer immer kritischer werdenden Öffentlichkeit. So wurde der Sprecher des Generalstaatsanwalts des Staates New York, der den Deal mit den ISPs eingefädelt hatte, mit den Worten zitiert: „We wanted to end the litigation. (…) It's not helpful."[160]

2.3.2 Capitol Records v. Jammie Thomas-Rasset[161]

Der Großteil der Internet-NutzerInnen in den USA konnte aufatmen, nicht aber jene FilesharerInnen, die es auf einen Prozess hatten ankommen lassen. Exemplarisch soll der Fall von der Hausfrau Jammie Thomas-Rasset aufgearbeitet werden, um zu demonstrieren, wie die phonografische Industrie in den USA das Urheberrecht als Waffe gegen Privatpersonen, die Musiktauschbörsen genutzt hatten, eingesetzt wurde.

Jammie Thomas, eine alleinerziehende Mutter von vier Kindern, aus Brainerd im US-Bundesstaat Minnesota, wurde im Februar 2005 über den KaZaA-Instant Messenger von RIAA-MitarbeiterInnen erstmals darauf aufmerksam gemacht, dass über ihre IP-Adresse rechtswidriges Filesharing von Musikdateien betrieben wurde. Ohne darauf zu reagieren, erhielt sie im April desselben Jahres einen Brief von ihrem Internetservice-Provider, Charter, dass die RIAA bezüglich ihres Internetanschlusses eine strafbewehrte rechtliche Anordnung (Subpoena) eingebracht hatte, um die Identität hinter der IP-Adresse zu klären. Den Brief warf sie, ohne ihn zu öffnen, in den Müll, weil sie darin lediglich eine aktualisierte Version der Geschäftsbedingungen ihres ISP vermutete – wie sie später in ihrer Zeugenaussage zu Protokoll gab.[162] Als ihr dann im August 2005 ein Brief der Rechtsanwaltskanzlei Shook, Hardy & Bacon mit der RIAA-Klage zugestellt wurde, fiel Mrs. Thomas aus allen Wolken. MediaSentry, eine Firma, die im Auftrag der Musikindustrie IP-Adressen, über die Filesharing betrieben wurden, ausfindig machte und ent-

---

[160] McBride, Sarah und Ethan Smith. 2008. Music Industry to Abandon Mass Suits. The Wall Street Journal, 19. Dezember. http://www.wsj.com/news/articles/SB122966038836021137?mg=reno64-wsj&url=http%3A%2F%2Fonline.wsj.com%2Farticle%2FSB122966038836021137.html. Zugriff 13. Mai 2026

[161] Dieses Kapitel basiert auf dem Blogbeitrag von Tschmuck, Peter. 2015. Die US-Musikindustrie vs. die FilesharerInnen – Teil 2: Jammie Thomas-Rasset. 4. März. https://musikwirtschaftsforschung.wordpress.com/2015/03/04/die-us-musikindustrie-vs-die-filesharerinnen-teil-2-der-fall-jammie-thomas-rasset/. Zugriff am 29. Mai 2026

[162] Anderson, Nate. 2009. Thomas testimony ends with tears, anger, Swedish death metal. Ars Technica, 17. Juni. http://arstechnica.com/tech-policy/2009/06/thomas-testimony-ends-with-tears-anger-swedish-death-metal/. Zugriff 13. Mai 2026

sprechende Beweise sammelte, konnte anhand von Screeshots nachweisen, dass über den Nutzernamen tereastarr@KaZaA in der Nacht vom 21. auf 22. Februar 2005 insgesamt 1702 Songs auf KaZaA geteilt worden waren.[163] Tereastarr war der Benutzername, den Jammie Thomas über mehr als ein Jahrzehnt regelmäßig online verwendete.[164] Stellvertretend wurden 24 Songs, deren Masterrechte die klagenden Major-Labels innehatten, ausgewählt, um Jammie Thomas der Urheberrechtsverletzung in 24 Fällen anzuklagen. In einem Telefonat mit den RIAA-RechtanwältInnen wurde das Fallenlassen der Klage bei Zahlung von US$ 5000 in Aussicht gestellt.[165] Da die Beklagte weder dazu bereit war noch über die Mittel verfügte, die Abschlagszahlung zu leisten, ließ sie es auf einen Prozess ankommen. Noch dazu, wo sie von ihrer Unschuld felsenfest überzeugt war. Sie habe niemals über KaZaA Filesharing betrieben, beteuerte sie, und auf der Computerfestplatte wäre die nötige Software nicht einmal installiert gewesen.[166]

So wurde von der RIAA im Namen zahlreicher Major-Labels am 16. April 2006 formal Klage gegen Jammie Thomas beim US-Bezirksgericht in Duluth/Minnesota eingebracht.[167] Anfang Oktober 2007 fand der erste Prozess gegen eine Filesharerin in den USA statt. Ein Geschworenengericht hatte darüber zu entscheiden, ob Jammie Thomas der Urheberrechtsverletzung schuldig wäre und musste zudem das Strafmaß festsetzen. Verteidiger Brian Toder kritisierte, dass dem Gericht keine Festplatte, auf der die inkriminierten Musikdateien gespeichert worden waren, als Beweismittel vorgelegt werden konnte. Auf der sichergestellten Festplatte war jedenfalls die KaZaA-Software nicht installiert worden. Deshalb könne auch nicht

[163] Virgin Records America, Inc. et al. v. Jammie Thomas. Anhang B, 16. April 2006. US District Court for the District of Minnesota. Case No. 0:2006cv01497. https://cases.justia.com/federal/district-courts/minnesota/mndce/0:2006cv01497/82850/1/2.pdf?ts=1208835915 Zugriff 13. Mai 2026

[164] Anderson, Nate. 2009. Thomas testimony ends with tears, anger, Swedish death metal. Ars Technica, 17. Juni. http://arstechnica.com/tech-policy/2009/06/thomas-testimony-ends-with-tears-anger-swedish-death-metal/. Zugriff 13. Mai 2026

[165] Anderson, Nate. 2009. Thomas testimony ends with tears, anger, Swedish death metal. Ars Technica, 17. Juni. http://arstechnica.com/tech-policy/2009/06/thomas-testimony-ends-with-tears-anger-swedish-death-metal/. Zugriff 13. Mai 2026

[166] Anderson, Nate. 2009. Thomas testimony ends with tears, anger, Swedish death metal. Ars Technica, 17. Juni. http://arstechnica.com/tech-policy/2009/06/thomas-testimony-ends-with-tears-anger-swedish-death-metal/. Zugriff 13. Mai 2026

[167] Virgin Records America, Inc. et al. v. Jammie Thomas. Complaint for Copyright Infringement, 16. April 2006. US District Court for the District of Minnesota. Case No. 0:2006cv01497, http://docs.justia.com/cases/federal/district-courts/minnesota/mndce/0:2006cv01497/82850/1. Zugriff 13. Mai 2026

nachgewiesen werden, dass Musikfiles auch verbreitet worden waren.[168] Richter Michael J. Davis belehrte aber die Geschworenen, dass „[t]he act of making copyrighted sound recordings available for electronic distribution on a peer-to-peer network, without license from the copyright owners, violates the copyright owners' exclusive right of distribution, regardless of whether actual distribution has been shown."[169]

Das bedeutet, dass die Urheberrechtsverletzung bereits mit dem Bereitstellen der Musikdateien für einen etwaigen Download vorliegt, was einer Distribution der Files im Sinne des Gesetzes gleichkomme. Eine konkrete Verbreitung der Files müsse also nicht nachgewiesen werden.

Rechtsanwalt Toder versuchte auch zu beweisen, dass Jammie Thomas selbst nie KaZaA benutzt hatte, sondern entweder ihr Ex-Ehemann oder einer ihrer älteren Söhne, denen ihr Nutzername bekannt war, und die den entsprechenden KaZaA-Account angelegt haben könnten. Es wäre aber auch möglich, dass der Computer von Frau Thomas einem Hacker- oder Spoofing-Angriff zum Opfer gefallen sein könnte, was allerdings der von der RIAA beauftragte Computer-Forensiker verneinte, ohne aber näher auf Details einzugehen. Die in den Screenshots dokumentierten Musiktitel – vor allem Hardcore Rap und Industrial – würden jedenfalls nicht dem Musikgeschmack von Frau Thomas entsprechen, so ihr Anwalt.[170]

Allerdings hatte sich Jammie Thomas in widersprüchliche Aussagen verwickelt. Es stellte sich nämlich heraus, dass die von ihr der RIAA übergebene Computerfestplatte nicht das Original war. Die ursprüngliche Festplatte musste im März 2005 aufgrund eines vollständigen Crashs, den angeblich einer ihrer Söhne beim Computerspielen verursacht hatte, ausgetauscht werden. Sie konnte auch von einem Fachhändler nicht mehr wieder in Gang gesetzt und musste aufgrund der noch laufenden Garantie ersetzt werden. Die kaputte Festplatte wurde dann entsorgt. Jammie Thomas hatte aber behauptet, dass der Festplattentausch bereits vor der ersten Warnmeldung der RIAA im Jahr 2004 erfolgt sei, was sich allerdings als

---

[168] Anderson, Nate. 2009. Thomas testimony ends with tears, anger, Swedish death metal. Ars Technica, 17. Juni. http://arstechnica.com/tech-policy/2009/06/thomas-testimony-ends-with-tears-anger-swedish-death-metal/. Zugriff 13. Mai 2026

[169] Virgin Records America, Inc. et al. v. Jammie Thomas. Jury Instruction No. 15 vom 4. Oktober 2007. US District Court for the District of Minnesota. Case No. 0:2006cv01497. https://cases.justia.com/federal/district-courts/minnesota/mndce/0:2006cv01497/82850/97/0.pdf?ts=1208811660. Zugriff 13. Mai 2026

[170] Anderson, Nate. 2009. Thomas testimony ends with tears, anger, Swedish death metal. Ars Technica, 17. Juni. http://arstechnica.com/tech-policy/2009/06/thomas-testimony-ends-with-tears-anger-swedish-death-metal/. Zugriff 13. Mai 2026

Falschaussage herausstellte.[171] Damit war die Glaubwürdigkeit der Beschuldigten schwer erschüttert und Rechtsanwalt Toder gelang es nicht, die Geschworenen von der Unschuld seiner Mandantin zu überzeugen. Einstimmig entschieden die Geschworenen, dass Jammie Thomas die ihr vorgeworfenen Urheberrechtsverletzungen begangen hatte[172] und sprach den sechs klagenden Labels einen Schadenersatz (statutory damage) von US$ 9250 pro urheberrechtlich geschützter Musikaufnahme[173] – also insgesamt US$ 222.000 – zu.[174]

Der Verteidiger ging sofort in Berufung und argumentierte, dass die vom Geschworenengericht ausgesprochene Schadenersatzleistung in keinem Verhältnis zum tatsächlich entstandenen Schaden stand: „Song recordings are typically purchased over the internet for about one dollar. Assuming plaintiffs receive 70 cents per song, and pretending that defendant's downloading went to someone other than plaintiffs' agents, plaintiffs' damages would be $ 16.80. Multiplied by the maximum Constitutional limits (...) a proper remittitur would be in the amount of zero dollars to $ 151.20."[175] Dieses Argument, das zur Wiederholung des Verfahrens bzw. zur Abänderung des Urteils zugunsten der Verurteilten hätte führen sollen, verfehlte zwar seine Wirkung, das Urteil wurde aber dann trotzdem von Gerichtswegen aufgrund eines Verfahrensfehlers aufgehoben. In der Zwischenzeit hatte

---

[171] Kravets, David. 2007. Defense Planting Seeds of Doubt with RIAA Jurors. Wired, 3. Oktober 2007. http://www.wired.com/2007/10/defense-plantin/. Zugriff 13. Mai 2026

[172] Virgin Records America, Inc. et al. v. Jammie Thomas. Judgement in a Civil Case, 5. Oktober 2007. US District Court for the District of Minnesota. Case No. 0:2006cv01497. https://cases.justia.com/federal/district-courts/minnesota/mndce/0:2006cv01497/82850/106/0.pdf?ts=1208811581. Zugriff 13. Mai 2026

[173] Capitol Records, Inc. wurden US$ 9.250 für eine Musikaufnahme, der Sony BMG Music Entertainment US$ 55.500 für 6 Aufnahmen, der Arista Records, LLC US$ 18.500 für 2 Aufnahmen, Interscope Records und der Warner Bros. Records je US$ 27.750 für 3 Aufnahmen und der UMG Recordings, Inc. US$ 83,250 für 9 Musikaufnahmen vom Gericht zugestanden. Siehe Virgin Records America, Inc. et al. v. Jammie Thomas. Judgement in a Civil Case, 5. Oktober 2007. US District Court for the District of Minnesota. Case No. 0:2006cv01497. http://docs.justia.com/cases/federal/district-courts/minnesota/mndce/0:2006cv01497/82850/106. Zugriff 13. Mai 2026

[174] Virgin Records America, Inc. et al. v. Jammie Thomas. Special Verdict Form, 5. Oktober 2007. US District Court for the District of Minnesota. Case No. 0:2006cv01497. https://cases.justia.com/federal/district-courts/minnesota/mndce/0:2006cv01497/82850/100/0.pdf?ts=1208811661. Zugriff 13. Mai 2026

[175] Virgin Records America, Inc. et al. v. Jammie Thomas. Defendant's motion for new trial, or in the alternative for remittitur, 15. Oktober 2007. US District Court for the District of Minnesota. Case No. 0:2006cv01497, https://cases.justia.com/federal/district-courts/minnesota/mndce/0:2006cv01497/82850/109/0.pdf?ts=1208810972. Zugriff 13. Mai 2026

nämlich der 8th Circuit of Appeals (Berufungsgericht) das Urteil im Filesharing-Fall Atlantic Recording Corp. v. Howell sistiert und das Bezirksgericht in Arizona angewiesen, das Urteil dahingehend abzuändern, dass die bloße Verfügbarmachung von Musikdateien noch keine Form der Distribution darstelle.[176] Damit widersprach das Berufungsgericht auch der juristischen Einschätzung von Richter Davis. Er ordnete ein neues Verfahren an und forderte die beiden Prozessparteien auf, Stellungnahmen abzugeben.[177]

Das zweite Verfahren gegen Jammie Thomas, die in der Zwischenzeit geheiratet und den Namen Thomas-Rasset angenommen hatte, begann am 15. Juni 2009 vor einem Bezirksgericht von Minnesota in Minneapolis.[178] Die Anklagte wurde nun vom Rechtsanwälte-Duo John Sibley und Kiwi Camara vertreten, nachdem sich Brian Toder als Verteidiger zurückgezogen hatte.[179] Das neue Verteidigerteam versuchte Jammie Thomas-Rasset als unbedarfte Computernutzerin darzustellen, die keinerlei Interesse am Filesharing hatte. Stattdessen wäre es wohl ihrem Ex-Ehemann oder dem Ex-Lebensgefährten aber auch einem der Söhne zuzutrauen gewesen, die KaZaA-Software hinter ihrem Rücken und unter Benutzung des allen bekannten Usernamen „tereastarr" zu installieren und ausgiebig zu nutzen. Die Anwälte der Kläger hielten dem entgegen, dass Frau Thomas-Rasset sich gut mit Computern und dem Internet auskannte und vor Jahren in einem College-Kurs

[176] Atlantic Recording Corp. v. Howell. Order, 29. April 2008. US District Court for the District of Arizona. Case No. CV-06-02076-PHX-NVW. https://www.courtlistener.com/docket/4725784/91/atlantic-recording-corporation-v-howell/. Zugriff 13. Mai 2026 zitiert auf S. 2 in Virgin Records America, Inc. et al. v. Jammie Thomas. Judgement in a Civil Case, 5. Oktober 2007. US District Court for the District of Minnesota. Case No. 0:2006cv01497. https://cases.justia.com/federal/district-courts/minnesota/mndce/0:2006cv01497/82850/106/0.pdf?ts=1208811581. Zugriff 13. Mai 2026

[177] „The Court has sua sponte raised the issue of whether it erred in instructing the jury that making sound recordings available for distribution on a peer-to-peer network, regardless of whether actual distribution was shown, qualified as distribution under the Copyright Act." Capitol Records, Inc. et al. v. Jammie Thomas. Memorandum of Law & Order, 24. September 2008. US District Court for the District of Minnesota. Case No. 0:2006cv01497, http://docs.justia.com/cases/federal/district-courts/minnesota/mndce/0:2006cv01497/82850/197. Zugriff 13. Mai 2026

[178] Anderson, Nate. 2009. Jury selected in Thomas retrial: shockingly law-abiding. ArsTechnica, 15. Juni. http://arstechnica.com/tech-policy/2009/06/jury-selected-in-thomas-retrial-shockingly-law-abiding/. Zugriff 13. Mai 2026

[179] Capitol Records, Inc. et al. v. Jammie Thomas-Rasset. Defendant's Counsel's second motion to withdraw as counsel, 15. Mai 2009, US District Court for the District of Minnesota. Case No. 0:2006cv01497. http://docs.justia.com/cases/federal/district-courts/minnesota/mndce/0:2006cv01497/82850/245. Zugriff 13. Mai 2026

sogar einen Artikel zu Napster verfasst hatte, in dem sie argumentierte, dass Napster legal wäre. Es sei aber insgesamt unglaubwürdig zu behaupten, dass auf einem passwortgeschützten Computer, der im Schlafzimmer der Beklagten stand, massiv Filesharing betrieben wird, ohne dass die Beklagte davon etwas mitbekommen hätte. Zudem hatte Frau Thomas-Rasset erst in ihrer jüngsten Zeugenaussage die Vermutung geäußert, dass auch ihr Ex-Ehemann als Urheberrechtsverletzer infrage käme, was sie schon seit Beginn des Verfahrens vor drei Jahren hätte zu Protokoll geben können. Die Ungereimtheiten rund um die Übergabe der falschen Festplatte an die RIAA hätte Frau Thomas-Rasset in ihrer Zeugenaussage ebenso wenig ausräumen können wie den Nichterhalt der RIAA-Warnungen bezüglich der KaZaA-Nutzung über ihre IP-Adresse. Es wäre also davon auszugehen, dass die Beklagte die Filesharing-Software benutzt und insbesondere die 24 inkriminierten Musikdateien online verfügbar gemacht hatte.[180]

Das zweite Verfahren endete am 18. Juni 2009 mit einem Paukenschlag: Die Geschworenen folgten der Argumentation der RIAA-Rechtsanwälte und sahen Jammie Thomas-Rasset einstimmig schuldig der vorsätzlichen Urheberrechtsverletzung in 24 Fällen. Den klagenden Plattenfirmen wurde ein statutarischer Schadenersatz in der Höhe von insgesamt US$ 1,92 Mio. – also US$ 80.000 pro Rechtsverletzung – zugesprochen.[181] Das Urteil aus dem ersten Verfahren wurde also nicht nur bestätigt, sondern der Schadenersatz wurde gleich einmal um das mehr als Achtfache erhöht.[182]

Nicht nur die Anwälte der Verteidigung erachteten die vom Gericht festgesetzte Schadenersatzhöhe als unverhältnismäßig hoch,[183] sondern auch Richter Davis, der am 22. Januar 2010 den Schadenersatz pro Urheberrechtsverletzung auf US$ 2250 –

[180] Anderson, Nate. 2009. Closing arguments in the Thomas trial: victim or liar? ArsTechnica, 18. Juni. http://arstechnica.com/tech-policy/2009/06/closing-arguments-in-the-thomas-trial-victim-or-liar/. Zugriff 13. Mai 2026

[181] Capitol Records, Inc. et al. v. Jammie Thomas-Rasset. Special Verdict Form, 18. Juni 2009. US District Court for the District of Minnesota. Case No. 0:2006cv01497, https://cases.justia.com/federal/district-courts/minnesota/mndce/0:2006cv01497/82850/336/0.pdf?ts=1245368934. Zugriff 13. Mai 2026

[182] Capitol Records, Inc. et al. v. Jammie Thomas-Rasset. Judgement in a Civil Case, 19. Juni 2009. US District Court for the District of Minnesota. Case No. 0:2006cv01497, https://cases.justia.com/federal/district-courts/minnesota/mndce/0:2006cv01497/82850/338/0.pdf?ts=1245542798. Zugriff 13. Mai 2026

[183] Capitol Records, Inc. et al. v. Jammie Thomas-Rasset. Motion for New Trial Remittitur, and to Alter or Amend the Judgment by Jammie Thomas-Rasset, 19. Juni 2009. US District Court for the District of Minnesota. Case No. 0:2006cv01497. http://docs.justia.com/cases/federal/district-courts/minnesota/mndce/0:2006cv01497/82850/344. Zugriff 13. Mai 2026

also insgesamt auf US$ 56.000 – reduzierte.[184] Im Urteil argumentierte der Richter wie folgt: „The need for deterrence cannot justify a $ 2 Mio. verdict for stealing and illegally distributing 24 songs for the sole purpose of obtaining free music. Moreover, although Plaintiffs were not required to prove their actual damages, statutory damages must still bear some relation to actual damages."[185]

Unter dem Eindruck des Richterspruchs boten die klagenden Musik-Majors Jammie Thomas-Rasset eine Zahlung von US$ 25.000 in einem außergerichtlichen Vergleich an. Ein Angebot, das Thomas-Rasset – weiterhin von ihrer Unschuld überzeugt – ablehnte.[186] Im Gegenzug lehnten nun die klagenden Labels die gerichtlich verordnete Reduktion der Strafzahlung ab.[187] Nachdem Vermittlungsversuche zwischen Klägern und Beklagter gescheitert waren, musste in einem dritten Verfahren die Höhe des Schadenersatzes neu bestimmt werden.

Das dritte Verfahren kam am 3. November 2010 im Bezirksgericht von Minneapolis zum Abschluss und endete mit dem einstimmigen Urteil der Geschworenen, die den Schadenersatz, der an die Labels zu zahlen war, wieder drastisch auf US$ 1,5 Mio. oder US$ 62.500 pro Song erhöhte.[188] Geschockt von der abermaligen Erhöhung des Schadenersatzes, reichte Thomas-Rasset erneut einen Antrag auf Verringerung der Strafzahlung auf Null bzw. auf ein angemessenes Niveau ein. Ihre Anwälte argumentierten damit, dass die Kläger nicht in der Lage gewesen wären, den konkreten Schaden durch die Filesharing-Aktivitäten von Frau Thomas-

[184] Capitol Records, Inc. et al. v. Jammie Thomas-Rasset. Memorandum of Law & Order, 22. Januar 2010. US District Court for the District of Minnesota. Case No. 0:2006cv01497, http://docs.justia.com/cases/federal/district-courts/minnesota/mndce/0:2006cv01497/82850/366. Zugriff 13. Mai 2026

[185] Capitol Records, Inc. et al. v. Jammie Thomas-Rasset. Memorandum of Law & Order, 22. Januar 2010, S. 2. US District Court for the District of Minnesota. Case No. 0:2006cv01497. http://docs.justia.com/cases/federal/district-courts/minnesota/mndce/0:2006cv01497/82850/366. Zugriff 13. Mai 2026

[186] Sandoval, Greg. 2010. Jammie Thomas rejects RIAA's $25,000 settlement offer. CNET, 27. Januar. http://www.cnet.com/news/jammie-thomas-rejects-riaas-25000-settlement-offer/. Zugriff 13. Mai 2026

[187] Capitol Records, Inc. et al. v. Jammie Thomas-Rasset. Notice of Plaintiffs' Decision re: Remittitur, 8. Februar 2010. US District Court for the District of Minnesota. Case No. 0:2006cv01497. http://docs.justia.com/cases/federal/district-courts/minnesota/mndce/0:2006cv01497/82850/371. Zugriff 13. Mai 2026

[188] Capitol Records, Inc. et al. v. Jammie Thomas-Rasset, Court minutes, 3. November 2010. US District Court for the District of Minnesota. Case No. 0:2006cv01497, https://de.scribd.com/doc/40927654/Jammie-Thomas-Rasset-Verdict. Zugriff 13. Mai 2026

Rasset zu beziffern.[189] Richter Davis entschied ein weiteres Mal im Sinne der Beklagten und reduzierte den zu leistenden Schadenersatz auf die von ihm schon einmal definierten US$ 56.000 für alle 24 Urheberrechtsverletzungen.[190] Der Richter stellte fest „(...) that an award of $ 1.5 Mio. for stealing and distributing 24 songs for personal use is appalling. Such an award is so severe and oppressive as to be wholly disproportioned to the offense and obviously unreasonable. In this particular case, involving a first-time willful, consumer infringer of limited means who committed illegal song file-sharing for her own personal use, an award of $ 2250 per song, for a total award of $ 54,000, is the maximum award consistent with due process."[191] Die Musik-Majors waren mit der erneuten Reduktion der Schadenersatzhöhe nicht einverstanden und riefen nun die Berufungsinstanz – den US-Court of Appeals for the 8th Circuit – für eine klärende Entscheidung an.[192]

Im Vorfeld des Verfahrens warf sich der US-amerikanische Filmindustrieverband MPAA erneut aufseiten der RIAA ins Gefecht. In einer Amicus Curiae-Erklärung vom 8. Dezember 2011[193] kritisierte die MPAA, dass das Bezirksgericht irrtümlicherweise davon ausging, dass das Zurverfügungstellungsrecht nicht im Digital Millenium Copyright Act verankert wäre, sondern den RechteinhaberInnen lediglich ein exklusives Verbreitungsrecht einräume. Allein schon die bi- und multilateralen Vereinbarungen der USA, z. B. im Rahmen der WIPO-Verträge, erfordern, dass im Copyright Act ein Passus zur Zurverfügungstellung vorkomme. Das wäre durch 17 U.S.C. § 106(3) gewährleistet. Weiters kritisierte die MPAA, dass das erstinstanzliche Gericht einen konkreten Zusammenhang zwischen der Schadenersatzleistung und dem tatsächlichem Schaden einfordere. Die dreimalige

[189] Capitol Records, Inc. et al. v. Jammie Thomas-Rasset. Motion to alter or amend the judgment and renewed motion for judgment as a matter of law, 6. Dezember 2010. US District Court for the District of Minnesota. Case No. 0:2006cv01497

[190] McSherry, Corrynne. 2011. Judge Slashes P2P Award Again In Capitol v. Thomas. Electronic Frontier Foundation, 22. Juli. https://www.eff.org/deeplinks/2011/07/judge-slashes-p2p-award-again-capitol-v-thomas. Zugriff 13. Mai 2026

[191] McSherry, Corrynne. 2011. Judge Slashes P2P Award Again In Capitol v. Thomas. Electronic Frontier Foundation, 22. Juli. https://www.eff.org/deeplinks/2011/07/judge-slashes-p2p-award-again-capitol-v-thomas. Zugriff 13. Mai 2026

[192] Today.com. 2011. Record companies plan music downloading appeal. Associated Press, 22. August. https://www.today.com/popculture/record-companies-plan-music-downloading-appeal-wbna44233815. Zugriff 13. Mai 2026

[193] Capitol Records, Inc. et al. v. Jammie Thomas-Rasset. Motion Picture Association of America, Inc., Amicus on Behalf of Appellant, 12. Juni 2012. Case No. 11–2820 (8th Cir. 2012). https://law.justia.com/cases/federal/appellate-courts/ca8/11–2820/11-2820-2012-09-11.html. Zugriff 13. Mai 2026

Reduktion des Schadenersatzes durch den Richter wäre willkürlich erfolgt: „[The court] employs an arbitrary and unprecedented method of calculating statutory damages for willful infringement.“[194]

Zugunsten von Jammie Thomas-Rasset reichte die Electronic Frontier Foundation (EFF) gemeinsam mit dem Internet Archive, der Association of Research Libraries, der Association of College and Research Libraries, der American Library Association sowie dem Think-Tank Public Knowledge eine Amicus-Curiae-Erklärung ein.[195] Im Gegensatz zur MPAA und der RIAA sahen die EFF & Co. eine klare Regelung im DCMA, wonach das exklusive Verbreitungsrecht in 17 U.S.C. § 106(3) keineswegs die Zurverfügungstellung beinhaltet. D. h. ein Werk verfügbar zu machen, bedeute also keineswegs es zu distribuieren. Eine Ausweitung des Verbreitungsrechts, so wie es die Film- und Musikindustrieverbände fordern, hätte weitreichende Konsequenzen für zahlreiche Dienstleistungsanbieter im Internet wie Streamingservices oder Suchmaschinen wie Google. Des Weiteren würden exzessiv hohe statutarische Schadenersatzforderungen dem Geist des US-Copyrights widersprechen und Innovation behindern. Zudem würde der Fair Use wie im Fall von verwaisten Werken oder beim Zugang zu historisch relevantem Wissen sowie beim Remixen von Musikwerken stark eingeschränkt.

Damit waren die beiden grundlegenden Positionen zur Bemessung der Schadenersatzhöhe und zur Auslegung des Paragrafen über das Verbreitungsrecht im DMCA bezogen. Die Entscheidung des Berufsgerichts war somit wegweisend für alle weiteren Filesharing-Verfahren.

Das Urteil des Richtersenates vom 11. September 2012[196] war wohl für beide Prozessparteien überraschend. Das Gericht entschied, dass die im ersten Prozess von den Geschworenen festgesetzte Schadenersatzhöhe von US$ 222.000 durchaus im verfassungsrechtlichen Rahmen liege und deshalb die Reduktion des Schadenersatzes durch das Erstgericht null und nichtig sei. Zudem hätte die Beklagte bereits mit der Online-Verfügbarmachung der Musikdateien im KaZaA-

[194] Capitol Records, Inc. et al. v. Jammie Thomas-Rasset. Motion Picture Association of America, Inc., Amicus on Behalf of Appellant, 12. Juni 2012, S. 21. US District Court for the District of Minnesota. Case No. 11–2820 (8th Cir. 2012). https://law.justia.com/cases/federal/appellate-courts/ca8/11–2820/11-2820-2012-09-11.html. Zugriff 13. Mai 2026

[195] Capitol Records, Inc. et al. v. Jammie Thomas-Rasset. Brief Amici Curiae by Electronic Frontier Foundation et al., 10. Februar 2012. Case No. 11–2820, 11–2858 (8th Cir. 2012). https://www.eff.org/files/filenode/thomasrassetbrief.pdf. Zugriff 13. Mai

[196] Capitol Records, Inc. et al. v. Jammie Thomas-Rasset. Opinion, 11. September 2012. Case No. 11–2820 (8th Cir. 2012). https://law.justia.com/cases/federal/appellate-courts/ca8/11–2820/11-2820-2012-09-11.html. Zugriff 13. Mai 2026

System das Urheberrecht verletzt und das Erstgericht hätte eine Verfügung gegen Thomas-Rasset aussprechen müssen, wonach sie jede Verfügbarmachung von Musikaufnahmen zur weiteren Verbreitung unterlassen sollte. Der Fall wurde mit der Auflage, den Spruch des Berufungsgerichts zu berücksichtigen, an das erstinstanzliche Gericht zurückverwiesen. Dieses fällte am 20. November 2012 das finale Urteil, in dem den klagenden Musiklabels der ursprüngliche Schadenersatz zugebilligt wurde.[197]

Die Musik-Majors trugen durch diesen Spruch den Sieg davon und Jammie Thomas-Rasset blieb nun nichts mehr anderes übrig, den Fall der Schadenersatzbemessung am 10. Dezember 2012 durch ihre Anwälte dem US-Höchstgericht – dem US-Supreme Court – zur Entscheidung vorzulegen.[198] Der Supreme Court wies allerdings die Anfrage der Thomas-Rasset-Anwälte am 18. März 2012 zurück,[199] wodurch das Urteil über die Schadenersatzleistung von US$ 222.000 an die Plattenfirmen in Kraft blieb. Damit war der Fall für Jammie Rasset-Thomas endgültig verloren, und sie schuldete nun den klagenden Labels US$ 222.000.

Man kann sich darüber wundern, warum sich Frau Thomas-Rasset das alles angetan hat. Sie hätte nur die ursprünglich von der RIAA geforderten US$ 5000 bezahlen müssen, und dann wäre die Klage aus der Welt geschaffen worden. Es ging ihr aber ums Prinzip. Sie hat immer wieder beteuert, selbst niemals Filesharing betrieben zu haben und hielt bereits die geforderten US$ 5000 für eine Zumutung. Dass daraus dann schließlich im Gerichtsverfahren US$ 222.000 Schadenersatz rauskommen würde, hätte sie sich im Traum nicht vorstellen können – von den zwischenzeitlich drohenden US$ 1,95 Mio. Schadenersatz ganz zu schweigen. Darüber hinaus wurde ihr gesamtes Privatleben öffentlich gemacht und bis in die kleinsten Details vor Gericht ausgebreitet. Ein sehr hoher Preis für 24 nachgewiesene Urheberrechtsverletzungen.

---

[197] Capitol Records, Inc. et al. v. Jammie Thomas-Rasset. Judgement in a Civil Case, 20. November 2012. US District Court for the District of Minnesota. Case No. 0:2006cv01497. https://cases.justia.com/federal/district-courts/minnesota/mndce/0:2006cv01497/82850/493/0.pdf?ts=1376939619. Zugriff 13. Mai 2026

[198] Thomas-Rasset, Jammie v. Capitol Records, Inc. et al. Order, 18. März 2013. Supreme Court of the United States. Case No. 12–715. http://www.supremecourt.gov/orders/courtorders/031813zor_164n.pdf. Zugriff 13. Mai 2026

[199] Thomas-Rasset, Jammie v. Capitol Records, Inc. et al. Order, 18. März 2013. Supreme Court of the United States. Case No. 12–715. http://www.supremecourt.gov/orders/courtorders/031813zor_164n.pdf. Zugriff 13. Mai 2026

Wie man nun auch zur Person von Frau Thomas-Rasset steht, die mit widersprüchlichen Aussagen vor Gericht auch unglaubwürdig erschienen ist, so zeigt dieser Fall exemplarisch die Wirkmächtigkeit der US-amerikanischen Urheberrechtsgesetzgebung. Das Gesetz gibt den RechteinhaberInnen ein starkes Instrument zur Durchsetzung ihrer Interessen an die Hand, das nicht nur gegen kommerziell orientierte Unternehmen, sondern auch gegen Privatpersonen schonungslos eingesetzt werden kann. Allein schon das Drohpotenzial eines statutarischen Schadenersatzes von US$ 750 bis US$ 150.000 pro Urheberrechtsverletzung hat den Großteil der ertappten FileshareInnen dazu gebracht, sich außergerichtlich mit Zahlungen um die US$ 3000 und mehr zu vergleichen.[200] Die Folgen des Nicht-Zahlens wurden ja anhand des Thomas-Rasset-Falles drastisch vor Augen geführt. Im Verfahren wurde dann geklärt, dass der statutarisch festzulegende Schadenersatz in keinem konkreten Verhältnis zum tatsächlichen Schaden, der durch die Filesharing-Aktivitäten entstanden ist, stehen muss. Deshalb mussten die klagenden Labels keinen tatsächlich entstandenen Schaden nachweisen. Das bedeutet aber auch, dass die Höhe des Schadenersatzes willkürlich festgelegt werden kann, wie die sehr unterschiedlichen Urteile der drei Verfahren und die zweimalige Revision durch den Richter belegen. Der US-Supreme Court hat sich schließlich geweigert, darüber zu entscheiden, ob es ein konstitutionelles Limit bei der Bemessung des statutarischen Schadenersatzes gibt oder nicht.

Im Nachhinein mutet das gesamte Verfahren gegen Jammie Thomas-Rasset wie eine Farce an. Das Ersturteil, das zu einem Schuldspruch mit einer Schadenersatzzahlung von US$ 9250 pro Vergehen führte, wurde vom Gericht selbst wegen eines Verfahrensfehlers aufgehoben. Im zweiten Verfahren sprachen die Geschworenen den klagenden Labels einen Schadenersatz von US$ 80.000 pro Copyright-Verletzung zu, der dann vom Richter auf US$ 2250 herabgesetzt wurde. Im dritten Verfahren waren es dann aber wieder US$ 62.500 pro Song, was aber vom Richter erneut als unverhältnismäßig angesehen wurde, um den Schadenersatz auf US$ 2250 zu verringern. Schließlich entschied das Berufungsgericht, dass das Ersturteil mit den US$ 9250 an Schadenersatzzahlungen korrekt war. 2012 war man also wieder dort, wo man 2007 angefangen hatte, und das wegen 24 auf KaZaA verfügbar gemachter Pop-Songs. Das war eine enorme Verschwendung von Zeit und finanziellen Ressourcen mit einem fragwürdigen Ergebnis.

---

[200] Robert, Paul. 2004. RIAA Sues 532 ‚John Does'. PCWorld, 21. Januar 2004. http://www.pcworld.com/article/114387/article.html. Zugriff 13. Mai 2026

2.3.3 Der Kampf gegen FilesharerInnen außerhalb der USA

Trotzdem haben die Musikindustrieverbände in den USA, aber auch in anderen Ländern, die juristische Verfolgung von FilesharerInnen fortgesetzt. Weltweit kam es zu Verurteilungen wegen Urheberrechtsverletzungen und es wurden sogar spezifische Behörden geschaffen, die gegen illegales Filesharing vorgehen sollten. Ein Beispiel, das besonders viel Aufmerksamkeit erregte, war Frankreich, das mit der HADOPI-Behörde dem massenhaften Filesharing den Kampf ansagte.

2.3.3.1 HADOPI in Frankreich

HADOPI ist ein Akronym und steht für die französische Behörde mit dem Namen *„Haute Autorité pour la Diffusion des Œuvres et la Protection des Droits sur Internet"*, deren Aufgabe es war, den Internetverkehr in Frankreich dahin gehend zu überprüfen, ob urheberrechtlich geschütztes Material ohne vorgehende Zustimmung der RechteinhaberInnen verbreitet wurde. Die Behörde wurde auf Basis des so genannten „HADOPI-Gesetzes" aus dem Jahr 2009 ins Leben gerufen und nahm im Oktober 2010 seine operative Tätigkeit auf.[201]

Wenn eine RechteinhaberIn eine Urheberrechtsverletzung im Internet angezeigt hat und belegen konnte, wurde ein abgestuftes Mahnverfahren, das in Anlehnung an die Baseball-Regeln auch „Three Strikes"-Modell genannt wurde, in die Wege geleitet: (1) Im ersten Schritt erhielt die InhaberIn des Internetanschlusses, über die die Urheberrechtsverletzung mutmaßlich erfolgt ist, eine E-Mail-Mitteilung über die Rechtsverletzung. Der Internet Service Provider (ISP) wurde daraufhin aufgefordert, den inkriminierten Internetzugang bezüglich Urheberrechtsverletzung zu überwachen. Zusätzlich konnte die mutmaßliche UrheberrechtsverletzerIn aufgefordert werden, einen Filter, der den Internettraffic überprüfte, zu installieren. (2) Konnten innerhalb von sechs Monaten weitere Urheberrechtsverletzungen über diesen Internetzugang nachgewiesen werden, wurde die zweite Warnstufe ausgelöst: In einem eingeschriebenen Brief wurde die InhaberIn des Internetanschlusses über die Rechtsverletzung in Kenntnis gesetzt und über die entsprechenden Konsequenzen aufgeklärt. Wurde dennoch bis zu einem Jahr nach dem Versenden des eingeschriebenen Briefes eine weitere Rechtsverletzung nachgewiesen, trat die dritte Stufe in Kraft. Demnach konnte der Internetzugang für einen Zeitraum von zwei Monaten bis maximal einem Jahr behördlich gesperrt

[201] Republik Frankreich. 2009. HADOPI LOI n° 2009–669 du 12 juin 2009 favorisant la diffusion et la protection de la création sur internet (1). https://www.legifrance.gouv.fr/loda/id/JORFTEXT000020735432. Zugriff 14. Mai 2003

werden. Die betroffene InternetnutzerIn kam zudem auf eine „schwarze Liste“, um einen Wechsel zu einem anderen ISP zu verhindern.[202]

Um die Effektivität der neuen Behörde zu belegen, hat HADOPI im März 2012 einen Bericht vorgelegt, um die Wirkung des abgestuften Abmahnverfahrens seit Oktober 2010 zu dokumentieren.[203] Demnach hatten seit Aufnahme der Tätigkeit von HADOPI zwischen Anfang Oktober 2010 und Anfang Dezember 2012 insgesamt 755.015 InternetnutzerInnen (InhaberInnen von IP-Adressen) ein erstes Abmahn-E-Mail erhalten. 95 % der Verwarnten haben daraufhin ihr rechtswidriges Verhalten eingestellt. Dennoch haben 37.751 NutzerInnen weiterhin urheberrechtlich geschütztes Material über Filesharing-Netzwerke und Filehoster-System bezogen und verbreitet. Diese erhielten als zweite Warnung einen eingeschriebenen Brief mit etwa gleichem Inhalt wie die E-Mail. Daraufhin stellten weitere 92 % ihre Urheberrechtsverletzungen ein, was allerdings auch bedeutet, dass 3020 NutzerInnen weiterhin rechtswidrig handelten und deshalb die dritte und letzte Verwarnung ausfassten. 98 % der in dieser Form Abgemahnten reagierten mit der Einstellung ihres rechtswidrigen Verhaltens. So verblieben 60 Internet-UserInnen, die sich auch durch die dritte Verwarnung nicht abschrecken ließen und weiterhin Filesharing- oder Filehosting-Systeme nutzten.[204]

Allerdings wurde bis 2013 nur eine Person zu einer Strafzahlung von EUR 600 und der Suspendierung des Internet-Anschlusses für 15 Tage verurteilt.[205] Es kam niemals zur Urteilsvollstreckung, weil am 9. Juli 2013 das französische Kulturministerium mitteilte, dass das HADOPI-Gesetz im Grunde genommen gescheitert war. Der zuständige Minister erklärte, dass die Urheberrechtspolitik noch einmal überarbeitet werden müsste, damit sie sich weniger gegen EndnutzerInnen, sondern gegen Webhosting- und Telekom-Anbieter richten sollte, die Urheberrechtsverletzungen ermöglichen würden.[206] Bereits seine Vorgängerin im Amt, hat im August 2012 vorgerechnet, dass HADOPI mit seinen 60 MitarbeiterInnen ihrem

[202] Republik Frankreich. 2009. HADOPI LOI n° 2009–669 du 12 juin 2009 favorisant la diffusion et la protection de la création sur internet (1). https://www.legifrance.gouv.fr/loda/id/JORFTEXT000020735432. Zugriff 14. Mai 2003

[203] HADOPI. 2012. Hadopi, 1$^{1}/_{2}$ Year After The Launch (online nicht mehr vergügbar)

[204] HADOPI. 2012. Hadopi, 1$^{1}/_{2}$ Year After The Launch (online nicht mehr vergügbar)

[205] Shankland. Stephen. 2013. French three-strikes law no longer suspends Net access. CNET, 10. Juli. https://www.cnet.com/tech/services-and-software/french-three-strikes-law-no-longer-suspends-net-access/. Zugriff 14. Mai 2026

[206] Maxwell, Andy. 2013. Three Strikes and You're Still In – France Kills Piracy Disconnections. TorrentFreak, 9. Juli. https://torrentfreak.com/three-strikes-and-youre-still-in-france-kills-piracy-disconnections-130709/. Zugriff 14. Mai 2026

Ministerium EUR 12 Mio. gekostet hätte, um eine Million E-Mails und 99.000 Mahnschreiben an 134 Personen zu versenden,[207] was in keinem Verhältnis zum entstandenen Schaden stand. Zwar wurde HADOPI daraufhin nicht geschlossen, sondern redimensioniert und schließlich im Januar 2022 mit der Medienregulierungsbehörde „Conseil supérieur de l'audiovisuel" (CSA) zur „Autorité de régulation de la communication audiovisuelle et numérique" (ARCOM) fusioniert.[208]

2.3.3.2 Das Abmahnwesen in Deutschland[209]

Während in Frankreich HADOPI sang- und klanglos in der Versenkung verschwunden ist, hat sich in Deutschland ein regelrechtes Abmahnwesen etabliert, in dem spezialisierte Rechtsanwaltskanzleien Jagd auf FilesharerInnen gemacht haben, um für RechtinhaberInnen Schadenersatzzahlungen zu lukrieren. Ein Vorgehen, dass sogar den Gesetzgeber und den deutschen Bundesgerichtshof auf den Plan rief.

---

[207] Chirgwin, Richard. 2012. France backs away from Hadopi. The Register, 6. August. https://www.theregister.com/offbeat/2012/08/06/france-backs-away-from-hadopi/814320. Zugriff 14. Mai 2026

[208] EPRA. 2022. French CSA merges with Hadopi and becomes Arcom. 5. Januar. https://www.epra.org/news_items/the-french-conseil-superieur-de-l-audiovisuel-csa-become-the-autorite-de-regulation-de-la-communication-audiovisuelle-et-numerique-arcom. Zugriff 14. Mai 2026

[209] Dieses Kapitel basiert auf den Blogbeiträgen von Tschmuck Peter. 2015. Musik-Filesharing: Das Abmahnwesen in Deutschland – Teil 1. 10. November. https://musikwirtschaftsforschung.wordpress.de/2015/11/10/musik-filesharing-das-abmahnwesen-in-deutschland-teil-1/. Zugriff 29. Mai. 2026; Tschmuck Peter. 2015. Musik-Filesharing: Das Abmahnwesen in Deutschland – Teil 2. 12. November. https://musikwirtschaftsforschung.wordpress.com/2015/11/12/musik-filesharing-das-abmahnwesen-in-deutschland-teil-2/. Zugriff 29. Mai. 2026; Tschmuck Peter. 2015. Musik-Filesharing: Das Abmahnwesen in Deutschland – Teil 3. 18. November. https://musikwirtschaftsforschung.wordpress.com/2015/11/18/musik-filesharing-das-abmahnwesen-in-deutschland-teil-3. Zugriff 29. Mai. 2026; Tschmuck Peter. 2015. Musik-Filesharing: Das Abmahnwesen in Deutschland – Teil 4. 24. November. https://musikwirtschaftsforschung.wordpress.com/2015/11/24/musik-filesharing-das-abmahnwesen-in-deutschland-teil-4/. Zugriff 29. Mai. 2026; Tschmuck Peter. 2015. Musik-Filesharing: Das Abmahnwesen in Deutschland – Teil 5. 26. November. https://musikwirtschaftsforschung.wordpress.com/2015/11/26/musik-filesharing-das-abmahnwesen-in-deutschland-teil-5/. Zugriff 29. Mai 2026; Tschmuck Peter. 2015. Musik-Filesharing: Das Abmahnwesen in Deutschland – Teil 6. 8. Dezember. https://musikwirtschaftsforschung.wordpress.com/2015/12/08/musik-filesharing-das-abmahnwesen-in-deutschland-teil-6/. Zugriff 29. Mai 2026; Tschmuck Peter. 2015. Musik-Filesharing: Das Abmahnwesen in Deutschland – Teil 7. 17. Dezember. https://musikwirtschaftsforschung.wordpress.com/2015/12/17/musik-filesharing-das-abmahnwesen-in-deutschland-teil-7/. Zugriff 29. Mai 2026

Aber alles der Reihe nach. Am 26. Februar 2008 läutete bei Frau S. in Köln das Telefon. Am anderen Ende war die Polizei, die ihr mitteilte, dass über ihren Internetanschluss 407 Audiodateien auf der P2P-Plattform BearShare zum Download verfügbar gemacht worden waren, darunter „36 Grad“ der Gruppe 2Raumwohnung und „Hot Summer“ von Monrose. Frau S., eine Alleinerzieherin eines damals 16-jährigen Sohnes und einer 14-jährigen Tochter, fiel aus allen Wolken. Sie erklärte am Telefon, dass sie selbst nicht Filesharing betrieben hätte, aber ihre Tochter vermutlich für das Bereitstellen der Musikdateien auf der Musiktauschbörse verantwortlich sein könnte. Mutter und Tochter wurden daher am 12. März 2008 von der Polizei vorgeladen und einvernommen. Die Tochter gestand dabei ein, die durch Screenshots belegten 407 Audiodateien heruntergeladen zu haben, ohne sich aber darüber bewusst zu sein, dass dies nicht erlaubt wäre.[210]

Der Fall von Frau S. war einer von hunderttausenden Klagen, die die Musikindustrie, aber auch andere Entertainment-Industrien gegen FilesharerInnen in Deutschland seit 2006 angestrengt haben. Das Besondere an dem Fall ist aber, dass Frau S. sich die Vorgehensweise der Musikindustrie nicht gefallen hat lassen und bis zum deutschen Bundesgerichtshof zog, um Recht zu bekommen, um dann doch noch zu scheitern. Aber wie ist Frau S: in die Mühlen der deutschen Justiz geraten? Wie im Urteil des Landgerichts Köln vom 2. Mai 2013 zu lesen war, hatten mehrere „führende deutsche bzw. internationale Tonträgerkonzerne“[211] eine darauf spezialisierte Firma am 17. Dezember 2007 beauftragt, eine IP-Adresse ausforschen lassen, über die 407 Audiodateien geteilt wurden. Zum Zweck der Beweissicherung wurden die Songs „36°“ und „Hot Summer“ heruntergeladen und probegehört. Die klagenden Labels stellten am 18. Dezember 2007 Strafantrag gegen Unbekannt bei der zuständigen Staatsanwaltschaft. Daraufhin musste der Internetservice-Provider Auskunft über den dahinterstehenden Anschlussinhaber der Staatsanwaltschaft bekanntgeben, die auf Anfrage den Klarnamen und die Adresse an die Kläger weiterleitete, was schließlich zum bereits erwähnten Telefonat und zur Einvernahme bei der Polizei führte.

Dann geschah lange nichts. Erst am 17. November 2011 beantragten die klagenden Labels die Erlassung eines Mahnbescheides beim Amtsgericht Köln, gegen den die Beklagte am 8. Dezember 2011[212] Widerspruch einlegte, was im Juni 2012

---

[210] Dieser Sachverhalt geht aus dem ausführlichen Urteil des Landgerichts Köln hervor: Landgericht Köln. Urteil, 2. Mai 2013. Az. 14 O 277/12. http://www.justiz.nrw.de/nrwe/lgs/koeln/lg_koeln/j2013/14_O_277_12_Urteil_20130502.html. Zugriff 14. Mai 2026

[211] Landgericht Köln. Urteil, 2. Mai 2013. Az. 14 O 277/12. http://www.justiz.nrw.de/nrwe/lgs/koeln/lg_koeln/j2013/14_O_277_12_Urteil_20130502.html. Zugriff 14. Mai 2026

[212] Landgericht Köln. Urteil, 2. Mai 2013. Az. 14 O 277/12. http://www.justiz.nrw.de/nrwe/lgs/koeln/lg_koeln/j2013/14_O_277_12_Urteil_20130502.html. Zugriff 14. Mai 2026

zu einem Gerichtsverfahren führte, das die Labels gegen die Beschuldigte beantragt hatten. In der Klage wurde ein Schadenersatz in der Höhe von EUR 200 für jede Musikaufnahme, insgesamt also EUR 3000 für 15 Musiktitel, gefordert, die unautorisiert in die Musiktauschbörse hochgeladen wurden. Darüber hinaus wurden vorgerichtliche Abmahnkosten in der Höhe von EUR 2380,80 reklamiert, denen ein Gegenstandswert von EUR 200.000 zugrunde gelegt wurde. Die Kläger behaupteten zudem, dass ihnen von 80 % der 407 im Screenshot dokumentierten Musikaufnahmen die Nutzungsrechte zustünden.[213]

Die Beklagte beantragte hingegen, dass die Klage abzuweisen wäre. Sie selbst habe niemals Musiktauschbörsen oder ähnliches genutzt und habe ihre Kinder bei der Internetnutzung darauf hingewiesen, dass es verboten sei, Filme oder Musik illegal herunterzuladen bzw. verfügbar zu machen. Da ihre Tochter, trotz gegenteiliger Aussage vor der Polizei, ihr gegenüber beteuert hat, dass sie die 407 Dateien nicht heruntergeladen hat, könne nicht ausgeschlossen werden, dass ein Nachbar das WLAN unter Umgehung des Passwortschutzes für Filesharing benutzt habe.[214]

Das Landgericht Köln folgte der Argumentation der Beklagten nicht und sah in seinem Urteil vom 2. Mai 2013 den Antrag auf Schadenersatzzahlung wegen Urheberrechtsverletzung durch die Kläger als gerechtfertigt.[215] Frau S. ging in Berufung, aber das Oberlandesgericht Köln folgte ihren Einwendungen nicht und hielt diesbezüglich den Spruch des Erstgerichts aufrecht. Auch die geforderte Schadenersatzhöhe wurde von der Berufsinstanz nicht bemängelt, aber die Berechnung der zu erstattenden Abmahnkosten wurde durch das OLG nach unten korrigiert.[216] Frau S. gab sich aber auch mit dieser Reduktion der Erstattung der Abmahnkosten nicht zufrieden, sondern verfolgte weiterhin das Ziel einer vollständigen Abweisung der Klage. Das Oberlandesgericht Köln hatte der Revision des Urteils zugestimmt, die allerdings vom Bundesgerichtshof am 11. Juni 2015 abgewiesen wurde. Stattdessen hat der BGH das Urteil des Oberlandesgericht Köln bestätigt, wonach die Eltern der Aufsichtspflicht über die damals minderjährige Tochter nicht nach-

[213] Landgericht Köln. Urteil, 2. Mai 2013. Az. 14 O 277/12. http://www.justiz.nrw.de/nrwe/lgs/koeln/lg_koeln/j2013/14_O_277_12_Urteil_20130502.html. Zugriff 14. Mai 2026

[214] Landgericht Köln. Urteil, 2. Mai 2013. Az. 14 O 277/12. http://www.justiz.nrw.de/nrwe/lgs/koeln/lg_koeln/j2013/14_O_277_12_Urteil_20130502.html. Zugriff 14. Mai 2026

[215] Landgericht Köln. Urteil, 2. Mai 2013. Az. 14 O 277/12. http://www.justiz.nrw.de/nrwe/lgs/koeln/lg_koeln/j2013/14_O_277_12_Urteil_20130502.html. Zugriff 14. Mai 2026

[216] Oberlandesgericht Köln. Urteil, 6. Dezember 2013. Az. 6 U 96/13, http://www.justiz.nrw.de/nrwe/olgs/koeln/j2013/6_U_96_13_Urteil_20131206.html. Zugriff 14. Mai 2026

gekommen wären. Der BGH sah zudem auch die Berechnung der Schadenersatzhöhe als gerechtfertigt an.[217]

Damit war die Vorgehensweise des deutschen Musikindustrieverbandes im Nachhinein gerechtfertigt, die seit 2006 massenhaft Klagen gegen FilesharerInnen angestrengt hatte. Bis Ende 2006 hat der Bundesverband Musikindustrie e. V. (BVMI) laut Medienmeldungen bereits in 20.000 Fällen Strafanzeige erstattet.[218]

Nachdem der BMVI 2008 die Welle an Abmahnungen beendet hatte, kündigte im März 2009 der damalige Geschäftsführer des Bundesverband Musikindustrie, Stefan Michalk, die Wiederaufnahme der Abmahnungen gegenüber FilesharerInnen an.[219] Die Intensität der Abmahnungen erreichte daraufhin ein noch nie gekanntes Ausmaß. Während 2008 rund 31.500 Abmahnungen an Musik-FilesharerInnen versandt wurden, waren es 2009 bereits 282.500 und ein Jahr später immerhin immer noch 241.000. Diese Zahlen lassen sich aus den jährlichen Abmahnstatistiken, die die Interessengemeinschaft gegen den Abmahnwahn (IGGDAW) publiziert hat, errechnen.[220] 2009 wurden somit 62,5 % aller Abmahnfälle im Bereich des Musik-Filesharings registriert. 2010 bis 2012 lag der Anteil der abgemahnte Musik-FilesharerInnen bei knapp über 40 %, weil vor allem die Abmahnungen beim Film-Filesharing (Kinofilme sowie TV-Filme und –Serien) ab 2010 immer stärker ins Gewicht fielen und 2014 bereits 69,3 % aller registrierten Abmahnungen ausmachten. Insgesamt nahm aber die Zahl der Abmahnungen seit 2010 wieder stark ab (siehe Abb. 2.2).

Insgesamt wurden im Zeitraum von 2008 bis 2014 rund 1,54 Mio. Mahnschreiben von 72 Rechtsanwaltskanzleien im Namen von 465 Rechteinhabern versandt. Die Verwendung von 7027 Werken verschiedenster Entertainment-Bereiche (vor allem aber Musik, Spiel- sowie TV-Filme und -Serien aber auch pornografische Filme) auf diversen Filesharing- und Filehosting-Plattformen wurde dabei reklamiert. Das Gesamtvolumen der eingeklagten Forderungen belief sich in diesem Zeitraum von sieben Jahren auf EUR 1,1 Mrd., wobei der Höhepunkt 2010 mit ein-

[217] Deutscher Bundesgerichtshof. 2015. Urteil in dem Rechtsstreit „Tauschbörse II", 11. Juni 2015. Az. I ZR 7/14. https://www.bundesgerichtshof.de/SharedDocs/Entscheidungen/DE/Zivilsenate/I_ZS/2014/I_ZR___7-14.pdf?__blob=publicationFile&v=1. Zugriff 14. Mai 2026

[218] Krempl, Stefan. 2007. Musikindustrie verteidigt geplante Massenanzeigen gegen P2P-Nutzer. Heise.de, 14. Januar. http://www.heise.de/newsticker/meldung/Musikindustrie-verteidigt-geplante-Massenanzeigen-gegen-P2P-Nutzer-134222.html. Zugriff 14. Mai 2026

[219] Krempl, Stefan. 2009. Musikindustrie will wieder vermehrt gegen Urheberrechtsverletzer klagen. Heise.de, 19. März (http:/)/www.heise.de/newsticker/meldung/Musikindustrie-will-wieder-vermehrt-gegen-Urheberrechtsverletzer-klagen-207817.html. Zugriff 14. Mai 2026

[220] Interessensgemeinschaft gegen den Abmahnwahn (IGGDAW). https://aw3p.de/archive/tag/interessengemeinschaft-gegen-den-abmahnwahn. Zugriff 14. Mai 2026

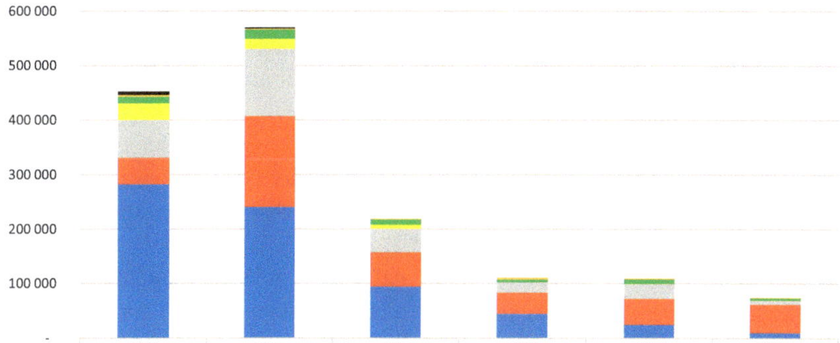

	2009	2010	2011	2012	2013	2014
■ sonstiges	5 433	1 140	-	-	-	-
■ Software	3 622	2 279	219	2 761	1 417	671
■ Games	11 772	16 524	9 398	4 417	7 737	3 951
■ E-Book	31 693	18 803	8 087	994	763	671
■ Porno	68 819	123 647	43 275	18 771	26 372	7 157
■ Film	48 898	166 382	63 382	38 205	47 840	51 661
■ Musik	282 521	241 025	94 199	45 272	24 846	10 437

Abb. 2.2 Die Entwicklung der Anzahl an Abmahnungen gegen FilesharerInnen in Deutschland, 2009–2014, absolute Werte nach Sparten gegliedert. (Quelle: Eigene Darstellung und Berechnung nach den Jahresstatistiken 2008–2014 zum Filesharing Abmahnwesen in Deutschland der Interessengemeinschaft gegen den Abmahnwahn (IGGDAW))

gemahnten Forderungen in der Höhe von EUR 412,5 Mio. erreicht wurde. Im Durchschnitt wurden pro Abmahnung EUR 750 eingefordert.

Das Abmahnen von FilesharerInnen war ein gutes Geschäft für die involvierten Anwaltskanzleien. Da sich die Anwaltsgebühren am Streitwert bemessen, wurden diese entsprechend hoch angesetzt. So waren Streitwerte in der Höhe von EUR 10.000 pro urheberrechtlich geschütztes Werk durchaus üblich. Bei einem Album mit 13 Titeln ergab sich somit ein Streitwert von EUR 130.000. Die Gerichte haben diese Praxis mit ihren Entscheidungen legitimiert.[221] So wies das Oberlandesgericht Düsseldorf eine Beschwerde eines Beklagten ab, der den Streitwert von EUR 30.000 für drei Musikdateien, die er über ein Filesharing-System öffentlich zugänglich gemacht hatte, als zu hoch angesehen hatte.[222] Das Gericht ging davon aus, dass Filesharing nicht nur eine Urheberrechtsverletzung darstellt,

[221] Landgericht Düsseldorf. Beschluss, 4. April 2006. Az. 12 O 121/06. http://www.raschlegal.de/fileadmin/medien/Entscheidungen/EN-I-Kosten_SA_SW/LG_Duesseldorf__Beschl._v._04.04.2006__Az._12_O_121-06.pdf. Zugriff 14. Mai 2026

[222] Oberlandesgericht Düsseldorf. Beschluss, 13. Februar 2007. Az. I-20 W 113/06. http://www.raschlegal.de/fileadmin/medien/Entscheidungen/EN-I-Kosten_SA_SW/OLG_Duesseldorf__Beschl._v._13.02.2007__Az._I-20_W_113-06.pdf. Zugriff 14. Mai 2026

sondern auch einen massiven wirtschaftlichen Schaden verursacht. Die Höhe der Streitwerte ist aber schon allein deswegen von Bedeutung, weil davon die Höhe der Anwaltskosten und Gerichtsgebühren abhängig ist. Daraus ergaben sich dann Abmahnforderungen, die in die Tausende von Euros gingen.

Diese hohen „Abmahnforderungen" haben auch heftige öffentliche Kritik ausgelöst. Das hat schließlich 2008 dazu geführt, dass der Gesetzgeber in Deutschland, eine Regelung im Urheberrechtsgesetz getroffen hat, in der erstmals der Ersatz für anwaltliche Aufwendungen mit EUR 100 gedeckelt wurde.[223]

Das verhinderte aber nicht, dass das Abmahnwesen in Deutschland 2009 immer weitere Kreise zog und vermehrt auch dubiose Abmahnpraktiken vonseiten einschlägig bekannter Rechtsanwaltskanzleien um sich griffen. So wurden gewichtige Stimmen laut, die eine erneute Novellierung des „Abmahnparagraphen" forderten.[224] Im Oktober 2013 wurde der „Abmahnparagraph" 97a neu gefasst. Es wurde nun darin festgeschrieben, dass jede Abmahnung in klarer und verständlicher Weise zu erfolgen hat, und es wurden vier unabdingbare Kriterien für eine korrekte Abmahnung definiert. Weiters wurde die Deckelung des Ersatzes der Anwaltskosten noch einmal neu geregelt.[225]

Diese gesetzlichen Maßnahmen haben dazu geführt, dass Abmahnungen nicht mehr so lukrativ waren, wie in den Jahren zuvor. Die DigitProtect Gesellschaft zum Schutz digitaler Medien GmbH, die 2009 noch 161.100 Abmahnungen verschickt hatte und EUR 79,2 Mio. an Einnahmen lukrieren konnte,[226] musste im Februar 2013 Insolvenz anmelden. DigitProtect wurde 2006 vom Rapper und Musikproduzenten Moses Pelham und Andreas Walter zum Zweck „Anbieter rechts-

[223] § 97a des deutschen Urheberrechtsgesetzes vom 09.09.1965 (BGBl. I S. 1273), zuletzt geändert durch Gesetz vom 23.10.2024 (BGBl. I S. 323): „Der Ersatz der erforderlichen Aufwendungen für die Inanspruchnahme anwaltlicher Dienstleistungen für die erstmalige Abmahnung beschränkt sich in einfach gelagerten Fällen mit einer nur unerheblichen Rechtsverletzung außerhalb des geschäftlichen Verkehrs auf 100 €."

[224] Siehe dazu ein Interview mit der zuständigen Justizministerin Leutheusser-Schnarrenberger: Kuhr, Daniela. 2011. Justizministerin sagt Abmahn-Industrie den Kampf an. Süddeutsche Zeitung, 3. November. http://www.sueddeutsche.de/digital/abzocke-im-internet-justizministerin-sagt-abmahn-industrie-den-kampf-an-1.1179632. Zugriff 14. Mai 2026

[225] Artikel 8 des Gesetzes gegen unseriöse Geschäftspraktiken, der die §§ 97a und 104 des Urheberrechtsgesetzes abändert, Bundesgesetzblatt Teil I, Nr. 59 vom 01.10.2013. https://www.bgbl.de/xaver/bgbl/start.xav?startbk=Bundesanzeiger_BGBl&start=//*%5b@attr_id=%27bgbl113s3714.pdf%27%5d#/switch/tocPane?_ts=1779270718029. Zugriff 14. Mai 2026

[226] Interessengemeinschaft gegen den Abmahnwahn (IGGDAW), Die große Jahresstatistik 2009. S. 8

widriger Inhalte zur Abgabe einer Unterlassungsverpflichtungserklärung und Zahlung eines pauschalen Schadensersatzes zu bewegen"[227] gegründet. Musik- und Filmproduktionsfirmen beauftragten zu diesem Zweck DigiProtect exklusiv mit der Wahrnehmung ihrer Rechte. Über die Firma DigiRights Solutions in Darmstadt wurde das Internet automatisiert auf Urheberrechtsverletzungen gescreent und die dabei ausgeforschten IP-Adressen dokumentiert. Über ein Netzwerk von Rechtsanwaltskanzleien[228] wurden dann die Anträge auf Ermittlung der Klarnamen gestellt und den dabei ausgeforschten AnschlussbetreiberInnen die Mahnschreiben zugestellt.[229]

Die Funktionsweise dieses „Geschäftsmodells" geht aus einem geleakten Fax der Rechtsanwaltskanzlei Kornmeier & Partner hervor, in dem die Vorteile des „Geschäftsmodells" gegenüber der ebenfalls auf Abmahnung spezialisierten Londoner Rechtsanwaltskanzlei Davenport & Lyons angepriesen wurde: „The first thing, I have to clarify is that the 49 % instead of 35,5 % means that 11,5 % have to be paid to DRS [DigiRights Solutions, Anm. des Verf.] which means that DL [Davenport & Lyons, Anm. des Verf.], now as before, end up with 37,5 %. What seems to remain an issue is the financing of the contentious matters. It is important for you to note that DigiProtect has no clause in its agreements with the original right holders that the original right holders have to pay for contentious matters. The whole project is a no ‚no cost'-project for the original right holders. Therefore, it is impossible for DP [DigiProtect, Anm. des Verf.] to guarantee payments in an amount which is hardly to foresee. The whole project, as DP sees it, is kind of a ‚joint venture' where no party charges the other party with any costs. As mentioned before, this is how we handle it in Germany and because DP provides substantial business, the business is still profitable although fees for litigation are included in the 37,5 %," Aus diesem Schreiben lässt sich also entnehmen, dass 11,5 % der Einnahmen an die DigiRights Solution gingen, die die IP-Adresse ausfindig machte. 37,5 % sprang dabei für mahnende Rechtsanwaltskanzlei heraus und der Rest verblieb bei der DigiProtect. Da es sich um ein „No-Cost"-Projekt für die ursprüng-

[227] Mühlbauer, Peter. 2008. Deutsches Patent- und Markenamt überprüft DigiProtect. Heise.de, 31. Mai. http://www.heise.de/newsticker/meldung/Deutsches-Patent-und-Markenamt-ueberprueft-DigiProtect-211305.html. Zugriff 14. Mai 2026

[228] 2009 gehörten diesem Netzwerk folgende Anwaltskanzleien an: Die One-Song-Abmahner Kornmeier & Partner, Denecke von Haxthausen & Partner und Schalast & Partner sowie die Pornofilm-Abmahner U + C Rechtsanwälte und die Wirtschaftskanzlei Graf von Westphalen.

[229] Boie, Johannes. 2010. Geschäftsmodell Abmahnung. Süddeutsche Zeitung, 28. Februar. http://www.sueddeutsche.de/computer/193/504406/text/. Zugriff 14. Mai 2026

lichen RechteinhaberInnen handelte, haben einzig und allein die ertappten RechtsverletzerInnen das ganze Abmahnnetzwerk finanziert. Die mediale Aufmerksamkeit, die der geleakte E-Mail-Verkehr ausgelöst hat, aber auch die Begrenzung beim Ersatz der Abmahnkosten, hat wohl die Profitabilität dieses „Geschäftsmodells" so weit verringert, dass DigiProtect Insolvenz anmelden musste.

Trotz des Rückgangs der Abmahnungen durch die deutsche Musikindustrie und gesetzlichen Maßnahmen gegen das „Abmahnwesen", ist diese Praxis bis heute noch üblich, auch wenn sie sich stärker in den Film-Bereich verlagert hat. Die Darstellung des deutschen „Abmahnwesens" zeigt aber auch, wie das Urheberrecht Mitte der 2000er-Jahre nicht nur als Waffe benutzt wurde, um das Filesharing einzudämmen, sondern dass sich daraus ein ganzes Netzwerk an Rechtsanwaltskanzleien und Internet Security Firmen gebildet hat, deren Geschäftsmodell auf dem Ausfindigmachen und Verklagen von FilesharerInnen aufbaute. Parallel dazu wurde aber auch der Feldzug gegen die Anbieter von P2P-Filesharing-Software fortgesetzt, der in den beiden nächsten Kapiteln noch ausführlich dargestellt wird.

2.4 Der Kampf gegen BitTorrent und UseNet[230]

2.4.1 BitTorrent-Tracker

Die wichtigsten Clients, die auf dem FastTrack- und dem Gnutella-Protokoll beruhten, konnten zwar ausgeschaltet werden, aber das bedeutete noch lange nicht, dass Filesharing deshalb eingedämmt werden konnte. Das Filesharing verlagerte sich nun immer stärker in das für den Austausch von großen Datenmengen ge-

[230] Dieses Kapitel basiert auf den Blogbeiträgen von Tschmuck, Peter. 2014. Der Kampf der Musikindustrie gegen Filesharing & Co. – Teil 3: Suprnova und EliteTorrent. 4. August. https://musikwirtschaftsforschung.wordpress.com/2014/08/04/der-kampf-der-musikindustrie-gegen-filesharing-co-teil-3/. Zugriff 29. Mai 2026; Tschmuck, Peter. 2014. Der Kampf der Musikindustrie gegen Filesharing & Co. – Teil 4: TorrentSpy und isoHunt. 21. August. https://musikwirtschaftsforschung.wordpress.com/?s=Der+Kampf+der+Musikindustrie+gegen+Filesharing+%26+Co. Zugriff 29. Mai 2026; Tschmuck, Peter. 2014. Der Kampf der Musikindustrie gegen Filesharing & Co. – Teil 5: The „Pirate Bay". 2. September. https://musikwirtschaftsforschung.wordpress.com/2014/09/02/der-kampf-der-musikindustrie-gegen-filsharing-co-teil-5/. Zugriff 29. Mai 2026. Tschmuck, Peter. 2014. Der Kampf der Musikindustrie gegen Filesharing & Co. – Teil 7: Usenet. 15. September. https://musikwirtschaftsforschung.wordpress.com/2014/09/15/der-kampf-der-musikindustrie-gegen-filesharing-co-teil-7/. Zugriff 29. Mai 2026

schaffene BitTorrent-Netzwerk. Der Rüstungswettlauf zwischen Urheberrechtsin-haberInnen und Filesharing-Anbietern setzte sich also weiter fort.

BitTorrent ist ein Internetprotokoll, das im April 2001 vom damals 26-jährigen Computerwissenschaftler Bram Cohen entwickelt worden war. Im Gegensatz zur herkömmlichen Methode, eine Datei von einem Server zu einem anderen zu transformieren, baut BitTorrent für jede Datei ein eigenes Netzwerk auf. Dieses Netzwerk, auch Schwarm genannt, verteilt nur die Dateien, die der Autor der Ausgangsdatei (Torrent) explizit zum Herunterladen bestimmt hat. Damit werden die freien Upload-Kapazitäten der DownloaderInnen mitgenutzt, wodurch der Datentransfer beschleunigt wird. Dateien werden nicht über einen Server, wie beim klassischen P2P-Netzwerk verteilt, sondern zwischen den einzelnen NutzerInnen. Nachdem BitTorrent-Entwickler Bram Cohen Anfang Juli 2001 die erste Anwendung online stellte, setzte sich das Protokoll rasch im Internet durch. Die Webseite torrentfreak.com zitiert für 2004 eine Statistik, wonach der gesamte Internet-Traffic zu 33 % auf BitTorrent-Filesharing zurückzuführen wäre. In Europa lag der BitTorrent-Anteil bei 16 %, in Asien bei 65 %.[231]

Ein großer Teil des Datenverkehrs fiel dabei auf den Tausch von lizenzpflichtigen Mediendateien – vor allem Filme, Software, Games und Musik. Es war also nur mehr eine Frage der Zeit, dass die großen Rechteverwerter gegen einzelne Torrent-Tracker vorgehen würden. Auf Betreiber der Business Software Alliance und der finnischen Verwertungsgesellschaft Teosto wurden im Dezember 2004 bei den Betreibern der größten finnischen BitTorrent-Seite Finreactor Hausdurchsuchungen durchgeführt, in deren Verlauf zahlreiche Computer beschlagnahmt und 34 Verdächtigte in Haft genommen wurden.[232] Gegen 32 Personen wurde ein Verfahren eingeleitet. Ein Gericht in Turku verurteilte schließlich am 26. Oktober 2006 vierzehn Angeklagte wegen Verletzung des Urheberrechts und weitere sieben wegen Beihilfe zu Urheberrechtsverletzungen zu Schadenersatzzahlungen an die RechteinhaberInnen von umgerechnet US$ 700.000. Vier der Systemadministratoren, drei davon noch minderjährig, mussten je US$ 60.000 Schadenersatzzahlungen leisten.[233]

---

[231] Van der Sar, Ernesto. 2006. BitTorrent: The „one third of all Internet traffic" Myth. TorrentFreak, 17. September. http://torrentfreak.com/bittorrent-the-one-third-of-all-internet-traffic-myth/. Zugriff 14. Mai 2026

[232] Cullen, Drew. 2004. Finnish police raid BitTorrent site. The Register, 14. Dezember. http://www.theregister.co.uk/2004/12/14/finnish_police_raid:bittorrent_site/. Zugriff 14. Mai 2026

[233] Smaran. 2006. Underage Finnish BitTorrent admins fined $60,000 each. TorrentFreak, 26. Oktober. http://torrentfreak.com/underage-finnish-bittorrent-admins-fined-60000-each/. Zugriff 14. Mai 2026

Im Dezember 2004 erfolgte der nächste Schlag gegen BitTorrent-Netzwerke. Die US-amerikanische Motion Picture Association of America (MPAA) brachte in Kooperation mit Interpol mehr als 100 Klagen gegen BetreiberInnen von BitTorrent-Seiten weltweit ein. Allerdings ging aus der Presseaussendung der MPAA nicht hervor, um welche Torrent-Seiten es sich handelte. Es ist allerdings auffällig, dass im Dezember 2004 polizeilich gegen BitTorrent-Seiten vorgegangen wurde. So auch im Fall der in Slowenien gehosteten BitTorrent-Seite Suprnova, die nach Beschlagnahme der Server von ihrem Betreiber Andrej Preston (genannt Sloncek), geschlossen wurde. In einem Interview für TorrentFreak.com erzählte Sloncek seine Version des Falles.[234] Er hatte noch als Teenager Suprnova 2002 als Spaßprojekt programmiert und online gestellt. Die Seite erhielt darauf regen Zulauf und 2004 explodierten die täglichen NutzerInnen-Zahlen auf über 1,5 Mio.. In diesem Jahr geriet Suprnova ins Visier der französischen Anti-Piraterie-Vereinigung RetSpan, die das polizeiliche Vorgehen gegen Suprnova in die Wege leitete. Ohne Sloncek zu kontaktieren, wurden die Server, auf denen die mehr als 60.000 Torrents gespeichert waren, im November 2004 behördlich beschlagnahmt. Als Sloneck davon erfuhr, nahm er die Suprnova-Seite vom Netz. Im Januar 2005 fand in seiner Wohnung eine Hausdurchsuchung statt, in deren Verlauf zwei Computer und zahlreiche Unterlagen beschlagnahmt wurden. Allerdings wurden die polizeilichen Ermittlungen gegen ihn im Oktober 2005 eingestellt.[235]

Wesentlich spektakulärer war das Einschreiten der Behörden gegen die Elite Torrent-Seite in den USA. Am 25. Mai 2005 führten das FBI und die US-Einwanderungs- und Zollbehörde (ICE) im Auftrag des US-Justizministeriums und dem Department of Homeland Security in der „Operation D-Elite" Hausdurchsuchungen bei zehn Betreibern des BitTorrent-Netzwerks Elite Torrent durch.[236] Nach Angaben des Justizministeriums bestand das Netzwerk aus 133.000 Mitgliedern, in dem innerhalb von vier Monaten 17.800 urheberrechtlich geschützte Dateien unautorisiert verbreitet und insgesamt 2,1 Mio. Mal herunter-

[234] Van der Sar, Ernesto. 2006. Suprnova.org: Two Years Since the Shutdown. TorrentFreak, 19. Dezember. http://torrentfreak.com/suprnovaorg-two-years-since-the-shutdown/. Zugriff 14. Mai 2026

[235] Wilkens, Andreas. 2005. Ermittlungen gegen BitTorrent-Seite Suprnova eingestellt. Heise.de, 21. Dezember http://www.heise.de/newsticker/meldung/Ermittlungen-gegen-BitTorrent-Seite-Suprnova-eingestellt-160144.html. Zugriff 14. Mai 2026

[236] US Department of Justice. 2005. Federal Law Enforcement Annouces Operation D-Elite. Crackdown on P2P Piracy Network. Pressemitteilung, 25. Mai. http://www.justice.gov/opa/pr/2005/May/05_crm_291.htm. Zugriff 14. Mai 2026

geladen wurden.[237] In einer Pressemitteilung des US-Justizministeriums wurde der stellvertretende Leiter der Einwanderungs- und Zollbehörde Michael J. Garcia mit den Worten zitiert: „Internet pirates cost U.S. industry hundreds of billions of dollars in lost revenue every year from the illegal sale of copyrighted goods and new online file-sharing technologies make their job even easier. Through today's landmark enforcement actions, ICE and the FBI have shut down a group of online criminals who were using legitimate technology to create one-stop shopping for the illegal sharing of movies, games, software and music."[238] Und der stellvertretende Direktor des FBI, Lou Reigel, sekundiert: „The theft of copyrighted material is far from a victimless crime. When thieves steal this data, they are taking jobs away from hard workers in industry, which adversely impacts the U.S. economy. The FBI remains committed to working with our partners in law enforcement at all levels and private industry to identify and take action against those responsible."[239]

Wer waren nun diese Online-„Verbrecher" und warum wurden sie vom FBI verfolgt und in Haft genommen? Die Handhabe dazu lieferte der im April 2005 in Kraft gesetzten Family Entertainment and Copyright Act (FECA).[240] Darin wird die Verbreitung von Mediendateien vor dem offiziellen Veröffentlichungstermin mit Gefängnisstrafen von bis zu fünf Jahren Haft und mit Geldstrafen von bis zu US$ 250.000 bedroht.[241] Im Wiederholungsfall droht das doppelte Strafausmaß. Durch das neue Gesetz wurde ein ursprünglich rein zivilrechtlicher Tatbestand um strafrechtliche Aspekte erweitert. Den zehn Beschuldigten wurde vorgeworfen, dass sie eine vorzeitig geleakte Version des Hollywood-Blockbusters „Star Wars – Episode III. Revenge of the Sith" sechs Stunden vor offiziellem Release-Datum zum Herunterladen verfügbar gemacht hatten, was innerhalb von einem Tag zu

[237] US Department of Justice. 2005. Federal Law Enforcement Annouces Operation D-Elite. Crackdown on P2P Piracy Network. Pressemitteilung, 25. Mai. http://www.justice.gov/opa/pr/2005/May/05_crm_291.htm. Zugriff 14. Mai 2026

[238] US Department of Justice. 2005. Federal Law Enforcement Annouces Operation D-Elite. Crackdown on P2P Piracy Network. Pressemitteilung, 25. Mai. http://www.justice.gov/opa/pr/2005/May/05_crm_291.htm. Zugriff 14. Mai 2026

[239] US Department of Justice. 2005. Federal Law Enforcement Annouces Operation D-Elite. Crackdown on P2P Piracy Network. Pressemitteilung, 25. Mai. http://www.justice.gov/opa/pr/2005/May/05_crm_291.htm. Zugriff 14. Mai 2026

[240] Family Entertainment and Copyright Act of 2005. Public Law 109–9 – Apr. 27, 2005. http://www.gpo.gov/fdsys/pkg/PLAW-109publ9/pdf/PLAW-109publ9.pdf. Zugriff 14. Mai 2026

[241] Sec. 103 „Criminal Infringement of a Work Being Prepared for Commercial Distribution" des Family Entertainment and Copyright Act vom 27. April 2005

rund 10.000 Downloads führte.[242] Gegen acht Betreiber des Elite Torrent-Netzwerks wurden schließlich Gerichtsverfahren eröffnet. Es wurde ihnen die Begehung schwerer Urheberrechtsverletzungen (criminal copyright infringement) sowie die Bildung einer kriminellen Vereinigung zur Urheberrechtsverletzung (conspiracy to commit criminal copyright infringement) vorgeworfen.

Der 23-jährige Grant T. Stanley war der erste, der durch ein Geschworenengericht im Bundesstaat Virginia zu fünf Monaten unbedingter Haft plus fünf Monate Hausarrest sowie zu einer Strafe von US$ 3000 verurteilte wurde.[243] Eine weitere Verurteilung[244] betraf den im Bundesstaat Pennsylvania ansässigen 24-jährigen Scott R. McClausland, der für die gleichen Verbrechen am 19. Dezember 2006 ebenfalls zu fünf Monate Haft plus fünf Monate Hausarrest aber ohne Strafzahlung verurteilt wurde. Vor der Urteilsverkündung wies Richter McLaughlin darauf hin, dass jene, die Online-Piraterie begingen „(…) are not modern day Robin Hood's, but rather common thieves motivated solely by the desire to get something for nothing."[245] Kurz hintereinander bekannten sich der 24-jährige Sam Kuonen und der 22-jährige Scott D. Harvanek für schuldig, schwere Urheberrechtsverletzungen begangen und einer kriminellen Vereinigung zur Begehung von Urheberrechtsverletzungen angehört zu haben, um einer höheren Strafe zu entgehen.[246] Am 14. November 2007 gestand auch An Doc Du seine Schuld ein.[247] Er wurde aber von einer Haftstrafe verschont, weil er glaubhaft machen konnte,

[242] Wilkens, Andreas. 2005. US-Justizministerium schließt BitTorrent-Site. Heise.de, 26. Mai. http://www.heise.de/newsticker/meldung/US-Justizministerium-schliesst-BitTorrent-Site-163594.html. Zugriff 14. Mai 2026

[243] US Department of Justice. 2006. Wise, Virginia Man Sentenced in Peer-to-Peer Piracy Crackdown. Pressemitteilung, 17. Oktober. http://www.justice.gov/criminal/cybercrime/press-releases/2006/stanleySent.htm. Zugriff 14. Mai 2026

[244] Von jenen beiden Angeklagten, die als Zweiter bzw. Vierter im Rahmen der Operation D-Elite verurteilt wurden, sind weder die Namen noch das Strafausmaß in Erfahrung zu bringen.

[245] US Department of Justice. 2006. Defendant Sentenced in Online Piracy Crackdown. Pressmitteilung, 19. Dezember. http://www.justice.gov/criminal/cybercrime/press-releases/2006/mcCauslandSent.htm. Zugriff 14. Mai 2026

[246] US Department of Justice. 2007. Justice Department Announces Fifth Guilty Plea in P2P Piracy Crackdown Pressemitteilungen vom 16. April und 30. April. http://www.justice.gov/opa/pr/2007/April/07_crm_248.html, http://www.justice.gov/criminal/cybercrime/press-releases/2007/harvanekPlea.htm. Zugriff 14. Mai 2026. Über das verhängte Strafmaß fehlen allerdings in beiden Fällen die Angaben.

[247] US Department of Justice. 2007. Justice Department Announces Seventh Guilty Plea in P2P Piracy Crackdown. Pressemitteilung, 14. November http://www.justice.gov/criminal/cybercrime/press-releases/2007/doPlea.htm. Zugriff 14. Mai 2026

von den anderen Administratoren der Seite gezwungen worden zu sein, seinen schnellen Internetzugang zur Verfügung stellen. Das Gericht verhängte über ihn schließlich eine Strafzahlung von US$ 15.000 sowie 400 Stunden Kommunalarbeit.[248] Die schwerste Strafe fasste allerdings der 26-jährige Daniel Dove aus, der als Systemadministrator die schnelle Internetverbindung bereitgestellt und die anderen Beschuldigten für das Elite Torrent-Netzwerk angeworben hatte. Das Gericht verurteilte ihn am 8. September 2008 wegen der gleichen Vergehen wie bereits seine sieben Komplizen zu achtzehn Monaten Haft und zu einer Strafzahlung von US$ 20.000.[249]

Fassen wir den Fall noch einmal kurz zusammen. Im Jahr 2004 setzte der damals 22-jährige Scott R. McClausland, im Netz als sk0t bekannt, den BitTorrent-Tracker Elite Torrent auf und versuchte, schnelle Rechner für das Netzwerk zu gewinnen. Besonders aktiv wurde der gleichaltrige Daniel Dove, dem es als Systemadministrator gelang, weitere Mitstreiter als „Uploader“ mit besonders breitbandigen Servern ins Netzwerk zu bringen. In der Folge wurden nun an die 700 Spielfilme, aber auch Software, Games und Musik zum Download angeboten. Rasch wuchs die Zahl der NutzerInnen auf mehr als 100.000, die mehr als 1 Mio. Mal auf die urheberrechtlich geschützten Inhalte zugriffen. Am 18. Mai 2005 lud McClausland die geleakte Version von „Star Wars – Episode III. Revenge of the Sith“ hoch. Da wurden die Elite Torrent-Betreiber bereits von der Motion Picture Association of America überwacht, die sofort die Behörden auf Basis des vor kurzem in Kraft getretenen Family Entertainment and Copyright Act einschalteten. Sechs Tage später, am 25. Mai, stürmte dann in einer konzertierten Aktion eine Hundertschaft an FBI- und Zollbeamten die Wohnungen von zehn Verdächtigen. McClausland erinnerte sich: „Star Wars was uploaded … and then it was game over. I awoke one morning to see the FBI warning on the ET site, and thought to myself ‚Damn, I think we are screwed.‘ It didn’t dawn on me at the time that I could be a target. I didn’t upload a lot, just a couple movies. But I did Star Wars, so … Then, at 6AM I am woken up to the sounds of 6 FBI, 6 ICE, and 2 Local Police at my front door. They come in, confiscate everything, and that begins my

[248] Maxwell, Andy. 2008. BitTorrent Uploader Escapes Jail, Loses Job. TorrentFreak, 17. September. https://torrentfreak.com/elitetorrents-uploader-escapes-jail-loses-job-080917/. Zugriff 14. Mai 2026

[249] US Department of Justice. 2008. High-ranking Web Site Administrator Sentenced in Peer-to-Peer Piracy Crackdown. Pressemitteilung, 9. September. http://www.justice.gov/criminal/cybercrime/press-releases/2008/doveSent.htm. Zugriff 14. Mai 2026

2+ years saga."[250] Die Saga bestand in einer fünfmonatigen Haft und weiteren fünf Monaten Hausarrest mit Fußfessel. Auf dem Computer von McClausland wurde eine Spezialsoftware installiert, die seine Online-Aktivitäten minutiös überwachte. Erst nach dem Ablauf der Bewährungsfrist im Juli 2009 wurde die Überwachung beendet. Sein bisheriges Leben war wie das der anderen Verurteilten, die allesamt Mitte 20 waren, zerstört und er musste wieder von Null beginnen. Das Hochladen von „Star Wars – Episode III. Revenge of the Sith" sechs Stunden vor dem offiziellen Kinostart, schien der 20th Century Fox nicht besonders geschadet zu haben. Der Film mit einem Produktionsbudget von US$ 113 Mio., hat in den USA bis zum Juli 2014 US$ 380,3 Mio. und weltweit sogar US$ 848,8 Mio. an den Kinokassen eingespielt.[251] Für das U.S.-Justizministerium war die Operation D-Elite ein großer Erfolg im Schlag gegen das organisierte Verbrechen im Internet. Aus den verfügbaren Unterlagen kann allerdings weder eine kommerzielle und schon gar keine Bereicherungsabsicht der Verurteilten herausgelesen werden. Für BitTorrent-Betreiber waren die USA aber ein heißer Boden geworden.

Das führte dazu, dass der BitTorrent-Mastermind, Bram Cohen, der sich immer wieder auch Vorwürfen der Vorschubleistung von Urheberrechtsverletzungen konfrontiert sah, im November 2005 mit der Motion Picture Association of America eine Vereinbarung schloss, wonach alle Links, die auf unautorisierte Medieninhalte verwiesen, auf der offiziellen BitTorrent-Seite zu löschen.[252] Der Deal mit der MPAA war wohl eine Folge der massiven Kampagne, die die MPAA gegen Filesharing-Netzwerke 2005 gestartet hatte. Nach eigenen Angaben wurden auf Betreiben der MPAA in diesem Jahr 75 Torrent- und eDonkey-Seiten behördlich geschlossen; darunter der niederländische Torrent-Tracker Dikkedonder und der von der Schweiz und Belgien aus operierende eDonkey-Client Razorback2.[253]

---

[250] Maxwell, Andy. 2008: How The FBI Dismantled a BitTorrent Community. TorrentFreak, 30. Juni. http://torrentfreak.com/how-the-fbi-dismantled-a-bittorrent-community-080630/. Zugriff 14. Mai 2026. Eine weitere Darstellung eines von der „Operation D-Elite" betroffenen Uploaders von Elite Torrent mit dem Nickname *StonyVision* findet sich bei Maxwell, Andy. 2012. Busted by the FBI: The Life of an Elite Teen BitTorrent Uploader. TorrentFreak, 4. Februar. https://torrentfreak.com/busted-by-the-fbi-the-life-of-an-elite-teen-bittorrent-uploader-120204/. Zugriff 14. Mai 2026

[251] Box Office Mojo. o. D. Star Wars: Episode III – Revenge of the Sith. http://www.boxofficemojo.com/movies/?id=starwars3.htm. Zugriff 14. Mai 2026

[252] Law.com. 2005. Hollywood Reaches Agreement With BitTorrent Software Creator. 28. November. https://www.law.com/article/almID/900005546483/?slreturn=20260514044733. Zugriff 14. Mai 2026

[253] Sandoval. Greg. 2007. File-sharing ‚graveyard' still filling up. CNET, 29. Juni. https://www.cnet.com/tech/tech-industry/file-sharing-graveyard-still-filling-up-1/. Zugriff 14. Mai 2026

Im Frühjahr 2006 holte die MPAA zu einem weiteren Rundumschlag gegen BitTorrent-Seiten aus. Die Betreiber von isoHunt/TorrentBox/BTHub, TorrentSpy und NiteShadow sowie gegen den eDonkey-client ed2k-it.com und zahlreiche Newsgroups wurde Klage wegen Urheberrechtsverletzungen erhoben.[254] Interessant ist, dass es sich bei isoHunt und TorrentSpy um Indexierungssoftware handelte, die nur den Link zu den jeweiligen Torrents vermittelten, aber selbst keine Tracker, wie zum Beispiel im Fall von The Pirate Bay, auf ihren Seiten hosteten. Der Ausgang der Verfahren war also wegweisend, ob Torrent-Suchmaschinen sich auf legalem Boden bewegten oder nicht.

TorrentSpy war 2005 und 2006 die meist genutzte BitTorrent-Seite weltweit.[255] Zum Zeitpunkt der Einreichung der Klage durch die MPAA bot TorrentSpy Links zu rund 160.000 Mediendateien, darunter 27.000 Spielfilmen, 21.000 TV-Serien und 45.000 Musikdateien, an.[256] Am 23. Februar 2006 reichte die MPAA im Namen von acht führenden Hollywood-Filmstudios Klage bei einem Bezirksgericht in Kalifornien gegen die Betreiber von TorrentSpy, Justin Bunnell, Forrest Parker, Wes Parker und deren Firma Valence Media LLC sowie gegen weitere zehn unbekannte Personen, ein.[257] Der Vorwurf der Kläger lautete: „This is a case of willful and rampant infringement of copyright over the Internet. Defendants knowingly enable, encourage, induce and profit from massive online piracy – piracy Defendants could stop, but refuse to.“[258]

Die MPAA hatte seit Juni 2005 Beweise an der Hand, dass die Betreiber der Seite, wissentlich Urheberrechtsverletzungen duldeten und diesen Vorschub leiste-

[254] Sandoval. Greg. 2007. File-sharing ‚graveyard‘ still filling up. CNET, 29. Juni. https://www.cnet.com/tech/tech-industry/file-sharing-graveyard-still-filling-up-1/. Zugriff 14. Mai 2026

[255] Van der Sar. 2006. And the winner is: Torrentspy. TorrentFreak, 2. Januar. http://torrentfreak.com/and-the-winner-is-torrentspy/. Zugriff 14. Mai 2026 und Van der Sar, Ernesto. 2007. Torrentspy Most Popular BitTorrent Site of 2006. TorrentFreak, 2. Januar. http://torrentfreak.com/torrentspy-most-popular-bittorrent-site-2006/ Zugriff 14. Mai 2026

[256] Sandoval. Greg. 2007. File-sharing ‚graveyard‘ still filling up. CNET, 29. Juni. https://www.cnet.com/tech/tech-industry/file-sharing-graveyard-still-filling-up-1/. Zugriff 14. Mai 2026

[257] Columbia Pictures Industries, Inc. et al. v. Justin Bunnell, Forrest Parker, Wes Parker, Valence Media LLC and Does 1–10. US District Court for the Central District of California. Case No. 06-cv-01093-FMC-JC. https://dockets.justia.com/docket/california/cacdce/2:2006cv01093/182718. Zugriff 14. Mai 2026

[258] Columbia Pictures Industries, Inc. et al. v. Justin Bunnell, Forrest Parker, Wes Parker, Valence Media LLC and Does 1–10. US District Court for the Central District of California. Case No. 06-cv-01093-FMC-JC. S. 3 https://dockets.justia.com/docket/california/cacdce/2:2006cv01093/182718. Zugriff 14. Mai 2026

ten, nachdem ein ehemaliger Mitarbeiter von TorrentSpy der MPAA 34 Seiten E-Mail-Verkehr um US$ 15.000 pro E-Mail verkauft hatte. Gegenüber der MPAA hat der Ex-Mitarbeiter schriftlich versichert, sich die E-Mails auf legalem Weg verschafft zu haben. Es stellte sich aber heraus, dass er nach einem Streit mit TorrentSpy-Gründer Bunnell dessen E-Mail-Account gehackt und systematisch E-Mails gesammelt hatte.[259] Aus diesen E-Mails ging hervor, dass die TorrentSpy-Betreiber systematisch Beweismittel unterdrückt und vernichtet haben, um die Spuren möglicher Urheberrechtsverletzungen zu verwischen. Zudem wurden die Beschuldigten auch noch der Falschaussage vor Gericht und der unzulässigen Zeugenbeeinflussung überführt. Für die zuständige Bezirksrichterin war das Grund genug, ohne weiteres Verfahren am 13. Dezember 2007 ein Urteil im Sinne der Kläger zu sprechen. Am 5. Mai 2008 wurde das Strafausmaß festgesetzt. Über die drei wegen bewusster Vorschubleistung und Beihilfe zu Urheberrechtsverletzungen bzw. indirekter Urheberrechtsverletzung Verurteilten wurde eine Strafzahlung von US$ 111 Mio. in 3699 nachgewiesenen Fällen verhängt; das sind US$ 34.000 pro Verletzung.[260] Die TorrentSpy-Betreiber hatten bereits davor am 24. März 2008 die Seite offline genommen und den Betrieb eingestellt. Bemerkenswert ist, dass der TorrentSpy-Fall inhaltlich vom Gericht nicht bewertet und aufgrund des eklatanten Fehlverhaltens der Angeklagten nicht ausjudiziert wurde. Es war daher noch kein Präjudiz für ähnlich gelagerte Fälle, in denen Indexierungsseiten auf Torrents verwiesen, diese aber nicht direkt anboten. Zum Prüfstein wurde daher der isoHunt-Fall.

isoHunt wurde von dem in Kanada ansässigen Informatikstudenten Gary Fung im Jahr 2003 gelauncht. In den darauffolgenden zwei Jahren explodierten die NutzerInnen-Zahlen und isoHunt stieg zu einer der weltweit beliebtesten BitTorrent-Seiten auf. 2005 übernahm Fung auch die ebenfalls sehr beliebte BitTorrent-Seite TorrentBox und betrieb zusätzlich BTHub.com, Podtropolis und den eDonkey-Client ed2k-it.[261] Gemeinsam mit den TorrentSpy-Betreibern geriet

[259] Stingel, Ryan. 2007. MPAA Paying Hacker for Purloined TorrentSpy Emails Not Illegal, Court Rules. Wired, 31. August. http://www.wired.com/2007/08/mpaa-paying-hac. Zugriff 14. Mai 2026

[260] Columbia Pictures Industries, Inc. et al. v. Justin Bunnell, Forrest Parker, Wes Parker, Valence Media LLC and Does 1–10. US District Court for the Central District of California. Case No. 06-cv-01093-FMC-JC. https://dockets.justia.com/docket/california/cacdce/2:2006cv01093/182718. Zugriff 14. Mai 2026

[261] Stephens, Hugh. 2016. Goodbye Gary Fung and Isohunt. Hugh Stephens Blog, 16. August. https://hughstephensblog.net/2016/08/16/goodbye-gary-fung-and-isohunt/. Zugriff 14. Mai 2026

Fung ins Fadenkreuz der MPAA. Die ursprünglich am 23. Februar 2006 an einem New Yorker Gericht eingebrachte Klage[262] wurde auf Antrag des Beklagten nach Kalifornien verlegt, wo sie ab September 2006 anhängig war.[263] Gary Fung wurde ähnlich wie Bunnell & Co. vorgeworfen, indirekt Urheberrechtverletzungen begangen bzw. diesen Vorschub geleistet zu haben.[264] Die Verteidigungslinie von Fung war klar: Die BitTorrent-Technologie insbesondere das Indexieren von Torrent-Seiten verstoße nicht gegen Urheberrecht, weil die Downloads nicht direkt über die Seiten des Beklagten erfolgten. Zudem wären Fungs Aktivitäten durch den ersten Verfassungsartikel der freien Meinungsäußerung gedeckt und schließlich würden die Urheberrechtsverletzungen nicht nur in den USA erfolgen, sondern rund um den Globus.[265]

Insbesondere erster Punkt schein auch den Klägern ein Dorn im Auge zu sein und deshalb versuchte deren Anwaltsteam in einer weiteren Eingabe beim Gericht im November 2007 zu belegen, dass Fung nicht nur die BitTorrent-Software bereitgestellt hatte, sondern auch UserInnen dabei behilflich war, bestimmte Files zu finden und Handlungsanleitungen bis hin zum technischen Support zur Nutzung der Seite gab.[266]

Während aber noch das Verfahren gegen isoHunt in den USA lief, tat sich für Fung in Kanada eine neue Front auf. Die Canadian Recording Industry Association (CRIA) hatte ebenfalls Untersuchungen gegen die von ihm betriebenen Seiten eingeleitet und schien eine Klage vorzubereiten. Fung wollte dieser zuvorkommen und reichte am 8. September 2008 eine Petition beim Obersten Gerichtshof des Bundesstaates British Columbia ein, der prüfen sollte, ob die von Fung betriebenen

[262] Motion Picture Association of America (MPAA). 2006. Studios Move To Thwart Illegal File Swapping on Major Pirate Networks. Pressemitteilung, 23. Februar. (online nicht mehr verfügbar)

[263] Columbia Pictures Industries, Inc. et al. v. Gary Fung 447 F.Supp.2d 306. Order and Opinion, 21. August 2006. US Court of Appeals for the 9th Circuit 2006. Case No. 06 Civ. 1471(LLS). https://scholar.google.co.in/scholar_case?case=2331736318398983688&hl=en&as_sdt=2&as_vis=1&oi=scholarr&sa=X&ei=kmtLUseNKOSviAKuw4D4Cg&sqi=2&ved=0CCoQgA-MoADAA. Zugriff 14. Mai 2026

[264] Motion Picture Association of America (MPAA). 2006. Studios Move To Thwart Illegal File Swapping on Major Pirate Networks. Pressemitteilung, 23. Februar. (online nicht mehr verfügbar)

[265] Columbia Pictures Industries, Inc. et al. v. Gary Fung et al. US Court of Appeals for the 9th Circuit 2006. 710 F.3d 1020 No. 10–55946

[266] Columbia Pictures Industries, Inc. et al. v. Gary Fung et al. US Court of Appeals for the 9th Circuit 2006. 710 F.3d 1020 No. 10–55946

BitTorrent-Seiten gegen kanadisches Urheberrecht verstießen.[267] In seiner Eingabe versuchte Fung im Detail darzulegen, wie das BitTorrent-System funktioniert. Die von ihm betriebenen BitTorrent-Seiten wären demnach nichts anderes als Suchmaschinen, ähnlich wie Google, die letztendlich Ergebnisse zu den gesuchten Torrent-Files liefern würden. In der Anhörung vor dem Höchstgericht am 11. März 2009 verglich Fung die Funktionswiese von isoHunt und Google. In einer Präsentation wies er dann nach, dass bei einer Google-Suche wesentlich mehr Dot-Torrent-Links aufgelistet wurden als bei einer vergleichbaren Suche auf der isoHunt-Seite.[268] Das Urteil des Höchstgerichts fiel aber für Gary Fung enttäuschend aus. Der zuständige Richter verweigerte eine Stellungnahme, ob isoHunt und die anderen Seiten Urheberrecht verletzten, mit dem Hinweis, dass die Causa zu komplex wäre und der Sachverhalt nur, wie von der CRIA verlangt, in einem ordentlichen Gerichtsverfahren geklärt werden könnte. Auch die von Fung angerufene Berufungsinstanz schloss sich dieser Sichtweise an.[269] Die CRIA trug zwar auch keinen Erfolg davon, denn das Höchstgericht hatte sich zum rechtlichen Status von BitTorrent nicht geäußert, aber der kanadische Industrieverband verfolgte nun mit Interesse die Entwicklungen in den USA, wo für Dezember 2009 der Urteilsspruch im isoHunt-Fall erwartet wurde.

Am 21. Dezember 2009 war es dann soweit. Bezirksrichter Stephen V. Wilson sprach sein Urteil, das vollinhaltlich die Kläger bestätigte.[270] Die von Gary Fung betriebenen BitTorrent-Seiten würden nicht nur im erheblichen Ausmaß Urheberrechtsverletzungen ermöglichen, sondern Fung hätte auch direkt Urheberrechtsverletzungen unterstützt und zu diesen motiviert. In Bezugnahme auf den Grokster-Fall läge der Tatbestand der Anstiftung zur Urheberrechtsverletzung vor. Für das Gericht spielten die technischen Details, wie die Urheberrechtsverletzungen begangen wurden und welche Rolle die Software dabei spielte, keine Rolle. Egal ob über eine zentrale Serverarchitektur (wie bei Napster) oder über ein

---

[267] Isohunt Web Technologies, Inc. v. EMI Group Canada Inc. Petition to the Supreme Court of British Columbia. 5. September 2008. Case No. S-086309. http://torrentfreak.com/images/petition-to-the-court.pdf Zugriff 14. Mai 2026

[268] Van der Sar, Ernesto. 2009. isoHunt Takes on the „CRIA in Court". TorrentFreak, 11. März. http://torrentfreak.com/isohunt-takes-on-the-cria-in-court-090311/. Zugriff 14. Mai 2026

[269] Maxwell, Andy. 2009. isoHunt Losses Appeal on Preemptive Strike Against CRIA. TorrentFreak, 1. August. http://torrentfreak.com/isohunt-loses-appeal-in-preemptive-strike-against-cria-090801/. Zugriff 14. Mai 2026

[270] Columbia Pictures Industries, Inc. et al. v. Gary Fung et al. Order Granting Plaintiffs' Motion for Summary Judgement on Liability, 21. Dezember 2009. US Court of Appeals for the 9th Circuit 2006. Case No. 2:06-cv-05578-SVW-JC

dezentrales Netzwerk (wie bei KaZaA) oder wie bei isoHunt über eine Indexierungssystem, in allen Fällen wären die BetreiberInnen der Seiten zumindest indirekt für die Urheberrechtsverletzungen im Sinne der Secondary Liability verantwortlich.

Gary Fung ging sofort nach dem Urteilsspruch in Berufung und versuchte das Berufungsgericht von der Legalität seiner BitTorrent-Seiten mit zusätzlich Eingaben zu überzeugen. Dem war allerdings kein Erfolg beschieden. Das Berufungsgericht bestätigte das erstinstanzliche Urteil und sah die technologischen Unterschiede des BitTorrent-Systems zu zentralen und dezentralen P2P-Netzwerken als vernachlässigbar an. Zudem wurde die aktive Rolle des Beklagten im Betreiben der inkriminierten Seiten hervorgehoben.[271]

Am 17. Oktober 2013 ordnete das Gericht die Schließung der entsprechenden Seiten an und Gary Fung wurde zu einer Strafzahlung an die klagenden Hollywood-Studios in der Höhe von US$ 110 Mio. verurteilt.[272] Um noch höheren Schadensersatzzahlungen zu entgehen, nahm Fung schließlich das Urteil an und isoHunt war damit Geschichte.

2.4.2 The Pirate Bay

Nach den erfolgreichen Kampagnen gegen BitTorrent in den USA verlagerte sich diese Form des Filesharings verstärkt in jene Regionen, wo die rechtlichen Rahmenbedingungen weniger restriktiv waren als in den USA. Eines jener Länder war Schweden, wo zwar die Info-Richtlinie der EU aus dem Jahr 2001[273] umgesetzt worden war, nicht aber die Richtlinie zur Durchsetzung der Rechte des

---

[271] Columbia Pictures Industries, Inc. et al. v. Gary Fung; Isohunt Web Technologies, Inc. Opinion, 21. März 2013. US Court of Appeals for the 9th Circuit 2006. Case No. CV 06–5578 SVW (JCx). http://cdn.ca9.uscourts.gov/datastore/opinions/2013/03/21/10–55946.pdf. Zugriff 14. Mai 2026

[272] Columbia Pictures Industries, Inc. et al. v. Gary Fung et al. Stipulation and [proposed] judgement. 17. Oktober 2013. US Court of Appeals for the 9th Circuit 2006. Case no. CV 06–5578 SVW (JCx). http://de.scribd.com/doc/176947007/Isohunt-Mpaa-110. Zugriff 14. Mai 2026

[273] Europäische Union. Richtlinie 2001/29/EG des Europäischen Parlaments und des Rates vom 22.05.2001 zur Harmonisierung bestimmter Aspekte des Urheberrechts und der verwandten Schutzrechte in der Informationsgesellschaft (kurz Urheberrichtlinie oder Info-Richtlinie). https://eur-lex.europa.eu/legal-content/DE/TXT/HTML/?uri=CELEX:32001L0029. Zugriff 15. Mai 2026

geistigen Eigentums aus dem Jahr 2004.[274] Unter diesen rechtlichen Rahmenbedingungen wurde am 1. August 2003 „Piratbyrån" (zu Deutsch „Piratenbüro")[275] als eine Lobby-Organisation für den freien und ungehinderte Austausch von Informationen im Internet in Stockholm gründeten. Ein Mitglied von Piratbyrån, Per Gottfrid Svartholm Warg, hatte im selben Jahr die BitTorrent-Seite The Pirate Bay programmiert.[276] 2004 stieß Fredrik Neij zu diesem Projekt, um sich um die technischen Aspekte der Seite zu kümmern. Schließlich schloss sich auch noch Peter Sunde Kolmisoppi an, der die Akquise von GeldgeberInnen verantwortlich war und nach außen hin auch als Sprecher der Seite auftrat. Ein Jahr nach Inbetriebnahme der Seite wurden bereits 60.000 Torrent-Files gehostet, auf die von mehr als einer Million NutzerInnen zugegriffen wurde.

Zu diesem Zeitpunkt begann sich der Unternehmer und Investor Carl Lundström[277] für The Pirate Bay zu interessieren. Lundström hatte im Herbst 2004 Neij während einer Messe in Jönköping kennengelernt. Neij hatte ihn dabei auf Swartholm Warg und The Pirate Bay aufmerksam gemacht. Bei einem Treffen mit Swartholm führte ihm dieser die BitTorrent-Seite vor und versicherte ihm, dass zwar der Zugang zu urheberrechtlich geschützten Werken über die Seite ermöglicht wird, die Seite selbst aber keine Urheberrechtsverletzungen beging. Lundström und Neij vereinbarten daraufhin, dass Neij einen Job mit reduziertem

[274] Europäische Union. Richtlinie 2004/48/EG des Europäischen Parlaments und des Rates vom 29. April 2004 zur Durchsetzung der Rechte des geistigen Eigentums. https://eur-lex.europa.eu/legal-content/DE/TXT/PDF/?uri=CELEX:32004L0048&qid=1778831329871. Zugriff 15. Mai 2026. Diese EU-Richtlinie wurde in Schweden erst am 1. April 2009 in Kraft gesetzt.

[275] Zur gemeinsamen Vorgeschichte von The Pirate Bay und Piratbyrån siehe Van der Sar, Ernesto. 2010. Pirate Bay's Founding Group „‚Piratbyrån' Disbands". TorrektFreak, 23. Juni. http://torrentfreak.com/pirate-bays-founding-group-piratbyran-disbands-100623/. Zugriff 15. Mai 2026

[276] Die Entstehung und weitere Entwicklung von The Pirate Bay wurde anhand der Aussagen der Beklagten im Gerichtsverfahren von 2009 rekonstruiert. Diese finden sich im Originalwortlaut im Urteil des zuständigen Stockholmer Bezirksgerichts. http://static.vg.no/piratebay/dom.pdf (online nicht mehr verfügbar), das in einer unautorisierten Übersetzung ins Englische durch die IFPI vorlag: http://www.ifpi.org/content/library/Pirate-Bay-verdict-English-translation.pdf (online nicht mehr verfügbar).

[277] Carl Lundström ist einer der Erben des Wasabröd-Konzerns und wurde nach dessen Verkauf als Investor für Telekommunikationsunternehmen tätig. Lundström hat sich zudem als Unterstützer rechtsradikaler Parteien in Schweden, wie z. B. der Schwedendemokraten (Sverigedemokraterna) hervorgetan. Ein ausführliches Porträt von Lundström findet sich im Svenka Dagbladet. 2009. Historien om Carl Lundström och Pirate Bay. 19. Februar. http://www.svd.se/nyheter/inrikes/snedseglaren-del-1_2491563.svd. Zugriff 15. Mai 2026

Gehalt bei Lundströms Rix Telecom erhalten und The Pirate Bay kostenlos mit Bandbreite versorgt werden sollte. Die Pirate Bay-Server sollten in den Betriebsräumlichkeiten von Rix Telecom aufgestellt werden und auch dann dort verbleiben, wenn der The Pirate Bay profitabel arbeiten würde. Rix Telecom ging über eine Tochtergesellschaft zudem mit dem Internet Service Provider PRQ Internet, der die The Pirate Bay-Domain besaß und die Server für die BitTorrent-Seite betrieb, im Oktober 2004 eine Partnerschaft ein. In der Folge stellte Lundström zwei Computer im Wert von SEK 40.000 zur Verfügung, die als Server für The Pirate Bay dienten. Lundström regte Anfang 2005 auch ein Re-Design der Seite, die ab Juni 2005 nicht nur in Schwedisch, sondern auch in zahlreichen anderen Sprachen verfügbar gemacht wurde. Davor hatte sich Lundström, wie der beschlagnahmte E-Mail-Verkehr belegt, die Rechtsauskunft eingeholt, dass The Pirate Bay sich auf nicht legalem Grund bewegte. Daraufhin versuchte Lundström The Pirate Bay nach Argentinien oder Russland zu verlagern, was allerdings misslang. Dennoch unterstütze Lundström weiterhin die BitTorrent-Seite mit Hardware und entsprechenden Serverkapazitäten. Er war sogar von Zahlungen in der Höhe von SEK 1,2 Mio. informiert, die die Transworld Advertising Agentur für verkaufte Werbeflächen an The Pirate Bay im Herbst 2005 und im Frühjahr 2006 nachweislich erhalten hatte.[278]

Zwischen 2004 und 2006 entwickelte sich The Pirate Bay zur beliebtesten Tauschbörse für Musik, Filme, Software, Games und andere Mediendateien. Die Motion Picture Association of America (MPAA) war aber bereits im Herbst 2004 auf die BitTorrent-Seite aufmerksam geworden. Nach eigenen Angaben hatte die MPAA 2004 die schwedische Polizei aufgefordert, gegen The Pirate Bay vorzugehen.[279] In einem Brief, datiert mit 17. März 2006, wandte sich John J. Malcolm, für Anti-Piraterie-Fragen zuständiger Vizepräsident der MPAA, mit der Bitte an Dan Eliasson, Staatssekretär im schwedischen Justizministerium, gegen The Pirate Bay aktiv zu werden. In dem Schreiben verwies Malcolm auf dringliche Bitten der US-Botschaft an die schwedische Regierung gegen The Pirate Bay vorzugehen. Und er gab zu Bedenken: „(…) it is certainly not in Sweden's best interests to earn a reputation among other nations and trading partners as a place where utter lawlessness with respect to intellectual property rights is tolerated. I would urge

[278] Stockholmer Bezirksgericht. Urteil im Fall The Pirate Bay, 17. April 2009. Case No. B 13301–06

[279] Motion Picture Association of America (MPAA). 2026. Swedish Authorities Sink Pirate Bay. Pressemitteilung, 31. Mai. http://web.archive.org/web/20060930174136/http://www.mpaa.org/press_releases/2006_05_31.pdf. Zugriff 15. Mai 2026

you once again to exercise your influence to urge law enforcement authorities in Sweden to take much-needed action against The „Pirate Bay.“[280]

Am 31. Mai 2006 fanden an zehn verschiedenen Orten darunter auch beim Service Provider PRQ, der ebenfalls Server für die BitTorrent-Seite hostete, Polizeirazzien statt, in deren Verlauf alle Server und andere Hardware sowie Software beschlagnahmt wurden.[281] Gottfrid Svartholm Warg, Fredrik Neij und Mikael Viborg, der als Rechtsberater von The Pirate Bay fungierte, wurden festgenommen und die The Pirate Bay-Seite vom Netz genommen. Allerdings musste die schwedische Polizei die drei nach einem ausführlichen Verhör noch am selben Tag auf freien Fuß setzen. Bereits am nächsten Tag war The Pirate Bay wieder online und ein paar Tage später voll in Betrieb.[282] Die mediale Aufmerksamkeit, die das behördliche Vorgehen erregte, führte dazu, dass die NutzerInnen-Zahlen von The Pirate Bay explodierten. Die Anzahl der registrierten NutzerInnen stieg kurz nach der Wiederinbetriebnahme der Seite von rund 1 Mio. auf 2,7 Mio. und jene der Up- und Downloader (Peers) von rund 5 Mio. auf 12 Mio.. Auf der Internetstatistik-Seite Alexa stieß The Pirate Bay, die davor um den Platz 500 gerankt wurde, in die Liste der Top-100 meistbesuchten Seiten vor.[283]

In der Folgezeit hielt das Wachstum von The Pirate Bay weiter an. Anfang November 2008 wurden bereits 3,1 Mio. registrierte NutzerInnen und 20,4 Mio. Peers für rund 1,6 Mio. Torrent-Files gezählt.[284] Die Film- und Musikindustrieverbände wollten The Pirate Bay aber nicht nur juristisch das Handwerk legen, sondern versuchten auch, die Server der BitTorrent-Seite lahmzulegen. Im September 2007 wurde der gehackte E-Mail-Verkehr der Firma MediaDefender publik gemacht, wonach das Unternehmen im Auftrag seiner Kunden aus der Film-, Musik- und Softwareindustrie The Pirate Bay aber auch andere unliebsame Seiten zu hacken,

---

[280] Malcom, John G. 2006.RE: The Pirate Bay. Brief an Dan Eliasson, 17. März. http://torrentfreak.com//images/pirate_mpa.pdf. Zugriff 15. Mai 2026

[281] Malcom, John G. 2006.RE: The Pirate Bay. Brief an Dan Eliasson, 17. März. http://torrentfreak.com//images/pirate_mpa.pdf. Zugriff 15. Mai 2026

[282] Norton, Quinn. 2006. Secrets of the Pirate Bay. Wired, 16. August http://archive.wired.com/science/discoveries/news/2006/08/71543?currentPage=all. Zugriff 15. Mai 2026

[283] Hussain, Imran. 2008. Should The Pirate Bay thank MPAA for its cult following? StartupMeme, 12. Juli. http://web.archive.org/web/20080719063921/http://startupmeme.com/should-piratebay-thank-mpaa-for-its-cult-following/. Zugriff 15. Mai 2026

[284] Van der Sar, Ernesto. 2008. The Pirate Bay Tops 20 Mio. Peers. TorrentFreak, 1. November. https://torrentfreak.com/the-pirate-bay-tops-20-million-peers-081101/. Zugriff 15. Mai 2026

mit Spy- und Trojanersoftware zu infizieren und so außer Gefecht zu setzen. Als dies bekannt wurde, reichten die Betreiber von The Pirate Bay Klage gegen diese Firma aber auch gegen EMI Music Sweden AB, Sony-BMG Music Entertainment (Sweden) AB, Universal Music Group Sweden AB und vier Filmstudios sowie drei Games-Entwickler ein, die allerdings von den zuständigen Behörden abgewiesen wurde.[285]

Die polizeilichen Untersuchungen gegen The Pirate Bay wurden hingegen fortgesetzt und im November 2007 kündigte die Staatsanwaltschaft an, gegen die Hauptverantwortlichen der BitTorrent-Seite Anklagen vorzubereiten.[286] Am 31. Januar 2008 wurde schließlich gegen Hans Fredrik Neij, Per Svartholm Warg, Peter Sunde Kolmisoppi und Carl Lundström Anklage wegen Beihilfe zur Begehung von Urheberrechtsverletzungen erhoben.[287]

Am 16. Februar 2009 begann das Verfahren in einem Stockholmer Bezirksgericht. Für die Kläger, darunter sechs schwedische Musikunternehmen,[288] meist Tochtergesellschaften der Majors, zwei skandinavische Filmfirmen,[289] fünf Hollywoodstudios[290] und zwei Games-Entwickler,[291] war das Fall klar: The Pirate Bay hatte nicht nur Urheberrechtsverletzungen der NutzerInnen geduldet, sondern diesen bewusst Vorschub geleistet und einen massiven Schaden bei den Klägern verursacht. Für den Zeitraum vom 1. Juli 2005 bis zur Razzia am 31. Mai 2006 hatten die Kläger exemplarisch Musik- und Filmwerke, an denen sie die Leistungsschutzrechte besaßen, auf The Pirate Bay identifiziert und die Nutzungshäufigkeit erheben lassen. Die Plattenlabels argumentierten, dass ihnen pro illegalen Album-

---

[285] Jones, Ben. 2007. Pirate Bay Fires a Broadside of Complaints to Police. TorrentFreak, 21. September http://torrentfreak.com/piratebay-fires-a-broadside-of-complaints-to-police/. Zugriff 15. Mai 2026

[286] Williams, Christopher. 2007. Prosecutor sets date for Pirate Bay showdown. The Register, 13. November http://www.theregister.co.uk/2007/11/13/pirate_bay_charges_dates/. Zugriff 15. Mai 2026

[287] Kravets, David. 2008. Pirate Bay Future Uncertain After Operators Busted. Wired, 31. Januar. http://www.wired.com/2008/01/pirate-bay-futu/. Zugriff 15. Mai 2026

[288] Sony Music Entertainment (Sweden) AB, Universal Music AB, EMI Music Sweden AB, Warner Music Sweden AB, Playground Music Scandinavia AB und Bonnier Amigo Music Group AB.

[289] Yellow Bird Films AB und Nordisk Film Valby A/S.

[290] Warner Bros. Entertainment Inc., Metro-Goldwyn-Mayer Pictures Inc., Columbia Pictures Industries Inc., Twentieth Century Fox Film Corporation, Mars Media Beteiligungs GmbH & Co. Film Productions

[291] Blizzard Entertainment Inc. und Activision Publishing Inc.

Download je EUR 6,50 und pro Single-Track-Download EUR 0,70 entgangen wären. Für Titel, die vor dem offiziellen Erscheinungstermin in Schweden verfügbar gemacht wurden, vervielfältigten die Labels diese Werte noch mit einem Faktor 10. Multipliziert mit den erfassten Downloads auf The Pirate Bay im Beobachtungszeitraum, ergab sich daraus ein Schaden von EUR 2.188.071 plus Zinsen für den Zeitraum vom 31. Juni 2006 bis zum Zahlungszeitpunkt des Schadenersatzes. Die skandinavischen Filmfirmen reklamierten einen Schaden von SEK 6.750.000 (EUR 0,6 Mio. exkl. Zinsen) und die Hollywoodstudios von SEK 93.050.080 (EUR 8,5 Mio. exkl. Zinsen).[292]

Die Prozessunterlagen zeigen, dass die Musikunternehmen jeden getätigten Download als entgangenen Verkauf ansahen. Der Schaden, der dadurch entstanden war, wäre auf die Vorbereitung und Vorschubleistung zur unautorisierten Zugänglichmachung von Film- und Musikwerken zurückzuführen bzw. die Beschuldigten hätten gegen ihre Pflicht verstoßen, gegen die Urheberrechtsverletzungen vorzugehen, die ihnen hätten bekannt sein müssen. Da es sich um einen zivil- wie strafrechtlichen Prozess handelte, agierten auf der Seite der Kläger nicht nur die AnwältInnen der Film-, Musik- und Games-Firmen, sondern auch ein Vertreter der schwedischen Staatsanwaltschaft. Dieser musste allerdings bereits am zweiten Prozesstag einen Rückschlag hinnehmen, da er das Gericht nicht davon überzeugen konnte, dass die als Beweismittel eingebrachten Mediendateien tatsächlich über einen Tracker von The Pirate Bay generiert wurden. Staatsanwalt Håkan Roswall ließ daraufhin die Anklage wegen Beihilfe zur Urheberrechtsverletzung fallen und plädierte stattdessen auf Beihilfe zur Verfügbarmachung von urheberrechtlich geschützten Werken. Trotz dieser ungewöhnlichen Vorgehensweise wurde der Prozess, nicht wie von der Verteidigung der Angeklagten verlangt, abgebrochen, sondern weiter fortgesetzt.[293]

Im weiteren Prozessverlauf versuchten die Kläger zu belegen, dass die vier Angeklagten führend im Betrieb und für das Funktionieren der BitTorrent-Seite verantwortlich waren. Sie hätten zudem gewusst, dass über den Tracker massenhaft Urheberrechtverletzungen begangen würden und hätten diese sogar noch befördert. Zudem hätten sie versucht, ein werbefinanziertes Geschäftsmodell zu etablieren und verwiesen dabei auf die Zahlung von SEK 1,2 Mio., die die Transworld Adver-

---

[292] Stockholmer Bezirksgericht. Urteil im Fall The Pirate Bay, 17. April 2009. Case No. B 13301–06

[293] Stockholmer Bezirksgericht. Urteil im Fall The Pirate Bay, 17. April 2009. S. 15–16. Case No. B 13301–06

tising Agentur für verkaufte Werbeflächen auf The Pirate Bay überwiesen hatte.[294] Die Betreiber der Seite hätten sich also an der illegalen Nutzung der Mediendateien auch noch bereichert.

Die Beklagten hielten dem entgegen, dass The Pirate Bay wie ein Internet Service Provider (ISP) funktioniert und deshalb nicht für die Urheberrechtsverletzungen der UserInnen verantwortlich gemacht werden dürfte. Immer wieder wurde auch auf die Internetsuchmaschine Google Bezug genommen, die wesentlich mehr Links zu urheberrechtlich geschütztem Material anzeigte, als das bei der BitTorrent-Seite der Fall war. Außerdem beträfe der Großteil der getauschten Dateien Werke, die urheberrechtlich nicht geschützt bzw. die frei verfügbar gemacht worden seien. Zudem verfolgte The Pirate Bay keinerlei kommerzielle Ziele und die Urheberrechtsverletzungen wären zum Großteil auch nicht in Schweden, sondern in anderen Ländern begangen worden und würden daher gar nicht der schwedischen Rechtsprechung unterliegen.[295]

Peter Sunde und Carl Lundström versuchten zudem ihre Rolle bei The Pirate Bay herunterzuspielen. Sunde sah sich selbst nur als Unternehmenssprecher, der keinerlei Einfluss auf den Betrieb der BitTorrent-Seite hatte. Lundström hingegen führte seine Funktion als Investor ins Treffen, die mit keinerlei operativen Tätigkeiten bei The Pirate Bay verbunden war.[296]

Als das Gericht am 17. April 2009 das Urteil sprach, schloss es sich voll inhaltlich der Argumentationslinie der Kläger an. Alle vier Beschuldigten waren gemeinschaftlich im Betrieb von The Pirate Bay eingebunden gewesen und wussten, dass die Seite im großen Umfang Urheberrechtsverletzungen ermöglichte. Sie waren also der Beihilfe zur Verfügbarmachung von urheberrechtlich geschützten Werken schuldig. Auf Basis eines Sachverständigengutachtens, wonach die regelmäßige Überwachung des Datenverkehrs auf The Pirate Bay ergab, dass mehr als 96 der

[294] In den Medien wurden Spekulationen über die finanzielle Lage von The Pirate Bay angestellt. Svendska Dagbladet schätzte am 8. Juli 2006 die monatlichen Einnahmen aus Werbung für The Pirate Bay auf SEK 600.000. Karlsson, Peter und Katarina Larsson. 2006. Pirate Bay drar in miljonbelopp. Svendska Dagbladet, 8. Juli. http://web.archive.org/web/20101002110851/http://www.svd.se/nyheter/inrikes/pirate-bay-drar-in-miljonbelopp_334410.svd. Zugriff 15. Mai 2026. Nach Polizeiangaben, die im Fria Tidningen am 2. März 2009 veröffentlicht wurden, beliefen sich Werbeeinahmen von The Pirate Bay auf SEK 1,2 Mio. pro Jahr: Andersen, Ivar. 2009. Rättegången mot The pirate bay: Åklagaren yrkar på fängelse. Fria Tidningen, 2. März. http://www.fria.nu/artikel/78204. Zugriff 15. Mai 2026

[295] Stockholmer Bezirksgericht. Urteil im Fall The Pirate Bay, 17. April 2009. Case No. B 13301–06

[296] Stockholmer Bezirksgericht. Urteil im Fall The Pirate Bay, 17. April 2009. Case No. B 13301–06

100 am öftesten herunter geladenen Dateien urheberrechtlich geschützt waren, wurde die Behauptung der Angeklagte, es handle sich zum Großteil um urheberrechtlich unbedenkliche Dateien entkräftet.[297]

Die Frage, ob The Pirate Bay unter die Bestimmungen des Gesetzes zum elektronischen Handel falle und als Internet Service Provider anzusehen sei, bejahte das Gericht. Dennoch könnten die Beklagten nicht von Schadenersatzansprüchen befreit werden, weil sie nicht gegen die Urheberrechtsverletzungen eingeschritten waren. Dabei sei es unerheblich, um welche konkreten Werke es sich gehandelt hat. Die Voraussetzungen zur Schadenersatzbefreiung für ISPs, die in den Paragrafen 16 bis 19 – insbesondere die §§ 18 und 19 – des schwedischen Gesetzes, waren aus Sicht des Gerichts nicht erfüllt.[298]

Auch der Einwand der Beklagten, dass ein Großteil der Urheberrechtverletzungen nicht in Schweden, sondern in anderen Ländern begangen worden wären, ließ das Gericht nicht gelten. Zwar würde es stimmen, dass ein Vergehen nur dann in Schweden geahndet werden könne, wenn es dort beganngen worden ist. Wenn allerdings nicht nachvollziehbar ist, wo ein Vergehen stattgefunden hat, gilt, dass allein die Intention, es in Schweden zu begehen, ausreicht, der schwedischen Rechtsprechung unterworfen zu sein. Da The Pirate Bay sich in erster Linie an in Schweden ansässige UserInnen gewendet hat, gelten alle Urheberrechtsverletzungen so, als wären sie in Schweden begangen worden.[299]

Das Urteil fiel also eindeutig zuungunsten der Beklagten aus, deren Strategie sich als Provider-Betreiber, der keinen Einfluss auf den Datenverkehr hatten, gescheitert war. Die vier Angeklagten waren aber vor allem an der eigenen Unverfrorenheit und mit der Strategie, sich als Märtyrer und zu Unrecht durch die Unterhaltungskonzerne Verfolgte zu stilisieren, gescheitert. Das Berufungsgericht bestätigte am 21. Mai 2010 die Urteile. Die vom Bezirksgericht ausgesprochene Haftstrafe von einem Jahr wurde für Swartholm Warg aufrechterhalten, allerdings verkürzte es die Haftzeit für Neij auf zehn Monate, für Sunde auf acht Monate und für Lundström auf vier Monate.[300] Als dann am 1. Februar 2012 das schwedische Höchstgericht eine Befassung mit dem Fall ablehnte, wurden die Urteile rechts-

---

[297] Stockholmer Bezirksgericht. Urteil im Fall The Pirate Bay, 17. April 2009. S. 52–53. Case No. B 13301–06

[298] Stockholmer Bezirksgericht. Urteil im Fall The Pirate Bay, 17. April 2009. S. 54–56. Case No. B 13301–06

[299] Stockholmer Bezirksgericht. Urteil im Fall The Pirate Bay, 17. April 2009. S. 46. Case No. B 13301–06

[300] BBC News. 2010. Pirate Bay founders lose appeal. 26. November http://www.pcpro.co.uk/news/363178/pirate-bay-trio-lose-appeal-against-jail-sentences. 15. Mai 2026

kräftig.[301] Die vom Gericht verhängten Strafzahlungen fielen zudem drakonisch aus. Gemeinsam wurden Neij, Swartholm Warg, Sunde und Lundström in gleichen Teilen zu Schadenersatzzahlungen in der Höhe von SEK 32,2 Mio. (EUR 2,9 Mio.) an die klagenden Musik- und Filmunternehmen sowie zur Erstattung der Verfahrenskosten in der Höhe von SEK 3,4 Mio. (EUR 308.000) verurteilt. Das Berufungsgericht erhöhte den zu leistenden Schadenersatz dann noch einmal auf SEK 46 Mio. (EUR 4,2 Mio.).[302]

Mit der Verurteilung der maßgeblichen Protagonisten war aber das Kapitel The Pirate Bay noch nicht abgeschlossen. Die BitTorrent-Seite war trotz des Gerichtsbeschlusses weiterhin zugänglich und erfreute sich ungebrochener Beliebtheit. Die Industrieverbände erhöhten daher den Druck, dass ISPs weltweit den Zugang zu The Pirate Bay blockieren sollten. Die Blockade-Politik hatte aber den gegenteiligen Effekt. Nachdem der High Court in Großbritannien die führenden ISPs des Landes dazu angehalten hatte, den Zugang zu The Pirate Bay zu blockieren, kam es kurz danach zu einem Sprung in den BesucherInnen-Zahlen um 12 Mio. nach oben.[303] Gleichzeitig versuchte sich The Pirate Bay dem Zugriff der Behörden dadurch zu entziehen, dass die Domain in anderen Ländern angemeldet wurde. Ab April 2013 setzte eine regelrechte Odyssee ein: Grönland, Island, St. Martin in der Karibik,[304] Ascension,[305] Peru[306] und Guyana.[307] Schließlich kehrte aber The Pirate Bay Ende

[301] Kravets, David. 2012. Supreme Court of Sweden Upholds Pirate Bay Prison Sentences. Wired, 1. Februar. http://www.wired.com/2012/02/supreme-court-of-sweden-upholds-pirate-bay-prison-sentences/. Zugriff 15. Mai 2026

[302] Stockholmer Bezirksgericht. Urteil im Fall The Pirate Bay, 17. April 2009. S. 19–20. Case No. B 13301–06

[303] Maxwell, Andy. 2012. Pirate Bay Enjoys 12 Mio. Traffic Boost, Shares Unblocking Tips. TorrentFreak, 2. Mai. https://torrentfreak.com/pirate-bay-enjoys-12-million-traffic-boost-shares-unblocking-tips-120502/. Zugriff 15. Mai 2026

[304] Neal, Ryan W. 2013. Pirates Of The Caribbean: The Pirate Bay Moves To Island Of St. Martin. International Business Times, 30. April. http://www.ibtimes.com/pirates-caribbean-pirate-bay-moves-island-st-martin-1226787. Zugriff 15. Mai 2026

[305] Van der Sar, Ernesto. 2013. The Pirate Bay Moves to.AC After Domain Name Seizure. TorrentFreak, 10. Dezember. https://torrentfreak.com/the-pirate-bay-moves-to-ac-after-domain-name-seizure-131210/. Zugriff 15. Mai 2026

[306] Maxwell, Andy. 2013. Pirate Bay Docks in Peru: New System Will Make Domains „Irrelevant". TorrentFreak, 12. Dezember. https://torrentfreak.com/pirate-bay-docks-in-peru-new-system-will-make-domains-irrelevant-131212/. Zugriff 15. Mai 2026

[307] Van der Sar, Ernesto. 2013. Pirate Bay Moves to Guyana After Domain Suspension, 70 Domains to Go. TorrentFreak, 18. Dezember. https://torrentfreak.com/pirate-bay-moves-to-guyana-131218/. Zugriff 15. Mai 2026

2013 wieder nach Schweden zurück,[308] wo es dann 2015 endgültig abgedreht wurde.[309] Seitdem sind die „Piraten“ auf Wanderschaft und die Domain war auch Anfang 2026 immer noch unter den zehn beliebtesten Torrent-Seiten weltweit.[310]

2.4.3 UseNet-Clients

Da das Filesharing anfällig für Schadsoftware ist und der Datenverkehr über IP-Adressen nachverfolgt werden kann, wurden schon früh alternative Wege des Austauschs von Musikfiles gesucht. Fündig wurde man dabei im Usenet. Das Usenet ist eines der ältesten noch bestehenden Computernetzwerke der Welt und wurde 1979 von Tom Truscott und Jim Ellis, zwei Absolventen der Duke University, in den USA entwickelt, um elektronische Nachrichten verbreiten und lesen zu können.[311] Das Usenet ist somit älter das World Wide Web (WWW) und verlor mit dessen Aufstieg auch an Popularität. Dafür wurde es immer stärker zum Tausch von Dateien, darunter vermehrt urheberrechtlich geschützter Mediendateien, genutzt. Der Vorteil des Usenets gegenüber den heute beliebten Web-Foren ist, dass es ohne zentralen Server und grundsätzlich auch ohne SystemadministratorInnen auskommt. Das Usenet gleicht einem sich ständig ändernden Organismus, dessen Grenzen nicht eindeutig zu ziehen sind. Aufgrund der Dezentralität des Netzwerks ist es daher so gut wie unmöglich, Urheberrechtsverletzungen wirksam zu bekämpfen. Sobald eine Usenet-UserIn identifiziert und aufgefordert werden kann, eine inkriminierte Datei zu löschen, hat sich diese bereits über andere Server verbreitet. Zudem ist es aufgrund der Anonymität des Systems sehr schwierig, die Identität der NutzerInnen festzustellen. Im Gegensatz zu Peer-to-Peer-Filesharing-Netzwerken (P2P) ist es nicht möglich, den Weg einer Datei zum Ausgangspunkt zurückzuverfolgen, da sich eine DownloaderIn nur zum nächsten Server, der den

[308] Van der Sar. 2013. Pirate Bay Back in Sweden's Calm Waters After.GY Suspension. TorrentFreak, 19. Dezember. https://torrentfreak.com/pirate-bay-back-in-swedens-calm-waters-after-gy-suspension-131219/. Zugriff 15. Mai 2026

[309] Griffin, Andrew. 2015. Pirate Bay down: Domains seized by Swedish court but site likely to pop back up again elsewhere. The Independent, 21. Mai. https://web.archive.org/web/20150521105516/http://www.independent.co.uk/life-style/gadgets-and-tech/news/pirate-bay-down-key-domains-seized-but-site-likely-to-pop-back-up-again-elsewhere-10261815.html. Zugriff 15. Mai 2026

[310] TorrentFreak. 2026. Top 10 Most Popular Torrent Sites 2026. 3. Januar. https://torrentfreak.com/top-torrent-sites/. Zugriff 15. Mai 2026

[311] Lueg, Christopher und Danyel Fisher (Hrsg.). 2003. From Usenet to CoWebs: Interacting with Social Information Spaces. Heidelberg etc.: Springer

gewünschten Inhalt anbietet, verbindet und nur dieser Server die IP-Adresse des Anbieters der Datei kennt.[312]

Das Usenet wurde und wird immer noch für die Verbreitung von Kinderpornografie und urheberrechtlich geschützter Mediendateien wie Musik- und Film-Files genutzt. 2008 eröffnete der Generalstaatsanwalt des Bundesstaates New York, Andrew Cuomo, eine Kampagne gegen das Usenet, nachdem in zahlreichen Newsgroups, die Verbreitung von kinderpornografischen Darstellungen nachgewiesen werden konnte. Am 10. Juni 2008 gab Cuomo bekannt, dass die drei großen US-amerikanischen Internetservice-Provider Verizon Communications Inc., Time Warner Cable Inc. und Sprint Nextel Corp. keine bzw. die größten Newsgroups nicht mehr hosten würden. Dieser Schlag gegen die Verbreitung von Kinderpornografie rückte das gesamte Usenet in ein schlechtes Licht und hatte den Nebeneffekt, dass durch das Blocken entweder aller bzw. der wichtigsten Newsgroups auch der Tausch urheberrechtlich geschützter Files verhindert wurde. In einem Interview mutmaßte einer der Board Member des Quasi-„Aufsichtsrates" über die acht größten Newsgroups des Usenets, Jeremy Nixon, dass der vermeintliche Schlag gegen Kinderpornografie eigentlich dem Tausch von Film- und Musikdateien gegolten hat: „(…) the biggest usage of bandwidth is nonporn video content, followed by music and software. Pornography is a relatively small portion of it."[313]

Wie dem auch sei, das Usenet hat durch diesen Schlag keineswegs an Funktionalität eingebüßt. Zum einen sind nicht alle ISPs in den USA dem Vorbild der genannten ISPs gefolgt und zum anderen kann der Zugang zum Usenet auch über Newsgroup Service Provider (NSPs) hergestellt werden. Das Wachstum des Traffics, der über die Usenet-Newsgroups läuft, zeigt, dass das Usenet sogar an Bedeutung gewonnen hat.

2.4.3.1 Usenet.com

Da das Usenet in seiner Gesamtheit nicht kontrollierbar ist, sind die großen Rechteinhaber dazu übergegangen, einzelne Clients, die sich des Usenets bedienen, wegen urheberrechtlicher Vergehen gerichtlich zu belangen. Die Recording Industry Association of America (RIAA) wählte sich Usenet.com, Inc. als Ziel für die gerichtliche Verfolgung aus, da Usenet.com besonders dreist den NutzerInnen seine Dienstleistungen für monatlich US$ 4,95 bis US$ 18,95 offerierte. Usenet.

[312] Paffenberger, Bryan. 2003. A Standing Wave in the Web of Our Communications. In *From Usenet to CoWebs: Interacting with Social Information Spaces,* Hg. Christopher Lueg und Danyel Fisher, 20–44. Heidelberg etc.: Springer.

[313] DeJean, David. 2008. Usenet: Not dead yet. Computerworld, 7. Oktober. https://www.computerworld.com/article/1323103/usenet-not-dead-yet.html. Zugriff 15. Mai 2026

com richtete sich vor allem an jugendliche FilesharerInnen mit dem Slogan: „A safe alternative to peer-to-peer file sharing programs they were getting shut down." Und auf der Website ware zu lesen: „(...) also had pages devoted to certain popular recording artists and expressly promoted the availability of ‚free music' and MP3 files for download."[314] Der Usenet.com-Fall war deshalb so brisant, da die NutzerInnen bereit waren, monatliche Zahlungen für einen Á-la-carte-Musikdownload-Zugang zu bekommen, wobei ihnen im Gegenzug völlige Anonymität und Schutz vor Strafverfolgung zugesichert wurde.

In der am 12. Oktober 2007 federführend von der RIAA eingereichten Klage gegen Usenet.com, Inc. wurde dem Unternehmen vorgeworfen, Newsgroups auf den firmeneigenen Server zu laden, auf denen massenhaft Urheberrechtsverletzungen begangen wurden. Damit hätte Usenet.com die gleiche Funktionalität wie ein P2P Filesharing-Service, ginge aber darüber hinaus, weil eine höhere Download-Geschwindigkeit ermöglicht wird und die inkriminierten Files länger für den Download bereitgehalten würden, als das beim Filesharing der Fall ist. Darüber hinaus würde den UrheberrechtsverletzerInnen auch noch Anonymität bei ihrem Treiben zugesichert werden, da weder die IP-Adresse der DownloaderIn identifiziert noch der Download nachverfolgt werden könne. Auf diese Weise würden täglich tausende Urheberrechtsverletzungen begangen. Der Schaden für die Kläger wäre immens.[315]

Besonders sauer stieß den Klägern auf, dass Usenet.com ein monatliches Abo-Modell anbot, das den Zugriff auf Milliarden Sound-Files ermöglichte. Die beklagte Firma würde sich bewusst an Personen wenden, die gratis Musik im MP3-Format herunterladen wollten und bewarb das auch noch auf seiner Webpage: „The number of mp3s you can download depends on your daily download limits, of course, which depends on the type of account you have. Usenet.com, for example, offers an ‚Unlimited' membership account which allows member to download all the mp3s they want without worrying about reaching or exceeding their download limits."[316] Für die klagende Seite war damit klar, dass Usenet.com nicht nur den

[314] Arista Records LLC v. Usenet.com, Inc. Complaint for Damages and for Declaratory and Injunctive Relief, 12. Oktober 2007. US District Court of the Southern District of New York. Case No. 1:2007 cv 08822

[315] Arista Records LLC v. Usenet.com, Inc. Complaint for Damages and for Declaratory and Injunctive Relief, 12. Oktober 2007. US District Court of the Southern District of New York. Case No. 1:2007 cv 08822

[316] Arista Records LLC v. Usenet.com, Inc. Complaint for Damages and for Declaratory and Injunctive Relief, 12. Oktober 2007. US District Court of the Southern District of New York. Case No. 1:2007 cv 08822. S. 10

Urheberrechtsverletzungen tatenlos zusehe, sondern diese begünstigte und aktiv förderte. Auf insgesamt acht Seiten der Klagschrift legten die RechtsvertreterInnen der Labels dar, dass Usenet.com direkt das exklusive Verbreitungs- wie auch das Vervielfältigungsrecht ihrer MandantInnen verletzten und zudem Vorschub und Beihilfe zu Urheberrechtsverletzungen leisteten und indirekt diesen Rechtsbruch ermöglichten.[317]

Im darauffolgenden Gerichtsverfahren bezogen sich die RechtsanwältInnen der Kläger auf das aus ihrer Sicht erfolgreich abgeschlossene Grokster- bzw. KaZaA-Verfahren. Zwar versuchte Usenet.com sich auf „Fair Use"- und die „Safe Habor"-Bestimmungen im Digital Millenium Copyright Act zu beziehen, was aber letztendlich scheiterte. Erschwerend kam hinzu, dass die EntscheidungsträgerInnen von Usenet.com MitarbeiterInnen, die als ZeugInnen vor Gericht aussagen sollten, just zum Zeitpunkt der Einvernahme nach Europa auf Dienstreise schickte. Entlassenen MitarbeiterInnen wurde erlaubt, firmeneigene Computer, die für die Beweissicherung beschlagnahmt werden sollten, mit nach Hause zu nehmen und schließlich wurden die Inhalte von sieben Computerfestplatten, die beschlagnahmt wurden, gelöscht. Dieses Verhalten war nicht gerade dazu angetan, das Gericht zu besänftigen. Bezirksrichter Harold Bear verurteilte am 30. Juni 2009 Usenet.com, deren Muttergesellschaft Sierra Corporate Design, Inc. sowie den Firmengründer und CEO Gerald Reynolds wegen aktiver und indirekter Urheberrechtsverletzungen sowie wegen Vorschubleistung und Beihilfe zu derselben. Angesichts des groben Fehlverhaltens („strong evidence of extreme wrongdoing") der Beklagten im Gerichtsverfahren ließ der Richter eine Bezugnahme auf die „Safe Habor"-Bestimmung im Digital Millenium Copyright Act (DMCA) erst gar nicht zu. Damit hatte sich Usenet.com die Verteidigungslinie, die LimeWire so lange aufrechterhalten konnte, verbaut.[318]

Für die Bemessung der Höhe des zu entrichtenden Schadenersatzes verwies Richter Bear den Fall an das Magistratsgericht des Staates New York. Der zuständige Richter lehnte zwar die von der klagenden Seite erhobenen Forderungen von US$ 150.000 für 878 nachgewiesene Urheberrechtsverletzungen, was einem Schadenersatzanspruch von US$ 131,7 Mio. entsprach, ab, errechnete aber seiner-

[317] Arista Records LLC v. Usenet.com, Inc. Complaint for Damages and for Declaratory and Injunctive Relief, 12. Oktober 2007. US District Court of the Southern District of New York. Case No. 1:2007 cv 08822. S. 16–24

[318] Arista Records LLC v. Usenet.com, Sierra Corporate Design, Inc. and Gerald Reynolds Inc. Opinion and Order, 30. Juni 2009. US District Court of the Southern District of New York. Case No. 1:2007 cv 08822. https://law.justia.com/cases/federal/district-courts/new-york/nysdce/1:2007cv08822/314590/312/. Zugriff 15. Mai 2026

seits einen Schaden in der Höhe von US$ 6.585.000, d. h. US$ 750 pro Rechtsverletzung. Alle von Usenet.com-CEO Gerald Reynolds erhobenen Einwände lehnte Richter Bear ab und folgte in seinem abschließenden Urteil am 16. September 2010 dem Magistratsgericht, womit der Usenet.com-Fall endgültig zugunsten der Musikindustriekonzerne abgeschlossen wurde.[319]

2.4.3.2 UseNeXT

Auch in Europa, vor allem in Deutschland, gerieten Usenet-Clients ins Visier der Rechteverwerter. Die deutsche Verwertungsgesellschaft GEMA erwirkte am 18. Januar 2007 beim Landgericht Hamburg eine einstweilige Verfügung gegen UseNeXT. Der von der in München ansässigen Firma Aviteo Ltd. betriebene Dienst versprach für ein monatliches Entgelt den unlimitierten High-Speed-Zugang zu Millionen Musiktitel im MP3-Format, der noch dazu die Anonymität der NutzerInnen sicherstellte und den herkömmliche P2P-Tauschbörsen überlegen war. In der einstweiligen Verfügung wurde dem Dienst untersagt, von der GEMA lizenzierte Werke zugänglich zu machen und deren Nutzung zu bewerben. Der Dienstbetreiber Aviteo hielt dem entgegen, dass UseNeXT lediglich den Zugang zu den Usenet-Newsgroups ermöglichte und keinerlei Datenfiles hostete. Der Dienstbetreiber beteuerte auch, dass NutzerInnen nicht zur Urheberrechtsverletzung ermutigt würden. Allerdings könnte man Urheberrechtsverletzungen auch nicht zu 100 % ausschließen, da man nicht in der Lage wäre, die Aktivitäten in den Newsgroups zu kontrollieren. Der zuständige Richter wies aber den Widerspruch von Aviteo zurück und bestätigte die einstweilige Verfügung.[320]

Der Dienstbetreiber kam der gerichtlichen Verfügung nach Ansicht der GEMA allerdings nur zögerlich und sehr lückenhaft nach und erwirkte Anfang März 2010 eine erneute einstweilige Verfügung,[321] wonach UseNeXT den Zugang zu hundert Werken des GEMA-Repertoires sperren müsse. Nach Ansicht der GEMA hätte

[319] Arista Records LLC v. Usenet.com, Sierra Corporate Design, Inc. and Gerald Reynolds Inc., Opinion and Order, US District Court of the Southern District of New York. 16. September 2010. Case No. 1:2007 cv 08822. http://www.loeb.com/~/media/Files/Publications/2010/09/Arista%20Records%20LLC%20v%20Usenetcom%20Inc/Files/Arista%20Records%20v%20Usenet%20SDNY%20Sept%202010/FileAttachment/Arista%20Records%20v%20Usenet%20SDNY%20Sept%202010.pdf. Zugriff 15. Mai 2026

[320] Krempl, Stefan. 2007. GEMA erwirkt einstweilige Verfügung gegen UseNeXT. Heise.de, 24. Januar. http://www.heise.de/newsticker/meldung/GEMA-erwirkt-einstweilige-Verfuegung-gegen-UseNeXT-138277.html. Zugriff 15. Mai 2026

[321] Landgericht Hamburg. Einstweilige Verfügung gegen UseNeXT, 8. März 2010. Az. 308 O 698/09

UseNeXT eine erweitere Haftung für Zugangsvermittler, die nicht nur darin bestünde, auf die illegalen Nutzungsmöglichkeiten des Angebots hinzuweisen, sondern es müsse der Dienst selbst so modifiziert werden, dass keine Urheberrechtsverletzungen mehr möglich sind, d. h. es muss eine entsprechende Filterung der Inhalte vorgenommen werden.[322] Aviteo gestaltete daraufhin das UseNeXT-Angebot um, allerdings ging diese Umgestaltung der GEMA nicht weit genug, sodass sie im März 2014 erneut eine einstweilige Verfügung beim Landgericht Hamburg erwirkte. Für zehn exemplarisch ausgewählte Werke des GEMA-Repertoires wurde Aviteo die Nutzung untersagt. Die Haftung des Dienstanbieters, so das Gericht, begründe sich nicht allein durch die explizite Bewerbung illegaler Nutzungsmöglichkeiten, sondern allein durch die Ausgestaltung des Angebots.[323] Die GEMA schloss daraus: „In einem solchen Fall ist der Dienstbetreiber in der Pflicht, die von ihm geschaffene Gefahr für illegale Nutzung geschützter Rechtsgüter zu beseitigen, etwa durch den Einsatz einer geeigneten Filtersoftware, oder notfalls sogar den Dienst einzustellen."[324] Die Aviteo Ltd. ließ sich aber auch durch diese dritte einstweilige Verfügung nicht beeindrucken und ließ wissen, „(…) dass UseNeXT grundsätzlich nicht verhindert, dass urheberrechtlich geschützte Inhalte heruntergeladen werden können. Im Gegenteil ist es gängige Praxis, dass beanstandete Inhalte im Rahmen des Notice-and-Takedown grundsätzlich bei den einzelnen Serverbetreibern gemeldet und von diesen aus dem Usenet entfernt werden."[325] Dieser wesentlich kostengünstigere Weg stünde der GEMA immer offen und es bedürfe keineswegs der Anrufung der Gerichte. Nach elfjähriger Verfahrensdauer verurteilte das Landgericht Hamburg schließlich UseNeXT dann doch zu Schadensersatzzahlungen. Die RichterInnen sahen es als erwiesen an, dass das Geschäftsmodell des Dienstes systematisch auf die illegale Verwertung geschützter Werke

[322] Krempl, Stefan. 2010. Verwertungsgesellschaft GEMA meldet neuen juristischen Erfolg gegen UseNeXT. Heise.de, 8. März. http://www.heise.de/newsticker/meldung/Verwertungsgesellschaft-GEMA-meldet-neuen-juristischen-Erfolg-gegen-UseNeXT-948735.html. Zugriff 15. Mai 2026

[323] Wilkens, Andrea. 2014. GEMA setzt sich erneut gegen UseNeXT durch. Heise.de, 24. März. http://www.heise.de/newsticker/meldung/GEMA-setzt-sich-erneut-gegen-UseNeXT-durch-2154404.html. Zugriff 15. Mai 2026

[324] GEMA. 2014. GEMA setzt sich erfolgreich gegen ‚UseNeXT' durch. Pressemitteilung, 25. März https://www.gema.de/presse/pressemitteilungen/presse-details/article/gema-setzt-sich-erfolgreich-gegen-usenext-durch.html. Zugriff 15. Mai 2026

[325] Musikmarkt. 2014. GEMA vs. UseNeXT: ‚Bahnbrechender gerichtlicher Erfolg gegen illegale Nutzung'. 24. März

ausgerichtet war.[326] UseNeXT blieb aber weiterhin aktiv und noch 2025 fragte ein Computermagazine, ob der Dienst überhaupt legal sei?[327]

2.5 Der Kampf gegen Filehosting und Cloud-Services[328]

Filehosting besteht darin, dass InternetnutzerInnen die Möglichkeit geboten wird, Daten auf ein externes Laufwerk hochzuladen und jederzeit wieder herunterzuladen, sofern eine Internetverbindung besteht. Dabei wird eine URL (Uniform Resource Locator) generiert, die gegebenenfalls auch weitergegeben werden kann. Zwar lässt sich eine Datei nur über einen spezifischen Link finden, die aber gesammelt in Linklisten im Netz weiterverbreitet werden können. Der große Vorteil den Filehoster, die auch 1-Click-Hoster oder Sharehoster genannt werden, gegenüber Filesharing haben, ist, dass zum einen die gesamte Bandbreite, die einem Internetanschluss zur Verfügung steht, genutzt, und zum anderen bei einem Download der Inhalt der Datei bereits gestreamt werden kann, während der Download im Hintergrund noch läuft.[329]

---

[326] GEMA. 2018. Erfolg für Kreativschaffende: Landgericht Hamburg verurteilt Onlinedienst UseNeXT zu Schadensersatz und erkennt Täterhaftung an. 2. Juli. https://gema-politik.de/erfolg-fuer-kreativschaffende-landgericht-hamburg-verurteilt-onlinedienst-usenext-zu-schadensersatz-und-erkennt-taeterhaftung-an/. Zugriff 15. Mai 2026

[327] Aschermann, Tim und Johannes Wiegand. 2025. UseNeXT – ist das legal? Chip.de, 26. September. https://www.chip.de/ratgeber/wifi-dsl-internet/usenext-ist-das-legal_a47d6452-b4fe-4024-be22-8b0fe16502cd.html. Zugriff 15. Mai 2026

[328] Diese Kapitel basiert auf den Blogbeiträgen von Tschmuck, Peter. 2014. Der Kampf der Musikindustrie gegen Filesharing & Co. – Teil 8: RapidShare. 25. September. https://musikwirtschaftsforschung.wordpress.com/2014/09/25/der-kampf-der-musikindustrie-gegen-filesharing-co-teil-8/. Zugriff 29. Mai 2026; Tschmuck, Peter. 2014. Der Kampf der Musikindustrie gegen Filesharing & Co. – Teil 9: Megaupload. 21. Oktober. https://musikwirtschaftsforschung.wordpress.com/2014/10/21/der-kampf-der-musikindustrie-gegen-filesharing-co-teil-9-megaupload/. Zugriff 29. Mai 2026; Tschmuck, Peter. 2014. Der Kampf der Musikindustrie gegen Filesharing & Co. – Teil 10: MP3tunes. 6. November. https://musikwirtschaftsforschung.wordpress.com/2014/11/06/der-kampf-der-musikindustrie-gegen-filesharing-co-teil-10-mp3tunes/. Zugriff 29. Mai 2026; Tschmuck, Peter. 2014. Der Kampf der Musikindustrie gegen Filesharing & Co. – Teil 11: Grooveshark. 18. November. https://musikwirtschaftsforschung.wordpress.com/2014/11/18/der-kampf-der-musikindustrie-gegen-filesharing-co-teil-11-grooveshark/. Zugriff 29. Mai 2026

[329] Eine gute Beschreibung der Funktionsweise von Filehostern findet sich bei Mölleken, Jan. 2010. Hehler oder Helfer. Spiegel Online, 14. September. http://www.spiegel.de/netzwelt/web/filehoster-hehler-oder-helfer-a-717333.html. Zugriff 18. Mai 2026

2.5.1 RapidShare

Filehosting existierte lange Zeit im Schatten von Filesharing. Als aber durch massenhafte Abmahnungen von FilesharerInnen das Tauschen von Mediendateien riskanter wurde, erlebte auch das Filehosting einen verstärkten Zulauf. Besonders beliebt wurde das im schweizerischen Baar angesiedelte und 2006 von Christian Schmid gegründete Unternehmen RapidShare AG. Nach Medienberichten bot RapidShare 10.000 TB an Speicherplatz auf rund 1000 Server mit einer Datenübertragungsrate von fast 1000 GB/s an.[330] Der Zugang konnte zwar kostenlos genutzt werden, wer aber in den Genuss der maximalen Datenübertragungsrate kommen wollte, musste für einen High-Speed-Zugang pro Monat EUR 49,90 und für einen Full-Speed-Zugang, der die gesamte Bandbreite nützte, EUR 99,90 monatlich berappen.[331]

Für die Interessenvertretungen der RechtinhaberInnen war klar, dass die Attraktivität der 1-Click-Hoster vor allem darin bestand, dass auch urheberrechtlich geschützte Mediendateien hochgeladen und die generierten Links weiterverbreitet wurden. Am 22. November 2006 ließ die deutsche Verwertungsgesellschaft GEMA den Betreibern von RapidShare ein Anwaltsschreiben zukommen, in dem die rechtswidrige öffentliche Zugänglichmachung von rund 500 Werken des GEMA-Repertoires reklamiert wurde. RapidShare zeigte sich kooperativ und löschte die von der GEMA genannten Werke von www.rapidshare.de und www.rapidshare.com. Zudem bot RapidShare der GEMA an, ein Lösch-Interface zur Verfügung zu stellen, mit dem die GEMA von sich aus, widerrechtlich auf den Server geladene Dateien beseitigen konnte. Das lehnte die GEMA aber mit dem Hinweis ab, dass die Ermittlung rechtswidriger Inhalte nicht ihre Aufgabe wäre. Im Gegenzug forderte die GEMA RapidShare auf, entsprechende Lizenzvereinbarungen zu treffen, worauf aber keine Reaktion von der Schweizer Firma erfolgte. In der Folge ließ die GEMA die RapidShare AG mehrfach in Anwaltsschreiben wissen, dass einige der genannten Werke immer noch – über andere Download-Links – öffentlich zugänglich gemacht wurden. Am 11. Januar 2007 stellte die GEMA daher beim Landgericht Köln den Antrag auf Unterlassung, dem vier Tage später vom Gericht stattgegebenen wurde. Das Gericht qualifizierte RapidShare als Störer, dem zwar

[330] Mölleken, Jan. 2010. Selbstbild einer umstrittenen Branche. Spiegel Online, 15. September http://www.spiegel.de/netzwelt/web/selbstbild-der-filehoster-wir-sind-auch-opfer-a-717645.html. Zugriff 18. Mai 2026

[331] Die Angaben stammen von der Website https://www.rapidshare.com/offering, die online nicht mehr verfügbar ist.

selbst keine Urheberrechtsverletzungen nachgewiesen werden konnten, diese aber nicht im ausreichenden Maß unterbinden würde: „Die Verfügungsbeklagten [die Betreiber von RapidShare, Anm. d. Verf.] haften jedenfalls als Störer. Dadurch, dass sie den Anbietern ihren Hosting-Dienst zur Speicherung von Dateien zur Verfügung gestellt haben und diese gespeicherten Dateien zum Abruf durch Dritte bereitstellen, haben sie selbst keine Urheberrechtsverletzung begangen." Die einstweilige Verfügung untersagte es RapidShare, die beiden GEMA-Werke „Sie ist weg" und „Von der Skyline zum Bordstein zurück" über www.rapidshare.com öffentlich verfügbar zu machen. Bei Zuwiderhandeln wurde eine Strafe von bis zum EUR 250.000 angedroht.[332]

Die RapidShare AG legte tags darauf Berufung gegen die einstweilige Verfügung ein und stellte sich auf den Standpunkt, dass das Unternehmen selbst keine urheberrechtlich geschützten Werke öffentlich verfügbar gemacht hat und wenn dies über die NutzerInnen geschehe, so versuche das Unternehmen, Raubkopien mit Filtersoftware ausfindig zu machen und zu löschen. Und im Übrigen wäre der Anteil unautorisiert verfügbar gemachter Werke über die beiden RapidShare-Domains vernachlässigbar klein.[333] Alles in allem läge die Verantwortung bei den NutzerInnen, das RapidShare nur die Infrastruktur zur Datenspeicherung zur Verfügung stelle.[334]

Die GEMA sah das naturgemäß anders. RapidShare könne sich nicht der rechtlichen Verantwortung entziehen und wäre für die von den NutzerInnen begangenen Urheberrechtsverletzungen haftbar zu machen. Das sah auch das Landgericht Köln so, das am 21. März 2007 die einstweilige Verfügung gegen RapidShare bestätigte. Das Gericht nahm das Schweizer Unternehmen in die Pflicht und trug ihm auf, seine Dienste „umfassend auf künftige Verletzungen ihm bekannterweise illegal

[332] Die Vorgeschichte zum Fall kann aus der Bestätigung der einstweiligen Verfügung vom 21. März 2007 durch das Landgericht Köln nachgelesen werden. Landgericht Köln. Einstweilige Verfügung gegen die RapidShare AG, 21. März 2007. Az. LG Köln 28 O 19/07. http://www.justiz.nrw.de/nrwe/lgs/koeln/lg_koeln/j2007/28_O_19_07urteil20070321.html. Zugriff 18. Mai 2026. Eine gleichlautende einstweilige Verfügung erging zudem an die RapidTec im baden-württembergischen Kenzingen, die die Seite www.rapidshare.de betrieb, hinter der aber letztendlich auch die RapidShare AG stand.

[333] Diese Aussage steht im Widerspruch zu einer vom deutschen Video- und Medienfachhandel für das Jahr 2012 in Auftrag gegebenen Studie Demnach lag der Anteil der illegalen Nutzung auf rapidshare.com bei 91,3 % aller identifizierbarer Mediendateien. Siehe Freier, Christoph und Petur Agustsson. 2013. Download. Studie zum Nutzungsverhalten von Sharehostern in Deutschland. GfK und OpSec: 13

[334] Briegleb, Volker. 2007. Rapidshare will gegen einstweilige Verfügung vorgehen. Heise.de, 19. Januar. http://www.heise.de/newsticker/meldung/Rapidshare-will-gegen-einstweilige-Verfuegung-vorgehen-136616.html. Zugriff 18. Mai 2026

genutzter Werke des GEMA-Repertoires hin kontrollieren."[335] Das lehnte RapidShare mit dem Hinweis ab, ohnehin schon seinen Prüfpflichten über das gesetzliche Maß hinaus nachgekommen zu sein, und berief erneut gegen das Urteil.[336]

Die RapidShare AG ging nun aber von sich aus in die Offensive und strengte beim Landgericht Düsseldorf eine negative Feststellungsklage gegen die GEMA an, in der die gesetzlichen Verpflichtungen von Sharehostern ein für alle Mal geklärt werden sollten, um Rechtssicherheit für diese Art von Diensten zu gewährleisten.[337]

Bevor das Düsseldorfer Landgericht aber zu einem Urteil kam, gab das Oberlandesgericht Köln seine Entscheidung im Berufungsverfahren bekannt.[338] Darin wurde zwar die einstweilige Verfügung bezüglich der beiden GEMA-Werke bestätigt, allerdings wurden die Prüfpflichten für RapidShare eingeschränkt. Ein Sharehoster, so qualifizierte das Gericht, ist weder Täter noch Teilnehmer für die Verbreitung urheberrechtlich geschützter Werke. „Er kann jedoch als Störer für diese Urheberrechtsverletzungen haften, wenn er trotz eines Hinweises auf rechtswidrige Inhalte Prüfungspflichten verletzt."[339] Die Prüfpflichten bestünden darin, manuell Kontrollen einschlägig bekannter Linklisten durchzuführen. Technische Filtermaßnahmen wären hingegen nicht zielführend, da nicht zwischen erlaubter Privatkopie und rechtswidriger Vervielfältigung unterschieden werden könne. Es verwundert nicht, dass RapidShare darin durchaus einen Teilerfolg sah, wenn auch die einstweilige Verfügung dadurch nicht vom Tisch war. Die GEMA sah ihre Position durch das Gerichtsurteil aber auch bestätigt, da die Mitverantwortung von Sharehostern bei der Nutzung ihrer Dienste festgeschrieben worden war.[340]

---

[335] Zitiert in Krempl, Stefan. 2007. Rapidshare muss künftige Verletzungen des GEMA-Repertoires verhindern. Heise.de, 28. März. http://www.heise.de/newsticker/meldung/RapidShare-geht-im-Streit-mit-der-GEMA-in-Berufung-162555.html. Zugriff 18. Mai 2026

[336] Krempl, Stefan. 2007. RapidShare geht im Streit mit der GEMA in Berufung. Heise.de, 29. März. http://www.heise.de/newsticker/meldung/RapidShare-geht-im-Streit-mit-der-GEMA-in-Berufung-162555.html Zugriff 18. Mai 2026

[337] Krempl, Stefan. 2007. Hostingdienst RapidShare verklagt die GEMA. Heise.de, 18. April. http://www.heise.de/newsticker/meldung/Hostingdienst-RapidShare-verklagt-die-GEMA-168546.html. Zugriff 18. Mai 2026

[338] Oberlandesgericht Köln. Urteil, 21. September 2007. Az. 6 U 86/07. https://nrwe.justiz.nrw.de/olgs/koeln/j2007/6_U_86_07urteil20070921.html. Zugriff 18. Mai 2026

[339] Oberlandesgericht Köln. Urteil, 21. September 2007. Az. 6 U 86/07. https://nrwe.justiz.nrw.de/olgs/koeln/j2007/6_U_86_07urteil20070921.html. Zugriff 18. Mai 2026

[340] Krempl, Stefan. 2007. Streit über Auslegung des Sharehoster-Urteils geht weiter. Heise.de, 27. September. http://www.heise.de/newsticker/meldung/Streit-ueber-Auslegung-des-Sharehoster-Urteils-geht-weiter-180057.html. Zugriff 18. Mai 2026

Als dann Anfang des Jahres 2008 das Landgericht Düsseldorf die von RapidShare gegen die GEMA angestrengte Feststellungsklage als unbegründet ablehnte,[341] sah sich die Verwertungsgesellschaft vollinhaltlich in ihrer Rechtsposition bestätigt. Das Gericht stellte fest, dass ein Download-Hoster als Störer haftbar zu machen ist und der Dienst sogar eingestellt werden muss, wenn er „(…) besonders gut für Urheberrechtsverletzungen geeignet (…)“ ist. Die Unterlassungsklage der GEMA war also zulässig, urteilte das Gericht. RapidShare wollte aber den Kampf nicht verloren geben und ging auch gegen dieses Urteil in Berufung.[342]

Allerdings tat sich für RapidShare eine neue Front auf. Ein Hard- und Softwarehersteller hatte die Schweizer Firma verklagt, da über die RapidShare-Homepage zwei seiner Softwareprodukte öffentlich verfügbar gemacht worden waren. Das Hanseatische Oberlandesgericht Hamburg stellte nun am 2. Juli 2008 in seinem Urteil fest,[343] dass RapidShare als Mitstörer ab Kenntnis der Rechtsverletzung haftbar zu machen ist. Sobald das Unternehmen über die Urheberrechtsverletzung informiert worden ist, musste es alles Zumutbare tun, um ähnliche Verstöße zu verhindern. Die von RapidShare eingesetzte Filter-Software MD-5 wurde vom Gericht als unzureichend angesehen. RapidShare müsste pro-aktiv gegen Urheberrechtsverletzungen vorgehen und notfalls auch die IP-Adressen der NutzerInnen speichern und auswerten. Das Hamburger Urteil lag zwar auf der gleichen Linie wie jenes vom Kölner Landgericht, allerdings wurden die Prüfpflichten für RapidShare wesentlich weiter ausgelegt.

Da die Rechtsprechung bezüglich der Prüfpflichten von Sharehostern in Hamburg offensichtlich strenger ausfiel, strengte die GEMA beim Landgericht Hamburg eine weitere Klage gegen die RapidShare AG an. Die GEMA hatte rund 5000 Musikstücke ihres Repertoires beanstandet, die auf den Servern des Sharehosters gespeichert waren und durch Links zu verschiedenen Websites veröffentlicht wurden. Das Gericht entschied nun am 12. Juni 2009 im Sinne der Klägerin und sah die Maßnahmen, die RapidShare gegen die Urheberrechtsverletzungen setzte, als unzureichend an. Das Unternehmen musste nun vorab gegen die Rechtsverletzung

[341] Landgericht Düsseldorf. Urteil in der Feststellungsklage der RapidShare AG, 23. Januar 2008. Az. 12 O 246/07. https://nrwe.justiz.nrw.de/lgs/duesseldorf/lg_duesseldorf/j2008/12__O_246_07urteil20080123.html. Zugriff 18. Mai 2026

[342] Wilkens, Andreas. 2008. RapidShare wehrt sich weiterhin gegen GEMA. Heise.de, 31. Januar. http://www.heise.de/newsticker/meldung/RapidShare-wehrt-sich-weiterhin-gegen-GEMA-185509.html. Zugriff 18. Mai 2026

[343] Hanseatisches Oberlandesgericht Hamburg. Urteil, 2. Juli 2008. Az. 5 U 73/07, https://www.landesrecht-hamburg.de/bsha/document/NJRE001090418. Zugriff 18. Mai 2026

bei den angemahnten Musikwerken vorgehen.[344] Der Sharehoster ging wieder in Berufung und wurde – überraschend – durch die Berufsinstanz in einem weiteren gegen ihn angestrengten Verfahren, dem Oberlandesgericht Düsseldorf, in seiner Rechtsposition bestätigt. Der Filmverleih Capelight Pictures hatte am 9. September 2009 beim Landgericht Düsseldorf eine einstweilige Verfügung erwirkt,[345] wonach sechs Filme nicht auf den Domains von RapidShare verfügbar gemacht werden dürfen. Das Oberlandesgericht Düsseldorf hob diese einstweilige Verfügung nunmehr mit der Begründung auf, dass der Sharehoster selbst keine Urheberrechtsverletzungen begangen hat und an solchen auch nicht teilgenommen hat, weil eine Teilnahme einen zumindest bedingten Vorsatz beim zum Rechtsbruch voraussetze. Einen solchen Vorsatz konnte das Gericht nicht erkennen und hob die einstweilige Verfügung auf.[346]

Mit diesem Urteil trat nun die paradoxe Situation ein, dass zwei deutsche Gerichte in sehr ähnlich gelagerten Fällen diametral anders entschieden hatten.[347] Es drängte sich nun die Frage auf, ob RapidShare und mit ihm andere Sharehoster als Störer einzustufen sind oder nicht. Die Konfusion wurde noch dadurch erhöht, da kurz vor dem Düsseldorfer Urteil, das Landgericht Hamburg RapidShare erneut als Störer verurteilt hatte, nachdem zwei Buchverlage, unterstützt vom Börsenverein des Deutschen Buchhandels, die unzulässige Verfügbarmachung zahlreicher wissenschaftlicher Werke über die Seite des Sharehoster eingeklagt hatten.[348]

Die Klärung der Frage, ob RapidShare eine Störerhaftung träfe und ob und in welchem Umfang Prüfpflichten für den Sharehoster bestünden, konnte nun nur

[344] Briegleb, Volker. 2009. Gericht: Sharehoster muss Veröffentlichung von Musik unterbinden. Heise.de, 23. Juni. http://www.heise.de/newsticker/meldung/Gericht-Sharehoster-muss-Veroeffentlichung-von-Musik-unterbinden-185243.html. Zugriff 18. Mai 2026

[345] Landgericht Düsseldorf. Einstweilige Verfügung gegen die RapidShare AG, 9. September 2009. Az. 12 O 221/09

[346] Oberlandesgericht Düsseldorf. Urteil, 22. März 2010. Az. I-20 U 166/09. https://nrwe.justiz.nrw.de/olgs/duesseldorf/j2010/I_20_U_166_09urteil20100427.html. Zugriff 18. Mai 2026

[347] Das Oberlandesgericht Düsseldorf blieb auch bei der Klage des Computerspiele-Herstellers Atari Europe bei seiner Linie und hob eine einstweilige Verfügung des Landgerichts Düsseldorf vom 24. März 2010 auf, wonach RapidShare das Computerspiel „Alone in the Dark" widerrechtlich verbreitet hätte und dies in Zukunft unterlassen müsste. Die Klage von Atari Europe wurde durch das OLG Düsseldorf am 21. Dezember 2010 abgewiesen. Eine Revision vor dem Bundesgerichtshof wurde aber zugelassen. Oberlandesgericht Düsseldorf. Urteil, 21. Dezember 2010. Az. I-20 U 59/10. https://nrwe.justiz.nrw.de/olgs/duesseldorf/j2010/I_20_U_59_10urteil20101221.html. Zugriff 18. Mai 2026

[348] Landgericht Hamburg. Urteil, 10. Februar 2010. Az. 310 O 53/10. https://www.landesrecht-hamburg.de/bsha/document/NJRE001007311. Zugriff 18. Mai 2026

mehr der Bundesgerichtshof (BGH) herbeiführen. Davor war aber noch das Hanseatische Oberlandesgericht Hamburg am Zug. Am 14. März 2012 untersagte ein RichterInnen-Senat RapidShare, 4000 Musiktitel aus dem GEMA-Repertoire, die von anonymen NutzerInnen auf die Server der Firma hochgeladen worden waren, öffentlich verfügbar zu machen.[349] RapidShare ist kein „neutraler Vermittler", so die Urteilsbegründung, sondern nehme eine aktive Rolle bei den Urheberrechtsverletzungen ein, da sich der Dienst schützend vor seiner NutzerInnen stelle, indem ihnen Anonymität zugesichert wird. Die RichterInnen revidierten aber wesentliche Punkte der Entscheidung aus dem Jahr 2008. Das Geschäftsmodell von RapidShare ist durchaus schutzwürdig, weil es nicht nur der Verbreitung rechtswidriger Inhalte dient und – noch viel wesentlicher – eine öffentliche Zugänglichmachung liegt nicht schon im Upload urheberrechtlicher Inhalte vor, sondern erst dann, wenn diese Inhalte mittels Linklisten verbreitet werden. RapidShare ist es aber zuzumuten, die Verbreitung dieser Linklisten zu unterbinden und diese ggf. zu entfernen. Diese bemerkenswerte Kehrtwendung des Oberlandesgerichts Hamburg war darauf zurückzuführen, dass in der Zwischenzeit Cloud-Computing immer mehr Verbreitung gefunden hatte und daher vom Gericht anerkannt wurde, dass viele NutzerInnen ihre legal erworbenen Dateien zum Schutz und zur leichteren Zugänglichkeit bei entsprechenden Cloud-Computing-Anbietern hochladen würden. Das allein konnte daher noch nicht als öffentliche Zugänglichmachung qualifiziert werden. Parallel zum GEMA-Verfahren, bestätige das Oberlandesgericht Hamburg auch das Urteil des Landgerichts Hamburg aus dem Jahr 2010, in dem – ähnlich wie im Fall der Musiktitel aus dem GEMA-Repertoire – zahlreiche wissenschaftliche Bücher nicht mehr über RapidSahre verbreitet werden durften.[350]

Für RapidShare waren diese beiden Urteile ein herber Rückschlag und die Geschäftsführung hoffte nun auf einen anderslautenden Spruch des Bundesgerichtshofes, da der Hamburger RichterInnen-Senat eine Revision grundsätzlich zugelassen hatte.[351] Nach außen hin verstrahlte die Geschäftsführerin der RapidShare AG, Alexandra Zwingli, Zuversicht und hob hervor, dass das Hamburger Oberlandesgericht das Geschäftsmodell des Unternehmens als völlig legal einstufte. Mehr

[349] Hanseatisches Oberlandesgericht Hamburg. Urteil, 14. März 2012. Az. 5 U 87/09. https://www.landesrecht-hamburg.de/bsha/document/NJRE001090418. Zugriff 18. Mai 2026

[350] Hanseatisches Oberlandesgericht Hamburg. Urteil, 14. März 2012. Az. 5 U 87/09. https://www.landesrecht-hamburg.de/bsha/document/NJRE001090418. Zugriff 18. Mai 2026

[351] Heise.de. 2012. Rechtsstreit zwischen Gema und Rapidshare landet beim BGH. 27. März. http://www.heise.de/newsticker/meldung/Rechtsstreit-zwischen-Gema-und-Rapidshare-landet-beim-BGH-1484424.html. Zugriff 18. Mai 2026

Grund zum Feiern hatte allerdings die GEMA, die in ihrer Rechtsauffassung vollinhaltlich bestätigt wurde und nun dem BGH-Urteil optimistisch entgegensah.

Dieser Optimismus wurde durch den BGH-Spruch vom 12. Juli 2012 in der Atari-Klage genährt. Der Bundesgerichtshof hob nämlich die Entscheidung des Oberlandesgerichts Düsseldorf auf, wonach RapidShare keine Störerhaftung träfe. Ein Sharehoster ist dann ein Störer, so der RichterInnen-Senat, „(…) wenn urheberrechtsverletzende Dateien durch Nutzer seines Dienstes öffentlich zugänglich gemacht werden, obwohl ihm zuvor ein Hinweis auf die klare Rechtsverletzung gegeben worden ist.“[352]

Für RapidShare war dieses Urteil ein böses Omen. Zudem ging ein weiteres Verfahren, dieses Mal vor dem Oberlandesgericht München, das die Filmproduktions- und -verleihfirma Constantin Film, angestrengt hatte, ebenfalls verloren. Das OLG München entschied, dass Kopien von ihren Filmen widerrechtlich über RapidShare verfügbar gemacht worden waren und dem Sharehoster dafür eine Haftung trifft.[353]

Knapp ein Jahr später war die Niederlage für RapidShare perfekt. Die Revision der beiden Urteile des Hanseatischen Oberlandesgerichts Hamburg vom März 2012 wurde vom Bundesgerichtshof am 15. August 2013 abgewiesen und das Urteil gegen RapidShare bestätigt. Der Schweizer Sharehoster wurde als Störer eingestuft, dem erweiterte Prüf- und Haftungspflichten zukamen, weil sein Geschäftsmodell strukturell die Gefahr massenhafter Urheberrechtsverletzungen barg. Es reichte nicht aus, wenn RapidShare nach Anzeige von Urheberrechtsverletzungen aktiv würde. Es müsste darüber hinaus aktiv nach rechtswidrigen Dateien suchen und es war ihm zuzumuten, „(…) eine umfassende regelmäßige Kontrolle von Linksammlungen [durchzuführen], die auf seinen Dienst verweisen.“[354]

Die RapidShare AG hatte dieses Urteil wohl schon kommen sehen, denn Anfang November 2012 wurden bereits Limits für den Upload von Dateien – maximal

---

[352] Deutscher Bundesgerichtshof. Urteil in dem Rechtsstreit „Alone in the Dark“, 12. Juli 2012. Az. I ZR 18/11. https://www.bundesgerichtshof.de/SharedDocs/Entscheidungen/DE/Zivilsenate/I_ZS/2011/I_ZR__18-11.pdf?__blob=publicationFile&v=1. Zugriff 18. Mai 2026

[353] Heise.de. 2012. Sharehoster Rapidshare unterliegt vor Gericht. 13. September. http://www.heise.de/newsticker/meldung/Sharehoster-Rapidshare-unterliegt-vor-Gericht-1707949.html. Zugriff 18. Mai 2026

[354] Deutscher Bundesgerichtshof. File-Hosting-Dienst Leitsatzentscheidung, 15. August 2013. Az. I ZR 80/12 (siehe auch Az. I ZR 85/12 und Az. I ZR 79/12). http://juris.bundesgerichtshof.de/cgi-bin/rechtsprechung/document.py?Gericht=bgh&Art=en&sid=0e522ed427c04a9d79b05dcbf652e3ee&nr=65241&pos=1&anz=4. Zugriff 18. Mai 2026

30 GB täglich – eingeführt, was den Dienst für FilesharerInnen unattraktiv machte.[355] Zudem musste Mitte Mai 2013 drei Viertel der Belegschaft gekündigt und ein scharfer Sparkurs eingeschlagen werden.[356] Das Musikbranchen-Magazin Musikmarkt verkündete im März 2014 das Aus des Schweizer Sharehosters, der nur mehr eine Mitarbeiterin regulär beschäftigte.[357]

Der Fall RapidShare ist aber nicht nur aus juristischer Sicht interessant, ob ein Sharehoster grundsätzlich als Störer anzusehen ist, der erweiterten Prüf- und Haftungspflichten unterliegt, sondern auch aus sozialökonomischer Perspektive. Es war ein Musterbeispiel dafür, wie mit einem innovativen Geschäftsmodell sowohl von den RechterinhaberInnen als auch von der Justiz umgegangen wurde. Man kann nur darüber spekulieren, ob RapidShare-Gründer Schmid mit seinem Dienst vorsätzlich Urheberrechtsverletzungen in Kauf genommen oder diese sogar befördern wollte, um ein Geschäftsmodell zu etablieren. Wie dem auch sei, die technologische Möglichkeit, Dateien nicht nur in der Cloud zu speichern, sondern diese auch teilen zu können, war ein innovativer Ansatz, der durchaus auch Geld eingebracht und seinen Gründer reich gemacht hatte.[358] Da sich aber RapidShare gegen das Postulat der Medienindustrien, ihre Inhalte zu lizenzieren, wehrte, wurde es von allen Seiten juristisch in die Zange genommen. Software-, Computer- und Verlagsunternehmen sowie die Verwertungsgesellschaft GEMA ließen eine Flut von Klagen über das Schweizer Start-Up hereinbrechen, dem der Sharehosten schließlich nicht mehr gewachsen war. Dabei war die Rechtsprechung der deutschen Gerichte keinesfalls eindeutig, und es musste erst der BGH das finale Wort sprechen, um Rechtsklarheit zu schaffen. RapidShare wurde damit aus dem Spiel genommen, aber an seinen Platz traten neue Sharehoster, die weniger leicht zu lokalisieren waren und die mehr oder weniger dubiose Geschäftsmodelle verfolgten.

---

[355] Briegleb, Volker. 2012. Rapidshare führt Trafficlimit für Downloads ein. Heise.de, 8. November. http://www.heise.de/newsticker/meldung/Rapidshare-fuehrt-Trafficlimit-fuer-Downloads-ein-1746913.html. Zugriff 18. Mai 2026

[356] Briegleb, Volker. Rapidshare entlässt drei Viertel aller Mitarbeiter. Heise.de, 17. Mai 2013 http://www.heise.de/newsticker/meldung/Rapidshare-entlaesst-drei-Viertel-aller-Mitarbeiter-1865665.html Zugriff 18. Mai 2026

[357] Musikmarkt. 2014. Rapidshare: Schweizer Filehoster vor dem Aus. 3. März 2014

[358] Das Schweizer Wirtschaftsmagazin Bilanz berichtete im Juni 2013, dass Christian Schmid zwei Jahre nach Unternehmensgründung bereits mehr als 17 Mio. Franken versteuerte und damit mehr als der Nestlé-Chef. Bütikofer, Christian. 2013. Rapidshare-Gründer: Mehr Millionen als Nestlé-Chef. Bilanz.ch, 11. Juni. http://www.bilanz.ch/management/rapidshare-gruender-mehr-millionen-als-nestle-chef. Zugriff 18. Mai 2026

2.5.2 Megaupload

Ein solches dubioses Geschäftsmodell war Megaupload. Anfang Januar 2012 ließen die US-Behörden „(…) a nuclear bomb on ‚cyberlocker' site Megaupload", fallen, wie sich das Web-Magazin ArsTechnica in einem drastischen Bild ausdrückte.[359] Gegen den deutschstämmigen Gründer des 1-Click-Hosters Megaupload, Kim Schmitz, sowie gegen weitere sechs Verdächtige[360] wurde ein internationaler Haftbefehl wegen organisierten Verbrechens und Bildung einer kriminellen Vereinigung zum Zweck der Begehung von Urheberrechtsverletzungen, Geldwäsche und Betrugs erlassen.[361] Schmitz, der sich auch Kim Dotcom nannte, wurde gemeinsam mit anderen drei Beschuldigten im neuseeländischen Auckland verhaftet. In einer konzertierten Aktion wurden im Firmenhauptquartier von Megaupload Ltd. und Vestor Ldt. in Hong Kong wie auch in Neuseeland Hausdurchsuchungen durchgeführt. Nach weiteren Verdächtigen wurde per internationalem Haftbefehl gefahndet. Die von Megaupload Ltd. betrieben Domains wurden auf Anweisung des FBI stillgelegt. Zudem wurden in Hong Kong und Neuseeland zahlreiche Vermögensgegenstände, darunter Autos der Luxusklasse, Hifi-Geräte und EDV-Hardware beschlagnahmt sowie Privat- wie auch Firmenkonten gesperrt.[362]

In der Anklageschrift[363] wurde den Beschuldigten vorgeworfen, seit der Gründung von Megaupload Ltd. im September 2005 eine kriminelle Vereinigung, die die Strafverfolgungsbehörden als „Mega Conspiracy" bezeichneten, gegründet zu

[359] Anderson, Nate. 2012: Why the feds smashed Megaupload. ArsTechnica, 19. Januar http://arstechnica.com/tech-policy/2012/01/why-the-feds-smashed-megaupload/. Zugriff 18. Mai 2026

[360] Und zwar gegen die aus Deutschland stammenden Finn Batato (Chief Marketing Officer), Sven Echternach (Head of Business Development) und Mathias Ortmann (Chief Technical Officer) sowie gegen den aus der Slowakei stammenden Grafikdesigner Julius Bencko, den aus den Niederlanden stammenden Programmierer Bram van der Kolk und den estnischstämmigen Andrus Nomm, der die Programmierabteilung geleitet hat.

[361] United States of America v. Kim Dotcom et al. Superseding Indictment. Crim. No. 1:12CR3. http://www.justice.gov/usao/vae/victimwitness/mega_files/Certified%20Mega%20Superseding%20Indictment%20%282-16-2012%29.pdf. Zugriff 18. Mai 2026

[362] Andersen, Nate. 2012. Why the feds smashed Megaupload. ArsTechnica, 19. Januar http://arstechnica.com/tech-policy/2012/01/why-the-feds-smashed-megaupload/. Zugriff 18. Mai 2026

[363] United States of America v. Kim Dotcom et al. Superseding Indictment. Crim. No. 1:12CR3. S. 2–3. http://www.justice.gov/usao/vae/victimwitness/mega_files/Certified%20Mega%20Superseding%20Indictment%20%282-16-2012%29.pdf. Zugriff 18. Mai 2026

haben, um vorsätzlich und wissentlich viele Millionen urheberrechtlich geschützter Werke widerrechtlich vervielfältigt und öffentlich verbreitet zu haben. Den betroffenen RechteinhaberInnen wäre dadurch ein Schaden von mehr als US$ 500 Mio. erwachsen, und die Beschuldigten hätten seit Gründung des File-Hosting-Services zumindest US$ 175 Mio. an Einkommen generiert. Allein die Domain Megaupload.com wies 180 Mio. registriert NutzerInnen auf und war 2012 weltweit die dreizehnt am häufigsten besuchte Internetseite mit 50 Mio. Visits pro Tag. In der Anklageschrift wurde auch das Geschäftsmodell von Megaupload skizziert, das vor allem aus einem Premium-Modell bestand, das für ein paar Dollar pro Tag, über ein Monatsabo für US$ 9,99, ein Jahresabo für US$ 59,99 bis hin zu einem lebenslangen Abo für US$ 199,99 abgeschlossen werden konnte. Seit der Gründung konnten, so die US-Behörden, US$ 150 Mio. aus Abo-Entgelten generiert werden. Hinzu kamen noch Werbeeinnahmen in der Höhe von rund US$ 25 Mio.. Eine Besonderheit von Megauplaod war das „Uploader Rewards"-Programm, in dem NutzerInnen dafür bezahlt wurden, dass sie besonders beliebte Medieninhalte, die allesamt urheberrechtlich geschützt waren, auf die Firmenserver hochluden. Mehrere Millionen-US-Dollar - sind in Rahmen dieses Programms an die NutzerInnen geflossen.[364]

Für die Anklagebehörde stand fest, dass die Konfiguration von Megaupload als Cyperlocker lediglich eine Tarnung darstellte. Die Serverarchitektur wäre gar nicht auf eine längerfristige Speicherung der Dateien ausgelegt gewesen und den NutzerInnen wäre es auch möglich gewesen, anonym zu bleiben. Zudem stellte Megaupload keine eigenen Serverkapazitäten zur Verfügung, sondern hatte diese von spezialisierten Anbietern wie Carpathia Hosting, Cogent Communications und Leaseweb angemietet.[365]

Aus der Anklageschrift ging auch hervor, wie sich Megaupload gegen die Haftung für indirekte Urheberrechtsverletzungen (secondary liability) zu immunisieren versuchte. Die Suchanfragen wurden nämlich nicht direkt über die eigenen Domains geleitet, sondern über Linklisten, die in keinem direkten Zusammenhang zu den Megaupload-Seiten zu stehen schienen. Allerdings versuchte die Anklagebehörde nachzuweisen, dass es direkte Beziehungen zwischen MitarbeiterInnen von

[364] United States of America v. Kim Dotcom et al. Superseding Indictment. Crim. No. 1:12CR3. S. 32–34. http://www.justice.gov/usao/vae/victimwitness/mega_files/Certified%20Mega%20Superseding%20Indictment%20%282-16-2012%29.pdf. Zugriff 18. Mai 2026

[365] United States of America v. Kim Dotcom et al. Superseding Indictment. Crim. No. 1:12CR3. S. 18–19. http://www.justice.gov/usao/vae/victimwitness/mega_files/Certified%20Mega%20Superseding%20Indictment%20%282-16-2012%29.pdf. Zugriff 18. Mai 2026

Megaupload mit den BetreiberInnen der Linklisten gab und darüber hinaus der volle Zugang zu den Linklisten für Megaupload bestand.[366]

Die Anklage brachte gegen die vorherzusehende Verteidigungslinie, dass Megaupload lediglich ein Serviceprovider wäre, der die Safe Harbor-Bestimmung des Digital Millenium Copyright Act (DMCA) in Anspruch nehmen könnte, gewichtige Argumente in Stellung. Megaupload hätte jederzeit die Kontrolle über die generierten Links zu den urheberrechtlich geschützten Mediendateien und würde unmittelbar finanziell von den Urheberrechtsverletzungen profitieren. Zudem hätte Megaupload nicht präventiv Urheberrechtsverletzungen geahndet, sondern lediglich ein „Abuse Tool" für RechteinhaberInnen zur Verfügung gestellt, um spezifische Link-Adressen selbst beseitigen zu können. Andere Links, die zum gleichen Inhalt führten, blieben aber unbehelligt.[367] Dass Megaupload aber gegen illegale Inhalte wie Kinderpornografie pro-aktiv vorging und von sich aus löschte, würde, so der Ankläger, beweisen, dass der Sharehoster jederzeit in der Lage gewesen wäre, den Datenstrom zu kontrollieren.[368]

Der Kopf der „Mega-Verschwörung", wie in der Anklageschrift immer wieder betont wurde, war Kim Schmitz alias Kim Dotcom alias Kim Tim Jim Vestor. Schmitz hatte Megaupload Ltd. 2005 gegründet und die Infrastruktur hinter dem Megaupload-Netzwerk aufgebaut. In seinem Firmengeflecht hatte er 30 Personen in neun verschiedenen Ländern beschäftigt. An Megauopload.com, Megaclick.com und Megapix.com hielt Schmitz einen Anteil von 68 % und er war Alleineigentümer von Vestor Ltd., die ihrerseits 100 % an Megavideo.com, Megaporn.com, und Megapay.com besaß. Allein im Jahr 2010 soll nach Angabe der Staatsanwaltschaft das Einkommen von Schmitz aus seinem Unternehmenskonglomerat US$ 43 Mio. betragen haben.[369]

[366] United States of America v. Kim Dotcom et al. Superseding Indictment. Crim. No. 1:12CR3. S. 6–7. http://www.justice.gov/usao/vae/victimwitness/mega_files/Certified%20Mega%20Superseding%20Indictment%20%282-16-2012%29.pdf. Zugriff 18. Mai 2026

[367] United States of America v. Kim Dotcom et al. Superseding Indictment. Crim. No. 1:12CR3. S. 9–10. http://www.justice.gov/usao/vae/victimwitness/mega_files/Certified%20Mega%20Superseding%20Indictment%20%282-16-2012%29.pdf. Zugriff 18. Mai 2026

[368] United States of America v. Kim Dotcom et al. Superseding Indictment. Crim. No. 1:12CR3. S. 11. http://www.justice.gov/usao/vae/victimwitness/mega_files/Certified%20Mega%20Superseding%20Indictment%20%282-16-2012%29.pdf. Zugriff 18. Mai 2026

[369] Die Anteile, die die anderen Beschuldigten an Megaupload Ltd. hielten, waren wesentlich niedriger: Mathias Ortmann 25 %, Julius Bencko und Bram van der Kolk jeweils 2,5 % sowie Sven Echternach 1 %. Die Einnahmen, die die „Mitverschwörer" von Megaupload 2010 bezogen hatten, waren dementsprechend niedriger: Mathias Ortmann US$ 9 Mio., Bram van der Kolk US$ 2 Mio., Julius Bencko US$ 1 Mio., Sven Echternach US$ 500.000,

Kim Schmitz war nicht zuletzt wegen seines demonstrativ ausschweifenden Lebensstils ins Fadenkreuz der Justiz geraten. Außerdem entsprach Schmitz perfekt dem Bild eines Internetverbrechers. Bereits 1994 war Schmitz zu einer zweijährigen Bewährungsstrafe wegen Betrugs verurteilt worden. Der Ex-Hacker, der sich früher Kim Kimble nannte, war 2000 in undurchsichtige Geschäfte rund um das Internet-Startup letbuyit.com in Deutschland verwickelt gewesen. Nachdem er in Thailand untergetaucht und aufgrund eines internationalen Haftbefehls festgenommen und an die deutsche Justiz ausgeliefert worden war, wurde er im Mai 2002 von einem Münchner Amtsgericht wegen Insiderhandels zu zwanzig Monaten Freiheitsstrafe auf Bewährung sowie einer EUR 100.000 Bußgeldzahlung verurteilt.[370] Ein Jahr später erfolgte die nächste Verurteilung in einem Verfahren wegen Veruntreuung. Dieses Mal fasste er zwei Jahre auf Bewährung aus.[371] Nach seiner Verurteilung verlegte er seinen Wohnsitz nach Hong Kong, um dort schließlich 2005 Megaupload zu gründen.

Mit Schmitz konnte die US-Justiz einen vorbestraften und zwielichtigen Internetpiraten präsentieren, dem die Öffentlichkeit wenig Sympathien entgegenbrachte. Das erklärt vielleicht auch die hollywoodreife Festnahme von Schmitz in Neuseeland, bei der er sich vor dem Zugriff der Polizei verbarrikadierte, die ihn erst nach dem Überwinden zahlreicher Sicherheitssysteme festnehmen konnte. Dabei wurde auch sein Fuhrpark mit zahlreichen Luxuslimousinen beschlagnahmt sowie seine Bankkonten gesperrt.[372]

Es folgte ein Kleinkrieg mit der neuseeländischen Justiz über die Aufhebung der Untersuchungshaft und der zumindest teilweisen Rückgabe der konfiszierten Vermögensgegenstände, die der neuseeländische High Court schließlich Ende Au-

---

Finn Batato US$ 400.000 und Andrus Nomm US$ 100.000. Siehe: United States of America v. Kim Dotcom et al. Superseding Indictment. Crim. No. 1:12CR3. S. 15–18. http://www.justice.gov/usao/vae/victimwitness/mega_files/Certified%20Mega%20Superseding%20Indictment%20%282-16-2012%29.pdf. Zugriff 18. Mai 2026

[370] Heise.de. 2002. Kim Schmitz bekommt 20 Monate auf Bewährung. 27. Mai https://web.archive.org/web/20080621125951/http://www.heise.de/newsticker/Kim-Schmitz-bekommt-20-Monate-auf-Bewaehrung%2D%2D/meldung/27701. Zugriff 18. Mai 2026

[371] Heise.de. 2003. Schnelles Ende im neuen Kimble-Prozess. 11. November https://web.archive.org/web/20090524175312/http://www.heise.de/newsticker/Schnelles-Ende-im-neuen-Kimble-Prozess%2D%2D/meldung/41903. Zugriff 18. Mai 2026

[372] Andersen, Nate. 2012. Why the feds smashed Megaupload. ArsTechnica, 19. Januar. http://arstechnica.com/tech-policy/2012/01/why-the-feds-smashed-megaupload/. Zugriff 18. Mai 2026

gust 2012 im Sinne von Schmitz entschied.[373] Im Mai 2013 musste dann die neuseeländische Polizei sämtliche beschlagnahmte Dokumente und Daten rückerstatten, die nicht im Zusammenhang mit den von den US-Behörden erhobenen Vorwürfen standen.[374]

Zu einem Gerichtsverfahren in den USA ist es allerdings bislang immer noch nicht gekommen. Zwar hat das neuseeländische Justizministerium im August 2024 aufgrund des Spruchs des Supreme Court of New Zealand aus dem Jahr 2020,[375] die Auslieferung in die USA angeordnet, aber Kim Schmitz konnte weiterhin erfolgreich diese mit Rechtsmitteln verhindern.[376]

Auch wenn Kim Schmitz nach mittlerweile 14 Jahren immer noch nicht vor ein US-Gericht gestellt werden konnte, ist der Fall bemerkenswert. So sind die US-Justizbehörden nicht wie in allen anderen Fällen auf Initiative bzw. aufgrund von Klagen der RechteinhaberInnen, sondern von sich aus aktiv geworden. Die Musikindustrie hatte sich erst mit Verzögerung der Klage angeschlossen. Dabei waren bei Megaupload weder US-BürgerInnen noch Unternehmen, die ihren Sitz den USA hatten, involviert. Der einzige US-Bezug von Megaupload bestand darin, dass ein Großteil der geleasten Serverkapazitäten von US-Unternehmen zur Verfügung gestellt worden waren. Auch die strafrechtliche Dimension war wesentlich stärker als in früheren Fällen ausgeprägt. Neben der Anstiftung und Begünstigung von Urheberrechtsverletzungen, wurde den Beschuldigten die Bildung einer kriminellen Vereinigung sowie Geldwäsche und Betrug vorgeworfen. Damit wurde auch die konzertierte internationale Polizeiaktion unter der Führung des FBI gerechtfertigt, die spektakulärer nicht sein konnte. Auch die schillernde Persönlichkeit des vorbestraften Kopfs der „Verschwörung", Kim Schmitz, war

---

[373] Fisher, David. 2012. Dotcom secures $6 m for lawyers, living costs. The New Zealand Herald, 29. August. http://www.nzherald.co.nz/nz/news/article.cfm?c_id=1&objectid=10830289. Zugriff 18. Mai 2026

[374] Hein, Christoph. 2013. Richter geben Kim Schmitz Recht. Frankfurter Allgemeine Zeitung, 31. Mai. http://www.faz.net/aktuell/wirtschaft/recht-steuern/megaupload-richter-geben-kim-schmitz-recht-12202866.html. Zugriff 18. Mai 2026

[375] Hurley, Sam. 2020. Kim Dotcom's US extradition case stalls, Supreme Court calls for further arguments over copyright allegations. The New Zealand Herald, 3. November. https://web.archive.org/web/20201106175651/https://www.nzherald.co.nz/nz/kim-dotcoms-us-extradition-case-stalls-supreme-court-calls-for-further-arguments-over-copyright-allegations/EBZGWLCUKAL5XR5VCB2CN5MIQY/. Zugriff 18. Mai 2026

[376] Maher, Rachel. 2024. Kim Dotcom to fight extradition, legal expert weighs in on latest legal stoush. The New Zealand Herald, 15. August. https://web.archive.org/web/20240816005518/https://www.nzherald.co.nz/nz/politics/kim-dotcom-to-fight-extradition-kc-barrister-weighs-in-on-latest-legal-stoush/2JKT3XNU3VFOPHHRORZAA4EVJM/. Zugriff 18. Mai 2026

eine wichtige Zutat in diesem Kriminalfall. Sein ausschweifender und luxuriöser Lebensstil, der ganz offensichtlich über die Einnahmen aus dem Megaupload-Netzwerk – und aus Sicht der RechteinhaberInnen mittels systematischer Urheberrechtsverletzungen – finanziert wurde, ließ das Filehosting in den Geruch der organisierten Kriminalität kommen. Die kolportierten Summen, die in die hunderten Millionen gingen, taten ihr Übriges, Filesharing und Filehosting als Verbrechen erscheinen zu lassen.

2.5.3 MP3tunes

Die Musikindustrie war nicht nur der unlizenzierte Tausch von Musikdateien über Filesharing- und Filehosting-Netzwerke ein Dorn im Auge, sondern bereits das Cloud-basierte Streamen von Musiktiteln, die von den NutzerInnen auf externe Server hochgeladen wurden. So reichte die EMI Music Group am 9. November 2007 Klage gegen die Firma MP3tunes, LLC und ihren Gründer Michael Robertson ein.[377] Robertson hatte bereits einschlägige Erfahrungen mit dem US-amerikanischen Musikverband RIAA machen müssen, nachdem sein 1997 gegründeter Musikdienst MP3.com erfolgreich von den Musik-Majors verklagt wurde und er sich mit diesen außergerichtlich vergleichen musste, wie wir bereits in einem anderen Abschnitt in diesem Buch gesehen haben.

Im Februar 2005 hatte Robertson MP3tunes.com als Musik-Schließfach gegründet, in das NutzerInnen ihre Musikfiles ohne DRM-Schutz für späteres Streamen und Downloaden hochladen konnten. Gegen ein Premium-Abo von jährlich US$ 39,95 wurde zudem die Möglichkeit geboten, auch DRM-geschützte Musik hochzuladen. Ergänzend dazu hat Robertson die Musiksuchmaschine Sideload.com eingerichtet, über die im Internet Musikdateien aufgespürt und direkt auf MP3tunes hochgeladen werden konnten.[378]

Im April 2007 wurde von Robertson auch noch ein virtueller CD-Shop gelauncht, der beim Kauf einer CD zusätzlich die Möglichkeit bot, alle Tracks DRM-frei als MP3-Dateien herunterzuladen. Bis auf die Warner Music Group, die ihren US-Katalog für den neuen Dienst lizenziert hat, zeigten sich die anderen Majors uninteressiert. Als dann aber auch noch Warner, nach einem Streit Ende September

[377] Capitol Records, Inc. et al. v. MP3tunes LLC and Michael Robertson. Complaint, 9. November 2007. US District Court for the Southern District of New York. Case No. 1:07/CIV 9931 (WHP)

[378] Hines, Matt. 2005. MP3tunes.com shuns digital rights management. CNET, 9. Februar.

2007 seine Unterstützung zurückgezogen hatte, musste der Onlineshop seine Pforten schließen.[379]

Kurz davor hatte die EMI Music Group North America 350 Songtitel identifiziert, die über Sideload.com als Links verfügbar gemacht worden waren. Die Betreiber der beiden Onlinedienste entfernten daraufhin zwar die reklamierten Links nicht aber die von den NutzerInnen auf MP3tunes hochgeladenen Dateien. Ende Oktober 2007 langten zwei weitere Take-Down-Notices von der EMI Music Group North America und der EMI Entertainment World ein, der von MP3tunes in gleicher Art und Weise nachgekommen wurde. Auf eine Aufforderung von MP3tunes an EMI doch noch weitere Links zu unautorisiert online gestellten Musikdateien zu melden, reagiert der Tonträgerkonzern nicht, reichte aber Anfang November 2007 seine Klage gegen MP3Tunes und Sideload.com ein.[380]

Die EMI-Anwälte argumentierten, dass MP3tunes keine rechtliche Befugnis hätte, die hochgeladenen Titel zu speichern und in weiterer Folge den NutzerInnen zur Verfügung zu stellten. Darüber hinaus würde auf Sideload.com Beihilfe zu Urheberrechtsverletzungen geleistet werden, weil es den kostenlosen Zugang zu Musik im Internet ermöglichte. Das würde zu dramatischen Einkommenseinbußen für die AutorInnen und KomponistInnen sowie den befugten Leistungsschutzberechtigten (vor allem Labels und InterpretInnen) führen. Insgesamt wurde die bereits übliche Klage wegen Anstiftung, Beihilfe und Mithaftung für Urheberrechtsverletzungen erhoben. Darüber hinaus warf die EMI aber MP3tunes-Gründer Robertson vor, dass er persönlich wie auch seine MitarbeiterInnen nachweislich 171 Musikdateien, deren Masterechte bei der EMI lagen, sich über Sideload beschafft und ins persönliche Musikschließfach hochgeladen hätten. Des Weiteren hätte MP3tunes Cover Art von EMI-Alben zwar von Amazon.com lizenziert aber nicht direkt von der EMI, was als ein weiterer Lizenzverstoß angesehen wurde. Und schließlich verklagte die EMI MP3tunes auch noch wegen unlauteren Wettbewerbs.[381] MP3tunes stellte sich hingegen auf den Standpunkt, dass es lediglich Serverkapazitäten zur Verfügung gestellt hat und Sideload, ähnlich wie Google,

[379] Sokolov, Daniel AJ. 2007. Schlussverkauf bei AnywhereCD. Heise.de, 25. September. http://www.heise.de/newsticker/meldung/Schlussverkauf-bei-AnywhereCD-178827.html. Zugriff 18. Mai 2026

[380] Capitol Records, Inc. v. MP3Tunes, LLC. Complaint, 22. August 2011. US District Court for the Southern District of New York. Case No. 07–9931. https://www.courtlistener.com/docket/4522400/1/capitol-records-inc-v-mp3tunes-llc/. Zugriff 18. Mai 2026

[381] Capitol Records, Inc. v. MP3Tunes, LLC. Complaint, 22. August 2011, S. 3. US District Court for the Southern District of New York. Case No. 07–9931. https://www.courtlistener.com/docket/4522400/1/capitol-records-inc-v-mp3tunes-llc/. Zugriff 18. Mai 2026

eine auf Musik spezialisierte Suchmaschine wäre. Zudem hätten Robertson und seine MitarbeiterInnen die genannten Musikfiles als Privatpersonen und nicht in ihrer Eigenschaft als MP3tunes-Beschäftigte in das Musikschließfach hochgeladen.[382]

In der folgenden, sich über Jahre hinziehenden Auseinandersetzung vor Gericht waren also die Positionen bezogen. Als dann am 22. August 2011 der New Yorker Bezirksrichter, William H. Pauley III, sein Urteil[383] sprach, so fiel dieses überraschend differenziert aus. Das Gericht sah es als erwiesen an, dass die Beklagten Beihilfe zu Urheberrechtsverletzungen geleistet hatten, weil MP3tunes zwar die angezeigten Links auf Sideload.com gelöscht hatte, nicht aber die dann auf MP3tunes hochgeladenen Dateien. Zudem stimmte das Gericht EMI zu, dass Michael Robertson direkte Urheberrechtsverletzungen begangen hatte, als er über Sideload 47 urheberrechtlich geschützte Musiktitel in sein privates Musikschließfach hochgeladen hatte. Die Beschäftigen von MP3tunes träfe aber keine Schuld, da sie die Urheberrechtsverletzungen als Privatpersonen begangen hatten. Alle anderen von der EMI erhobenen Vorwürfe wurden vom Richter abgewiesen.

In einigen Medien wurde dieser Spruch als Sieg für Robertson gedeutet,[384] was sich in der Folge als Fehleinschätzung erweisen sollte. Zum einen musste MP3tunes Inc. wegen Überschuldung am 18. April 2012 Konkurs anmelden,[385] und zum anderen, waren MP3tunes und Michael Robertson wegen Urheberrechtsverletzungen verurteilt worden.

---

[382] Himmelein, Gerald. 2007. EMI zieht gegen Online-Musikanbieter vor Gericht. Heise.de, 10. November. http://www.heise.de/newsticker/meldung/EMI-zieht-gegen-Online-Musikanbieter-vor-Gericht-194101.html. Zugriff 18. Mai 2026

[383] Capitol Records, Inc. v. MP3Tunes, LLC. Order on Motion for Summary Judgment, 22. August 2011. US District Court for the Southern District of New York. Case No. 07–9931. https://www.courtlistener.com/docket/4522400/267/capitol-records-inc-v-mp3tunes-llc/. Zugriff 18. Mai 2026. Das Urteil wurde von Richter Pauley am 25. Oktober 2011 noch einmal bestätigt: Capitol Records, Inc. v. MP3Tunes, LLC. Amended Memorandum & Order, 25. Oktober 2011. US District Court for the Southern District of New York. Case No. 07–9931. https://www.courtlistener.com/docket/4522400/276/capitol-records-inc-v-mp3tunes-llc/. Zugriff 18. Mai 2026

[384] Siehe z. B. Sokolov, Daniel AJ. 2011. Online-Musiksynchronisation: EMI verliert gegen MP3tunes. Heise.de, 23. August. http://www.heise.de/newsticker/meldung/Online-Musiksynchronisation-EMI-verliert-gegen-MP3tunes-1328214.html. Zugriff 18. Mai 2026

[385] Billboard. 2012. MP3tunes.com Files for Bankruptcy. 11. Mai. https://www.billboard.com/music/music-news/mp3tunescom-files-for-bankruptcy-1096833/. Zugriff 18. Mai 2026

Das führte 2013 zu einem für Robertson sehr unangenehmen gerichtlichen Nachspiel. Die EMI hatte aufgrund des Gerichtsentscheids im Fall Viacom v. YouTube, in dem die Haftungsprivilegien („Safe Harbor"-Bestimmungen) für Content-Provider neu ausgelegt wurden, noch einmal erfolgreich um Wiederaufnahme des Verfahrens gegen MP3tunes und Robertson angesucht. Das New Yorker Bezirksgericht erkannte nunmehr, dass MP3tunes wissentlich und absichtlich die ihm bekannten Urheberrechtsverletzungen der NutzerInnen ignoriert hat („willful blindness"), obwohl von der EMI entsprechende Warnungen („Red Flag" knowledge) vorlagen.[386]

In der Folge wurden MP3tunes und Michael Robertson von einem New Yorker Geschworenengericht wegen vielfacher Urheberrechtsverletzungen verurteilt.[387] Das gleiche Gericht legte für Michael Robertson eine Schadenersatzzahlung an die EMI in der Höhe von rund US$ 41 Mio. (inkl. Strafschadenersatz von US$ 7,5 Mio.) für 47 von Robertson hochgeladene Musikdateien fest. Da half es auch nicht, dass Robertson beteuerte, dass es sich um Files handelte, die die EMI selbst kostenlos für Werbezwecke online gestellt hatte.[388]

Am 29. September 2014 setzte ein New Yorker Bezirksgericht den Schadenersatz gegen Robertson auf US$ 12.241.531 und gegen die Firma MP3tunes auf US$ 11.057.031 herunter, wogegen Robertson als auch die Kläger sofort Einspruch erhoben. Für die klagenden Labels bedeutete die Herabsetzung, dass mit diesen Schadenersatzbeträgen gerade einmal die Anwaltskosten gedeckt wären. Deshalb forderten sie weitere US$ 7,2 Mio. an Schadenersatz zur Deckung der Anwaltskosten. Dieser Schadenersatz wurde schließlich vom New Yorker Gericht gewährt.[389]

Diese Facette des Verfahrens zeigt, wie hoch die Anwaltskosten in Verfahren gegen sekundäre Urheberrechtsverletzer sind, was wiederum die Schadenersatz-

[386] Capitol Records, Inc. v. MP3Tunes, LLC. Memorandum & Order, 25. Juni 2012. Case No. 07–9931. https://www.courtlistener.com/docket/4522400/308/capitol-records-inc-v-mp3tunes-llc/. Zugriff 18. Mai 2026

[387] Briegleb, Volker. 2014. US-Jury: MP3tunes-Gründer für Urheberrechtsverletzung verantwortlich. Heise.de, 21. März. http://www.heise.de/newsticker/meldung/US-Jury-MP3tunes-Gruender-fuer-Urheberrechtsverletzung-verantwortlich-2152407.html. Zugriff 18. Mai 2026

[388] Raymond, Nate. 2014. Ex-MP3tunes chief hit with estimated $41 Mio. copyright verdict. Reuters, 27. März. http://www.reuters.com/article/2014/03/27/us-mp3tunes-trial-idUSBREA2P28M20140327. Zugriff 18. Mai 2026

[389] Capitol Records, Inc. v. MP3Tunes, LLC. Memorandum & Order, 7. April 2015. US District Court for the Southern District of New York. Case No. 07–9931 https://www.courtlistener.com/docket/4522400/609/capitol-records-inc-v-mp3tunes-llc/. Zugriff 15. Mai 2026

forderungen in die Höhe treibt. Es sieht also so aus, dass von den Verfahren vor allem die Rechtsanwaltskanzleien profitierten. Die von den Labels vertretenden KünstlerInnen ziehen jedenfalls keinen finanziellen Vorteil aus den gewonnenen Verfahren.

Der MP3tunes-Fall ist aber nicht nur deswegen bemerkenswert, dass ein Gericht ein bereits nicht mehr existierendes Unternehmen zugunsten eines anderen nicht mehr existierenden Unternehmens – die EMI wurde 2012 von der Citigroup filetiert und an die Universal Music Group und Sony/ATV Publishing verkauft – verurteilt wurde, sondern weil damit auch die rechtliche Position von Cloud-basierten Musikservices (Musikschließfächern oder Locker-Services) erstmals definiert wurde. Da das Gericht festgestellt hatte, dass ein Betreiben eines Cloud-basierten Musikservices unter bestimmten Umständen auch ohne Lizenzierung möglich war, hatte das unmittelbare Auswirkungen auf die Ausgestaltung entsprechender Geschäftsmodelle durch Google, Amazon und Apple.

2.5.4 Grooveshark

Grooveshark war ein weiterer Versuch, ein Cloud-basiertes Musikstreaming- und -download-Geschäftsmodell zu etablieren. Grooveshark wurde von zwei Studierenden der University of Florida – Sam Tarantino und Josh Greenberg – als Idee im März 2006 entwickelt.[390]

Grooveshark sollte eine attraktive und vor allem legale Alternative zu den P2P-Seiten sein. Ursprünglich wurde Grooveshark als kombiniertes Streaming- und Downloadservice angeboten. Musiktitel konnten kostenlos gestreamt werden, aber zusätzlich musste eine App heruntergeladen werden, über die es möglich war, einzelne Songtitel auch als DRM-freien MP3-Download um 99 US Cent zu erwerben. Davon gingen 70 US Cent an die InhaberInnen der Masterrechte (i. d. R. die Labels) und 25 US Cent an die NutzerInnen, die die Musik auf den Server hochgeluden. Die restlichen 4 US Cent verblieben bei Grooveshark.[391] Da diese Beta-Version des Musikdienstes noch zu wenig NutzerInnen freundlich war, entschloss sich das Ent-

[390] Zur Entstehungsgeschichte von Grooveshark siehe das Interview mit Co-Gründer Josh Greenberg in Tame, Jared. 2011. Grooveshark's Interview. Startups Open Sourced, 27. Mai. https://web.archive.org/web/20110527220518/http://www.startupsopensourced.com/grooveshar ks-interview/. Zugriff 18. Mai 2026

[391] Venturebeat.com. 2007. Grooveshark offers P2P music downloads — but is it legal? 5. Dezember. http://venturebeat.com/2007/12/05/grooveshark-offers-p2p-music-downloads-but-is-it-legal/. Zugriff 18. Mai 2026

wicklerInnen-Team Anfang 2008 Streaming und Download zu entkoppeln und einen reinen Streamingdienst anzubieten. Die Vollversion dieses Programms ging am 15. April 2008 online und erlangte in kürzester Zeit große Popularität.[392]

Bereits Ende 2007 verfügte Grooveshark über US$ 900.000 an Risikokapital[393] und die MitarbeiterInnen-Zahl wuchs auf 40 Personen an – meist Studierende der University of Florida. Allerdings bestanden bei BeobachterInnen von Anfang an Zweifel, ob das Geschäftsmodell von Grooveshark legal wäre.[394] Die Musikindustrie hielt sich aber vorerst noch mit Klagen zurück. Wahrscheinlich deswegen, weil Grooveshark durchaus versucht hatte, Lizenzdeals mit den RechteinhaberInnen, allen voran den Musik-Majors, auszuhandeln. Die Verhandlungen kamen aber nur schleppend voran und die Labels waren auch nicht zimperlich, um ihre Interessen durchzusetzen.

Als Grooveshark und die EMI an einen toten Punkt in den Lizenzverhandlungen angelangt waren, reichte die EMI am 8. Mai 2009 Klage gegen die Betreibergesellschaft von Grooveshark, Escape Media Group Inc., wegen Urheberrechtsverletzungen ein.[395] In seinem Kommentar zur Klage spekulierte Peter Kafka damit, ob die EMI die Klage nur erhoben hatte, um Grooveshark zu einem ihr genehmen Lizenzvertrag zu zwingen.[396] Dass dann im Oktober 2009 von Grooveshark verkündet wurde, den Streit mit der EMI außergerichtlich beilegt zu haben,[397] schien diese Annahme zu bestätigen. Ein ähnliches Szenario wiederholte sich mit der Indie-Lizenzierungsagentur MERLIN. Der Verband, der die Rechte zahlreicher

---

[392] Tame, Jared. 2011. Grooveshark's Interview. Startups Open Sourced, 27. Mai. https://web.archive.org/web/20110527220518/http://www.startupsopensourced.com/groovesharks-interview/. Zugriff 18. Mai 2026

[393] Venturebeat.com. 2007. Grooveshark offers P2P music downloads — but is it legal? 5. Dezember. http://venturebeat.com/2007/12/05/grooveshark-offers-p2p-music-downloads-but-is-it-legal/. Zugriff 18. Mai 2026

[394] Venturebeat.com. 2007. Grooveshark offers P2P music downloads — but is it legal? 5. Dezember. http://venturebeat.com/2007/12/05/grooveshark-offers-p2p-music-downloads-but-is-it-legal/. Zugriff 18. Mai 2026

[395] Kafka, Peter. 2009. Another Music Start-Up Sued: EMI Takes Grooveshark to Court. All the Things Digital vom 17. Juni. http://allthingsd.com/20090617/another-music-startup-sued-emi-takes-grooveshark-to-court/. Zugriff 18. Mai 2026

[396] Kafka, Peter. 2009. Another Music Start-Up Sued: EMI Takes Grooveshark to Court. All the Things Digital vom 17. Juni. http://allthingsd.com/20090617/another-music-startup-sued-emi-takes-grooveshark-to-court/. Zugriff 18. Mai 2026

[397] Van Buskirk, Eliot. 2009. EMI Drops Suit Against Grooveshark Music Service, Licenses It Instead. Wired, 13. Oktober. https://www.wired.com/2009/10/emi-drops-suit-against-grooveshark-music-service-licenses-it-instead/. Zugriff 18. Mai 2026

bedeutender Indie-Labels wie Rough Trade, The Beggars Group oder WARP wahrnahm, hatte Grooveshark vorsorglich verklagt, um dann im August 2010 einen Lizenzdeal mit dem Streamingservice einzugehen.[398]

Am Beginn des Jahres 2010 hatte bereits die Universal Music Group den Klageweg gegen Grooveshark bzw. gegen die Muttergesellschaft beschritten. Am 6. Januar 2010 brachte die UMG Recordings Inc. gegen die Escape Media Group Inc. Klage wegen Urheberrechtsverletzungen durch Grooveshark vor einem New Yorker Bezirksgericht ein, weil Aufnahmen, die vor 1972 entstanden waren, nicht durch ein gesamtstaatliches Copyright Law, sondern durch die in den einzelnen Bundesstaaten geltende Common Law geschützt waren. Da dieses Common Law aber keine „Safe Habor"-Bestimmung, wie im Digital Millenium Copyright Act von 1998 kodifiziert, kannte, könnten Internet Service Provider sich nicht auf diese Bestimmung berufen. Ergo würde Grooveshark gegen Urheberrecht verstoßen.[399]

Die Universal Music Group machte aber auch an einer anderen Front mobil gegen Grooveshark. So nahm Apple auf Druck der Universal Music Group UK im August 2010 die Grooveshark-App für das iPhone aus dem App-Store.[400] Im April 2011 wurde dann auch von Google die Android-App von Grooveshark aus dessen App-Store entfernt.[401] Das Schlimmste stand aber Grooveshark noch bevor. Erste Gewitterwolken zogen auf, als im Juli 2011 eine Gruppe von SongwriterInnen gemeinsam mit einigen Musikverlagen Klage einbrachte, dass die NutzerInnen von Grooveshark unautorisiert Musikdateien in den Musikdienst einbrachten und das Unternehmen von den massiven Urheberrechtsverletzungen profitierte, indem ein Musikkatalog von mehreren Millionen Musikfiles entstanden war.[402]

---

[398] Resnikoff, Paul. 2010. Grooveshark & Merlin Make It Official. But It Wasn't the Friendliest Negotiation…". Digital Music News, 6. August. http://www.digitalmusicnews.com/permalink/2010/08/06/merlingroovesharkconfirmed. Zugriff 18. Mai 2026

[399] UMG Recordings, Inc. v. Escape Media Group. Complaint, 6. Januar 2010. US District Court for the Southern District of New York. Civil Action No. 1:2011cv08407

[400] Sandoval, Greg. 2011. Google boots Grooveshark from Android Market. CNET, 6. April. http://www.cnet.com/news/google-boots-grooveshark-from-android-market/. Zugriff 18. Mai 2026

[401] Sandoval, Greg. 2011. Google boots Grooveshark from Android Market. CNET, 6. April. http://www.cnet.com/news/google-boots-grooveshark-from-android-market/. Zugriff 18. Mai 2026

[402] Sandoval, Greg. 2011. Music publishers file copyright suit against Grooveshark. CNET, 22. Juli http://www.cnet.com/news/music-publishers-file-copyright-suit-against-grooveshark/. Zugriff 18. Mai 2026

Das schwerste Geschütz fuhr aber die Universal Music Group auf. Am 18. November 2011 reichte sie eine Klage gegen die Escape Media Group bei einem New Yorker Bezirksgericht ein, in der MitarbeiterInnen sowie dem Gründer Sam Tarantino vorgeworfen wurde, sie hätten 113.777 Songs – davon 1791 von CEO Sam Tarantino persönlich –, deren Masterrechte bei der UMG lagen, ins System hochgeladen, um Lücken im Song-Katalog zu schließen.[403] Dieser Vorwurf wurde durch zahlreiche interne E-Mails von Grooveshark-MitarbeiterInnen belegt. Zudem verwies die UMG auf den von den Digital Music News veröffentlichten E-Mail-Verkehr zwischen Grooveshark und dem Managementteam des King Crimson-Gitarristen, Robert Fripp, der mehrmals vergeblich versucht hatte, dass King Crimson-Songs nachhaltig aus der Grooveshark-Datenbank entfernt werden sollten.[404] Für jeden Urheberrechtsverstoß forderte die UMG in ihrer Klage US$ 150.000, was sich zu einer Gesamtschadenssumme von rund US$ 17,1 Mrd. addierte.[405]

Am 15. Dezember 2011 schlossen sich der UMG-Klage auch noch die Sony Music Entertainment und die Warner Music Group an.[406] Und zum Drüberstreuen brachte am 4. Januar 2012 auch noch die EMI Klage wegen Nicht-Zahlung von Lizenzgebühren in der Höhe von US$ 300.000, die seit Abschluss der entsprechenden Verträge schon längst fällig waren, gegen die Escape Media Group ein,[407] und kündigte den Lizenzvertrag mit Grooveshark auf.[408]

---

[403] UMG Recordings Inc. v. Escape Media Group Inc. et al. Complaint, 18. November 2011. US District Court for the Southern District of New York. Case No. 1:11 CIV 8407 (TPG). http://de.scribd.com/doc/73495385/UMG-v-Grooveshark-Escape-Media. Zugriff 18. Mai 2026

[404] Abonalla, Rochel. 2011. King Crimson Can't Get Their Music Off of Grooveshark. Digital Music News, 13. Oktober. http://www.digitalmusicnews.com/permalink/2011/10/13/cc. Zugriff 18. Mai 2026

[405] UMG Recordings Inc. v. Escape Media Group Inc. et al. Complaint, 18. November 2011, S. 9. US District Court for the Southern District of New York. Case No. 1:11 CIV 8407 (TPG), http://de.scribd.com/doc/73495385/UMG-v-Grooveshark-Escape-Media. Zugriff 18. Mai 2026

[406] Cheng, Roger. 2011. Sony, Warner to sue music service Grooveshark. CNET, 15. Dezember. http://www.cnet.com/news/sony-warner-to-sue-music-service-grooveshark/. Zugriff 18. Mai 2026

[407] EMI Entertainment World Inc. v. Escape Media Group Inc. Complaint, 4. Januar. US District Court for the Southern District of New York. Case No. 650013/2012

[408] Stempel, Jonathan. 2012. Digital music service Grooveshark sued by EMI. Reuters, 5. Januar http://www.reuters.com/article/2012/01/06/us-grooveshark-emi-lawsuit-idUSTRE80501S20120106. Zugriff 18. Mai 2026

Diese juristischen Rückschläge waren wohl auch ein Mitgrund, dass Grooveshark am 18. Januar 2012 seine Aktivitäten in Deutschland einstellte. Offiziell hieß es allerdings vonseiten Groovesharks, dass die Betriebskosten vor allem wegen der zu hohen GEMA-Lizenzzahlungen so hoch wären und ein rentabler Betrieb des Dienstes in Deutschland nicht mehr möglich wäre.[409]

In einem Interview, das auf Mashable.com am 22. April 2013 veröffentlicht wurde, machte Grooveshark-CEO Tarantino aus seinem Herzen keine Mördergrube.[410] Zu den jüngsten Ereignissen befragt, hielt er mit seinem Frust nicht zurück: [It was] „a year of getting punched in the face 10,000 times." Die Klagen und das Entfernen der Grooveshark-App – auf Drängen der Musik-Majors – aus den iTunes- und Play Google Stores wie auch im Mai 2012 durch Facebook,[411] hatten die monatlichen NutzerInnen-Zahlen von 30 Mio. auf 3 Mio. sinken lassen. Die Anzahl der MitarbeiterInnen musste von 145 auf 60 reduziert werden und bis auf New York und Florida wurden alle Büros geschlossen. Reich hätte ihn das Grooveshark-Abenteuer nicht gemacht. Dennoch wollte Tarantino nicht ans Aufgeben denken. Um dem App-Boykott zu entgehen, wurde im September 2012 ein HTLM 5-Player gelauncht, was eine Trendumkehr bei den NutzerInnen-Zahlen einleitete.[412]

Ein paar Monate davor durfte sich Grooveshark über einen Erfolg vor Gericht gegen die UMG freuen. Das New Yorker Bezirksgericht hatte nämlich entschieden, dass die „Safe Harbor"-Bestimmung des DMCA auch für das urheberrechtliche Common Law in den einzelnen Bundesstaaten vor Gültigkeit eines allgemeinen Copyright Acts gelte und somit die Nutzung von Musikaufnahmen, die vor Februar 1972 gemacht wurden, den gleichen rechtlichen Standards unterliegen, wie jene, die danach entstanden sind.[413] Die Universal Music Group ging

---

[409] Heise.de. o. D. Aufgrund unverhältnismäßiger Betriebskosten stellte Grooveshark den Zugang aus Deutschland ein. http://www.heise.de/newsticker/meldung/Grooveshark-schliesst-in-Deutschland-die-Pforten-1415481.html?view=zoom;zoom=1. Zugriff 18. Mai 2026

[410] Fiegerman, Seth. 2014. Grooveshark-CEO: ‚I'm Broke'. Mashable, 22. April. http://mashable.com/2013/04/22/grooveshark-radio/. Zugriff 18. Mai 2026

[411] Geuss, Megan. 2012. Facebook deliberately bans Grooveshark from its services. Ars Technica, 9. Mai. https://arstechnica.com/gadgets/2012/05/facebook-deliberately-bans-grooveshark-from-its-services/. Zugriff 18. Mai 2026

[412] Fiegerman, Seth. 2014. Grooveshark-CEO: ‚I'm Broke'. Mashable, 22. April. http://mashable.com/2013/04/22/grooveshark-radio/. Zugriff 18. Mai 2026

[413] UMG Recordings, Inc. v. Escape Media Group, Inc. Decision/Order, 10. Juli 2012. US District Court for the Southern District of New York. Index No. 100151/10

gegen dieses Urteil sofort in Berufung[414] und durfte sich, einen Tag, nachdem Tarantinos Interview auf Mashable erschien, darüber freuen, dass die Berufungsinstanz das erstinstanzliche Urteil aufhob und klarstellte, dass die „Safe Harbor"-Bestimmung nicht für Aufnahmen, die vor 1972 entstanden sind, Geltung habe.[415] Der fünfköpfige RichterInnen-Senat kam nach eingehender Lektüre des DMCA als auch der Materialien, die zur Gesetzeswerdung ausgearbeitet wurden, zum Schluss, dass die Legislative bewusst Aufnahmen, die nach Februar 1972 entstanden sind, der gesamtstaatlichen Gesetzgebung unterworfen hatten. Jene Aufnahmen aber, die davor gemacht wurden, sollten weiterhin den Regelungen der einzelnen Bundesstaaten unterliegen. Wenn der Kongress etwas anderes gewollt hätte, hätte er dies in den Gesetzestext einfließen lassen. Damit war klargestellt, dass Grooveshark für die Aufnahmen, die vor 1972 entstanden waren, nicht die „Safe Harbor"-Bestimmung eines ISP in Anspruch nehmen konnte und der Universal somit der Klageweg offenstand.

Es fällt auf, dass die UMG nicht sogleich eine weitere Klage eingebracht hat. Zum einen war die Klage wegen der mehr als 100.000 Musikdateien, die Grooveshark-MitarbeiterInnen hochgeladen hatten, noch anhängig und zum anderen wurden die Lizenzverhandlungen mit Grooveshark wieder aufgenommen. Ende August 2013 konnte der Musikdienst von der außergerichtlichen Einigung in den anhängigen Gerichtsverfahren und den erfolgreichen Abschluss der Lizenzverhandlungen mit Sony/ATV Publishing[416] und der EMI[417] berichten.

Die Freude bei Grooveshark währte aber nur kurz. Am 19. Februar 2014 hatten die AnwältInnen der drei klagenden Musikkonzerne im noch laufenden Verfahren zu den 100.000 hochgeladenen Musikdateien, ein Memorandum eingebracht, in dem Sam Tarantino und Josh Greenberg die Vernichtung von Beweismittel vor-

---

[414] UMG Recordings, Inc. v. Escape Media Group, Inc., Brief of Plaintiff-Appellant UMG Recordings, Inc., 25. Juli 2012. New York Supreme Court, Appellate Division – First Department. Index No. 100152/10

[415] UMG Recordings, Inc. v. Escape Media Group. Opinion, 23. April 2013 New York Supreme Court, Appellate Division – First Department. Index No. 100152/10. http://www.courts.state.ny.us/reporter/3dseries/2013/2013_02702.htm. Zugriff 18. Mai 2026

[416] Jones, Rhian. 2013. Grooveshark signs licensing deal with Sony/ATV. Musicweek, 28. August. http://www.prnewswire.com/news-releases/grooveshark-signs-licensing-agreement-with-sonyatv-music-publishing-221376471.html. Zugriff 18. Mai 2026

[417] Sokolov, Daniel AJ. 2013. Musikdienst Grooveshark erhält Lizenz von zweitem Major Label. Heise.de, 30. August http://www.heise.de/newsticker/meldung/Musikdienst-Grooveshark-erhaelt-Lizenz-von-zweitem-Major-Label-1945659.html. Zugriff 18. Mai 2026

geworfen wurden.[418] Der finale Schlag gegen Grooveshark war aber das Urteil des New Yorker Bezirksgerichts, das am 29. September 2014 den beiden Betreibern des Streamingservice – Tarantino und Greenberg – massive Urheberrechtsverletzungen anlastete. Das Gericht sah es als erwiesen an, dass die MitarbeiterInnen von den beiden angehalten worden waren, Musiktitel auf den Firmenserver hochzuladen, um den Songkatalog zu erweitern.[419] Grooveshark-MitarbeiterInnen hatten Tarantino und Greenberg schwer belastet, nachdem ihnen Straffreiheit zugesichert worden war. Zudem lagen dem Gericht belastende Aussagen aus dem internen E-Mail-Verkehr vor.

Im zweiten Verfahren, dass die EMI North America im Namen seines Labels Capitol Records 2012 gegen Grooveshark angestrengt hatte, kam ein New Yorker Bezirksgericht zum gleichen Ergebnis wie schon im September 2014. Richter Alison J. Nathan verurteilte Groovesharks Eigentümer Escape Media Group wegen massiver Urheberrechtsverletzungen: „Therefore, there is evidence from which copyright infringement can be found because Horowitz's analysis of Grooveshark's system revealed, inter alia, 2807 EMI-copyrighted sound recordings were copied on Escape's servers in at least 13,855 separate files, and EMI-copyrighted works were streamed 12,224,567 times since March 23, 2012."[420] Zwar musste die Höhe des Schadenersatzes noch vom Gericht Anfang Mai 2015 festgelegt werden, aber da mit einem dreistelligen Millionenbetrag zu rechnen war, waren die Tage von Grooveshark gezählt und es musste im April 2015 seinen Dienst einstellen.[421]

Der Grooveshark-Fall ist in mehrfacher Hinsicht interessant. Er zeigt, dass die Majors aber auch Indies eine Doppelstrategie verfolgten. Einerseits wurden Lizensierungsverhandlungen geführt, aber gleichzeitig das gerichtliche Vorgehen als

---

[418] Arista Music et al. v. Escape Media Group, Samuel Tarantino and Joshua Greenberg. Plaintiffs' Memorandum of Law in support of motion for sanctions for spoliation of evidence against defendant Escape Media Group, Inc., 19. Februar 2014. US District Court for the Southern District of New York. Case No. 1:11 Civ. 8407 (TPG)

[419] UMG Recording, Inc. et al. v. Escape Media Group, Inc., Samuel Tarantino and Joshua Greenberg. Opinion, 29. September 2014. US District Court for the Southern District of New York. Case No. 1:11 Civ. 8407, S. 9, http://www.digitalmusicnews.com/wp-content/uploads/2014/09/umg_escape_140929Decision.pdf?1ce853. Zugriff 18. Mai 2026

[420] Capitol Records, LLC d/b/a EMI North America v. Escape Media Group, Inc. Opinion, 5. März 2015. US District Court for the Southern District of New York. Case No. 12-cv-06646-AJN-SN. http://www.heise.de/downloads/18/1/4/6/1/6/6/3/gov.uscourts.nysd.401134.104.0.pdf. Zugriff 18. Mai 2026

[421] Sisario, Ben. 2015. Grooveshark Shuts Down to Settle Copyright Infringement Suit. The New York Times, 30. April. https://www.nytimes.com/2015/05/01/business/media/grooveshark-shuts-down-to-settle-copyright-infringement-suit.html?_r=0. Zugriff 18. Mai 2026

Druckmittel in den Verhandlungen eingesetzt. Insbesondere spielten die Majors ihre Marktmacht aus, um die Musikkataloge nach ihren Bedingungen lizenzieren zu können. Da die Lizenzbedingungen der Majors so gut wie nicht öffentlich bekannt werden, lässt sich darüber nur spekulieren. Einen Anhaltspunkt liefert aber die Klage, die die EMI Anfang 2012 wegen nicht erfolgter Lizenzzahlungen gegen Grooveshark/Escape Media Group eingebracht hatte. Im Annex A der Klage ist nämlich der gegenständliche Vertrag unter dem Titel „On-Demand Audio Streaming Agreement" vom 24. April 2009 zwischen der EMI und der Escape Media Group zu finden.[422] Darin wurde dem Lizenznehmer das auf drei Jahre nicht exklusive, nicht übertragbare und auf das Territorium der USA begrenzte Recht eingeräumt, die „EMI-Kompositionen" zum Zweck des Musikstreamings zu nutzen. Darüber hinaus werden alle anderen Formen der Nutzung, z. B. Download, Sendung, Synchronisation, Reproduktion, Distribution, explizit untersagt. Das Nutzungsentgelt wurde dabei quartalsweise abgerechnet und orientierte sich am jeweils geltenden Satz, den das US-Copyright Royalty Board (CRB On-Demand Audio Stream Rate) pro getätigtem Stream veröffentlicht hat. Auf Vorab-Garantiezahlungen wurde interessanterweise explizit vonseiten der EMI verzichtet.[423] Auch wenn der Vertrag veraltet ist, da mittlerweile für interaktive Streamingdienste keine CRB-Sätze mehr vereinbart werden, so zeigt er doch, wie erpicht die großen RechteinhaberInnen darauf waren, dass nur die Nutzung für Musikstreaming erlaubt war. Alles andere, insbesondere die Erteilung der Downloadrechte waren tabu.

Das Beispiel Grooveshark zeigt aber auch, dass die entscheidenden Akteure der phonografischen Industrie jede Form der Legitimierung von Filesharing vermeiden wollten. Es ist daher wenig verwunderlich, dass das Geschäftsmodell von Grooveshark, sich über Filesharing einen Katalog aufzubauen, der nachträglich lizenziert werden sollte, auf Ablehnung bei den Majors stieß. Das New Yorker Bezirksgericht hatte mit seiner Entscheidung Stellung bezogen und Grooveshark den Todesstoß versetzt.

Grooveshark war eines der letzten prominenten Opfer des Feldzugs der Musikindustrie gegen Filesharing & Co. Wie die Fallstudien belegen, wurde jede Form

---

[422] EMI Entertainment World Inc. v. Escape Media Group Inc. „On-Demand Audio Streaming Agreement" zwischen der EMI Entertainment World, Inc. und der Escape Media Group, Inc., 24. April 2009 in Exhibit A, 4. Januar. US District Court for the Southern District of New York. Index No. 650013/2012

[423] EMI Entertainment World Inc. v. Escape Media Group Inc. „On-Demand Audio Streaming Agreement" zwischen der EMI Entertainment World, Inc. und der Escape Media Group, Inc., 24. April 2009 in Exhibit A, 4. Januar. US District Court for the Southern District of New York. Index No. 650013/2012

der kostenlosen Weitergabe von digitalen Musikfiles gerichtlich verfolgt. Begonnen hat alles mit Napster, das durch seine zentrale Server-Architektur leicht angreifbar war und es setzte sich fort mit den Klagen gegen dezentrale Filesharing-Angebote, die auf dem Gnutella- und FastTrack-Protokollen aufbauten. Als nächstes rückten die BitTorrent-Tracker in den Fokus der Aufmerksamkeit, die mit der Verurteilung der The Pirate Bay-Verantwortlichen, erfolgreich zurückgedrängt wurden. Auch alle Clients, die sich des Usenets bedienten, wurden verklagt und schließlich in die Knie gezwungen. Gegen Ende der Kampagne gegen das Filesharing traf es dann noch die Filehoster und Cyber-Locker à la MP3tunes und Grooveshark, wobei letzterer sich bereits als Streamingdienst zu positionieren versuchte.

Das war aber schon in der Zeit, als die großen Rechteinhaber mit Spotify und anderen Streamingportalen Lizenzvereinbarungen getroffen und damit ein neues Geschäftsmodell geschaffen hatten, das der phonografischen Industrie wieder zu Wachstum und neuen Umsatzrekorden verhalf. Diese Erfolgsgeschichte wird aber erst im zweiten Band dieses Buchprojekts Gegenstand der Analyse sein.

Im zweiten Teil dieses Bandes soll noch die Rolle der Big Tech-Unternehmen, namentlich Apple, Amazon, Google und Meta, in der Musikindustrie untersucht werden, was uns noch einmal ins erste Jahrzehnt des 21. Jahrhunderts zurückführt.

Literatur

Dokumente, Gerichtsakte, Gesetze, Geschäftsberichte etc.

A&M Records, Inc. v. Napster, Inc. US District Court for the Northern District of California. Case No. C99-5183-MHP

Andrew Young p/k/a Dr. Dre and Aftermath Entertainment v. Napster, Inc. US District Court for the Central District of California. Case No. C 00–3997 MHP

Arista Records LLC et al. v. Lime Group LLC et al. Order and Opinion, 25 May 2010. US District Court for the Southern District of New York. Case No. 06 CV 5936 (KMW)

Arista Records LLC v. Usenet.com, Sierra Corporate Design, Inc. and Gerald Reynolds Inc. US District Court of the Southern District of New York. Case No. 1:2007 cv 08822

Arista Music et al. v Escape Media Group, Samuel Tarantino and Joshua Greenberg. US District Court for the Southern District of New York. Case No. 1:11 Civ. 8407 (TPG)

Atlantic Recording Association et al. v. Aaron Sherman. 3 April 2003. US District Court for the Western District of Michigan. Case No. 03-CV-0416

Atlantic Recording Association et al. v. Daniel Peng. 3 April 2003. US District Court for the Western District of Michigan. Case No. 03–1441 (SRC)

Atlantic Recording Association et al. v. Jesse Jordan. 3 April 2003. US District Court for the Western District of Michigan. Case No. 03-CV-0417

Atlantic Recording Association et al. v. Joseph Nievelt. 3 April 2003, US District Court for the Western District of Michigan. Case No. 2:03 CV0064

Atlantic Recording Corp. v. Howell. US District Court for the District of Arizona. Case No. CV-06-02076-PHX-NVW

Buma/Stemra v. KaZaA BV *Pres. Rechtbank Amsterdam, 29. November 2001. LJN-nummer: AD6395, Zaaknr: KG 01/2264*

Capitol Records, Inc. et al. v. Jammie Thomas-Rasset. US District Court for the District of Minnesota. Case No. 0:2006cv01497

Capitol Records, Inc. et al. v. MP3tunes LLC and Michael Robertson. US District Court for the Southern District of New York. Case No. 1:07/CIV 9931 (WHP)

Capitol Records, LLC d/b/a EMI North America v. Escape Media Group, Inc. US District Court for the Southern District of New York. Case No. 12-cv-06646-AJN-SN

Columbia Pictures Industries, Inc. et al. v. Justin Bunnell, Forrest Parker, Wes Parker, Valence Media LLC and Does 1–10. US District Court for the Central District of California. Case No. 06-cv-01093-FMC-JC

Columbia Pictures Industries, Inc. et al. v. Gary Fung 447 F.Supp.2d 306. Order and Opinion, 21. August 2006. US Court of Appeals for the 9th Circuit 2006. Case No. 06 Civ. 1471(LLS)

Columbia Pictures Industries, Inc. et al. v. Gary Fung et al. 710 F.3d 1020 No. 10–55946. US Court of Appeals for the 9th Circuit 2006

Deutscher Bundesgerichtshof. Urteil in dem Rechtsstreit „Alone in the Dark", 12. Juli 2012. Az. I ZR 18/11

Deutscher Bundesgerichtshof. File-Hosting-Dienst Leitsatzentscheidung, 15. August 2013. Az. I ZR 80/12 (siehe auch Az. I ZR 85/12 und Az. I ZR 79/12)

Deutscher Bundesgerichtshof. 2015. Urteil in dem Rechtsstreit „Tauschbörse II", 11. Juni 2015. Case No. I ZR 7/14

Digital Millenium Copyright Act (DMCA) 1998 to amend title 17, U.S.C., to implement the World Intellectual Property Organization Copyright Treaty and Performances and Phonograms Treaty, and for other purposes

Electronic Frontier Foundation (EFF). 2001. Felten, et al., v. RIAA, et al. https://www.eff.org/cases/felten-et-al-v-riaa-et-al. Zugriff 06. Mai 2026

EMI Entertainment World Inc. v. Escape Media Group Inc. US District Court for the Southern District of New York. Case No. 650013/2012

Family Entertainment and Copyright Act of 2005. Public Law 109–9 – Apr. 27, 2005

Freier, Christoph und Petur Agustsson. 2013. Download. Studie zum Nutzungsverhalten von Sharehostern in Deutschland. GfK und OpSec

HADOPI. 2012. Hadopi, 1½ Year After The Launch

Hanseatisches Oberlandesgericht Hamburg. Urteil, 2. Juli 2008. Az. 5 U 73/07

Jerry Leiber et al. v. KaZaA et al. Complaint for Copyright Infringement. US District Court for the Central District of California. Case No. 01–09923-SVW (PJW)

Landgericht Düsseldorf. Beschluss, 4. April 2006. Az. 12 O 121/06

Landgericht Düsseldorf. Urteil in der Feststellungsklage der RapidShare AG, 23. Januar 2008. Az. 12 O 246/07

Landgericht Düsseldorf. Einstweilige Verfügung gegen die RapidShare AG, 9. September 2009. Az. 12 O 221/09

Landgericht Köln. Einstweilige Verfügung gegen die RapidShare AG, 21. März 2007. Az. LG Köln 28 O 19/07

Landgericht Köln. Urteil, 2. Mai 2013. Az. 14 O 277/12

Metallica v. Napster, Inc. District Court of the Central District of California. Case No. C 00–4068 MHP
MGM et al. v. Grokster et al. US District Court for the Central District of California. Case No. CV 01–08541 SVW (PJWx)
Oberlandesgericht Düsseldorf. Beschluss, 13. Februar 2007. Az. I-20 W 113/06
Oberlandesgericht Düsseldorf. Urteil, 22. März 2010. Az. I-20 U 166/09
Oberlandesgericht Köln. Urteil, 21. September 2007. Az. 6 U 86/07
Oberlandesgericht Köln. Urteil, 6. Dezember 2013. Az. 6 U 96/13
Recording Industry Association of America (RIAA). o. D. US Music Revenue Database, https://www.riaa.com/u-s-sales-database/. Zugriff 07. Mai 2026
Recording Industry Association of America v. Verizon Internet Service. US District Court for the District of Columbia. Civil Action 02-MS-0323 (JDB)
Recording Industry Association of America v. Verizon Internet Service. US Court for Appeals for the District of Columbia Circuit. 351 F.3d 1229 (D.C. Cir. 2003)
Recording Industry Association of America v. Verizon Internet Service. US Supreme Court. Case No. 03–1579
Republik Frankreich. 2009. HADOPI LOI n° 2009–669 du 12 juin 2009 favorisant la diffusion et la protection de la création sur internet (1)
Sony Corporation of America v. Universal City Studios Inc. US District Court for the Central District of California. Case No. 2464 U.S. 417 (1984)
Stockholmer Bezirksgericht. Urteil im Fall The Pirate Bay, 17. April 2009. Case No. B 13301–06
Supreme Court of the Netherlands. Decree in the case of Buma/Stemra v. Kazaa B.V., 19. Dezember 2003. National Jurisprudence number: AN7253 Case no. C02/186HR
Thomas-Rasset, Jammie v. Capitol Records, Inc. et al. Supreme Court of the United States. Case No. 12–715
UMG Recordings, Inc. v. Escape Media Group. US District Court for the Southern District of New York. Civil Action No. 1:2011cv08407
UMG Recordings, Inc. v. Escape Media Group, Inc. Decision/Order, 10. Juli 2012. US District Court for the Southern District of New York. Index No. 100151/10
UMG Recordings, Inc. v. Escape Media Group. New York Supreme Court, Appellate Division – First Department. Index No. 100152/10
United States of America v. Kim Dotcom et al. Superseding Indictment. Crim. No. 1:12CR3
Universal Music Australia Pty Ltd. et al. v. Sharman License Holdings Ltd. et al. [2005] FCA 1242
Urheberrechtsgesetz des Bundesrepublik Deutschland vom 09.09.1965 (BGBl. I S. 1273), zuletzt geändert durch Gesetz vom 23.10.2024 (BGBl. I S. 323)
Virgin Records America, Inc. et al. v. Jammie Thomas. US District Court for the District of Minnesota. Case No. 0:2006cv01497
World Intellectual Property Organisation. 1996. WIPO Copyright Treaty. 20. Dezember 1996. https://www.wipo.int/wipolex/en/treaties/textdetails/12740. Zugriff 05. Mai 2026
World Intellectual Property Organisation. 1996. WIPO Performances and Phonograms Treaty. 20. Dezember 1996. https://www.wipo.int/en/web/treaties/ip/wppt/index. Zugriff 05. Mai 2026

Bücher, Buchbeiträge und wissenschaftliche Artikel

Craver, Scott A., Min Wu, Bede Liu, Adam Stubbenfield, Ben Swartzlander, Dan S. Wallach, Drew Dean und Edward W. Felton. 2001. Reading Between the Lines: Lessons from the SDMI Challenge. *Proceedings of the 10th USENIX Security Symposium*. August 13–17, 2001. Washington D.C., USA. https://web.archive.org/web/20220521082515/https://www.usenix.org/legacy/events/sec01/craver.pdf. Zugriff 06. Mai 2026

Haring, Bruce. 2002. *MP3. Die digitale Revolution in der Musikindustrie*. Freiburg: Orange Press

Knopper, Steve. 2009. *Appetite for Self-Destruction. The Spectacular Crash of the Record Industry in the Digital Age*. New York: Free Press

Menn, Joseph. 2003. *all the rave. The Rise and Fall of Shawn Fanning's Napster.* New York: Crown Business

Miller, Franz. 2015. *Die MP3-Story. Eine deutsche Erfolgsgeschichte*. Kindle-Ausgabe. München: Hanser Verlag

Moseley, Will. 2010. A New (Old) Solution for Online Copyright Enforcement after Thomas and Tenenbaum. *Berkeley Technology Law Journal* 25(1): 311–346. https://www.jstor.org/stable/24118635

Tschmuck, Peter. 2003. *Kreativität und Innovation in der Musikindustrie*. Innsbruck: Studienverlag

Big Tech in der Musikindustrie 3

Während die angestammten Akteure in der Musikindustrie mit dem Abwehrkampf gegen Musiktauschbörsen beschäftigt waren, drangen die Tech-Giganten mit ihren Angeboten in die Musikmärkte vor und trieben die revolutionäre Veränderung der Musikindustrie voran. Der Onlinehändler Amazon hatte sehr früh erkannt, dass sich das Internet nicht nur für den Verkauf von Büchern, sondern auch für CDs und andere Tonträger perfekt eignete. In kürzester Zeit gelang es Amazon, der wichtigste Einzelhändler für Tonträger zu werden und stürzte damit den stationären Handel in eine existenzielle Krise. Amazon war dann auch einer der Pioniere des Musikdownload-Geschäfts und forderte Apple mit seinem iTunes-Store heraus. Zwar verschlief Amazon wie auch andere Tech-Konzerne den Siegeszug des Musikstreamings, aber es stellte mit dem Amazon Web Services (AWS) die technische Streaming-Infrastruktur zur Verfügung.

Der Gründer von Apple, Steve Jobs, war wiederum für die phonografische Industrie der Retter in der Not. Nachdem es den Musik-Majors nicht gelungen war, nutzerInnen-freundliche Musikdownload-Angebote zu schaffen und sich mit der Secure Digital Music Initiative (SDMI) verzettelte, traf Jobs mit der Markteinführung des iPods den damaligen Nerv der Zeit. Endlich gab es ein Gerät, auf dem an die tausend Musikfiles gespeichert werden konnten und das so klein war, dass es in der Hosentasche mitgenommen werden konnte. Mithilfe des iPods und dem iTunes-Musikdownload-Store wurde Apple in kürzester Zeit zum Marktführer im digitalen Musikbusiness und die Musik-Majors verloren nun endgültig die Kontrolle über den Musikvertrieb. Jobs trieb die digitale Revolution mit der Markteinführung des iPhones weiter voran und legte damit die Grundlage für die Musikstreaming-ökonomie, die Apple allerdings nicht rechtzeitig antizipieren konnte und dabei an-

P. Tschmuck, *Die digitale Revolution in der Musikindustrie*, Musikwirtschafts- und Musikkulturforschung, https://doi.org/10.1007/978-3-658-52440-1_3

deren Unternehmen den Vortritt lassen musste. Trotzdem war Apple mit seinen Lifestyle-Gadgets ein großer Profiteur der digitalen Revolution in der Musikindustrie, die das Unternehmen mit seinen Produkten und Dienstleistungen auch aktiv mitgestaltete.

Ein anderer Tech-Konzern, Google, wurde ebenfalls zur revolutionären Triebkraft in der Musikindustrie, nachdem es die User-Generated-Content-Plattform YouTube aufgekauft hatte. YouTube revolutionierte den Musikvideo-Markt und löste mit seinem werbefinanzierten Gratis-Angebot von Musik das P2P-Musik-Filesharing ab. Damit geriet es in den Konflikt mit den großen Musikrechteinhabern, die Google/YouTube vor Gericht zitierten und nach zähem, jahrelangem Ringen den Erfolg davontrugen. Der Kampf zwischen dem Tech-Konzern und den Musik-Majors führte sogar zu einem Kulturkampf um die freie Meinungsäußerung im Internet, die durch eine Novellierung der EU-Copyright-Richtlinie ausgelöst wurde. Langezeit wurde YouTube als die Verkörperung des Bösen schlechthin von den VertreterInnen der Musikindustrie angesehen, das für sinkende Einnahmen und die Rezession am phonografischen Markt hauptverantwortlich gemacht wurde. Es ist daher eine Ironie der Geschichte, dass ausgerechnet der frühere YouTube-Boss, Robert Kyncl, als CEO zum Musik-Major Warner Music Group wechselte. Nichts könnte besser den revolutionären Wandel der phonografischen Industrie, die sich neu erfinden musste, versinnbildlichen, als der Wechsel eines Tech-Bros in die Musikrechte-Branche.

Social Media ist ein weiterer Aspekt der revolutionären Umwälzungen in der Musikindustrie. Anfangs durch MySpace und später dann durch Facebook wurde die Musikpromotion vollkommen umgekrempelt. Mithilfe der Social-Media-Plattformen wurde es möglich, dass sich MusikerInnen direkt vermarkteten und in den Austausch mit ihren Fans traten. Aufgaben, die bislang die Labels für ihre KünstlerInnen wahrgenommen haben, konnten diese nun selbst übernehmen. Dieser Prozess ging auch mit einer vollkommenen Umformung des Berufsbildes von MusikerInnen einher, die sich nun für die Selbstvermarktung und das Selbstmanagement kümmern mussten. So befreiend Social Media anfangs wahrgenommen wurde, so enttäuschend war die Erkenntnis, dass man von einer Abhängigkeit in andere wechselte. Meta, wie sich Facebook später nannte, wurde zum Datenmoloch, der mit seinen Social-Media-Angeboten alle Lebensbereiche durchdrang und mit der Meta-World sogar versuchte, uns in eine virtuelle Welt zu entführen. Dass dies letztendlich nicht gelang, ist zum einen auf die Skandale, die Meta verursachte, zurückzuführen, aber auch auf den Siegeszug von künstlicher Intelligenz, den Meta zu spät erkannt hat. Das Motto von Facebook-Gründer, Mark Zuckerberg, „move fast and break things", wandte sich gegen den Erfinder und Meta wurde immer mehr zu einem Getriebenen einer Entwicklung, die er nicht mehr aktiv mitgestalten kann.

Aber damit sind wir schon in der Gegenwart und den Trends, die die Zukunft der Musikindustrie gestalten werden, angelangt. In den folgenden vier Kapiteln, soll vor allem der Blick in die Vergangenheit geworfen werden, als die die Tech-Konzerne als Outsider der Musikindustrie diese revolutionär umgestalteten und jene Wertschöpfungsnetzwerke hervorbrachten, die die Musikindustrie bis heute prägen.

3.1 Amazon

Wie kein anderer Tech-Konzern verkörpert Amazon die ambivalente Beziehung zwischen den Musikkonzernen und den Online-Giganten, die das Musikbusiness revolutioniert haben. Einerseits hat Amazon einen massiven Beitrag dazu geleistet, dass der stationäre Handel mit Tonträgern wirtschaftlich bedeutungslos wurde, andererseits konnten die Labels ihre physischen Produkte über dem Amazon-Onlineshop verkaufen. Im digitalen Musikgeschäft hat Amazon auch nicht immer gute Figur gemacht und hat versucht, seine Musik-Cloud unlizenziert zu betreiben, aber mit dem Amazon Web Services (AWS) ist das Unternehmen der wichtigste Anbieter für die technische Infrastruktur des Musikstreamings und Amazon Music sorgt für einen nicht unbeträchtlichen Anteil an der Streamingeinnahmen für Labels und Musikverlage. Zuletzt ist Amazon mit seinem Milliardeninvestment in das KI-Unternehmen Anthropic ins Fadenkreuz der Kritik durch die Musik-Majors geraten, weil dem Chatbot „Claude" zahlreiche Verletzungen gegen das Urheberrecht vorgeworfen werden. Im nun folgenden Abschnitt wird die Rolle Amazons im Musikeinzelhandel genauer untersucht, der durch den Onlineverkauf von Tonträgern durch den in Seattle ansässigen Konzern revolutioniert wurde. Amazon hat aber auch das Geschäftsmodell des stationären Musikmusikinstrumentenhandels massiv negativ beeinflusst und schließlich soll noch die Rolle von Amazons Webservices (AWS) im Musikstreaming genauer untersucht werden.

3.1.1 Vom Online-Bookstore zum Allesverkäufer

Am 5. Juli 1994 trug Jeff Bezos unter dem Namen Cadabra Inc. im Handelsregister des Bundesstaates Washington in Seattle eine Firma ein, die zum größten Online-Händler der Welt werden sollte: Amazon.com. Ursprünglich war die Firma Cadabra, die Bezos schon im November 1994 in Amazon nach dem weltweit längsten und größten Flusssystem umbenannt hatte, als Online-Buchhandlung konzipiert worden, über die jedes lieferbare Buch bestellt werden konnte.[1] Aber der Handel mit Büchern sollte nur der Anfang sein, wie der Journalist Brad Stone in seiner Bezos-Biografie „Der Allesverkäufer“ darlegt. Bereits als Vize-Präsident des Hedgefonds D. E. Shaw & Co., kurz DESCO, hatte Jeff Bezos mit seinem Chef David E. Shaw das riesige Potenzial das rasch wachsenden Internets diskutiert und Shaw hatte die Idee einer allumfassenden Handelsplattform für so gut wie jede handelbare Ware, den „Everything Store“, ins Spiel gebracht.[2]

Bezos ließ diese Idee nicht mehr los, war sich aber bewusst, dass er mit einem Produkt für seinen Onlinestore beginnen sollte, das einfach zu lagern, zu verpacken und zu liefern war. Das traf vor allem auf das Buch zu, wie er richtig erkannte. Im Frühjahr 1994 ließ Bezos seinen Chef wissen, dass er aus der Hedgefondsfirma aussteigen wollte, um eine Online-Buchhandlung zu eröffnen.[3] Danach ging es Schlag auf Schlag. Mit seiner Frau MacKenzie, einer Arbeitskollegin bei DESCO, die er 1993 geheiratet hatte, reiste Bezos nach Seattle, um dort die neue Firma einzutragen und mit einigen Getreuen an einer Betaversion der Homepage zu arbeiten, die von Bezos mit US$ 10.000 eigenem Geld und US$ 100.000 von seinen Eltern finanziert wurde.[4] Am 3. April 1995 bestellte John Wainwright, eine Bekannter der Bezos, das erste Buch, den Wissenschaftstitel „Fluid Concepts and Creative Analogies“ von Douglas Hofstadter, über die Betaversion der Amazon-Homepage (siehe Abb. 3.1).[5] Diese nahm am 16. Juli 1995 ihren Regelbetrieb auf und war noch sehr textlastig uns nicht gerade ansprechend.

Trotzdem übte man sich nicht in Bescheidenheit. Das Logo stellte ein abstraktes A vor dem Hintergrund eines Flusslaufes dar und verkündete vollmundig, das Amazon.com „the earth’s biggest bookstore“ ist, über den 1 Mio. Buchtitel zu konstant niedrigen Preisen bestellbar sind. Das Geschäftsmodell war so simpel wie effizient. Von einem Büro und einem 20 m² großen Lagerhaus, das in einem ehemaligen Probenraum für eine Rockband Nähe Downtown Seattle eingerichtet worden war, wurden die Buchbestellungen, die über die Website eintrafen, gesammelt

[1] Stone, Brad. 2018. *Der Allesverkäufer. Jeff Bezos und das Imperium von Amazon*, erweiterte Neuausgabe, Frankfurt und New York: Campus Verlag, S. 31 und 43.

[2] Stone, Brad. 2018. *Der Allesverkäufer. Jeff Bezos und das Imperium von Amazon*, erweiterte Neuausgabe, Frankfurt und New York: Campus Verlag, S. 31.

[3] Stone, Brad. 2018. *Der Allesverkäufer. Jeff Bezos und das Imperium von Amazon*, erweiterte Neuausgabe, Frankfurt und New York: Campus Verlag, S. 33.

[4] Stone, Brad. 2018. *Der Allesverkäufer. Jeff Bezos und das Imperium von Amazon*, erweiterte Neuausgabe, Frankfurt und New York: Campus Verlag, S. 41.

[5] Stone, Brad. 2018. *Der Allesverkäufer. Jeff Bezos und das Imperium von Amazon*, erweiterte Neuausgabe, Frankfurt und New York: Campus Verlag, S. 44.

Abb. 3.1 Die erste Amazon-Webpage aus dem Jahr 1995. (Quelle: Version Museum. o.D. Original Amazon Website (1995). https://www.versionmuseum.com/history-of/amazon-website. Zugriff 29. Mai 2026)

und an Buchgroßhändler oder direkt an die Verlage weitergeleitet. Vom Großhandelsrabatt von 50 % auf den Bruttoladenpreis, gab Amazon anfänglich 40 % an seine KundInnen weiter, was zwar die Gewinnmarge auf 10 % schrumpfen ließ, es dem Online-Händler aber ermöglichte, ein Buch um 10 % günstiger als im stationären Handel anzubieten.[6] Ursprünglich wurde jedes bestellte Buch, das vom

[6] Stone, Brad. 2018. *Der Allesverkäufer. Jeff Bezos und das Imperium von Amazon*, erweiterte Neuausgabe, Frankfurt und New York: Campus Verlag, S. 45.

Großhandel geschickt wurde, neu verpackt und an die KundInnen weiter verschickt. So konnte jede Bestellung innerhalb von wenigen Tagen erfüllt werden.

Zu eigenen Überraschung des Gründungsteams von Amazon, riss der Strom der Bestellungen nicht ab und wurde immer größer, sodass die Logistik rasch an seine Grenzen stieß. Es war klar, dass Amazon Investmentkapital benötigte, um das Wachstum finanzieren zu können. Jeff Bezos gelang es, einige InvestorInnen für sich zu gewinnen und den Betrieb aufrecht zu erhalten.[7] Mit dem frischen Geld konnten neue Büro- und Lagerräumlichkeiten angemietet,[8] Software- und Server-Updates durchgeführt und eine Redaktion zur Buchbesprechung aufgebaut werden, die nicht nur positive, sondern durchaus auch negative Rezensionen verfasste.[9]

Das Wachstum von Amazon war gemessen am Umsatz atemberaubend und erreichte 1996 zwischen 30 und 40 % im Monat. Der wirtschaftliche Erfolg lenkte schon bald die Aufmerksamkeit der Medien auf das Start-up aus Seattle. Am 16. Mai 1996 erschien im Wall Street Journal ein erster Artikel über Amazon.com und seinen Gründer Jeff Bezos, der wenig bescheiden behauptete, den Buchhandel zu revolutionieren.[10] Die Berichterstattung ließ die Anzahl der Buchbestellung noch weiter in die Höhe schnellen und schon bald stellte sich die Frage, wie das rapide Wachstum von Amazon finanziert werden könnte. Dabei rückte schon bald der Plan, an die Börse zu gehen, ins Zentrum der Überlegungen. Bezos hatte ein professionelles Managementteam, das intern als „J Team" bezeichnet wurde und für alle wichtigen Entscheidungen verantwortlich war, engagiert, das nun den Börsengang vorbereitete.[11]

Amazon.com, wie das Unternehmen damals noch hieß, kam die Dotcom-Euphorie zugute, die so gut wie jedem Internet-Start-up Investitionskapital in die Kassa spülte. Die wirtschaftlichen Eckdaten von Amazon waren nämlich alles andere als beeindruckend. Der Online-Buchhändler hatte gerade einmal 256 Mitarbeiter bei einem Umsatz von US$ 16 Mio. Ende des ersten Quartals 1997 und verzeichnete eine Quartalsverlust von US$ 3 Mio. Aber die Zahl der täglichen Be-

[7] Stone, Brad. 2018. *Der Allesverkäufer. Jeff Bezos und das Imperium von Amazon*, erweiterte Neuausgabe, Frankfurt und New York: Campus Verlag, S. 50.

[8] Stone, Brad. 2018. *Der Allesverkäufer. Jeff Bezos und das Imperium von Amazon*, erweiterte Neuausgabe, Frankfurt und New York: Campus Verlag, S. 55.

[9] Stone, Brad. 2018. *Der Allesverkäufer. Jeff Bezos und das Imperium von Amazon*, erweiterte Neuausgabe, Frankfurt und New York: Campus Verlag, S. 57.

[10] Knecht, Bruce G. 1996. Wall Street Whiz Finds Niche Selling Books on the Internet. The Wall Street Journal, 16. Mai. https://www.wsj.com/articles/SB832204437381952500. Zugriff 29. Mai 2026.

[11] Stone, Brad. 2018. *Der Allesverkäufer. Jeff Bezos und das Imperium von Amazon*, erweiterte Neuausgabe, Frankfurt und New York: Campus Verlag, S. 65–66.

suche auf der Website war von 2.200 im Dezember 1995 auf 80.000 im März 1997 gestiegen, wie das Unternehmen stolz verkündete.[12] Das rasante Wachstum der NutzerInnen-Zahlen ließ dann auch den Börsengang zu einem Erfolg werden. Das Ausgabepreis von US$ 18 pro Aktie stieg innerhalb eines Tages um 62,5 % auf US$ 23,5, was Amazon einen Marktwert von US$ 438 Mio. verlieh.[13] Das nimmt sich im Vergleich zur aktuellen Marktkapitalisierung von rund US$ 2 Mrd. bescheiden aus, aber Amazon war in kürzester Zeit von einem kleinen Online-Buchhändler zum ernsthaften Konkurrenten der großen US-amerikanischen Buchhandelsketten wie Barnes & Noble oder Borders geworden.

Diese hatten den Aufstieg von Amazon schon mit Argusaugen beobachtet. Vor allem Barnes & Nobel fühlte sich von Amazon herausgefordert und begann an einem Webshop zu arbeiten, der rund um den Börsenstart von Amazon im Mai 1997 als BN.com online ging.[14] Kurz davor hatte der Buchhandelsriese Amazon wegen der Behauptung in der Werbung, die weltweit größte Buchhandlung zu sein, verklagt.[15] Allerdings hatte Barnes & Noble nicht begriffen, dass Amazon zwar online Bücher verkaufte, aber im Begriff war, sein Sortiment zu erweitern, um zum Online-Handelsplatz für so gut wie alle Konsumgüter zu werden. Im Juni 1998 stieg Amazon in den Verkauf von CDs und kurz danach auch von DVDs ein und kaufte noch im selben Jahr die Internet Movie Database (IMDb) für rund US$ 55 Mio. In den folgenden Monaten erweiterte Amazon.com sein Angebot um weitere Produktkategorien – Spielzeug, Heimelektronik, Werkzeug, Schuhe etc. – und eröffnete im Jahr 2000 den Amazon Market Place, auf dem auch Drittanbieter mit einem Online-Shop ihre Waren einer weltweiten Öffentlichkeit anbieten konnte.[16] Spätestens zu diesem Zeitpunkt war Amazon schon längst keine Online-Buchhandlung mehr, sondern der „Everything Store“, den Bezos und sein damaliger Chef David E. Shaw bei DESCO angedacht hatten.

---

[12] Kawamoto, Dawn. 1997. Amazon.com IPO skyrockets. CNET, 15. May. https://www.cnet.com/tech/tech-industry/amazon-com-ipo-skyrockets/. Zugriff 29. Mai 2026.

[13] Kawamoto, Dawn. 1997. Amazon.com IPO skyrockets. CNET, 15. May. https://www.cnet.com/tech/tech-industry/amazon-com-ipo-skyrockets/. Zugriff 29. Mai 2026.

[14] Barnes & Noble. o.D. History. https://www.barnesandnobleinc.com/about-bn/history/. Zugriff 29. Mai 2026.

[15] Stone, Brad. 2018. *Der Allesverkäufer. Jeff Bezos und das Imperium von Amazon*, erweiterte Neuausgabe, Frankfurt und New York: Campus Verlag, S. 70.

[16] Gartenberg, Chaim. 2021. Bezos' Amazon: from bookstore to backbone of the internet. The Verge, 3. Februar. https://www.theverge.com/2021/2/3/22264551/jeff-bezos-amazon-history-timeline-look-back-company. Zugriff 29. Mai 2026.

3.1.2 CDnow revolutioniert den Musikeinzelhandel

Es war geradezu zwingend, dass Amazon nach dem Buch 1998 die CD als nächste Produktkategorie in seinem Online-Shop zum Verkauf anbot. Ähnlich wie Bücher waren CDs leicht zu lagern, zu verpacken und zu verschicken und der CD-Handel ähnelte dem Buchhandel. Die Handelsmargen waren in etwa gleich hoch und Amazon konnte sogar noch bei Preisnachlässen mit CDs Geld verdienen. Im Juni 1998 wurde auf der Amazon-Seite erstmals regulär ein breites Sortiment von 125.000 Musik-CDs angeboten, nachdem das Unternehmen im April einige Testverkäufe hat durchführen lassen.[17]

Amazon war aber keineswegs der Pionier des Online-CD-Handels. Als der Buchhändler in dieses Marktsegment vorstieß, waren bereits Anbieter wie CDnow und Music Boulevard der Firma N2K Inc. am Markt tätig. Amazon hatte aber den Vorteil 1998 bereits rund 4 Mio. Besuche pro Tag verbuchen zu können, wohingegen CDnow lediglich 1,8 Mio. und Music Boulevard 900.000 tägliche Besuche verzeichnen konnten.[18]

CDnow ist ein Paradebeispiel für ein Internet-Start-up, das in der zweiten Hälfte der 1990er-Jahre einen kometenhaften Aufstieg hinlegte, aber auch schnell wieder verglühte, als die Dotcom-Blase 2000 platzte. CDnow wurde vom Computerwissenschaftler Jason Olim und seinem Zwillingsbruder Matthew im Februar 1994 im elterlichen Haus in Ambler, Pennsylvania gegründet. Die Idee, CDs übers Internet zu verkaufen, hatte Jason Olim am Abend des 11. Februar 1994, während er mit Freunden in Doylestown, einem Provinznest in der Nähe von Philadelphia, durch die Kneipen zog. In seinem autobiografischen Buch „The CDnow Story", die er mit seinem Bruder Matthew und Peter Kent verfasst hatte, beschreibt er die Geschäftsidee so: „[T]ake a music distributor's catalog, take a database of music reviews, put them together on a computer, connect the computer to the Internet, and what have you got? A music store!"[19]

Um diese Idee umzusetzen, wandte sich Jason Olim an seinen Zwillingsbruder Matthew, der zu diesem Zeitpunkt noch Astrophysik studierte und über rudimentäre Programmierkenntnisse verfügte.[20] Bis Ende Februar 1994 hatte Matthew Olim den Prototyp eines Internetshops programmiert, der die gewünschten Fea-

---

[17] CNN Money. 1998. Amazon Moves to Music. 11. Juni.

[18] CNN Money. 1998. Amazon Moves to Music. 11. Juni.

[19] Olim, Jason, Matthew Olim und Peter Kent. 1998. *The CDnow Story. Rags to Riches on the Internet*, Lakewood: Top Floor Pub., S. 11.

[20] Olim, Jason, Matthew Olim und Peter Kent. 1998. *The CDnow Story. Rags to Riches on the Internet*, Lakewood: Top Floor Pub., S. 14.

tures seines Bruders beinhaltete. Währenddessen suchte Jason Olim einen CD-Großhändler, der nicht nur über einen großen Lagerbestand an CDs verfügte, sondern auch direkt an die Endkunden auslieferte. Allerdings verweigerten die kontaktierten Großhändler die Zusammenarbeit mit CDnow, weil sie nur den CD-Einzelhandel belieferten. Jason Olim hatte aber noch ein letztes Ass im Ärmel. Der Vater eines guten Freundes, Barney Cohen, war President von Valley Record Distributors, der vor allem kleine Plattenläden in den USA belieferte und deshalb auch nur CDs, die in den Vereinigten Staaten gepresst wurden, im Sortiment hatte. Vielleicht weil er seinem Sohn einen Gefallen machen wollte oder weil er wirklich an die Geschäftsidee der Olim-Brüder glaubte, schloss Cohen einen Vertriebsvertrag mit CDnow.[21]

Jetzt fehlte nur noch die Musikdatenbank, über die Songs, KünstlerInnen und Musikaufnahmen abgefragt werden konnten. Auch hier gestaltete sich die Suche nach einem Kooperationspartner schwierig, aber Anfang August 1994 konnte mit der Firma Matrix Software, die seit den 1980er-Jahren fünf Bände des „All Music Guide" mit Besprechungen von 250.000 Musikalben durch namhafte RezensentInnen von Billboard und dem Rolling Stone Magazine veröffentlicht hatte, ein Kooperationspartner gefunden werden. Praktischerweise war der „All Music Guide" schon Anfang der 1990er-Jahre als Datenbank online verfügbar und so musste CDnow lediglich eine Schnittstelle dazu programmieren.[22]

Im August 1994 ging der CDnow-Shop von einem in einen Arbeitsraum umfunktioniertes Kellerabteil im Haus der Eltern in Ambler über das heute vorsintflutliche anmutende Telnet online.[23] Die NutzerInnen mussten zuerst einmal einen Telnet-Account anlegen und konnten erst dann auf die CDnow-Site zugreifen, die anfangs lediglich eine Suchmaske bot und noch nicht wie ein Browser funktionierte.[24] Schließlich konnten die NutzerInnen nach Genres, KünstlerInnen und Albumtitel CDs recherchieren und mit einem Mausklick die gewünschte CD bestellen und mit Kreditkarte bezahlen. Das hat es zuvor noch nicht gegeben und erklärt den durchschlagenden Erfolg von CDnow.

[21] Olim, Jason, Matthew Olim und Peter Kent. 1998. *The CDnow Story. Rags to Riches on the Internet*, Lakewood: Top Floor Pub., S. 17–18.

[22] Olim, Jason, Matthew Olim und Peter Kent. 1998. *The CDnow Story. Rags to Riches on the Internet*, Lakewood: Top Floor Pub., S. 19–20.

[23] Olim, Jason, Matthew Olim und Peter Kent. 1998. *The CDnow Story. Rags to Riches on the Internet*, Lakewood: Top Floor Pub., S. 27.

[24] Im Buch „The CDnow Story" ist die noch die sehr simple Startseite von CDnow aus dem Jahr 1994 abgebildet und es wird das umständliche Anmeldungsprocedere geschildert. Olim, Jason, Matthew Olim und Peter Kent. 1998. *The CDnow Story. Rags to Riches on the Internet*, Lakewood: Top Floor Pub., S. 30–34.

Bis Januar 1995 konnte CDnow US$ 100.000 mit CD-Verkäufen einnehmen und das Wachstum bei den Bestellungen ging rasch nach oben. Für 1995 konnten US$ 2 Mio., für 1996 US$ 6,4 Mio. und für 1997 bereits US$ 16 Mio. jährliche Umsätze verbucht werden.[25] 1995 stand ganz im Zeichen des Wachstums, nicht zuletzt weil der Online-Shop vom Telnet auf das damals noch junge World Wide Web (WWW), das auf dem TCP/IP-Internetprotokoll beruhte und Websites im HTML-Format ermöglichte, umgestellt werden konnte. Anlass dazu war der Netscape Web-Browser, der im Oktober 1994 gelauncht worden war und seinen Siegeszug antrat und auch von den CDnow-KundInnen genutzt wurde.[26] Anfang des Jahres wurden auch die ersten Mitarbeiter eingestellt, weil bis dahin die Brüder Olin unterstützt von ihren Eltern das Unternehmen allein betrieben. Das rasant wachsende Auftragsvolumen erforderte aber zusätzliches Personal und so wurde im März 1995 der Keller im elterlichen Haus verlassen und größere Räumlichkeiten in der Stadt angemietet.[27] Im Sommer 1997 war CDnow bereits auf 60 MitarbeiterInnen angewachsen und es erfolgte der Umzug in ein neues Quartier in Fort Washington.[28]

Ein weiteres Problem war die Finanzierung des schnell wachsenden Start-up-Unternehmens. Anfänglich wurden die nötigen Investitionen durch das Ersparte des Olim-Brüder und die finanzielle Unterstützung durch die Eltern ermöglicht.[29] Aber bald schon überstieg der Kapitalbedarf die finanziellen Möglichkeiten der Familie und es wurde Ausschau nach RisikokapitalgeberInnen gehalten. Das erste große Investment im Umfang von US$ 10 Mio. wurde aber erst Ende 1997 durch eine Investorengruppe rund um die Grotech Capital Group an Land gezogen.[30] Das war die Initialzündung für den Börsengang, der bereits im Februar 1998, mitten in der Dotcom-Hysterie, über die Bühne ging. Als Ausgabepreis der CDnow-Aktie wurden US$ 16 angesetzt und im Laufe des ersten Börsentages stieg der

[25] Olim, Jason, Matthew Olim und Peter Kent. 1998. *The CDnow Story. Rags to Riches on the Internet*, Lakewood: Top Floor Pub., S. 40–41.

[26] Olim, Jason, Matthew Olim und Peter Kent. 1998. *The CDnow Story. Rags to Riches on the Internet*, Lakewood: Top Floor Pub., S. 54.

[27] Olim, Jason, Matthew Olim und Peter Kent. 1998. *The CDnow Story. Rags to Riches on the Internet*, Lakewood: Top Floor Pub., S. 64–69.

[28] Olim, Jason, Matthew Olim und Peter Kent. 1998. *The CDnow Story. Rags to Riches on the Internet*, Lakewood: Top Floor Pub., S. 78.

[29] Olim, Jason, Matthew Olim und Peter Kent. 1998. *The CDnow Story. Rags to Riches on the Internet*, Lakewood: Top Floor Pub., S. 136.

[30] Olim, Jason, Matthew Olim und Peter Kent. 1998. *The CDnow Story. Rags to Riches on the Internet*, Lakewood: Top Floor Pub., S. 142.

Kurs um 40 % auf US$ 22, was einer Börsenkapitalisierung von US$ 65,6 Mio. entsprach.[31]

Das war ein beachtlicher Erfolg für eine Unternehmen, das drei Jahre zuvor noch von einem Kellerabteil aus geleitet wurde. Aber an andere Dotcom-Börsenemissionen reichte CDnow nicht heran, auch nicht an Amazon.com, das im Jahr zuvor mit einem Börsenwert von US$ 438 Mio. gestartet war und 1998 in den Online-CD-Handel eingestiegen war. Das hatte auch Jason Olim erkannt, der in seinem Buch, das Ende 1998 veröffentlicht wurde, auch auf die Konkurrenz von Amazon verwies, die er aber sträflich unterschätzte: „Amazon.com has recently entered the music business. Its music store is a real threat to the rest of the online music business, we've been told, because Amazon is so huge and can push its customers toward buying music, taking buyers away from the music stores. Well, we don't feel threatened. (…) We believe that it will be successful in selling music to its book customers but will have less success in positioning itself as a music store that can bring in new customers independent of the book store. Recently Amazon announced that it planned to sell just about anything, turning itself into a kind of giant online department store. We believe that although it may do well across the board, it won't be able to dominate the music business because it won't be focused enough."[32] Die Meinung von Olim, dass Amazon.com ein Online-Buchhändler wäre, der in fremden Gefilden wildern würde und sich nicht auf Musik fokussieren könnte, war eine folgenreiche Fehleinschätzung. Statt Amazon sah Olim in Music Boulevard der ebenfalls börsennotierten Firma N2K Inc. seinen Hauptkonkurrenten.[33]

Der Music Boulevard CD-Shop konnte über die Website www.musicblvd.com erreicht werden, wo die Musikfans in einer Datenbank von 145.000 CDs und Musikkassetten nach Albumtiteln, KünstlerInnen und Labeln suchen konnten. Zusätzlich konnten 30-sekündige Hörproben und die gesamte Diskografie einer KünstlerIn sowie zahlreiche Albumbesprechungen abgerufen werden, wie in der Presseaussendung zum Start des Online-CD-Shops im August 1995 stolz ver-

[31] CNET.1998. CDnow goes public with a bang. 10. Februar. https://www.cnet.com/tech/tech-industry/cdnow-goes-public-with-a-bang/. Zugriff 29. Mai 2026.

[32] Olim, Jason, Matthew Olim und Peter Kent. 1998. *The CDnow Story. Rags to Riches on the Internet*, Lakewood: Top Floor Pub., S. 197.

[33] Olim erwähnte auch noch die Webshops von den beiden Handelsketten Tower Records und Blockbuster, die in Konkurrenz zu CDnow standen. Olim, Jason, Matthew Olim und Peter Kent. 1998. *The CDnow Story. Rags to Riches on the Internet*, Lakewood: Top Floor Pub., S. 185.

kündet wurde.[34] Gegründet wurde Music Boulevard vom Informationsservice-Unternehmen Telebase Systems, in Wayne, Pennsylvania, das seit 1984 seine Dienstleistungen an Unternehmen wie AT&T und CompuServe verkaufte.[35] 1997 beteiligte sich das Jazz-Label N2K Encoded Music an Music Boulevard, das kurz davor von Dave Grusin, Larry Rosen und Phil Ramone in New York City ins Leben gerufen worden war, um über den Webshop seine Musikaufnahmen direkt zu vermarkten. N2K betrieb auch einen Musik-Download-Shop, über den im Liquid Audio-Format vor allem Jazz-Musik gekauft werden konnte.[36]

Am 17. Oktober 1997 ging N2K mit Music Boulevard an die NASDAQ in New York City und konnte durch den Börsengang US$ 63,3 Mio. an Anlegerkapital an Land ziehen. Gleichzeitig gelang es, einen Deal mit dem damals größten Internetservice-Provider American Online (AOL) zu schließen, um als der exklusive Musikanbieter für AOLs MusicSpace zu fungieren.[37] Das waren vielversprechende Vorzeichen, aber gleichzeitig wies N2K einen Nettoverlust von US$ 4,5 Mio. bei Umsätzen von US$ 1,1 Mio. aus.[38] Das konnte auf die Dauer nicht gut gehen. Angesichts der immer stärker werdenden Konkurrenz durch Amazon.com, beschlossen N2K und CDnow im Oktober 1998 zu fusionieren.[39] Der Mitbegründer von N2K, Jon Diamond, der 1990 erfolgreich das GRP Records Label an MCA verkauft hatte, wechselte in den Aufsichtsrat von CDnow, das nun

[34] Business Wire. 1995. Now Open! Music Boulevard at www.musicblvd.com the Internet's Largest 24-Hour Multimedia Music Store. 16. August. https://web.archive.org/web/20160305015154/http:/www.thefreelibrary.com/NOW+OPEN!+MUSIC+BOULEVARD+AT+www.MUSICBLVD.COM+THE+INTERNET'S+LARGEST...-a017182281. Zugriff 29. Mai 2026

[35] Business Wire. 1995. Now Open! Music Boulevard at www.musicblvd.com the Internet's Largest 24-Hour Multimedia Music Store. August 16. https://web.archive.org/web/20160305015154/http:/www.thefreelibrary.com/NOW+OPEN!+MUSIC+BOULEVARD+AT+www.MUSICBLVD.COM+THE+INTERNET'S+LARGEST...-a017182281. Zugriff 29. Mai 2026.

[36] Wikipedia. 2025. N-Coded Music. 30. April. https://en.wikipedia.org/wiki/N-Coded_Music. Zugriff 29. Mai 2026.

[37] TechMonitor. 1997. Net Music Shop N2K Gets IPO Away to Relief of Its Partners. 17. Oktober. https://www.techmonitor.ai/technology/net_music_shop_n2k_gets_ipo_away_to_relief_of_its_partners. Zugriff 29. Mai 2026.

[38] TechMonitor. 1997. Net Music Shop N2K Gets IPO Away to Relief of Its Partners. 17. Oktober. https://www.techmonitor.ai/technology/net_music_shop_n2k_gets_ipo_away_to_relief_of_its_partners. Zugriff 29. Mai 2026.

[39] Sandler, Adam. 1998. Music to their ears. Web retailers CDnow and N2K will merge. Variety, 25. Oktober. https://variety.com/1998/digital/news/music-to-their-ears-1117481774/. Zugriff 29. Mai 2026.

die Führung im neuen Unternehmen übernahm.[40] In einem Interview mit dem Forbes Magazine zeigte sich Diamond noch optimistisch, dass der nunmehr US$ 101 Mio. schwere Online-CD-Händler mit angeschlossenem Download-Shop sich gegen Amazon behaupten könnte. Amazon, so Diamond, würde sogar zur Umsatzsteigerung bei CDnow beitragen, weil der Online-CD-Verkauf dadurch legitimiert würde. Da Jeff Bezos Amazon als Wal-Mart des Internets positionieren würde, wäre es auch kein unmittelbarer Konkurrent für einen auf Musik spezialisierten Online-Händler.[41]

Falscher hätte die Analyse gar nicht ausfallen können. So wie CDnow-Gründer Olim, unterschätzte auch Diamond die sich immer weiter ausdehnende Marktmacht von Amazon. Der Online-Riese aus Seattle konnte gerade dadurch, dass er sich nicht auf eine Produktkategorie fokussierte, Netzwerkeffekte erzielen, die für Spezialanbieter wie CDnow für CDs oder Barnes & Noble für Bücher unerreichbar waren. Während bei Amazon die täglichen Besuchszahlen regelrecht explodierten, wuchsen sie bei CDnow nur bescheiden. Dafür wuchsen die Verluste jährlich weiter an. Im Juli 1999 wurde deshalb auch die Fusion mit Columbia House, dem Mail-Order Musikclub von Time Warner und Sony, verkündet,[42] die aber aufgrund des Platzens der Dotcom-Blase im März 2000 abgeblasen werden musste.[43]

CDnow war eines der ersten Opfer der abrupt einbrechenden Börsenkurse für Internet-Unternehmen an der New Yorker Wall Street, die bis zum 10. März 2000 nur eine Richtung kannte, und zwar die nach oben. Danach begannen vor allem die Börsenkurse von Internet-Unternehmen abzustürzen. In einer Cover-Story mit dem Titel „Burning Up" der Wirtschaftszeitschrift Barron's, prophezeite Jack Willoughby den baldigen Untergang zahlreicher Dotcom-Start-ups, die unterkapitalisiert waren und ständig Geld verbrannten.[44] Dazu gehörte auch CDnow, das allein an einem Tag im März 2000 rund 25 % seines Unternehmenswertes verlor.[45] Als Retter in der Not betrat die deutsche Bertelsmann AG die Bühne und kaufte im Juli

[40] Forbes. 1999. What lies ahead for CDNow? 29. Juni. https://www.forbes.com/1999/06/29/feat.html. Zugriff 29. Mai 2026.

[41] Forbes. 1999. What lies ahead for CDNow? 29. Juni. https://www.forbes.com/1999/06/29/feat.html. Zugriff 29. Mai 2026.

[42] Glasner, Joanna. 1999. CDnow, Columbia House to Merge. Wired, 13. Juli. https://www.wired.com/1999/07/cdnow-columbia-house-to-merge/. Zugriff 29. Mai 2026.

[43] Richtel, Matt. 2000. CDNow Deal With Sony and Time Warner Is Called Off. The New York Times, 14. März. https://www.nytimes.com/2000/03/14/business/cdnow-deal-with-sony-and-time-warner-is-called-off.html. Zugriff 29. Mai 2026.

[44] Willoughby, Jack. 2000. Burning Up. Barron's, 12. März. https://www.barrons.com/articles/SB953335580704470544?tesla=y. Zugriff 29. Mai 2026.

[45] CNN Money. 2000. CDNow woes get worse. 29. März.

2000 um US$ 117 Mio. den Online-CD-Händler. Die CDnow-Aktie, die 1998 noch um US$ 16 ausgegeben worden war und danach zu einem Höhenflug angesetzt hatte, war zu diesem Zeitpunkt nur mehr US$ 3 wert.[46] Bertelsmann integrierte CDnow in seine eCommerce Group, die schon den Online-Shop von Barnes & Nobles, MyMusic, die Internetsuchmaschine Lycos und andere Internet-Unternehmen umfasste, die um US$ 13 Mrd. zusammengekauft worden waren.[47] Nach dem Napster-Desaster, das dem Bertelsmann CEO Thomas Middelhoff den Job gekostet hatte,[48] wurde vom neuen Vorstand die aggressive Expansion ins Internet-Business beendet, dem auch CDnow zum Opfer fiel. Im November 2002 wurde die Niederlassung in Fort Washington geschlossen und die letzten verblieben 33 Mitarbeiter entlassen.[49] Am 4. Dezember 2002 gab Amazon.com dann in einer Pressemitteilung bekannt, dass mit der Bertelsmann AG vereinbart wurde, die CDnow-Website zu betreuen, auch wenn diese weiterhin Teil der BeMusic-Tochter der Bertelsmann AG blieb.[50] Damit hatte Amazon, ohne einen Finger rühren zu müssen, nicht nur einen lästigen Konkurrenten ausgeschaltet, sondern quasi das Monopol im CD-Onlinegeschäft errungen. Der nächste Schritt war, nun auch die Marktführerschaft im weltweiten Musikeinzelhandel zu übernehmen.

3.1.3 Amazon erobert den Musikeinzelhandel

Als Amazon 2003 die Verwaltung der CDnow-Webpage übernommen hatte, wies der Musikeinzelhandel noch einen höheren Diversifikationsgrad auf als heute. Zwar hatten Elektrofachmärkte und die Megastores von Virgin, Tower Records und HMV die Plattenläden ums Eck stark zurückgedrängt, aber Tonträger konnten über viele Vertriebswege bezogen werden, wie die Handelsstatistik des Deutschen Bundesverbands der Musikindustrie für das Jahr 2003 belegt (siehe Abb. 3.2.).

[46] Forbes. 2000. CDnow Deal Sends Message To The Market. 21. Juli.

[47] Encyclopedia.com. o.D. CDnow Inc. https://www.encyclopedia.com/economics/encyclopedias-almanacs-transcripts-and-maps/cdnow-inc. Zugriff 29. Mai 2026.

[48] Der Spiegel. 2002. Sieg der alten Garde. 29. Juli. https://www.spiegel.de/wirtschaft/bertelsmann-sieg-der-alten-garde-a-207285.html. Zugriff 29. Mai 2026.

[49] Kanaley, Reid. 2002. The song's over for CDNow: Last employees set to go. The Philadelphia Inquirer, 9. November. https://web.archive.org/web/20030421075033/http://www.philly.com/mld/philly/business/4478715.htm. Zugriff 29. Mai 2026.

[50] Amazon.com. 2002. CDnow and Amazon.com Announce Relaunch of CDnow.com Site. Pressemitteilung, 4. Dezember. https://press.aboutamazon.com/2002/12/cdnow-and-amazon-com-announce-relaunch-of-cdnow-com-site. Zugriff 29. Mai 2026.

2003 waren die Elektrofachmärkte, wie Saturn und Mediamarkt, mit ihrem gut sortierten und breiten Angebot an CDs die Marktführer mit einem Anteil von fast 32 %, was in etwa einem Einzelhandelsumsatz von EUR 577 Mio. entsprach. An zweiter Stelle rangierte aber bereits E-Commerce, und hier vor allem Amazon, mit einem Marktanteil von fast 12 % (EUR 216 Mio.), dicht gefolgt von den großen Kaufhausketten wie Karstadt (11,7 % = EUR 212 Mio.), dem Lebensmitteleinzelhandel (10,3 % = EUR 187 Mio.) und dem klassischen Versandhandel (9 % = EUR 163 Mio.). Aber auch Drogeriemärkte wie z. B. Müller (8,6 % = EUR 156 Mio.), der Clubmarkt wie z. B. Schallplattenclubs (3,5 % = EUR 64 Mio.) und der Buchhandel für Hörbücher (3,3 % = 60 Mio.) spielten noch eine gewisse Rolle als Vertriebswege für CDs. Der traditionelle Facheinzelhandel war bereits auf einen Marktanteil von 6,1 % geschrumpft, hatte aber mit einem Umsatzvolumen von EUR 111 Mio. noch eine gewisse Relevanz.

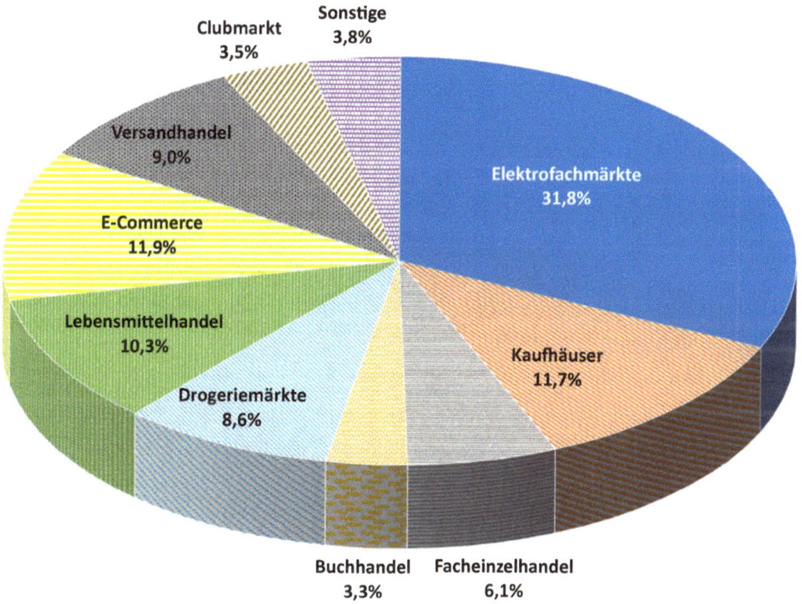

Abb. 3.2 Der Musikhandel in Deutschland, 2003, 2013 und 2023. (Quelle: Bundesverband Musikindustrie (BVMI). 2007. Jahreswirtschaftsbericht 2006, S. 31; Bundesverband Musikindustrie (BVMI). 2015. Musikindustrie 2014 in Zahlen, S. 40; Bundesverband Musikindustrie (BVMI). 2024. Musikindustrie 2023 in Zahlen, S. 38)

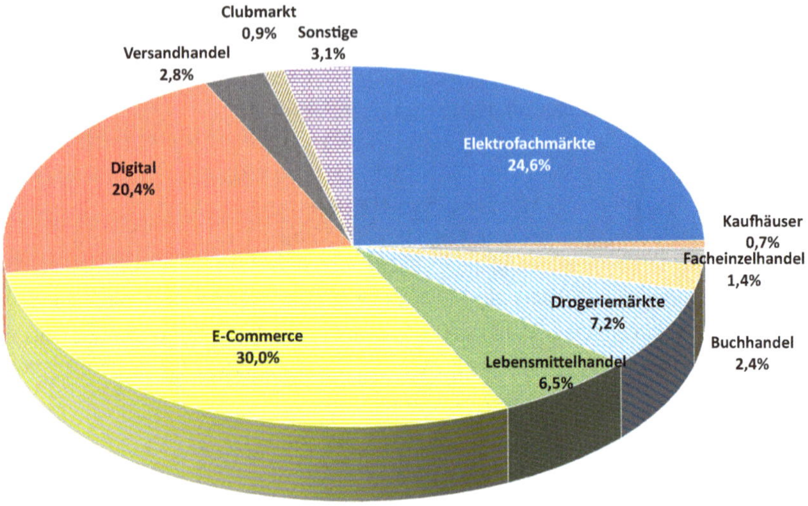

Abb. 3.2 (Fortsetzung)

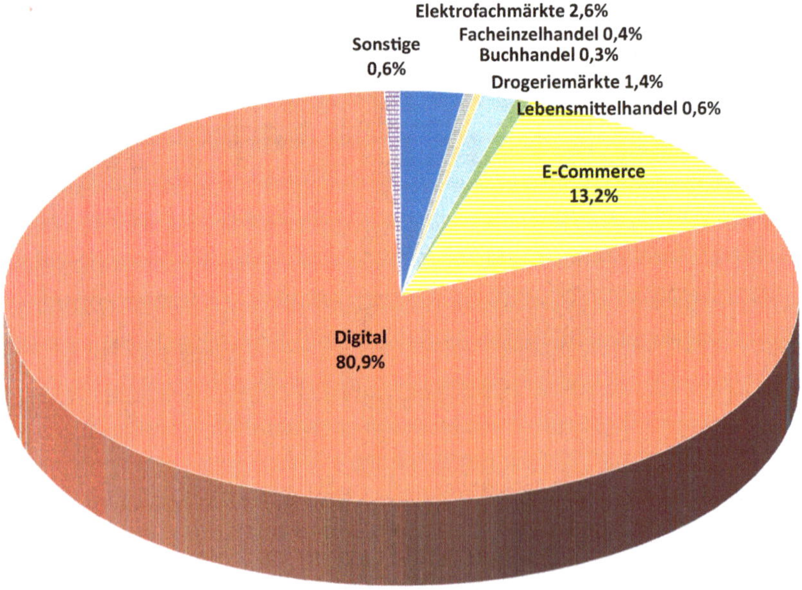

Abb. 3.2 (Fortsetzung)

10 Jahre später, 2013, stellte sich das Bild vollkommen anders dar. E-Commerce, angeführt von Amazon, hatte mit einem Anteil von 30 % (EUR 436 Mio.) die Elektrofachmärkte (24,6 % = EUR 358 Mio.) als Marktführer im Musikhandel abgelöst. An die dritte Stelle war der Verkauf digitaler Musikformate direkt über das Internet, insbesondere Musikdownloads, mit einem Marktanteil von 20,4 % (EUR 297 Mio.) vorgerückt. 2003 wurde dieser Vertriebsweg in den BVMI-Berichten noch gar nicht ausgewiesen. Drogeriemärkte (7,2 % = EUR 105 Mio.) und der Lebensmitteleinzelhandel (6,5 % = EUR 95 Mio.) waren noch relevant aber stark rückläufig. Alle anderen Vertriebswege für Tonträger waren hingegen unter die 3-Prozentmarke gerutscht. Vor allem der klassische Facheinzelhandel war mit einem Anteil von 1,4 % (EUR 20 Mio.) kaum noch relevant, und das bei stark sinkenden Tonträgerumsätzen.

Der E-Commerce mit online verkauften Tonträgern legte in den folgenden beiden Jahren noch einmal zu und erreichte 2015 mit EUR 493 Mio. und einem Marktanteil von fast 32 % seinen historischen Höchstwert.[51] Von 2003 bis 2015 war Amazon zum unangefochtenen CD-Händler in Deutschland aufgestiegen und dominierte den Musikeinzelhandel. Der Musikstreaming-Boom sorgte aber schon bald für eine Wachablöse. Bereits 2016 überholte der digitale Musikhandel mit Streaming & Download (36,4 % = EUR 580 Mio.) den E-Commerce (29,6 % = EUR 472 Mio.).[52]

Der Aufstieg des digitalen Musikhandels setzte sich dank des Musikstreamings in den kommenden Jahren rasant fort. 2023 wurden fast 81 % (EUR 1,8 Mrd.) der Umsätze von Streamingdiensten generiert, wodurch alle anderen Handelsformen stark zurückgedrängt wurden. Lediglich der E-Commerce konnte sich dank der starken Marktposition von Amazon in Deutschland mit einem Anteil von 13,2 % behaupten. Der Einzelhandelsumsatz von EUR 291 Mio. im Jahr 2023 lag aber auf dem Niveau des Jahres 2005 und wird sicherlich in den nächsten Jahren weiter sinken. Der übrige stationäre Handel mit physischen Musikprodukten (inkl. Versandhandel und Clubmarkt) spielte 2023 so gut wie keine Rolle mehr und kam in Summe nur mehr auf einen Marktanteil von knapp 6 % (EUR 130 Mio.). Vor allem ist der Facheinzelhandel für Tonträger mit einem Marktanteil von 0,4 %, was einem Umsatz von weniger als EUR 10 Mio. entspricht, in die Bedeutungslosigkeit verschwunden.[53]

---

[51] Bundesverband Musikindustrie (BMVI). 2016. Musikindustrie 2015 in Zahlen, S. 36.

[52] Bundesverband Musikindustrie (BMVI). 2017. Musikindustrie 2016 in Zahlen, S. 36.

[53] Bundesverband Musikindustrie (BVMI). 2024. Musikindustrie 2023 in Zahlen, S. 36–38.

Leider weisen die BVMI-Berichte keine genauen Zahlen für die jeweiligen Musikeinzelhändler auf, aber Amazon wurde 2009 hinter Mediamarkt aber noch vor Saturn, Müller und Karstadt als zweitwichtigster Musikhändler in Deutschland gelistet.[54] Im darauffolgenden Jahr 2010 war Amazon schon auf den ersten Platz vorgestoßen[55] und hielt sich trotz zunehmender Konkurrenz durch die Musikstreamingdienste bis 2023 unter den Top-5.

Wesentlich präziser lässt sich der Aufstieg von Amazon zum Marktführer im Musikeinzelhandel für das Vereinigte Königreich (UK) verfolgen. In den Jahresberichten der British Phonographic Industry (BPI) werden regelmäßig die Marktanteile im Musikeinzelhandel auch nach einzelnen Unternehmen ausgewiesen. Anders als in Deutschland werden im UK die Marktanteile für Tonträgerverkäufe und Downloads und für das Musikstreaming getrennt erfasst. 2005 wurde erstmals für Amazon ein Marktanteil von 4,4 % an den Einzelhandelsumsätzen errechnet, womit das Unternehmen der bei weitem größte Musikonlinehändler im UK war. Alle anderen Online-Händler kamen zusammen auf einen Marktanteil von 6,6 %. 2005 dominierten aber noch die großen Fachhändler wie His Masters Voice (HMV) und Virgin den britischen Musikeinzelhandel. Im Alben-Segment hatte HMV einen Marktanteil an den Einzelhandelsumsätzen von 30,6 % und bei den Single-Formaten von 23,5 %.[56]

Der Marktanteil von Amazon sollte in den kommenden Jahren weiterwachsen, auch als 2007 erstmals digitale Umsätze mit dem Verkauf von Musikdownloads über Plattformen wie iTunes registriert wurden.[57] 2010 lag der Marktanteil von Amazon bereits bei 14,3 % und fünf Jahre später bei 17,7 % und somit nur mehr knapp hinter dem Facheinzelhandel (18,5 %) und den Supermarktketten wie Tesco und Sainsbury's (18,9 %). Nur der Anteil für den digitalen Onlinehandel lag 2015 mit 37,4 % höher, wobei Amazon mit seinem Download-Shop einen Marktanteil von 9,9 % den zweiten Platz hinter iTunes mit 26,7 % erreichte.[58]

Während es mit dem Online-Handel aufwärts ging, stürzte der stationäre Musikeinzelhandel regelrecht ab. Lag der Marktanteil des Facheinzelhandels 1999 bei fast 55 %,[59] so schmolz dieser bei stark sinkenden Einzelhandelsumsätzen auf 17,5 % im Jahr 2020 zusammen. Davon entfielen 13,5 % auf die HMV-Shops,

[54] Bundesverband Musikindustrie (BVMI). 2010. Musikindustrie 2009 in Zahlen, S. 35.

[55] Bundesverband Musikindustrie (BVMI). 2011. Musikindustrie 2010 in Zahlen, S. 42.

[56] British Phonographic Industry (BPI). 2006. Statistical Handbook 2006, S. 68–69.

[57] British Phonographic Industry (BPI). 2008. Statistical Handbook 2008, S. 69.

[58] British Phonographic Industry (BPI). 2016. Statistical Handbook 2016, S. 61.

[59] British Phonographic Industry (BPI). 2000. Statistical Handbook 2000, S. 58.

deren Anzahl zwischen 2006 und 2018 von 225[60] auf lediglich 103 Filialen[61] im gesamten Vereinigten Königreich sank. Zusammengenommen wurden im Facheinzelhandel 2020 nur mehr CDs und Vinyl-Schallplatten mit einem Einzelhandelswert von GBP 61 Mio. verkauft. 2005 lag der Umsatz des stationären Musikfachhandels noch bei GBP 815 Mio.[62]

Der Boom des Musikstreamings hat aber auch den Musikdownload kannibalisiert, was sich seit 2013 in sinkenden Anteilen für das digitale Marktsegment niederschlug. Während 2013 der Markanteil für Downloadverkäufe noch bei 42 % lag, sank dieser 2019 auf 13,7 % und war damit wesentlich geringer als der Einzelhandelsumsatz, den Amazon mit dem Verkauf von Tonträgern erzielte. Mit einem Marktanteil von 23,2 % war Amazon 2019 der größte Musikeinzelhändler im Vereinigten Königreich geworden, vor allen anderen Online-Händlern (18,8 %), dem gesamten Facheinzelhandel (22,6 %), den Supermärkten (13,8 %) und allen Download-Shops (13,7 %).[63]

Mit der COVID-19-Pandemie und den damit verbundenen Lockdowns konnte Amazon 2020 seinen Marktanteil ein weiteres Mal steigern. Knapp mehr als ein Viertel aller Einzelhandelsumsätze mit Musikprodukten (ausgenommen Streaming) entfielen auf den Internet-Händler. Da viele Fachhändler während der Pandemie ebenfalls auf Hauszustellung umgestellt hatten, stieg der Anteil von E-Commerce abseits von Amazon auf 25,1 %, was aber immer noch knapp unter dem Marktanteil von Amazon lag. Auch das Download-Geschäft konnte in der COVID-19-Pandemie mit einem Marktanteil von 18,1 % noch einmal zulegen. Der stationäre Einzelhandel (Fachhändler: 17,5 % und Supermärkte: 11,5%) büßte hingegen an Bedeutung ein.[64] Aus Abb. 3.3 geht hervor, wie sich im Verlauf der Jahre Amazon zum Marktführer im britischen Musikeinzelhandel entwickelt hat.

Für die Jahre nach 2020 lassen sich aus den BPI-Berichten leider keine Marktanteile für Amazon mehr ableiten, weil diese nicht mehr ausgewiesen wurden. Für das Jahr 2023 gibt es nur mehr aggregierte Zahlen für CD- und Vinyl-Verkäufe

---

[60] British Phonographic Industry (BPI). 2007. Statistical Handbook 2007, S. 63.

[61] British Phonographic Industry (BPI). 2019. All About the Music 2019. Recorded Music in the UK: Facts, Figures & Analysis, S. 63.

[62] Errechnet auf Basis der Einzelhandelsumsätze für Tonträger und Downloads 2005 und 2020; British Phonographic Industry (BPI). 2006. Statistical Handbook 2006, S. 64 und British Phonographic Industry (BPI). 2021. All About the Music 2021. Recorded Music in the UK: Facts, Figures & Analysis, S. 66.

[63] British Phonographic Industry (BPI). 2020. All About the Music 2020. Recorded Music in the UK: Facts, Figures & Analysis, S. 66.

[64] British Phonographic Industry (BPI). 2021. All About the Music 2021. Recorded Music in the UK: Facts, Figures & Analysis, S. 68.

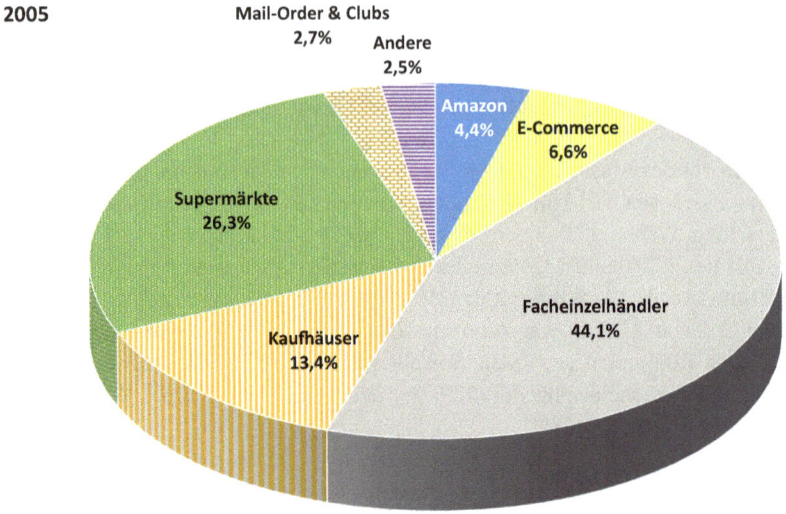

Abb. 3.3 Marktanteile im britischen Musikeinzelhandel, 2005, 2010, 2015, 2020. (Quelle: Eigene Darstellung nach BPI. 2006. Statistical Handbook 2006, S. 69; BPI. 2011. Statistical Handbook 2011, S. 68; BPI. 2017. All About the Music 2017, S. 50; BPI. 2021. All About the Music 2021, S. 68)

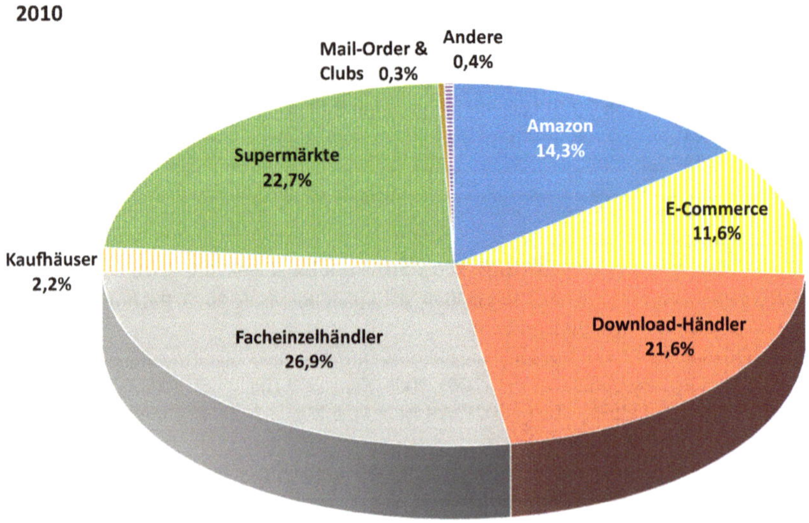

Abb. 3.3 (Fortsetzung)

2015

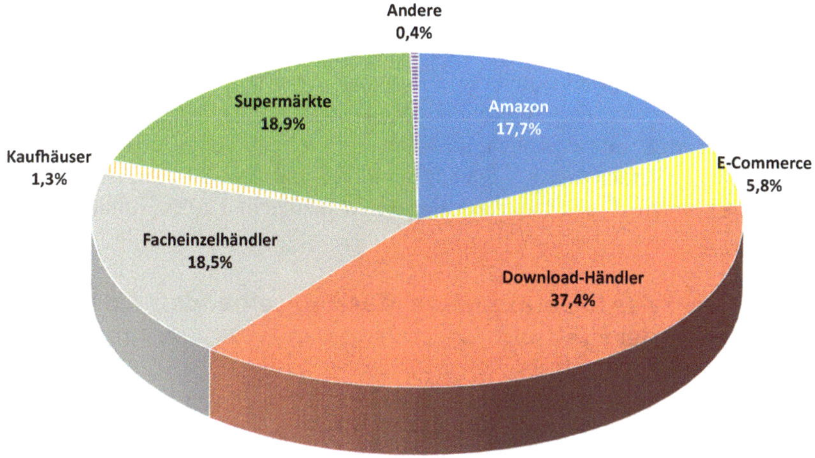

Abb. 3.3 (Fortsetzung)

2020

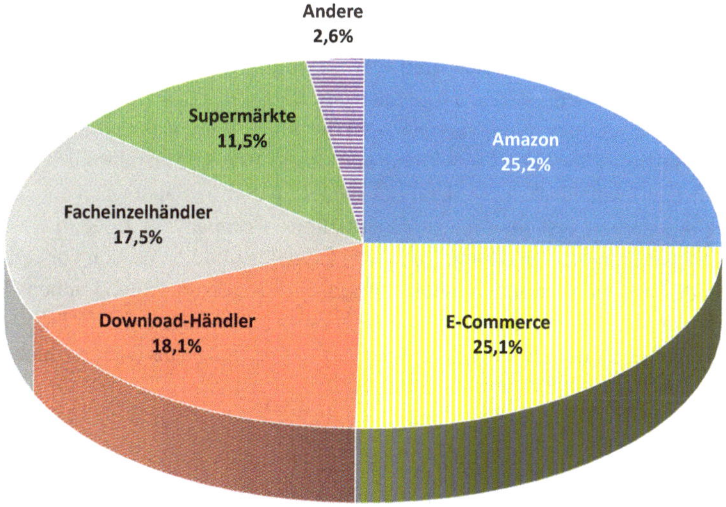

Abb. 3.3 (Fortsetzung)

über das Internet. Demnach stieg der Marktanteil für den E-Commerce im zweiten Corona-Jahr 2021 auf 55,2 %, um ein Jahr später wieder auf 52,5 % zu fallen, als es wieder uneingeschränkt möglich war, Tonträger im stationären Handel zu kaufen. 2023 blieb der Marktanteil des E-Commerce bei 52,5 % konstant,[65] wobei davon auszugehen ist, dass Amazon davon das größte Stück des Kuchens erhielt. Es ist daher sehr wahrscheinlich, dass Amazon weiterhin den Einzelhandel mit Tonträgern im Vereinigten Königreich dominiert und vom 10-prozentigen Umsatzanstieg für Vinyl- und CD-Verkäufe zwischen 2022 und 2023 profitierte.[66]

3.1.4 Die Krise des stationären Musikeinzelhandels am Beispiel der HMV

Wie die Statistik der British Phonographic Industry zeigt, wurden im Jahr 2000 CDs im Vereinigte Königreich (und natürlich auch anderswo in der Welt) vor allem im stationären Handel verkauft. Der Verkauf übers Internet – also der E-Commerce – spielte mit einem Marktanteil von unter 1 % noch so gut wie keine Rolle. Den Markt dominierten die großen Musikeinzelhandelsketten wie HMV, Virgin mit seinen Megastores, Tower Records, die Kaufhauskette Woolworths, die Buchhandelskette WH Smith und einige Supermarktketten wie Asda und Tesco.[67]

Der unangefochtene Marktführer zur Jahrtausendwende war HMV. Das Kürzel steht für „His Masters Voice" und verweist auf die gemeinsame Vergangenheit mit der EMI. Beiden ist das Logo des vor dem Grammophon-Trichter sitzenden Terrier-Mischlings Nipper gemein, den der Maler Francis Barraud 1898 vor einem Edison-Bell Phonographen sitzend und der Musik lauschend malte. Der Edison-Vertreter lehnte aber den Ankauf des Bildes ab und so wandte sich der Maler 1899 an die soeben erst gegründete Gramophone Company in London. Dessen Geschäftsführer, William Owen, gefiel das Gemälde und konnte sich vorstellen, es als Trademark zu verwenden, sofern Barraud den Edison-Phonographen durch ein Grammophon ersetzen würde. Die Gramophone Co. kaufte für GBP 100 das Bild, das nun den Titel „His Master's Voice" trug und ließ es als Markenzeichen eintra-

[65] British Phonographic Industry (BPI). 2024. All About the Music 2024. Recorded Music in the UK: Facts, Figures & Analysis, S. 61

[66] British Phonographic Industry (BPI). 2024. All About the Music 2024. Recorded Music in the UK: Facts, Figures & Analysis, S. 60.

[67] British Phonographic Industry (BPI). 2001. Statistical Handbook 2001, S. 62

gen. Es sollte zu einem der bekanntesten Markenzeichen der Welt werden, das heute noch bekannt ist.[68]

1921 eröffnete die Gramophone Company mit großem Pomp unter Anwesenheit des berühmten Komponisten und Dirigenten, Edward Elgar, in der Londoner Oxford Street den ersten „His Master's Voice"-Shop, oder kurz HMV-Shop, in dem ursprünglich nur die eigenen Schallplatten verkauft wurden.[69] Als die ab Oktober 1929 einsetzende Weltwirtschaftskrise die Tonträger-Umsätze im Vereinigten Königreich halbierte, sah sich die Gramophone Company 1931 gezwungen, sich mit dem Hauptkonkurrenten am britischen Markt, der Columbia Graphophone, zusammenzuschließen und die Dachgesellschaft Electrical & Musical Industries, kurz EMI, zu gründen.[70] Diesem neuen Tonträger-Konzern wurden auch die HMV-Shops zugeordnet, die trotz der wirtschaftlichen Depression expandierten.[71] Die HMV-Einzelhandelskette, die daraus erwuchs, blieb während aller Höhen und Tiefen bis 1998 Teil des EMI Music Group. 1997, als die EMI in schwere wirtschaftliche Turbulenzen geriet, wurde der Plan gefasst, die HMV-Einzelhandelskette in einem Management-Buyout in die neu geschaffene HMV Media Group einzubringen,[72] an der sich auch die Private Equity Firma Advent International mit 40 % beteiligte.[73] Anfangs behielt die EMI noch einen Anteil von 45,2 % am neuen Unternehmen, aber als die HMV Media Group 2002 an die Börse ging, reduzierte die EMI ihren Anteil auf 14,5 %, der schließlich 2003 ganz verkauft wurde.[74] 82 Jahre nach der Eröffnung des ersten HMV-Shops in der Londoner Oxford Street, hatte sich die EMI aus dem Musikeinzelhandel zurückgezogen.

Die HMV war zu diesem Zeitpunkt kein reiner Musikeinzelhändler mehr. Zur HMV Media Group zählten die Buchhandelskette Dillons, die 1995 um GBP 36 Mio. erworben worden war,[75] und der Buchhändler Waterstones, der noch unter

[68] Southall, Brian. 2009. *The Rise & Fall of EMI Records*, London etc.: Omnibus Press, S. 14.

[69] Southall, Brian. 2009. *The Rise & Fall of EMI Records*, London etc.: Omnibus Press, S. 18.

[70] Southall, Brian. 2009. *The Rise & Fall of EMI Records*, London etc.: Omnibus Press, S. 20.

[71] Southall, Brian. 2009. *The Rise & Fall of EMI Records*, London etc.: Omnibus Press, S. 21.

[72] Southall, Brian. 2009. *The Rise & Fall of EMI Records*, London etc.: Omnibus Press, S. 79

[73] Boehm, Eric. 1998. EMI spins off HMV record store chain. Variety, 25. Februar. https://variety.com/1998/biz/news/emi-spins-off-hmv-record-store-chain-1117468118/. Zugriff 29. Mai 2026

[74] Southall, Brian. 2009. *The Rise & Fall of EMI Records*, London etc.: Omnibus Press, S. 142 und S. 156.

[75] Cope, Nigel und James Bethell. 1995. Dillons sold for £36 m. The Independent, 3. März. https://www.independent.co.uk/news/business/dillons-sold-for-163-36m-1609830.html. Zugriff 29. Mai 2026.

der EMI 1998 um GBP 300 Mio. gekauft worden war.[76] Schließlich wurde 2006 noch die Buchhandelskette Ottakar's um GBP 62,8 Mio. erworben und mit den schon bestehenden Buchhandelsaktivitäten unter der Marke Waterstones fusioniert.[77]

Die Diversifikation der HMV ins Buchhandelsgeschäft zeigt, dass es bereits in den 2000er-Jahren schwierig war, allein mit dem Musikeinzelhandel wirtschaftlich zu überleben. Ein gutes Beispiel dafür sind die Virgin Megastores, deren erste Filiale Richard Branson 1971 und somit noch vor Virgin Records gegründet hatte. Den CD-Boom der 1980er- und 1990er-Jahre nutzend, baute Branson Virgin zu einer Kette von großen Einzelhandelsgeschäften, den Megastores, weltweit aus. In der 2000er-Jahren bekamen die Virgin Megastores die massiven Umsatzrückgänge bei CD-Verkäufen zu spüren, die bereits kleinere Einzelhändler wie MVC (Music and Video Club)[78] und Music Zone[79] in den Konkurs getrieben hatten. Im September 2007 entschied Sir Richard, dass sich Virgin aus dem Einzelhandelsgeschäft zurückziehen sollte und verkaufte die 125 Megastores im UK und in Irland an Zavvi, nachdem er zuvor bereits die Shops in Frankreich und in den USA abgestoßen hatte.[80]

Zavvi war eine Handelskette für DVDs, Haushaltswaren und Spielzeug, das mit der Übernahme der Virgin Megastores sein Portfolio erweitern wollte, um in weitere Entertainment-Sparten zu diversifizieren. Soweit kam es aber nicht. Der Bankrott der Kaufhauskette Woolworths Ende 2008 bedeutete nämlich auch das Ende für Zavvi. Der Großhandelsarm von Woolworths war der Hauptlieferant für Zavvi, das nun ohne Waren dastand. Zudem wurde bekannt, dass Virgin für die Warenbestände, die Zavvi von der Woolworths-Gruppe gekauft hatte, eine Garantie über GBP 100 Mio. geleistet hatte,[81] wodurch auch die Megastores mit in den Abgrund

[76] BBC News.1998. WH Smith unloads book shop chain. 25. Februar. http://news.bbc.co.uk/2/hi/business/59970.stm. Zugriff 29. Mai 2026.

[77] Tran, Mark. 2006. HMV agrees £62.8 m Ottakar's takeover. The Guardian, 31. Mai. https://www.theguardian.com/business/2006/may/31/retail.books. Zugriff 29. Mai 2026.

[78] Brandle, Lars. 2005. Brit Retailer MVC Files For Bankruptcy. Billboard, 22. Dezember. https://www.billboard.com/music/music-news/brit-retailer-mvc-files-for-bankruptcy-1401671/. Zugriff 29. Mai 2026.

[79] Moya, Elena. 2007. UK's Music Zone files for administration. Reuters, 9. August. https://www.reuters.com/article/world/uk-s-music-zone-files-for-administration-source-idUSL03184333/. Zugriff 29. Mai 2026.

[80] BBC News. 2007. Branson sells Virgin music stores. 17. September. http://news.bbc.co.uk/2/hi/business/6998606.stm. Zugriff 29. Mai 2026

[81] Shankleman, Martin. 2008. Why did Zavvi go under? BBC News, 24. Dezember. http://news.bbc.co.uk/2/hi/business/7799204.stm. Zugriff 29. Mai 2026.

gerissen wurden. Ausgerechnet am 24. Dezember 2008 musste Zavvi Konkurs anmelden, der auch die 114 Megastores im UK und in Irland, die mehr als 3400 Beschäftigte zählten, umfasste.[82] Im Januar 2009 erklärte sich HMV bereit, neun Shops im UK und fünf in Irland mit insgesamt 269 Beschäftigten zu übernehmen. In einem Management-Buyout wurde die Firma Head Entertainment gegründet, die weitere fünf Geschäfte mit 222 Angestellten übernahm.[83] Aber rund 2.900 in den ehemaligen Virgin Megastores beschäftigte MitarbeiterInnen verloren ihren Job.

Die HMV, die zumindest ein paar Virgin Megastores vor dem Untergang rettete, hatte bereits Ende Juli 2007 sechs Shops und den Markennamen der Musikeinzelhandelskette FOPP erworben, die zuvor mit ihren 81 Niederlassungen in Konkurs gegangen war.[84] 2010 war HMV somit die letzte große Einzelhandelskette im UK mit einem Marktanteil von 24,4 %. Im Vergleich dazu kamen alle anderen Einzelhändler nur mehr auch einen Anteil von 2,5 %. Lediglich Amazon, mit einem Marktanteil von 14,3 %, konnte es mit HMV aufnehmen.[85]

Um sein Überleben langfristig zu sichern, diversifizierte HMV ins Live-Musikbusiness, indem es im Dezember 2009 die MAMA Group um GBP 46 Mio. erwarb, die unter anderem auch das traditionsreiche Hammersmith Apollo Theater betrieb.[86] Entsprechend dieser Diversifizierungsstrategie hatte HMV im September 2009 50 % am Musikdownload-Portal 7digital für GBP 7,7 Mio. erworben, um die digitalen Inhalte, vor allem die eBooks von Waterstones, zu vertreiben.[87]

Diese Strategie ging aber nicht auf. HMV kämpfte weiter mit wirtschaftlichen Problemen, die Anfang 2011 dazu führten, dass 40 HMV-Shops geschlossen und die in Waterstones gebündelten Buchaktivitäten um GBP 53 Mio. an A&NN Capi-

---

[82] Reuters. 2008. UK's Zavvi goes into administration. 24. Dezember. https://www.reuters.com/article/rbssConsumerGoodsAndRetailNews/idUSLO72159520081224/. Zugriff 29. Mai 2026.

[83] Ernst & Young. 2009. Zavvi Retail Limited (in Administration). Letter to creditors, 17. Juli. https://web.archive.org/web/20111006141755/http:/www.zavvi-info.co.uk/Zavvi%20Retail%20Limited%206%20month%20progress%20report%20to%2023%20June%202009.pdf. Zugriff 29. Mai 2026.

[84] BBC News. 2007. HMV snaps up Fopp name and stores. 31. Juli. http://news.bbc.co.uk/2/hi/business/6923511.stm. Zugriff 29. Mai 2026.

[85] British Phonographic Industry (BPI). 2011. Statistical Handbook 2011, S. 68.

[86] BBC News. 2009. HMV buys MAMA Group in live music takeover deal. 23. Dezember. http://news.bbc.co.uk/2/hi/business/8428713.stm. Zugriff 29. Mai 2026.

[87] BBC News. 2009. HMV takes 50 % stake in 7digital. 3. September. http://news.bbc.co.uk/2/hi/business/8235193.stm. Zugriff 29. Mai 2026.

tal Fund Management verkauft werden mussten.[88] 2012 setzte sich der Abverkauf fort als das Hammersmith Apollo um GBP 32 Mio. an ein Konsortium von AEG Live und CTS Eventim veräußert wurde.[89] Der Rest der MAMA Group wurde dann im Dezember 2011 um GBP 7,3 Mio. an die Lloyds Development Capital verkauft.[90]

Alle Bemühungen, die Schulden des Konzerns abzubauen, scheiterten und im Januar 2013 musste HMV Insolvenz anmelden und sämtliche HMV-Shops in Irland schließen.[91] In der Folge mussten auch im UK weitere 109 Shop zugesperrt werden.[92] Im April 2013 übernahm der Restrukturierungsspezialist Hilco UK die HMV Group um GBP 50 Mio.,[93] nachdem Hilco bereits die Schulden von GBP 110 Mio. übernommen hatte.[94] Die Regentschaft von Hilco bei HMV begann verheißungsvoll. Im Oktober 2013 wurde der HMV-Flagshipstore wieder in die Oxford Street 363 verlegt,[95] wo 1921 der erste HMV-Shop eröffnet worden war. Für 2013 wurde erstmals nach vielen Jahren wieder ein Gewinn ausgewiesen[96] und

[88] Bowers, Simon, Zoe Wood und Graeme Wearden. 2011. HMV issues profit warning after grim Christmas. The Guardian, 5. Januar. https://www.theguardian.com/business/2011/jan/05/hmv-profits-warning-grim-christmas. Zugriff 29. Mai 2026.

[89] BBC News. 2012. Hammersmith Apollo in London sold by HMV to Stage C. 31. Mai. https://www.bbc.com/news/uk-england-london-18284304. Zugriff 29. Mai 2026.

[90] Chassany, Anne-Sylvaine. 2012. HMV sells Mama Group music arm to LDC. Financial Times, 3. Dezember. https://www.ft.com/content/8bd9b3a8-3d6d-11e2-9f35-00144feabdc0. Zugriff 29. Mai 2026

[91] BBC News. 2013. HMV music and film chain to appoint administrator. 15. Januar. https://www.bbc.com/news/business-21021073. Zugriff 29. Mai 2026.

[92] BBC News. 2013. HMV to close 37 more stores in UK. 20. Februar. https://www.bbc.com/news/business-21517862. Zugriff 29. Mai 2026.

[93] BBC News. 2013. HMV branches sold to Hilco, saving 141 branches. 5. April. https://www.bbc.com/news/business-22040237. Zugriff 29. Mai 2026.

[94] Bowers, Simon. 2013. Fopp suitors boost hopes of high street music stores revival. The Guardian, 15. März 15. https://www.theguardian.com/business/2013/mar/15/fopp-suitors-music-stores-revival. Zugriff 29. Mai 2026.

[95] Howie, Michael. 2013. HMV to reopen legendary Oxford Street flagship store. The London Evening Standard, 27. September. https://www.standard.co.uk/news/london/hmv-to-reopen-legendary-oxford-street-flagship-store-8843423.html. Zugriff 29. Mai 2026.

[96] Marlow, Ben. 2014. HMV stages £17 m comeback. The Telegraph, 27. September. https://www.telegraph.co.uk/finance/newsbysector/retailandconsumer/11125772/HMV-stages-17m-comeback.html. Zugriff 29. Mai 2026.

2014 konnte HMV die Nummer 1-Position im britischen Musikeinzelhandel im Weihnachtsgeschäft von Amazon zurückerobern.[97]

2016 zogen wieder dunkle Wolken über die HMV Group zusammen. Im Juli 2016 musste HMV in Irland alle seine Shops schließen und versuchte sie durch ein neues digitales Angebot – HMV Digital – zu ersetzen, was aber misslang.[98] 2018 erreichte die Krise auch die britische Muttergesellschaft, die Ende des Jahres nunmehr das zweite Mal Insolvenz innerhalb von sechs Jahren anmelden musste.[99]

Als Retter in der Not sprang dieses Mal der kanadische Musikeinzelhändler Sunrise Records in die Bresche, der zuvor die HMV-Shops in Kanada übernommen hatte. Dessen Gründer, der Milliardär Doug Putnam, der ein Einzelhandelsimperium in Nordamerika aufgebaut hatte, setzte schon früh auf den sich abzeichnenden Vinyl-Boom und investierte in Kanada massiv in Schallplattenläden.[100] Wie sich später herausstellen sollte, kaufte Sunshine Records die HMV Retail Ltd. um wohlfeile GBP 883.000 von Hilco[101] und begann sofort mit der Restrukturierung des Konzerns. Im Vereinigten Königreich wurden 27 Niederlassungen, darunter auch der historische Flagshipstore in der Oxford Street geschlossen.[102] Damit sollte Druck auf die Vermieter ausgeübt werden, um den Mietzins zu verringern, was zum Teil auch gelang und zur Wiedereröffnung einiger Shops im Oktober 2019 führte.[103]

---

[97] Ruddick, Graham. 2015. HMV reclaims its position as Britain's biggest music retailer. The Telegraph, 16. Januar. https://www.telegraph.co.uk/finance/newsbysector/retailandconsumer/11348287/HMV-reclaims-its-position-as-Britains-biggest-music-retailer.html. Zugriff 29. Mai 2026.

[98] McLoughlin, Gavin. 2016. Remaining Irish HMV stores to shut within months as retailer takes on Netflix giant. Irish Independent, 10. Juli. https://www.independent.ie/business/irish-business/remaining-irish-hmv-stores-to-shut-within-months-as-retailer-takes-on-netflix-giant/a/135962085.html. Zugriff 29. Mai 2026.

[99] BBC News. 2018. HMV calls in administrators for second time in six years. 28. Dezember. https://www.bbc.com/news/business-46699290. Zugriff 29. Mai 2026.

[100] Evans, Pete. 2019. Sunrise Records buys music store chain HMV – but 27 British stores will close. CBC News, 5. Februar. https://www.cbc.ca/news/business/sunrise-records-hmv-1.5006110. Zugriff 29. Mai 2026.

[101] Eley, Jonathan. 2010. Sunrise Records paid £883,000 for HMV. Financial Times, 25. Februar. https://www.ft.com/content/e3d567c6-38ef-11e9-b856-5404d3811663. Zugriff 29. Mai 2026.

[102] Monaghan, Angela und Sarah Butler. 2019. HMV reveals which 27 stores have closed after sale to Canadian music boss. The Guardian, 5. Februar. https://www.theguardian.com/business/2019/feb/05/hmv-bought-doug-putman-stores-jobs. Zugriff 29. Mai 2026.

[103] HMV.com. 2019. hmv stores: Details of Re-Openings... . Pressemitteilung, 18. Oktober. https://web.archive.org/web/20200101025827/https:/www.hmv.com/music/hmv-stores-reopening. Zugriff 29. Mai 2026.

Mit dieser verbesserten Kostenstruktur gelang es HMV trotz pandemiebedingter Schließungen im Jahr 2021 die COVID-19-Krise zu überstehen und in diesem Jahr seinen 100. Geburtstag mit dem Release der „1921 Centenary Edition Vinyl" zu feiern.[104] Der Strategiewechsel zu Vinyl und die ebenfalls wieder ansteigenden CD-Verkäufe, erlaubten 2023 die Wiedereröffnung des legendären Shops in der Oxford Street 363,[105] was symbolhaft für die zumindest vorübergehende Rettung des stationären Einzelhandels steht. Damit konnte nach den vielen Jahren des Niedergangs, in dem der physische Musikeinzelhandel von Amazon übernommen wurde, eine Trendwende eingeleitet werden, die sich auch in der Eröffnung kleiner Schallplattenläden in den europäischen und amerikanischen Metropolen ablesen lässt.

Aber auch die Majors steigen wieder ins Einzelhandelsgeschäft ein, wie die UMusic Shops der Universal Music Group belegen. Am 20. Oktober 2023 wurde in der Takeshita Street im Tokioter Stadtteil Harajuku der erste UMusic Flagship Store eröffnet. Dieser richtet sich aber nicht an die in Japan immer zahlreich vertretenen CD-KäuferInnen, sondern an Superfans, die neben Tonträgern vor allem Merch-Artikel kaufen wollen.[106] Da das neue Retail-Konzept aufzugehen scheint, eröffnete Universal am 8. Juli 2025 einen weiteren Store im UMusic Hotel in Madrid, das im umgebauten historischen Albéniz-Theater untergebracht ist.[107] Und im Dezember 2025 folgte die Eröffnung weiterer UMusic Shops in New York City auf

[104] HMV.com. o.D. So Wrong, It's Right (hmv Exclusive) The 1921 Centenary Edition Vinyl. https://hmv.com/store/music/vinyl/so-wrong,-it-s-right-(hmv-exclusive)-the-1921-cent. Zugriff 29. Mai 2026.

[105] Sweney, Mark und Sarah Butler. 2023. HMV reopens on London's Oxford Street after four-year absence. The Guardian, 24. November. https://www.theguardian.com/business/2023/nov/24/hmv-reopens-on-london-oxford-street-after-four-year-absence. Zugriff 29. Mai 2026.

[106] Stassen, Murray. 2023. Universal Music just opened a retail ‚superstore' for ‚super fans' in Tokyo – plus The Rolling Stones' second flagship store. Music Business Worldwide, 20. Oktober. https://www.musicbusinessworldwide.com/rolling-stones-fans-hackney-diamonds-universal-music-japan-tokyouniversal-music-just-opened-a-retail-superstore-in-tokyo-dedicated-to-serving-music-super-fans/. Zugriff 29. Mai 2026.

[107] Dalugdug, Mandy. 2025. Hola, Superfans! Universal Music Group opens its own retail store inside UMusic Hotel in Madrid. Music Business Worldwide, 20. Juni. https://www.musicbusinessworldwide.com/hola-superfans-universal-music-group-opens-its-own-retail-store-inside-umusic-hotel-in-madrid/. Zugriff 29. Mai 2026.

der Penn Plaza und im Londoner Stadtteil Camden Town.[108] Ob dieses Konzept nachhaltig umgesetzt werden kann und Schule macht, wird sich noch zeigen müssen.

3.1.5 Die Amazon Web Services und die Musikstreaming-Infrastruktur

Amazon ist nicht nur mit seinem Streamingdienst und dem Online-Shop zum Verkauf von Tonträgern und Musikinstrumenten im Musikbusiness aktiv, sondern spielt eine wesentliche Rolle in der Musikstreamingökonomie als Bereitsteller der dafür nötigen Infrastruktur in Form der Amazon Web Services. Was passiert also, wenn wir über eine Musikstreaming-App auf unserem Smartphone einen Song aufrufen und abspielen? Woher kommt die Musik und wie gelangt sie auf unser Endgerät?

Eine Musikstreaming-App wird im Fachjargon als Client, d. h. Computerprogramm bezeichnet, der in einem Netzwerk eine Anfrage stellt. Allerdings wendet sich unser Client nicht direkt an den Server eines Streamingsdienstes – beispielsweise Spotify –, sondern die Anfrage wird an ein Content Delivery Network (CDN) gerichtet. Ein CDN ist ein regionales Netzwerk verbundener Server bzw. Rechner, das auf die Auslieferung großer Mediendateien spezialisiert ist. Ein CDN besteht aus einem Zentral- oder Ursprungsserver, auf dem die Musikfiles hinterlegt sind, und aus zahlreichen Replica-Servern, auf denen Kopien der Musikfiles zwischengespeichert werden, um einen raschen und gleichzeitigen Zugriff von Endgeräten zu ermöglichen.[109] Ziel ist es, die Latenzzeit, also jene Zeit, die zwischen Anfrage und Antwort vergeht, möglichst gering zu halten, um Laufzeitverzögerungen und somit ein Unterbrechen des Streams zu vermeiden.

Damit das Musikfile ausgeliefert werden kann, muss das CDN eine Anfrage an ein Domain Name System (DNS) richten, um die IP-Adresse des Internetan-

---

[108] Stassen, Murray. 2025. Universal Music Group expands global portfolio of retail stores for superfans, with new shop locations in New York and London. Music Business Worldwide, 10. Dezember. https://www.musicbusinessworldwide.com/universal-music-group-expands-global-portfolio-of-superfan-retail-stores-with-new-shop-locations-in-new-york-and-london/. Zugriff 29. Mai 2026.

[109] Wikipedia. 2026. Content Delivery Network. 27. Mai. https://de.wikipedia.org/wiki/Content_Delivery_Network. Zugriff 29. Mai 2026.

schlusses zu identifizieren. Erst wenn der DNS-Server diese Information bereitstellt, kann das CDN Daten an das Endgerät schicken.[110]

Wie kommt nun das Musikfile auf den Ursprungsserver des Content Delivery Networks? Hier kommen die Amazon Web Services (AWS), aber auch das Google Cloud Service (GCS) und Microsoft Azure ins Spiel. Musikstreamingdienste wie Spotify, Tidal oder Deezer bedienen sich dieser Cloud-Speicherdienste, um die Musikfiles in den verschiedenen digitalen Formaten auf Servern zu hinterlegen. Die Musikaufnahmen selbst stammen wiederum von den phonografischen Unternehmen, die die Leistungsschutzrechte an den Aufnahmen an die Streamingdienste lizenzieren.

Die Cloud-Serviceanbieter verfügen entweder selbst über eine Server-Infrastruktur oder mieten sich bei Rechenzentren ein, die meist ein ganzes Netzwerk an Serverfarmen betreiben. So nutzen die Amazon Web Services (AWS) die Infrastruktur des Rechnungszentren-Betreibers Equinix, ein US-börsennotiertes Unternehmen, das weltweit hunderte Rechenzentren betreibt. Der US-Streamingdienst Tidal ist Kunde von AWS und nutzt somit auch die Server-Infrastruktur von Equinix.[111] Spotify hat bis 2016 auch die Infrastruktur von AWS genutzt, vor allem das Cloud-Speichersystem 3S, auf dem die zu streamenden Sounddateien abgelegt wurden. Die gesamten NutzerInnen-Daten wurden hingegen auf vier eigenen Servern gespeichert und verwaltet, wie Niklas Gustavsson, Engineering & Chief Architect von Spotify, in einem Blogbeitrag erklärt.[112] Gustavsson beschreibt darin Spotifys Entscheidung, die eigenen Serverfarmen aufzugeben und stattdessen ein bereits bestehendes Cloud-Service-Angebot zu nutzen. Allerdings entschied sich Spotify gegen seinen ursprünglichen Partner Amazon und ging stattdessen eine Kooperation mit Googles Cloud Service ein.[113] Aber trotz der Umstellung der Infrastruktur für die NutzerInnen-Verwaltung verblieb Spotifys Content-Delivery-Service, einschließlich der Speiche-

[110] Wikipedia. 2026. Domain Name System (DNS). 6. Mai. https://de.wikipedia.org/wiki/Domain_Name_System. Zugriff 29. Mai 2026.

[111] Devine, Kyle. 2019. Decomposed. The Political Ecology of Music. Cambridge Mass.: MIT Press, S. 193.

[112] Gustavsson, Niklas. 2019. Views From The Cloud: A History of Spotify's Journey to the Cloud, Part 1 Spotify R&D blog, 9. Dezember. https://engineering.atspotify.com/2019/12/views-from-the-cloud-a-history-of-spotifys-journey-to-the-cloud-part-1-2. Zugriff 29. Mai 2026.

[113] Gustavsson, Niklas. 2019. Views From The Cloud: A History of Spotify's Journey to the Cloud, Part 1 Spotify R&D blog, 9. Dezember. https://engineering.atspotify.com/2019/12/views-from-the-cloud-a-history-of-spotifys-journey-to-the-cloud-part-1-2. Zugriff 29. Mai 2026.

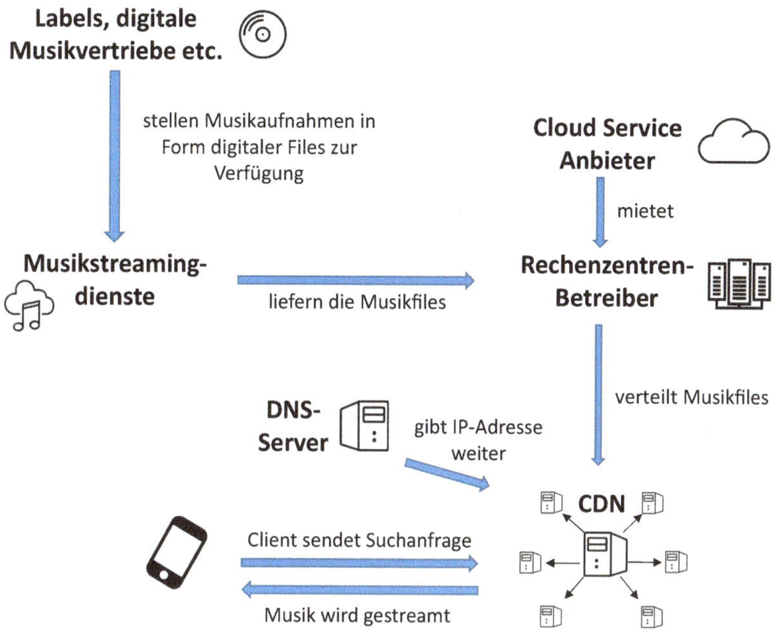

Abb. 3.4 Die technische Infrastruktur des Musikstreamings. (Quelle: Eigene Darstellung)

rung der Musikdateien, bei den Amazon Web Services.[114] Wie das Beispiel von Spotify zeigt, wird Musikstreaming über ein Netzwerk an Rechenzentren und Datennetzwerken ermöglicht, in dem die Cloud-Speicherdienste wie AWS eine zentrale Rolle spielen (siehe Abb. 3.4).

Die AWS waren eigentlich ein Nebenprodukt von Amazons Online-Shop. Im Jahr 2000 etablierte Amazon mit merchant.com eine Online-Plattform für große Einzelhandelsunternehmen, damit diese ihre eigenen Shops im Internet anbieten konnten. Dabei erkannten die Amazon-Softwareexperten, dass die eigene Server-Infrastruktur nicht effizient genutzt wurde. Während im Weihnachtsgeschäft die Server bis zum Anschlag ausgelastet war, blieben die Serverkapazitäten in der Zwischenzeit unausgelastet und die Instandhaltung kostete viel Geld. Zudem wurde der Aufbau von Webshops dadurch behindert, dass die Programmierschnittstellen bei Amazon, die sogenannten APIs (Application Programming Interfaces),

[114] Chanthadavong, Aimee. 2016. Spotify to move to Google Cloud. ZDNET, 23. Februar. https://www.zdnet.com/article/spotify-to-switch-from-aws-to-google-cloud/. Zugriff 29. Mai 2026

unübersichtlich waren und damit nicht nur externe, sondern die interne Projektentwicklung erschwerten, wie der Mitbegründer von AWS, Andy Jassy auf einer Veranstaltung zum 10-jährigen Bestehen von AWS erläuterte.[115] Daraufhin wurden von Amazon-Gründer Jeff Bezos und seinem technischen Führungsteam beschlossen, die einzelnen Softwareprozesse klar zu definieren und Schnittstellen dafür zu schaffen, um jede nur denkbare Anwendung (App) dafür programmieren zu können. Im Sommer 2003 wurde deshalb die Entscheidung getroffen, Dienstleistungen zu definieren, die über das Internet auch Dritten angeboten werden konnten.[116]

Ein wichtiger Schritt dazu wurde abseits der Konzernzentrale in Seattle, im südafrikanischen Kapstadt gesetzt. Dort baute Chris Pinkham, der zuvor die IT-Infrastruktur von Amazon geleitet hatte, 2004 die südafrikanische Zweigstelle von Amazon auf. Die Abgeschiedenheit und räumliche Distanz vom hyperaktiven Amazon-Chef, der für seine Wutausbrüche berüchtigt war, erlaubte es Pinkham zu experimentieren. In Brad Stones Buch „Der Allesverkäufer" wird Peckham mit den Worten zitiert: „Ich habe den größten Teil meiner Arbeitszeit darauf verwandt, mich vor Bezos zu verstecken. Ein Gespräch mit ihm war ja ganz spaßig, aber eins von seinen Lieblingsprojekten war man besser nicht. Die liebte er bis zur Raserei."[117]

Eines dieser Projekte, die Bezos nicht mit all seiner Aufmerksamkeit bedachte, war die Elastic Compute Cloud (EC2), die Pinkham mit seinem Team in Kapstadt entwickelte. Es handelte sich dabei um ein Webservice, das es externen NutzerInnen ermöglichte, einen virtuellen Computer, ein sogenanntes Amazon Machine Image (AMI), zu mieten und mit der benötigten Software ausstatten ließ. Eine solche konfigurierte AMI wird auch als Instanz bezeichnet, und NutzerInnen können diese je nach Bedarf erstellen, betreiben und beenden, wobei für die Nutzung sekundengenau – also elastisch – abgerechnet wird.[118]

Ein anderes Webservice, das parallel zu EC2 entwickelt wurde, liebte Jeff Bezos bis zur Raserei und das bekamen die involvierten Software-EntwicklerInnen regelmäßig zu spüren. Der Projektleiter, Alan Atlas, erinnerte sich: „Es fing immer ganz

---

[115] Miller, Ron. 2016. How AWS came to be. TechCrunch, 2. Juli. https://techcrunch.com/2016/07/02/andy-jassys-brief-history-of-the-genesis-of-aws/. Zugriff 29. Mai 2026.

[116] Stone, Brad. 2018. *Der Allesverkäufer. Jeff Bezos und das Imperium von Amazon*, erweiterte Neuausgabe, Frankfurt und New York: Campus Verlag, S. 243–245.

[117] Stone, Brad. 2018. *Der Allesverkäufer. Jeff Bezos und das Imperium von Amazon*, erweiterte Neuausgabe, Frankfurt und New York: Campus Verlag, S. 246.

[118] Barr, Jeff. Amazon EC2 Beta. AWS News Blog, 25. August. https://aws.amazon.com/de/blogs/aws/amazon_ec2_beta/. Zugriff 29. Mai 2026.

spaßig und locker an mit dem gellenden Echo von Jeffs Lachen im Raum. Dann passierte irgendetwas, und schon ging das Meeting den Bach hinunter und man hatte Angst um sein Leben. Ich habe buchstäblich nach jedem dieser Meetings gedacht, jetzt schmeißt er mich raus."[119] Das, was Bezos so zur Weißglut bringen konnte, war das Simple Storage Service (S3), das in der Lage sein sollte, jeden nur denkbaren digitalen Inhalt so zu speichern, dass auf ihn jederzeit, von jedem Ort aus mit möglichst geringer Latenzzeit zugegriffen werden konnte. Die technischen Herausforderungen, die dabei zu bewältigen waren, brachten das Entwicklerteam an seine Grenzen, aber am 14. März 2006 wurde S3 als eines der ersten Amazon Web Services der Öffentlichkeit in einer Pressemitteilung vorgestellt: „Amazon S3 provides a simple web services interface that can be used to store and retrieve any amount of data, at any time, from anywhere on the web. It gives any developer access to the same highly scalable, reliable, fast, inexpensive data storage infrastructure that Amazon uses to run its own global network of web sites. The service aims to maximize benefits of scale and to pass those benefits on to developers."[120] Damit war die Tür zum Cloud-Computing weit aufgestoßen worden. Jedes Start-up-Unternehmen konnte nun zu vergleichsweise geringen Kosten die Server-Infrastruktur von Amazon nutzen, ohne selbst kostspielige Server betreiben zu müssen.

Ende August 2006 wurde die Beta-Version von EC2 gelaunched,[121] womit Softwareentwickler Zugriff auf die Rechen- und Speicherkapazitäten von Amazon erhielten. Auf diese Weise konnte jede nur erdenkliche Anwendung kostengünstig erstellt und betrieben werden. Es waren diese ersten Webservices von Amazon, die sich Spotify und auch andere Musikstreamingdienste zunutze machten, um ihre Plattformen im Internet anbieten zu können.

Mittlerweile bietet Amazon Web Services mehr als 200 webbasierte Dienstleistungen an,[122] die von den namhaftesten Unternehmen wie Sony, Netflix, Meta/Facebook, X (vormals Twitter), Coca Cola, Warner Bros., Zalando, Starbucks, Siemens, Samsung aber auch von staatlichen Stellen wie der NASA oder den britischen Geheimdiensten MI5 und MI6 genutzt werden. Sony hat allein 2023 mehr als US$ 11 Mio. für die Nutzung von AWS-Services ausgegeben, gefolgt von

---

[119] Stone, Brad. 2018. *Der Allesverkäufer. Jeff Bezos und das Imperium von Amazon*, erweiterte Neuausgabe, Frankfurt und New York: Campus Verlag, S. 246

[120] Amazon.com. 2006. Amazon Web Services Launches. Pressemitteilung, 14. März. https://press.aboutamazon.com/2006/3/amazon-web-services-launches. Zugriff 29. Mai 2026.

[121] Barr, Jeff. Amazon EC2 Beta. AWS News Blog, 25. August. https://aws.amazon.com/de/blogs/aws/amazon_ec2_beta/. Zugriff 29. Mai 2026.

[122] Amazon. o.D. Amazon Web Services. https://www.aboutamazon.eu/what-we-do/amazon-web-services. Zugriff 29. Mai 2026.

Adobe mit US$ 7,5 Mio. und Facebook mit US$ 5,6 Mio.[123] Es ist daher wenig verwunderlich, dass AWS im Amazon-Konzern wirtschaftlich eine wichtige Rolle spielt und ein selbständiger Unternehmensteil ist. Zwar trug AWS 2023 mit US$ 90,8 Mrd. nur mit 16 % am gesamten konsolidierten Konzernumsatz bei, aber erwirtschaftete mit US$ 24,6 Mrd. mehr als zwei Drittel des Gewinns aus der operativen Geschäftstätigkeit.[124] Damit sind die Amazon Web Services der Marktführer mit einem Anteil am weltweiten Cloud Computing von 31 %, gefolgt von Microsoft Azure mit 24 % und Google Cloud Services mit 11 %. Damit vereinen diese Tech-Konzerne mehr als zwei Drittel der Marktanteile auf sich und andere Anbieter wie z. B. der chinesische Mischkonzern Alibaba, Salesforce, IBM und Oracle kommen gemeinsam nur auf 34 %.[125] Allerdings wird der KI-Boom den Markt für Cloud Computing weiter rasant wachsen lassen, weil KI-Anwendungen sehr viel Speicherplatz und Rechenleistung benötigen.

3.1.6 Die Amazon Web Services und die Ökologie des Musikstreamings[126]

Damit kommen wir zum Abschluss noch zu einem wichtigen Thema, das auch für das Musikstreaming von Bedeutung ist, nämlich den CO_2-Fußabdruck, den die Streamingökonomie hinterlässt. Um diesen messen zu können, muss vorab erst einmal geklärt werden, wie hoch der Energiebedarf für das Musikstreaming ist.

Der deutsche Bundesverband Informationswirtschaft, Telekommunikation und neue Medien (BITKOM) hat im Juni 2020 in einer ExpertInnen-Studie zur „Nachhaltigkeit von Streaming & Co." versucht, den Energiebedarf für das Streamen – also nicht nur für das Musikstreamen – zu eruieren.[127] Dabei wurde

[123] Michalowski, Mariusz. 2023. Who's Using Amazon Web Services? [2023]. Spacelift, 24. Juli. https://spacelift.io/blog/who-is-using-aws. Zugriff 29. Mai 2026.

[124] Amazon. 2024. Annual Report for the Financial Year 2023. Seattle, S. 68

[125] Synergy Research Group. 2024. Cloud Market Gets its Mojo Back; AI Helps Push Q4 Increase in Cloud Spending to New Highs. 1. Februar. https://www.srgresearch.com/articles/cloud-market-gets-its-mojo-back-q4-increase-in-cloud-spending-reaches-new-highs. Zugriff 29. Mai 2026.

[126] Dieses Kapitel basiert auf dem Blogbeitrag von Tschmuck, Peter. 2021. *Die Ökologie des Musikstreamings*. 19. Februar. https://musikwirtschaftsforschung.wordpress.com/2021/02/19/die-oekologie-des-musikstreamings/. Zugriff 29. Mai 2026.

[127] Coroamă, Vlad Constantin. 2020. Ist Streaming wirklich das neue Fliegen? Eine kritische Auseinandersetzung mit gängigen Berechnungen und Prognosen. In: *Nachhaltigkeit von Streaming & Co. Energiebedarf und CO2-Ausstoß der Videonutzung im Netz*, Hrsg. BITKOM, S. 13–18. Berlin.

der Energieverbrauch von Rechenzentren, Datennetzen und Endgeräten für 2019 auf 1100 TWh bis 1250 TWh geschätzt, was in etwa 5 % des gesamten Elektrizitätsverbrauchs bzw. knapp 1 % des weltweiten Primärenergieverbrauchs entspricht.[128]

Die Datennetze benötigen mit 400 bis 500 TWh die meiste Energie, gefolgt von den Rechenzentren mit 350 bis 400 TWh und den Endgeräten mit rund 350 TWh.[129] Natürlich wird die gesamte Infrastruktur nicht nur fürs Streamen verwendet, das aber mittlerweile einen großen Anteil ausmacht. Es ist aber schwierig, die Nutzungsarten bezüglich ihres Energieverbrauchs voneinander zu trennen. Ralph Hinteman und Simon Hinterholzer erläutern in einer Studie zum Videostreaming, dass es sehr stark davon abhängt, mit welchem Endgerät und ob über Festnetz oder über ein Mobilfunknetz gestreamt wird.[130] Am wenigsten Energie wird beim Streamen über ein Smartphone verbraucht. Tablets und Notebooks weisen dabei schon höhere Werte aus. Da sich die Autoren nur mit Videostreaming befassen, liegen keine Daten für Audiostreaming vor. Werden aber YouTube-Musikvideos in SD-Qualität übers Smartphone eine Stunde lang konsumiert, werden dafür lediglich 65 Wh benötigt. Bei einem Tablet sind es bereits 75 Wh und wird über ein TV-Gerät mit einem 65-Zoll-Bildschirm in 8 K-Qualität gestreamt, dann steigt der Energiebedarf auf 1360 Wh, wobei nur 12 % der Energie vom Gerät selbst verbraucht wird, aber 88 % in den Datennetzen und Rechenzentren anfallen. Bei den Smartphones und Tablets ist der Anteil des Energieverbrauchs der Geräte mit 2 % bzw. 6 % wesentlich niedriger.[131] Wird über ein Mobilfunknetz gestreamt, dann fällt der Energieverbrauch deutlich höher aus, wobei die 5G-Frequenz effizienter

[128] Der Primärenergieverbrauch ist die gesamte Menge an Energie, die einer Volkswirtschaft zur Verfügung gestellt wird und ergibt sich aus dem Endenergieverbrauch und den Verlusten, die die bei der Energieerzeugung auftreten. Der Elektrizitätsverbrauch entspricht jenem Anteil am Endenergieverbrauch, der über die Nutzung von elektrischem Strom entsteht. Siehe dazu Wikipedia. 2026. Energieverbrauch. 13. April. https://de.wikipedia.org/wiki/Endenergieverbrauch. Zugriff 29. Mai 2026.

[129] Coroamă, Vlad Constantin. 2020. Ist Streaming wirklich das neue Fliegen? Eine kritische Auseinandersetzung mit gängigen Berechnungen und Prognosen. In: *Nachhaltigkeit von Streaming & Co. Energiebedarf und CO2-Ausstoß der Videonutzung im Netz*, Hrsg. BITKOM, S. 16. Berlin.

[130] Hinteman Ralph und Simon Hinterholzer. 2020. *Videostreaming: Energiebedarf und CO2-Emissionen*, Hintergrundpapier. Berlin: Borderstep Institut für Innovation und Nachhaltigkeit.

[131] Hinteman Ralph und Simon Hinterholzer. 2020. *Videostreaming: Energiebedarf und CO2-Emissionen*, Hintergrundpapier. Berlin: Borderstep Institut für Innovation und Nachhaltigkeit, S. 3.

ist als 4G oder ältere Frequenzbänder. Allerdings verzichten die Autoren aufgrund methodischer Schwierigkeiten auf eine Berechnung.[132]

Auch wenn für Audiostreaming keine Daten verfügbar sind, kann dennoch angenommen werden, dass der Energieverbrauch dafür ein Bruchteil des Videostreamings ist, weil keine stromfressenden Bildschirme benötigt werden und die zu übermittelnde Datenmenge wesentlich kleiner ist. Im Greenpeace-Bericht „Clicking Green. Who is Winning the Race to Build a Green Internet?“ wird der Anteil von Musik am mobilen Datenverkehr pro Monat mit unter 1 % angegeben, klar hinter Social Media-Nutzung, Software-Downloads und Web-Browsing, und weit hinter Videostreaming, das rund 80 % des gesamten weltweiten mobilen Datenverkehrs ausmacht.[133]

Trotzdem macht es einen Unterschied, ob Musik heruntergeladen oder gestreamt wird, auch wenn die technische Infrastruktur im Hintergrund die gleich ist. So erfolgt beim Musik-Download ein einmaliger Datenfluss auf das Endgerät und dann ist der Energieverbrauch nur mehr lokal am Gerät. Beim Streaming muss hingegen ein ständiger Datenfluss aus dem oben beschriebenen Netzwerk aufrechterhalten werden. Sobald die ersten Daten auf das Gerät übermittelt werden, kann die Musik angehört werden, während gleichzeitig im Hintergrund die Daten heruntergeladen und zwischengespeichert werden. Es braucht dazu eine stabile und schnelle Internetverbindung, was wiederum Energie verbraucht. Noch mehr Energie muss beim Musikvideostreaming z. B. über YouTube aufgewendet werden, wie bereits ausgeführt wurde. Zusammengefasst kann an dieser Stelle also gesagt werden, dass der Musikdownload energiesparender als das Audiostreaming und das Audiostreaming energiesparender als das Musikvideostreaming ist.

Dennoch stellt sich die Frage, ob Musikstreaming im Vergleich zu anderen Musikformaten ökologisch nachhaltiger ist? Wie bereits gezeigt wurde, weist der Musikdownload eine wesentlich bessere Energiebilanz als Musikstreaming auf. Wie steht es aber mit CDs und den Vinyl-Schallplatten? Für diese physischen Produkte, zu der auch noch die Musikkassette zu zählen ist, muss sehr viel Kunststoff verarbeitet werden, was natürlich auch CO_2-Emissionen nach sich zieht. Wurden 1977 am Höhepunkt der Vinyl-Verkäufe in den USA noch 57.884 t Kunststoff für Schallplatten verarbeitet, waren es 2000, bevor der CD-Boom zu Ende ging, 61.096 t. Mit dem Siegeszug digitaler Musikformate und vor allem mit dem

---

[132] Hinteman Ralph und Simon Hinterholzer. 2020. *Videostreaming: Energiebedarf und CO2-Emissionen*, Hintergrundpapier. Berlin: Borderstep Institut für Innovation und Nachhaltigkeit, S. 3.

[133] Greenpeace. 2017. *Clicking Green. Who is Winning the Race to Build a Green Internet.* Washington D.C.: Greenpeace, S. 19.

Musikstreaming ist der Kunststoffverbrauch der phonografischen Industrie in den USA 2016 drastisch auf 7845 t zurückgegangen.[134]

Das bedeutet aber noch nicht, dass die CO_2-Bilanz physischer Musikformate schlechter ausfällt als jene von Musikstreaming. Es muss dazu ein Vergleich zum Energieverbrauch für das Speichern und Verbreiten von digitalen Musikfiles gezogen werden. Und dabei schneidet das Musikstreaming schlecht ab. Während der CO_2-Ausstoß für die physischen Formate (Vinyl-Schallplatte, Musikkassette und CD) von 1977 bis 2000 zwischen 140.000 t und 157.000 t schwankte, stiegen 2016 die CO_2-Emissionen der phonografischen Industrie in den USA auf mindestens 205.000 t an. Pessimistischere Schätzungen gehen sogar von 350.000 t aus (siehe Tab. 3.1).[135] Da der Musikstreaming-Markt seitdem weiter stark gewachsen ist, muss von einem noch viel höheren Wert ausgegangen werden.

Das Musikstreamen ist in dieser Betrachtung also weniger ökologisch nachhaltig als die vermeintlich „schmutzige" Schallplatten- und CD-Herstellung. Aber auch zwischen den Musikstreamingdiensten gibt es Unterschiede, wenn man den Anteil erneuerbarer Energie bei der Bereitstellung von Musik durch Spotify & Co. vergleicht. Im „Clicking Green"-Report von Greenpeace werden die IT- und Internetunternehmen bezüglich der Nutzung erneuerbarer Energien (Wind, Wasser, Sonne und Erdwärme) mit nicht-erneuerbaren Energieformen (fossile Energieträger wie Kohle und Erdgas sowie Atomkraft) verglichen.

Dabei schneidet iTunes von Apple mit einem Anteil erneuerbarer Energie von 83 % vergleichsweise am besten ab, gefolgt von Spotify und YouTube mit 56 % und dem Musikvideo-Dienst Vevo mit 27 %. Das Schlusslicht bilden Amazon Music und der deutsche Musikstreamingdienst SoundCloud mit 17 % sowie das US-amerikanische Internetradio Pandora mit 13 %.[136] Dabei korrelieren diese Anteile sehr stark mit den Cloud-Service- und Rechenzentren-Betreibern, die die Infrastruktur für das Musikstreaming bereitstellen. So nutzen SoundCloud und Amazon Music die Amazon Web Services, die einen Anteil erneuerbarer Energie von 17 % aufweisen und die wiederum die Serverfarmen von Equinix nutzen, die mit 20 % erneuerbarer Energie auch eher im unteren Drittel der Unternehmen zu finden ist. Google hingegen setzt schon seit Jahren auf erneuerbare Energie und verfolgt das ambitionierte Ziel, bis 2025 die Menge an erneuerbarer Energie zu

[134] Devine. Kyle. 2019. *Decomposed. The Political Ecology of Music*. Cambridge Mass.: MIT Press, S. 198.

[135] Devine. Kyle. 2019. *Decomposed. The Political Ecology of Music*. Cambridge Mass.: MIT Press, S. 198–199.

[136] Greenpeace. 2017. *Clicking Green. Who is Winning the Race to Build a Green Internet.* Washington D.C.: Greenpeace, S. 10.

Tab. 3.1 Die CO_2-Bilanz der phonografischen Industrie in den USA 1977, 2000 und 2016

		1977		2000		2016	
Format	CO_2-Äquivalent	Einheiten	CO_2-Ausstoß in kg	Einheiten	CO_2-Ausstoß in kg	Einheiten	CO_2-Ausstoß in kg
Single	3,1	13.760.000	42.656.000	192.000	42.656.000	16.000	49.000
LP	2,2	41.280.000	90.816.000	264.000	90.816.000	2.064.000	4.540.800
MC	2,8	2.844.000	7.963.000	6.004.000	7.963.200	N/A	N/A
CD	0,172			54.636.000	10.175.304	5.765.000	6.765.580
Single-Download	0,030			139.400.000	4.182.000	1.000.000.000	63.000.000
Album-Download	0,400			4.600.000	1.840.000	100.000.000	75.600.000
Streaming	0,063					883.500.431	55.660.527
SUMME			**141.435.200**		**157.632.504**		**205.606.907**

Quelle: Eigene Darstellung nach Devine. Kyle. 2019. *Decomposed. The Political Ecology of Music.* Cambridge Mass.: MIT Press, S. 198–199

verdreifawwchen, die zum Zeitpunkt der Berichtslegung bei 56 % am gesamten Energieverbrauch lag.[137] Damit versucht Google auf Apple aufzuschließen, das mit einem Anteil von 83 % erneuerbarer Energie der Vorreiter ist, der bereits angekündigt hat, in absehbarer Zeit komplett auf erneuerbare Energieumzusteigen.[138]

Die Amazon Web Services haben also einen wesentlichen Einfluss auf die Energie- und CO_2-Bilanz des Musikstreamings. Amazon, das sich stets als Technologieunternehmen definiert hat, spielt also nicht nur als Online-Händler für Musikprodukte und als Anbieter eines Musikstreamingdienstes eine wichtige Rolle in der Musikindustrie, sondern ist mit dem Amazon Web Services quasi auch das technologische Rückgrat der Musikstreamingökonomie.

3.2 Apple

3.2.1 Steve Jobs – Der Retter in der Not

Steve Jobs, der Mitbegründer von Apple, hatte keine einfache Persönlichkeitsstruktur. Er teilte seine Welt in Schwarz und Weiß und die Menschen in Genies und Idioten ein, wobei er sich selbst zu ersteren die VertreterInnen der Musikindustrie zu letzteren Kategorie zählte, wie in der hervorragenden von ihm selbst autorisierten Biografie von Walter Isaacson nachgelesen werden kann.[139] Warum der Computerhersteller Apple in den früheren 2000er-Jahren zum Musikkonzern mutierte und den Markt für Musikdownloads quasi monopolisierte, hat sehr viel mit der Person von Steve Jobs zu tun.

Aber alles der Reihe nach. Mitte der 1970er-Jahren waren Computer noch Rechenanlagen für Großunternehmen und nur wenige ExpertInnen beschäftigten sich damit. Einer davon war Steve Wozniak, der in dieser Zeit für einen der Computerpioniere, Hewlett-Packard (kurz HP), im kalifornischen Palo Alto als Software-Ingenieur arbeitete. Noch in der High School lernte Jobs den um fünf Jahre älteren Wozniak kennen, der sich in seiner Freizeit mit Elektronik beschäftigte und schon bald selbst Computerplatinen herstellte. Beide waren nicht nur enthusiastische Elektronikbastler, sondern auch Musikfans, die mit der Musik der

[137] Greenpeace. 2017. *Clicking Green. Who is Winning the Race to Build a Green Internet.* Washington D.C.: Greenpeace, S. 51.

[138] Greenpeace. 2017. *Clicking Green. Who is Winning the Race to Build a Green Internet.* Washington D.C.: Greenpeace, S. 49.

[139] Isaacson, Walter. 2011. *Steve Jobs. Die autorisierte Biografie des Apple-Gründers.* München: C. Bertelsmann.

späten 1960er-Jahren, vor allem mit Bob Dylan, den Beatles und den Rolling Stones, sozialisiert worden waren.[140] Jobs Musikenthusiasmus sollte später dann auch den Weg in die Musikindustrie ebenen. Anfang der 1970er-Jahre war Jobs aber ein Hippie, der alle Klischees erfüllte. Ein langhaariger, ungewaschener Kerl, der mit allen möglichen Drogen experimentierte, zeitweise in einer Kommune lebte und ein Faible für fernöstliche Religionen hatte, was ihn 1974 zu einer Indien-Reise inspirierte.[141]

Davor hatte Jobs, der sein Studium am Reed College abgebrochen hatte, einige Monate lang für den Videospiele-Hersteller Atari gearbeitet. Dort lernte er Ron Wayne kennen, der schon einige Unternehmen gegründet hatte und nach Jobs Rückkehr aus Indien zum dritten Mitbegründer von Apple werden sollte.[142] Oder besser gesagt, fast werden sollte. Denn Wayne verfasste am 1. April 1976 jenen Partnerschaftsvertrag zur Gründung einer Computerfirma, die den Namen Apple tragen sollte.[143] Als Startkapital standen US$ 1.300 zur Verfügung, mit dem ein Computer gebaut werden sollte, der nicht nur für Elektronik-Nerds, sondern von jedermann einfach zu benutzen war.[144] Das Konzept des Personalcomputers (PC) war damit geboren und Steve Wozniak hatte schon die technischen Grundlagen für den Apple I gelegt. Ron Wayne bekam aber kalte Füße, weil er Bedenken hatte, mit seinem ganzen Vermögen bei einem Reinfall haften zu müssen. Ursprünglich sollte Wayne 10 % des Unternehmens und Jobs und Wozniak jeweils 45 % erhalten. Er ließ sich aber seine Einlage von US$ 800 zurückzahlen und forderte noch eine Zahlung von US$ 1500, die später zu leisten war. Hätte er seinen 10-Prozentanteil behalten, wäre Wayne Milliardär und kein Sozialhilfeempfänger geworden.[145]

[140] Isaacson, Walter. 2011. *Steve Jobs. Die autorisierte Biografie des Apple-Gründers.* München: C. Bertelsmann, S. 45–46.

[141] Isaacson, Walter. 2011. *Steve Jobs. Die autorisierte Biografie des Apple-Gründers.* München: C. Bertelsmann, S. 68–71

[142] Isaacson, Walter. 2011. *Steve Jobs. Die autorisierte Biografie des Apple-Gründers.* München: C. Bertelsmann, S. 65–68.

[143] In der Biografie von Isaacson wird Jobs mit den Worten zitiert: „Ich war gerade von der Apfelplantage [der Kommune, in der Jobs eine Zeitlang gelebt hatte, Anm. des Verf.] zurückgekehrt. Der Name klang freundlich, schwungvoll und nicht einschüchternd. Apple nahm dem Begriff Computer die Schärfe. Zudem würden wir künftig vor Artari im Telefonbuch stehen." Isaacson, Walter. 2011. *Steve Jobs. Die autorisierte Biografie des Apple-Gründers.* München: C. Bertelsmann, S. 86.

[144] Isaacson, Walter. 2011. *Steve Jobs. Die autorisierte Biografie des Apple-Gründers.* München: C. Bertelsmann, S. 86.

[145] Isaacson, Walter. 2011. *Steve Jobs. Die autorisierte Biografie des Apple-Gründers.* München: C. Bertelsmann, S. 89.

Wie dem auch sei, Wozniak und Jobs verfolgten weiter ihr Projekt, einen leistbaren Personalcomputer zu bauen und an EndverbraucherInnen zu verkaufen. Dabei behilflich war The Byte Shop von Paul Terrell in Menlo Park, der vom PC-Konzept begeistert war und gleich einmal 50 Geräte bestellte und mit dem Werbespruch „Byte in the Apple“ anpries.[146] Da der Zeitdruck groß war, wurden die Computer in der Garage von Jobs Elternhaus in Los Altos mit Freunden und Familienmitglieder zusammengebaut.[147] Es gelang, alle 50 Geräte rechtzeitig herzustellen und an The Byte Shop auszuliefern. Bei einem Großhandelspreis von US$ 500 und einem Ladenpreis von US$ 666,66 machten sowohl Apple als auch der Byte Shop Gewinne und Terrell gab weitere 100 Stück Apple I in Auftrag.[148]

Nun ging es Schlag auf Schlag. Der Apple I wurde beim ersten PC-Kongress, der in Atlantic City 1976 stattfand, der Öffentlichkeit vorgestellt und erregte große Aufmerksamkeit in der Fachwelt.[149] Während Jobs den Apple I auf der Messe präsentierte, bastelte Wozniak im Hotelzimmer bereits am Apple II, der über ein ansprechendes Gehäuse, eine eingebaute Tastatur und einen Monitor verfügen sollte.[150] Um diesen neuartigen PC für den Massenmarkt herstellen zu können, musste aber das Unternehmen Apple professionalisiert werden, um es für InvestorInnen attraktiv zu machen. Diese Aufgabe übernahm Mike Markulla, der als Marketingexperte beim Chiphersteller Intel Millionen gescheffelt hatte und nun Jobs und Wozniak mit einem Kredit von US$ 250.000 unter die Arme griff und dafür im Gegenzug 26 % an Apple erhielt, das in eine Kapitalgesellschaft umgewandelt wurde.[151] Im April 1977 wurde der Apple II auf einer großen Computermesse in San Francisco der Öffentlichkeit vorgestellt und war sofort ein Verkaufsschlager.[152] Damit konnte sich die Apple Computer Company, wie das Unternehmen seit An-

---

[146] Isaacson, Walter. 2011. *Steve Jobs. Die autorisierte Biografie des Apple-Gründers*. München: C. Bertelsmann, S. 90.

[147] Isaacson, Walter. 2011. *Steve Jobs. Die autorisierte Biografie des Apple-Gründers*. München: C. Bertelsmann, S. 91–92

[148] Isaacson, Walter. 2011. *Steve Jobs. Die autorisierte Biografie des Apple-Gründers*. München: C. Bertelsmann, S. 92–93.

[149] Isaacson, Walter. 2011. *Steve Jobs. Die autorisierte Biografie des Apple-Gründers*. München: C. Bertelsmann, S. 93–94.

[150] Isaacson, Walter. 2011. *Steve Jobs. Die autorisierte Biografie des Apple-Gründers*. München: C. Bertelsmann, S. 95.

[151] Isaacson, Walter. 2011. *Steve Jobs. Die autorisierte Biografie des Apple-Gründers*. München: C. Bertelsmann, S. 101.

[152] Isaacson, Walter. 2011. *Steve Jobs. Die autorisierte Biografie des Apple-Gründers*. München: C. Bertelsmann, S. 105–106.

fang 1977 hieß,[153] nachhaltig am noch sehr neuen PC-Markt etablieren und sein Logo eines angebissenen Apfels in den Farben des Regenbogens wurde bald schon im Inbegriff für den PC.[154]

Apple war nun ein ernstzunehmendes Unternehmen, das aus der elterlichen Garage der Familie Jobs nach Cupertino umgezogen war und zahlreiche MitarbeiterInnen beschäftigte, die für die Produktion und den Vertrieb des Apple II verantwortlich waren.[155] Da Jobs noch als zu jung und unerfahren, aber auch zu temperamentvoll für die Unternehmensleitung angesehen wurde, setzte Markulla durch, dass sein ehemaliger Arbeitskollege Mike Scott als CEO von Apple installiert wurde.[156] Unter seiner Ägide stiegen die Verkaufszahlen des Apple II von 2.500 Stück im Jahr 1977 auf 210.000 vier Jahre später,[157] aber es war klar, dass ein Nachfolgemodell nötig war, um das Unternehmen langfristig abzusichern.

Der Apple III, der 1980 erstmals ausgeliefert wurde erwies sich aber als Flop und Jobs begann mit einem Team ihm ergebener Mitarbeiter einen für damalige Verhältnisse sehr leistungsstarken Computer, der den Namen LISA[158] erhielt, zu konstruieren. LISA sollte US$ 2.000 kosten und ein leistungsstarker Rechner sein.[159] Ein Besuch von Jobs und seinem Team in Xerox PARC sollte aber eine unerwartete Wende bringen. Der Hersteller von Kopier- und Faxgeräten hatte ein Ingenieurteam damit beauftragt, eine benutzerfreundliche Bildschirmoberfläche, ein Graphical User Interface (GUI), zu entwickeln, mit dem die mühevolle DOS-Eingabe durch das „What You See Is What You Get" (WYSIWYG) ersetzen sollte. Allerdings konnte Xerox mit dem Ergebnis der Entwicklungsarbeit nicht viel an-

[153] Isaacson, Walter. 2011. *Steve Jobs. Die autorisierte Biografie des Apple-Gründers*. München: C. Bertelsmann, S. 102.

[154] Isaacson, Walter. 2011. *Steve Jobs. Die autorisierte Biografie des Apple-Gründers*. München: C. Bertelsmann, S. 104.

[155] Isaacson, Walter. 2011. *Steve Jobs. Die autorisierte Biografie des Apple-Gründers*. München: C. Bertelsmann, S. 106.

[156] Isaacson, Walter. 2011. *Steve Jobs. Die autorisierte Biografie des Apple-Gründers*. München: C. Bertelsmann, S. 106.

[157] Isaacson, Walter. 2011. *Steve Jobs. Die autorisierte Biografie des Apple-Gründers*. München: C. Bertelsmann, S. 119.

[158] LISA stand für „Local Integrated Systems Architecture", aber war, wie Jobs später eingestand, nach seiner Tochter benannt, die er früh verlassen hat und ursprünglich nicht einmal als leibliche Tochter anerkennen wollte. Siehe Isaacson, Walter. 2011. *Steve Jobs. Die autorisierte Biografie des Apple-Gründers*. München: C. Bertelsmann, S. 120.

[159] Isaacson, Walter. 2011. *Steve Jobs. Die autorisierte Biografie des Apple-Gründers*. München: C. Bertelsmann, S. 120.

fangen und so präsentierten die EntwicklerInnen die GUI dem Apple-Team.[160] Jobs war sofort begeistert, ließ es sich aber nicht anmerken und beauftragte seine SoftwareentwicklerInnen, die Xerox-GUI nachzubauen, was im Grunde genommen ein Ideendiebstahl war, wie Jobs später auch eingestand.[161] Die GUI sollte zum integralen Bestandteil des LISA-Computers werden, der aber für den Massenmarkt zu einer abspeckten Version redimensioniert und als Macintosh, benannt nach einer Apfelsorte, ein Subprojekt wurde.[162] Das Mac-Projekt, wie der Macintosh bald unternehmensintern genannt wurde, lief unter dem Radar der Unternehmensführung, die sich immer noch mit der Vermarktung des Apple II und III beschäftigte. Jobs trieb aber die Arbeit am Mac voran und so wurde am 24. Januar 1984 unter großem Mediengetöse und riesigem Werbeaufwand der Mac bei Apples alljährlicher Aktionärsversammlung der Öffentlichkeit vorgestellt.[163] Ausführlich beschreibt Isaacson in seiner Jobs-Biografie den historischen Abend der Produktvorstellung, die von Jobs durchinszeniert worden war, was zu seinem Markenzeichen späterer Produkteinführungen werden sollte.[164]

Der Mac wurde sogleich zum Verkaufsschlager und Inbegriff des Personalcomputers. Apple, das im Dezember 1980 an die Börse gegangen war, erzielte mithilfe des Mac 1984 einen Umsatz von US$ 1,5 Mrd. und war nun ein Gigant in der Computerbranche. Der Mac machte Jobs zu einer Celebrity, die sich im Kreis der Reichen und Berühmten bewegte. Aber auf den Moment des größten Triumphs folgte für Jobs die größte persönliche Niederlage. Jobs, noch keine 30 Jahre alt, forderte mehr Mitbestimmung im Unternehmen ein und ließ es auf einen Machtkampf mit dem Aufsichtsrat ankommen, den er schließlich verlor. Er musste Apple im Mai 1985 gedemütigt verlassen.[165]

Es wäre aber nicht Steve Jobs, wenn er sich nicht sogleich neuen Projekten zuwandte. Mit den Millionen, die er bei Apple verdient hatte, gründete Steve Jobs mit

---

[160] Isaacson, Walter. 2011. *Steve Jobs. Die autorisierte Biografie des Apple-Gründers*. München: C. Bertelsmann, S. 121–12.

[161] Isaacson, Walter. 2011. *Steve Jobs. Die autorisierte Biografie des Apple-Gründers*. München: C. Bertelsmann, S. 124–125.

[162] Isaacson, Walter. 2011. *Steve Jobs. Die autorisierte Biografie des Apple-Gründers*. München: C. Bertelsmann, S. 136.

[163] Isaacson, Walter. 2011. *Steve Jobs. Die autorisierte Biografie des Apple-Gründers*. München: C. Bertelsmann, S. 199.

[164] Isaacson, Walter. 2011. *Steve Jobs. Die autorisierte Biografie des Apple-Gründers*. München: C. Bertelsmann, S. 199–202.

[165] Das ganze Drama um Jobs Abgang von Apple im Mai 1985 wird ausführlich in der Jobs-Biografie von Isaacson im Kapitel 17 geschildert.

NeXT eine Computerfirma, die leistungsstarke Rechner für Universitäten und andere Bildungseinrichtungen baute.[166] Jobs kaufte auch die junge und innovative Animationsfirma Pixar vom Filmstudio des Star Wars Erfinders George Lucas und revolutionierte damit den Animationsfilm, der nicht mehr gezeichnet, sondern vom Computer erstellt wurde.[167]

Emotional blieb Jobs aber stets mit Apple verbunden und hatte dort immer noch eine starke Gefolgschaft. Als Apple Mitte der 1990er-Jahre wegen fehlender Innovationen und Managementfehler in wirtschaftliche Turbulenzen geriet, wurde der Ruf im Unternehmen lauter, Steve Jobs wieder zurückzuholen. So wurde der Plan geschmiedet, NeXT aufzukaufen, womit Jobs in den Aufsichtsrat von Apple einziehen konnte. Zwar zierte sich der Apple-Gründer anfangs noch, aber schließlich wurde der US$ 400 Mio.-Übernahmedeal Ende 1996 finalisiert[168] und Steve Jobs kehrte als Interims-CEO (iCEO) bei Apple zurück.

Nun hatte Jobs die vollständige Kontrolle über Apple erlangt und startete sogleich ein massives Restrukturierungsprogramm, in dem die ausufernden Produktlinien um 70 % zusammengestrichen und 3.000 MitarbeiterInnen entlassen wurden.[169] Der Fokus wurde nun auf die Weiterentwicklung des Macintosh zum iMac mit seinem futuristisch anmutenden durchsichtigen Gehäuse und auf das tragbare iBook und das Power Book G3 gerichtet.[170] Apple, das im Geschäftsjahr 1997 einen Verlust von US$ 1,04 Mrd. gemacht hatte und kurz vor dem Bankrott stand, schaffte durch Jobs Maßnahmen innerhalb eines Jahres den Turnaround und schrieb für 1998 bereits wieder einen Gewinn von US$ 309 Mio.[171]

Zur Jahrtausendwende war Apple ein kerngesundes Unternehmen, das auch das Platzen der Dotcom-Blase im Sommer 2000 wegstecken konnte. Dennoch kündigte Steve Jobs 2001 einen Strategiewechsel an. Der Heimcomputer sollte zu einem digitalen Knotenpunkt werden, über den digitalisierbare Inhalte wie Fotos, Videos, Nachrichten und auch Musik verwaltet werden sollten. Apple sollte keine

---

[166] Isaacson, Walter. 2011. *Steve Jobs. Die autorisierte Biografie des Apple-Gründers*. München: C. Bertelsmann, S. 161.

[167] Kapitel 19: PIXAR – Technologie trifft Kunst, siehe Isaacson, Walter. 2011. *Steve Jobs. Die autorisierte Biografie des Apple-Gründers*. München: C. Bertelsmann, S. 283–296

[168] Isaacson, Walter. 2011. *Steve Jobs. Die autorisierte Biografie des Apple-Gründers*. München: C. Bertelsmann, S. 354.

[169] Isaacson, Walter. 2011. *Steve Jobs. Die autorisierte Biografie des Apple-Gründers*. München: C. Bertelsmann, S. 396–398.

[170] Isaacson, Walter. 2011. *Steve Jobs. Die autorisierte Biografie des Apple-Gründers*. München: C. Bertelsmann, S. 397.

[171] Isaacson, Walter. 2011. *Steve Jobs. Die autorisierte Biografie des Apple-Gründers*. München: C. Bertelsmann, S. 398.

Computerfirma sein, sondern ein Netzwerkanbieter für digitale Inhalte.[172] Das Kernstück dieser neuen Strategie war FireWire, eine Hochgeschwindigkeitsschnittstelle, die Apple bereits Anfang des 1990er-Jahre entwickelt hatte und nun zur sekundenschnellen Übertragung von Dateien auf Hardware genutzt werden konnte.[173]

Damit war die Grundlage zum Einstieg in die Musikindustrie gelegt. Als rund um das Millennial die Musiktauschbörse Napster die phonografische Industrie erschütterte und sich eine Weltuntergangsstimmung breit machte, suchten die Label-Verantwortlichen händeringend nach einer Alternative zum kostenlosen Download aus P2P-Filesharingnetzwerken. Jobs sah hingegen im massenhaften Musikdownloading und CD-Ripping eine große Chance für Apple. Er ließ einen CD-Brenner in den iMac einbauen und beauftragte seine SoftwareentwicklerInnen, eine Musikverwaltungssoftware zu programmieren, die es mit der Realjukebox von Realnetworks und dem Windows Media Player von Microsoft aufnehmen konnte.[174] Das Ergebnis war iTunes, an das sich die Musikindustrie als letzten Rettungsanker in höchster Not klammerte.

3.2.2 iTunes und die digitale Musikrevolution

Am 9. Januar 2001 fand die Macworld in San Francisco statt, auf der Steve Jobs in einer großen Show die neuesten Entwicklungen von Apple seiner Fangemeinde und der Öffentlichkeit präsentierte. Unter dem tosenden Applaus des Publikums betrat Jobs wie üblich im schwarzen Designer-Rollkragenpulli und in Jeans die Bühne, auf die im Hintergrund ein überdimensionales Apple-Logo in kühlem Metallblau projiziert wurde.[175] Nach einer kurzen Begrüßung, in der Jobs auch die zehntausenden BesucherInnen des Livestreams willkommen hieß, präsentierte er zahlreiche neue Features für die Benutzeroberfläche des Macs, Maya Paint-Effekte und das Superdrive, mit dem CDs und DVDs gelesen und beschrieben werden konnten.

---

[172] Isaacson, Walter. 2011. *Steve Jobs. Die autorisierte Biografie des Apple-Gründers*. München: C. Bertelsmann, S. 448–449.

[173] Isaacson, Walter. 2011. *Steve Jobs. Die autorisierte Biografie des Apple-Gründers*. München: C. Bertelsmann, S. 449–452.

[174] Isaacson, Walter. 2011. *Steve Jobs. Die autorisierte Biografie des Apple-Gründers*. München: C. Bertelsmann, S. 453.

[175] Apple Video Archive. 2012. Macworld 2001 San Francisco. YouTube, 1. Januar. https://www.youtube.com/watch?v=AnrM4n6S3CU. Zugriff 29. Mai 2026.

Damit war der Boden bereitet für die eigentliche Attraktion der Veranstaltung. Jobs ließ zahlreiche digitale Endgeräte wie Kameras, Camcorders, Handys, MP3-Player, DVD-Player und Handheld-Organizers auf der Leinwand erscheinen, um mit dem Satz „The Mac can become the ‚digital hub' of our emerging digital livestyle, adding tremendous value to our digital devices" eine Revolution einzuleiten. Der PC sollte nicht nur mehr ein Arbeitsgerät sein, mit dem Texte erstellt, Tabellenkalkulation durchgeführt und Präsentationen konzipiert werden konnten, sondern er sollte zum Knotenpunkt einer digital vernetzten Welt werden. Als Beispiel dafür erwähnte Jobs die Software iMovie, die es ermöglichte, Aufnahmen eines Camcorders mit FireWire auf den Mac zu übertragen, um sie dort zu bearbeiten.

Mit der rhetorischen Frage: „So what we gonna focus now next" und einer spannungsgeladenen künstlichen Pause, leitete Steve Jobs dann zum eigentlichen Hauptthema der Veranstaltung über. Eine digitale Musikrevolution würde sich gerade ereignen, die sich im Rippen von Musik-CDs in Form von MP3s auf PCs materialisiere. So könnten selbst zusammengestellte Playlists kompiliert und auf CD-Rohlinge kopiert oder auf tragbare MP3-Player übertragen werden, dozierte Jobs. Bewusst unerwähnt ließ er die massenhafte Nutzung der Musiktauschbörse Napster, über die die meisten Musikfiles auf den Computerfestplatten landeten. Um diese riesigen digitalen Musiksammlungen zu organisieren, gäbe es bereits Computerprogramme wie die Realjukebox von Realnetworks, den Windows Media Player von Microsoft oder Musicmaps von HP, die aber alle nichts taugen würden, weil sie zu kompliziert und nicht benutzerfreundlich wären, so Jobs. Diese Programme wären zwar gratis, aber sie wären mit absichtlich eingebauten Restriktionen wie langsame Übertragungsraten, schlechter Audioqualität und inkompatiblen Audioformaten verbunden, damit die NutzerInnen gezwungen wären, auf eine zahlungspflichtige Pro-Version umzusteigen, kritisierte er.

Nach einer weiteren rhetorischen Kunstpause versprach Jobs: „We're gonna change all this today" und zwar mit iTunes, dessen überdimensionaler Schriftzug unter einem Kopfhörer auf die Leinwand projiziert wurde, was sogleich tosenden Applaus im Publikum auslöste. iTunes wäre die einfache Lösung der Verwaltung der digitalen Musiksammlung in einem übersichtlichen Programm, das das Rippen von CDs, das Anlegen von Playlists und das Brennen von neuen Musik-CDs mit jeweils einem Mausklick ermöglichen würde, wie Jobs sogleich demonstrierte, indem er sich an einen auf der Bühne platzierten Mac setzte und die Features von iTunes vorführte. Ohne komplizierte Suchmasken konnte jede KünstlerIn, sowie jeder Song- und Albumtitel problemlos gefunden, abgespielt, in eine Playlist integriert und auf CD gebrannt werden. Jobs zeigte auch, wie die Musiksammlung von einem MP3-Player einfach auf den Mac gespielt und von dort wieder auf den Player kopiert werden. Und zur Freude des Publikums kündigte Jobs an, dass iTunes auf allen Mac-Rechnern mit dem Betriebssystem OS9 ohne alle Restriktionen kostenlos verwendbar wäre. Und damit lud Jobs alle ein, an der Musikrevolution mithilfe von iTunes teilzunehmen.

Jobs erwähnte aber nicht, dass iTunes ursprünglich gar nicht von Apple, sondern von einem kleinen kalifornischen Internet-Start-up namens SoundStep entwi ckelt worden war, das von ehemaligen Apple-Mitarbeitern 1999 gegründet wurde. Einer davon war Bill Kincaid, der gerade im Auto unterwegs war, als er im öffentlich-rechtlichen Rundfunk der USA (NPR) eine Reportage über den Rio MP3-Player von Diamond hörte, auf dem bis zu einer Stunde Musik gespeichert werden konnte. Kincaid war von diesem neuen Gadget begeistert, allerdings merkte der Redakteur der Sendung kritisch an, dass der Rio nicht mit dem Mac kompatibel wäre. Für Kincaid war klar, dass er dieses Problem lösen musste.[176]

Er setzte sich sogleich mit den Verantwortlichen von Diamond, die den Rio-Player entwickelt hatten, zusammen, um die technischen Voraussetzungen zur Programmierung einer Schnittstelle zu klären und ihm wurde eine weiterer ehemaliger Apple-Mitarbeiter, Jeff Robbin, empfohlen, der am Betriebssystem Copland für Apple mitgearbeitet hatte. Kincaid, Robbin und ein weiterer Apple-Veteran, Dave Heller, machten sich sogleich an die Arbeit und entwickelten eine Beta-Version zur Verwaltung der auf dem Rio gespeicherten Musikdateien für den Mac, die auf den Namen SoundJam getauft wurde.[177]

Damit gingen sie zu Apple, deren Verantwortliche sich offen für dieses Projekt zeigten und schließlich SoundStep 2000 kauften, wodurch Kincaid, Robbin und Heller wieder zu Apple zurückkehrten.[178] Innerhalb von vier Monaten wurde SoundJam in iTunes mit einem Design, das an iMovie erinnerte, umgewandelt, damit es Steve Jobs auf der Macworld im Januar 2001 präsentieren konnte.

Mit iTunes nutzte Apple seinen Vorteil, ein integriertes System von Hard- und Software anzubieten, das sich über den Verkauf von PCs finanzierte. Realnetworks und Microsoft hatten diesen Vorteil nicht und mussten andere Wege finden, um ihre Software zur Verwaltung der digitalen Musiksammlungen zu vermarkten. Der Nachteil für Apple aber war, dass iTunes nur auf dem Mac lief. So spielte sich die von Jobs ausgerufene Musikrevolution erstmals nur im Apple-Universum ab, das aber rasch auf neue digitale Devices ausgedehnt wurde.

---

[176] Levy, Steven. 2006. *The Perfect Thing. How the iPod Shuffles Commerce, Culture, and Coolness*. New York etc.: Simon & Schuster, S. 48–49.

[177] Levy, Steven. 2006. *The Perfect Thing. How the iPod Shuffles Commerce, Culture, and Coolness*. New York etc.: Simon & Schuster, S. 49–50.

[178] Levy, Steven. 2006. *The Perfect Thing. How the iPod Shuffles Commerce, Culture, and Coolness*. New York etc.: Simon & Schuster, S. 51.

3.2.3 Die Pre-iPod-Ära

Wie wir heute wissen, nutzte Steve Jobs zur Präsentation von iTunes höchstwahrscheinlich einen MP3-Player von Rio, für den die Software ursprünglich entwickelt worden war. Aber auch der Rio war nicht der erste tragbare digitale Multimedia-Player (PMP), der rund um die Jahrtausendwende auf dem Markt verfügbar war. Aber wer hat den Vorläufer des iPods erfunden und warum war es nicht der Erfinder des ersten Portable Media Players (PMP), der Milliarden Dollar damit verdienten, sondern der Computerhersteller aus Cupertino? Diese Frage führt zu einer verwickelten Geschichte, die 1979 begann und in einem Gerichtsverfahren 2007 geklärt werden musste.

Irgendwann 2006 stand Kane Kramer auf einer Leiter, um seine Wohnung im beschaulichen Hitchin in Hertfordshire bei London auszumalen, als das Telefon klingelte. Am anderen Ende war die Leiterin der Rechtsabteilung von Apple und Kramer dacht zuerst an einen dummen Scherz seiner Freunde. Es stellte sich aber heraus, dass die Computerfirma den Erfinder aus Großbritannien in die USA einfliegen lassen wollte, damit er in einer gerichtsanhängigen Patentstreitigkeit, in der Apple mit Burst.com Inc. verwickelt war, aussagen sollte.[179]

Apple hatte Anfang 2006 Klage gegen die Softwarefirma Burst.com bei einem Bezirksgericht in San Francisco eingebracht, weil drei Patente von Videorecorder-Transceivern ähnlich gelagerte Apple-Patente verletzten würden. Apple argumentierte in der Klage, dass sie keine neuartigen Erfindungen, sondern lediglich eine Verbesserung bestehender Apple-Geräte wären. Burst.com konterte Wochen später mit einer Gegenklage, die es in sich hatte. Der Softwareentwickler behauptete, dass der iPod von Apple zahlreiche seiner Patente zur Audiokomprimierung und -wiedergabe verletzen würde und verlangte einen gerechten Anteil am milliardenschweren Umsatz, den Apple mit dem iPod verdient hatte.[180]

Apple musste nun vor Gericht beweisen, dass nicht Burst.com der Erfinder des iPods war, sondern die Technologie bereits vorher existierte und damit keine Patente verletzt wurden. Bei ihrer Recherche stieß die Rechtsabteilung auf den britischen Erfinder Kane Kramer, der 1979 als 23-jähriger ein Gerät konzipiert hatte,

[179] Das erzählte Kane Kramer in einem Interview mit der Daily Mail: Boffey, Daniel. 2008. Apple admit Briton DID invent iPod, but he's still not getting any money. Daily Mail, 8. September. https://www.dailymail.com/news/article-1053152/Apple-admit-Briton-DID-invent-iPod-hes-getting-money.html. Zugriff 29. Mai 2026.

[180] Billboard. 2006. Burst.com To File Suit Against Apple. 12. Januar. https://www.billboard.com/music/music-news/burstcom-to-file-suit-against-apple-1359265/. Zugriff 29. Mai 2026.

mit dem digitale Musikdateien gespeichert und wiedergegeben werden konnten – und das noch vor der Markteinführung der CD!

Um seine Erfindung auf den Markt bringen zu können, erstellte Kramer 1979 einen siebenseitigen Bericht für potenzielle InvestorInnen, in dem er das IXI Digital System vorstellte.[181] Sein System sollte die kostspielige Distribution von Schallplatten und Musikkassetten durch eine Musikdatenbank ersetzen, von der über Telefonleitungen Songs auf einen Speicherchip, den Kramer IXI taufte, überspielt werden konnten. Das IXI Digital System sollte zudem die automatische Abrechnung der Tantiemen mit den Rechteinhabern und vor allem mit den Verwertungsgesellschaften übernehmen. Neben der Vereinfachung der Musikdistribution pries der Erfinder auch die ständige Verfügbarkeit von Musiktiteln, die nicht mehr auf Schallplatte verfügbar waren, an. Ein Musikeinzelhändler könnte auf diese Weise die gesamte verfügbare Musik anbieten und Musikfans müssten nur in den Shop kommen, um sich die gewünschten Musiktitel auf den IXI Chip laden zu lassen, der in ein Abspielgerät so groß wie eine Zigarettenschachtel gesteckt werden konnte. Allerdings passten auf den Speicherchip nur dreieinhalb Minuten Musik. Sein digitales Distributionssystem würde aber trotzdem den Labels Nutzen bringen, weil sie sich die kostspielige Herstellung und den Vertrieb von Tonträgern sparen könnten. Aber auch die KünstlerInnen würden davon profitieren, weil ihre Musik immer verfügbar wäre und die Tantiemen schneller abgerechnet werden würden, was im Übrigen auch den Musikverlagen zugutekommen würde.[182]

1979, als es noch keine CDs geschweige denn MP3-Dateien gab, das Internet noch in den Kinderschuhen steckte und Handys unvorstellbar waren, hatte Kramer die Grundlagen der digitalen Musikökonomie mit seinem IXI vorweggenommen. Wie wäre die Geschichte der Musikindustrie verlaufen, hätte sich seine Erfindung durchgesetzt? Das ist natürlich alles Spekulation, aber es gab bereits 1979 einen ersten Investor, für den Kramer sogar eine Skizze seines IXI-Players anfertigte und das war niemand geringerer als Paul McCartney.[183] Mit dem Geld des Ex-Beatles konnte Kramer gemeinsam mit dem 21-jährigen James Campbell einen Prototypen des IXI entwickeln und in einem Interview mit dem Guardian 2004 behauptete Kramer, bereits Bestellungen aus der Musikindustrie im Wert von GBP 60 Mio. er-

[181] Kramer, Kane. o.D. IXI Systems Report. www.kanekramer.com. https://www.kanekramer.com/_files/ugd/945bb8_eee29728afeb48f0b2063bffa5135c06.pdf?index=true. Zugriff 29. Mai 2026.

[182] Kramer, Kane. o.D. IXI Systems Report. www.kanekramer.com. https://www.kanekramer.com/_files/ugd/945bb8_eee29728afeb48f0b2063bffa5135c06.pdf?index=true. Zugriff 29. Mai 2026.

[183] Kramer, Kane. o.D. About. https://www.kanekramer.com/about. Zugriff 29. Mai 2026.

halten zu haben.[184] Es dauerte aber noch bis 1985, als Kramer unter „Portable data processing and storage system“ den IXI in Großbritannien und Jahr später in den USA unter weltweiten Patentschutz stellen ließ.[185] Allerdings kam es 1988 zu einem Streit in Kramers Firma über die Patentverlängerung für den IXI, sodass die Patentgebühren nicht bezahlt werden konnten und die Erfindung nun frei verfügbar war.

Darauf bezog sich nun Apple im Verfahren gegen Burst.com. Der Computerhersteller aus Cupertino anerkannte Kane Kramer als Erfinder des tragbaren Multimedia-Players und somit auch als direkten Vorläufer des iPod.[186] Am 8. Februar 2007 sagte Kramer im Prozess für Apple als Zeuge aus und wurde zehn Stunden lang von den AnwältInnen in die Mangel genommen.[187] Kramers Aussage erzielte die erhoffte Wirkung für Apple und das Unternehmen wurde von einer Verletzung von Patenten, die Burst.com innehatte, freigesprochen.[188] Für Kramer hatte der Prozess zwar die Anerkennung als Erfinder des iPod-Ahnen und ein Beraterhonorar gebracht, aber an den Milliarden, die Apple zu diesem Zeit mit dem Verkauf des iPods schon verdient hatte, wurde er nicht beteiligt, wie er im Interview mit der Daily Mail im September 2008 bedauerte.[189]

Kane Kramer kann sich aber damit trösten, dass auch andere Pioniere, die tragbare Musikplayer konzipiert und auf den Markt gebracht hatten, nicht nachhaltig erfolgreich waren, und letztendlich Apples iPod den Vortritt lassen mussten. 1996 hatte die Firma Audio Highway den Listen Up Player entwickelt, der auf der Con-

---

[184] Rix, Julliet. 2004. Kane Kramer invented the technology behind the MP3 and founded the British Inventors Society. The Guardian, October 1. https://www.theguardian.com/technology/2004/sep/30/interviews.onlinesupplement. Zugriff 29. Mai 2026.

[185] Europäisches Patentamt. 1987. US-Patent No. US4667088A. Portable data processing and storage system, angemeldet am 22.09.1986 von Kane N. Kramer und James S. Campbell, veröffentlicht am 19.05.1987.

[186] Boffey, Daniel. 2008. Apple admit Briton DID invent iPod, but he's still not getting any money. Daily Mail, 8. September. https://www.dailymail.com/news/article-1053152/Apple-admit-Briton-DID-invent-iPod-hes-getting-money.html. Zugriff 29. Mai 2026.

[187] Apple Computer, Inc. v. Burst.com, Inc., Filing 92: Motion for Summary Judgment of Invalidity based on Kramer an AT&T Patents filed by Apple Computer Inc. Motion Hearing set for 2/8/2007 09:00 AM. US District Court Northern District of California. Case No. C06 0019 MHP. https://docs.justia.com/cases/federal/district-courts/california/candce/3:2006cv00019/175168/92. Zugriff 29. Mai 2026.

[188] Berka, Justin. 2007. Judge dismisses 14 claims in Apple v. Burst.com case. Ars Technica, November 15. https://arstechnica.com/gadgets/2007/11/judge-dismisses-14-claims-in-apple-v-burst-com-case/. Zugriff 29. Mai 2026.

[189] Boffey, Daniel. 2008. Apple admit Briton DID invent iPod, but he's still not getting any money. Daily Mail, 8. September. https://www.dailymail.com/news/article-1053152/Apple-admit-Briton-DID-invent-iPod-hes-getting-money.html. Zugriff 29. Mai 2026.

sumer Electronics Messe 1997 vorgestellt und sogar prämiert wurde. Allerdings wurden davon lediglich 25 Geräte hergestellt, die niemals in den Verkauf gelangten.[190] Ein ähnliches Schicksal erlitt der FlashPAC Audio Player vom Telefonriesen AT&T, der ebenfalls 1996 entwickelt worden war. Da der FlashPAC ursprünglich das proprietäre Perceptual Audio Coder-Format nutzte, konnte keine Musik im MP3-Format auf dem Gerät gespeichert werden und trotz Umstieg auf das weiter verbreitete ACC-Format, gelangte der FlashPAC niemals in den Handel.[191]

Wer auf dem Markt für tragbare digitale Musikplayer Erfolg haben wollte, musste das weit verbreitete MP3-Datenkomprimierungsverfahren nutzen. Die nicht kopiergeschützten MP3s waren Ende der 1990er-Jahre zum Standard des digitalen Musikkonsums geworden. Das hatten vor allem südkoreanische Unternehmen erkannt, die zu den Pionieren der MP3-Player wurden. 1997 hatte die Firma SaeHan Information Systems den MP3Man F10 mit Erfolg auf den südkoreanischen Markt gebracht, der ein Jahr später in Lizenz von den EigerLabs in den USA als EigerMan F10 um US$ 250 verkauft wurde.[192]

Der Rio PMP300 von Diamond Multimedia kam kurz nach dem EigerMan auf den US-Markt, wurde aber als erster MP3-Player wahrgenommen, weil eine Klage wegen Urheberrechtsverletzung durch die Recording Industry Association of America (RIAA) dem Rio zu kostenloser Promotion verhalf. Die RIAA führte in der Klage aus, dass der Rio-Player gegen den Audio Home Recording Act von 1992 verstoßen würde, weil er über kein Copyright Management System verfüge und somit die NutzerInnen Urheberrechtsverletzungen begehen würden. Die erste Instanz wie auch das Berufungsgericht schloss sich der Argumentation der RIAA nicht an und verweis auf das berühmte Betamax-Urteil für Videorekorder, das dem Hersteller von Speichergeräten keine Haftung für Urheberrechtsverletzungen durch die NutzerInnen auferlegte, und sprach den Hersteller des Rio MP3-Players frei.[193]

[190] Time. 2010. All-TIME 100 Gadgets: Audio Highway Listen Up. October 25. https://content.time.com/time/specials/packages/article/0,28804,2023689_2023681_2023609,00.html. Zugriff 29. Mai 2026.

[191] Deepen Sinha, James D. Johnston, Sean Dorward und Schuyler R. Quackenbush. 1997. The Perceptual Audio Coder (PAC). In: *The Digital Signal Processing Handbook*, Hrsg. Vijay Madisetti und Douglas B. Williams, Artikel 42, S. 1–18. Boca Raton: CRC Press.

[192] Van Buskirk, Eliot. 2005. Introducing the world's first MP3 player. CNET, 21. Januar. https://web.archive.org/web/20090121150259/http:/reviews.cnet.com/4520-6450_7-5622055-1.html. Zugriff 29. Mai 2026.

[193] Recording Industry Association of America v. Diamond Multimedia Systems, Inc., United States Court of Appeals, Ninth Circuit. Case No. 98–56727. Urteil vom 15. Juni 1999.

Dieses Urteil sorgte nun auch für Rechtssicherheit für andere Hersteller von MP3-Playern, die nun zahlreiche Geräte auf den Markt brachten. Allein im Jahr 1999 waren in den USA vier neue MP3-Player erhältlich[194]: der RaveMP 2100 von der Firma Sensory Science, der einen Speicher von 64 MB für rund 20 Musiktitel hatte, der knapp 71 g wiegende IJ-100 der I-Jam Company, der auch über ein FM-Radio verfügte, der ebenfalls mit FM-Tuner und Voice-Recorder ausgestattete Nomad-Player von den Creative Labs und die Personal Jukebox PJB 100, die von einem Entwickler-Team bei der Digital Equipment Corporation (DEC) entwickelt worden war und der DEC-Übernahme durch Compaq zum Opfer fiel und schließlich erfolglos von Remote Solutions vermarktet wurde. Der PJB-100 war trotz seines unpraktischen horizontal angeordneten Bedienfeldes der Vorreiter für spätere MP3-Player, weil er mit seiner Speicherkapazität von 4,8 GB an die 1.200 Songs aufnehmen konnte.

Damit war der Industriestandard gesetzt. Ein MP3-Player musste eine ganze Musikbibliothek beinhalten und so verschwanden Geräte, mit einer Speicherkapazität von 64 MB, 128 MB oder 256 MB so schnell wieder vom Markt, wie sie dort aufgetaucht waren. Ähnlich erging es Playern, die keine MP3-Dateien speichern und abspielen konnten wie der Lyra Personal Digital Player von der RCA, der das G2-Format von Realnetworks nutzte oder die Geräte von Sony (Vaio MC-P10 Music Clip und Memory Stick Walkman), die Musik nur im ATRAC3-Format abspielen konnten.[195]

3.2.4 Der iPod – The Beautiful Thing

Es gab also zu der Zeit, als der iPod von Apple auf den Markt kam, bereits zahlreiche MP3- und andere Multimedia-Player, die entweder eine zu geringe Speicherkapazität hatten, zu unhandlich waren, kein ansprechendes Design aufwiesen, nicht mit MP3s genutzt werden konnten oder schlicht zu teuer waren. Die Apple-Verantwortlichen erkannten diese Marktlücke und anstatt ein bereits im Handel befindliches Gerät für iTunes zu promoten wurde im Januar 2001 beschlossen, einen eigenen MP3-Player zu bauen. Dazu wurde Anthony Fadell kontaktiert, der eine

[194] Alle Geräte werden vom Sammler von MP3-Playern, Richard Menta, auf Antique Radio Classified besprochen und mit Fotos belegt: Menta, Richard. o.D. Collecting MP3 Portables – part I, part II and part III. http://www.antiqueradio.com/Dec04_Menta_mp3pt1.html. Zugriff 29. Mai 2026.

[195] Menta, Richard. o.D. Collecting MP3 Portables – part I, part II and part III. http://www.antiqueradio.com/Dec04_Menta_mp3pt1.html. Zugriff 29. Mai 2026.

Zeitlang bei Philips und eine kurze Zeit auch bei Realnetworks gearbeitet hatte, und wusste, wie solche Geräte gebaut werden müssen. Der Anruf von Apple erreichte ihn am 23. Januar 2001 direkt auf der Schipiste in Vail, Colorado. Er fühlte sich geschmeichelt und eilte nach Cupertino, wo er ohne Umschweife den Auftrag erhielt, in acht Wochen einen stylischen MP3-Player zu designen, der mit iTunes genutzt werden konnte. Die Markteinführung war für Oktober desselben Jahres geplant.[196]

Der Zeitdruck war groß. Innerhalb von neun Monaten sollte ein vollkommen neuartiger MP3-Player konstruiert werden, der nicht nur eine große Speicherkapazität hatte und dessen Software mit iTunes kompatibel war, sondern auch den Designvorstellungen des diesbezüglich extrem anspruchsvollen Apple-Gründers genügte. Das erste Problem war, in kürzester Zeit eine Festplatte zu bekommen, auf der rund 1.000 Songs Platz hatten, die aber klein genug war, um sie in einen handlichen MP3-Player zu verbauen, der in die Hosentasche passte. Dabei spielte auch der Zufall Regie. Jobs und sein technisches Führungsteam waren im Februar 2001 gerade in Japan, um sich routinemäßig mit den Apple-Lieferanten zu treffen. Bei einem Meeting mit Toshiba erwähnten deren IngenieurInnen eine neuartige 1,8-Zoll-Festplatte, die über eine Speicherkapazität von 5 GB verfügte und noch in Entwicklung war, aber bereits im Juni desselben Jahres verfügbar wäre. Den Apple Verantwortlichen erschien die Festplatte wie Manna, das vom Himmel fiel, und sicherten sich um US$ 10 Mio. die Exklusivrechte daran.[197]

Währenddessen arbeitete Tony Fadell mit seinem Team unter Hochdruck am Design des neuen MP3-Players. Er wusste, wie heikel Jobs bei Produktdesigns war und konstruierte gleich drei Modellvarianten, die er am 1. April 2001 Jobs und seiner Führungsriege präsentierte. Dieses Meeting, das in die Apple-Geschichte einging, wurde immer wieder erzählt und mit unterschiedlichsten Details ausgeschmückt.[198] Übereinstimmend berichten die Quellen, dass Fadell die einzelnen Zubehörteile mit genauen Preis- und Gewichtsangaben für den MP3-Player aus einer Schachtel holte und vor sich auf den Tisch legte. Die Teile ließen sich wie Legoteile zusammenstecken, was Jobs gefiel und er begann damit herumzubasteln.

---

[196] Levy, Steven. 2006. *The Perfect Thing. How the iPod Shuffles Commerce, Culture, and Coolness*. New York etc.: Simon & Schuster, S. 54–56.

[197] Isaacson, Walter. 2011. *Steve Jobs. Die autorisierte Biografie des Apple-Gründers*. München: C. Bertelsmann, S. 455.

[198] Siehe dazu beispielsweise Levy, Steven. 2006. *The Perfect Thing. How the iPod Shuffles Commerce, Culture, and Coolness*. New York etc.: Simon & Schuster, S. 59–61 und Isaacson, Walter. 2011. *Steve Jobs. Die autorisierte Biografie des Apple-Gründers*. München: C. Bertelsmann, S. 457–459.

Dann enthüllte Fadell nacheinander die drei Designvarianten. Das erste Modell gefiel Jobs nicht, weil es einen Slot für eine Speicherkarte hatte und zu kompliziert zu bedienen war. Das zweite Modell war zwar billig, weil es einen flüchtigen Speicher hatte, aber die Musikdateien gingen verloren, wenn das Gerät ausgeschalten wurde, was Jobs ebenfalls ablehnte. Blieb noch das letzte Modell, auf das Fadell seine ganzen Hoffnungen gesetzt hatte. Es war klein und kompakt, hatte eine verbaute Festplatte und Steuerungstasten auf der Vorderseite. Das gefiel Jobs. Bevor er aber seiner Freude darüber Ausdruck verleihen konnte, ergriff Phil Schiller, Marketing Vice President von Apple, das Wort und fragte, ob er nun auch etwas präsentieren dürfte. Er verließ daraufhin den Raum und kam mit Geräten in verschiedener Größe zurück, die eines gemeinsam hatten, und zwar ein Click Wheel, mit dem die Playlists einfach und elegant gesteuert werden konnten. Jobs war begeistert und rief aus: „That's it!", und fragte Fadell, ob er ein solches Gerät bauen könnte? Fadell bejahte und das war der Startschuss für das Projekt mit dem geheimnisvollen Code-Namen P-68.[199] Vom iPod war zu diesem Zeitpunkt noch nicht die Rede. Der Name für den Apple MP3-Player kristallisierte sich erst später heraus und wurde in einem der Meetings zum Stand des Projektfortgangs von Steve Jobs selbst vorgeschlagen. Ohne lange darüber nachzudenken, taufte er das Gerät iPod in Anlehnung an den iMac, iMovie und iTunes.[200]

Die Namensfindung war das eine, die technische Umsetzung, noch dazu in so kurzer Zeit, war etwas Anderes. Ohne Vorarbeiten durch andere Unternehmen, deren sich Apple im Vorfeld bediente, wäre der iPod wesentlich später auf den Markt gekommen und wäre vielleicht auch nicht ein so durchschlagender Erfolg geworden. Einen wichtigen Beitrag zur Projektumsetzung leistete das kleine Start-up PortalPlayer aus San Jose, das erst 1999 gegründet worden war. PortalPlayer hatte bereits einen gleichnamigen MP3-Player konstruiert, der nun im Auftrag von Apple umgebaut werden sollte. Da PortalPlayer bereits Verträge mit den Lieferanten von den einzelnen Hardwarekomponenten hatte, konnte Apple durch diese Kooperation Zeit und Kosten sparen.[201]

Damit war die Hardwareseite des Projekts gesichert. Aber es musste noch die Software für den iPod geschrieben werden. Diese Aufgabe wurde an die Softwarefirma Pixo vergeben, die ein ehemaliger Apple-Mitarbeiter 1994 gegründet

[199] Levy, Steven. 2006. *The Perfect Thing. How the iPod Shuffles Commerce, Culture, and Coolness*. New York etc.: Simon & Schuster, S. 62.

[200] Levy, Steven. 2006. *The Perfect Thing. How the iPod Shuffles Commerce, Culture, and Coolness*. New York etc.: Simon & Schuster, S. 68.

[201] Levy, Steven. 2006. *The Perfect Thing. How the iPod Shuffles Commerce, Culture, and Coolness*. New York etc.: Simon & Schuster, S. 64–66.

hatte.[202] So setzten zwei nicht zu Apple gehörige Unternehmen – PortalPlayer und Pixo – unter der Leitung von Tony Fadell das Projekt P-68 um. In regelmäßigen Meetings mit Steve Jobs wurde der Projektfortschritt besprochen und Job drängte dabei stets auf Einfachheit, was dazu führte, dass die meisten Features, wie z. B. das Erstellen von Playlists nicht am iPod, sondern auf iTunes verlagert wurden. Jobs setzte es sogar durch, dass der iPod keinen Einschaltknopf bekommen sollte, sondern lediglich durch Berührung in Bereitschaft versetzt wurde.[203]

Das Outsourcing von Aufgaben an Drittfirmen, die in engem Kontakt mit Fadell und Jobs arbeiteten, ermöglichte es, dass bereits im August 2001 der erste Prototyp firmenintern vorgestellt werden konnte. Der erste Song, der angeblich auf diesem Gerät wiedergegeben wurde, war „Groovejet" vom italienischen EDM-Musikproduzenten Spiller.[204] Da der iPod über kein Copyright Management System verfügte und Jobs befürchtete, ähnlich wie im Fall des Rio-Players, von den Rechteinhabern vor Gericht zitiert zu werden, bestimmte er, dass die NutzerInnen Musikdateien zwar vom Mac auf den iPod überspielen konnten, aber nicht in umgekehrter Richtung. Damit sollte sichergestellt werden, dass Musikinhalte von einem iPod nicht auf ein fremdes Gerät gelangten. Zusätzlich wurde in jeder iPod-Verpackung der Hinweis „Don't steal music" hinzugefügt.[205]

Dann war es so weit: Am 23. Oktober 2001 wurde der iPod im Apple-Headquarter in Cupertino der Öffentlichkeit präsentiert.[206] In der Einladung an die JournalistInnen wurde nur kryptisch angedeutet: „Hint: It's not a Mac".[207] Das schürte zusätzlich die Neugierde, was Apple und Steve Jobs nun wieder hervorzaubern würden.

Das zahlreich erschienene Publikum, darunter sehr viele Tech-JournalistInnen, wurden nicht enttäuscht. In kleinerem Rahmen als bei der Macworld im Januar, aber im gleichen Outfit knüpfte Jobs an die strategische Neuausrichtung, den Mac zum Hub für den digitalen Lifestyle der Menschen zu machen, an. Er erinnerte an iTunes und bedauerte, dass es dafür kein passendes Gerät gäbe. Ein Gerät, das wie

---

[202] Levy, Steven. 2006. *The Perfect Thing. How the iPod Shuffles Commerce, Culture, and Coolness*. New York etc.: Simon & Schuster, S. 66–67.

[203] Levy, Steven. 2006. *The Perfect Thing. How the iPod Shuffles Commerce, Culture, and Coolness*. New York etc.: Simon & Schuster, S. 69.

[204] Levy, Steven. 2006. *The Perfect Thing. How the iPod Shuffles Commerce, Culture, and Coolness*. New York etc.: Simon & Schuster, S. 71.

[205] Levy, Steven. 2006. *The Perfect Thing. How the iPod Shuffles Commerce, Culture, and Coolness*. New York etc.: Simon & Schuster, S. 71.

[206] Tech Knowology. 2011. Apple – Steve Jobs introduces the iPod – 2001. YouTube, 24. Oktober. https://www.youtube.com/watch?v=Mc_FiHTITHE. Zugriff 29. Mai 2026.

[207] Levy, Steven. 2006. *The Perfect Thing. How the iPod Shuffles Commerce, Culture, and Coolness*. New York etc.: Simon & Schuster, S. 7.

ein Hard Drive 1.000 Songs beinhalten könnte, aber so klein wäre, dass es in jede Hosentasche passte. Und in diesem Moment wurde der Schriftzug „iPod" auf die Leinwand hinter Jobs projiziert. „iMac, iBook, iPod" setzte Jobs bedeutungsvoll hinzu und erklärte sogleich, dass es sich beim iPod um einen MP3-Musikplayer handelt, der in CD-Qualität Musik in den Formaten MP3, WAV und AIFF wiedergeben konnte und auf dem 1.000 Songs passten. Somit würde die gesamte Musikbibliothek in die Hosentasche passen. Mit der FireWire-Technologie kann eine CD in 10 s auf den iPod geladen werden, fügte Jobs sichtlich stolz hinzu und rechnete vor, dass man für das Überspielen von 1.000 Songs auf den iPod 10 min benötigen würde. Mit dem damals weit verbreiteten USB 1-Anschluss würde es 5 h dauern, fügte der Apple-CEO süffisant hinzu.

Nun kam aber der große Moment: Der iPod wurde auf der Leinwand erstmals von der Seite gezeigt. Er war schmaler als eine Zigarettenschachtel und wesentlich leichter als jedes damals verfügbare Handy. Dann folgte die Projektion der Rückseite mit dem Apple-Logo und dem iPod-Schriftzug auf dem Edelstahl-Gehäuse. „It' really, really durable – it's beautiful", kommentierte Jobs, bevor die Vorderseite des iPods mit dem signifikanten Click Wheel gezeigt wurde. Und „zufälligerweise" hatte Jobs auch einen iPod mit dabei, den er nun aus der Hosentasche zog. Unter Gelächter und Applaus präsentierte er das „Beautiful Thing" dem Publikum. Darauf folgte eine ausführliche Präsentation aller Funktionalitäten des Apple MP3-Players durch Steve Jobs und er zeigte auch, wie der iPod mit iTunes harmonierte. Als er dann gegen Ende der Präsentation den Preis von US$ 399 projizieren ließ, brandete kein Applaus auf. Das Gerät war vergleichsweise teuer und funktionierte nur im Apple-Universum.

Nachdem der iPod am 10. November 2001 in den USA in die Geschäfte gekommen war, wurde er sofort zum Verkaufsschlager, allerdings nur bei Apple-UserInnen. Weder iTunes noch der iPod konnten mit einem PC, auf dem Windows lief, genutzt werden. Deshalb fielen die Absatzzahlen für den iPod in den ersten beiden Jahren vergleichsweise bescheiden aus (siehe Abb. 3.5).

Im Finanzjahr 2002[208] wurde lediglich 376.000 Stück iPods weltweit verkauft und trotz des Zuwachses von 150 % im darauffolgenden Geschäftsjahr, lag der globale Absatz des iPods bei nur 937.000 Stück. Da diese Zahlen auch bei Apple für Unruhe sorgten, musste Steve Jobs, der anfangs noch gegen eine Windows-Version für iTunes war, zähneknirschend nachgeben und so wurde die Softwarefirma MusicMatch im Frühjahr 2002 damit beauftragt, ein Programm für PCs zu schreiben,

---

[208] Das Finanzjahr von der Apple Inc. endet stets im September. Das Finanzjahr 2002 begann demnach am 01.10.2001 und endete am 30.09.2002.

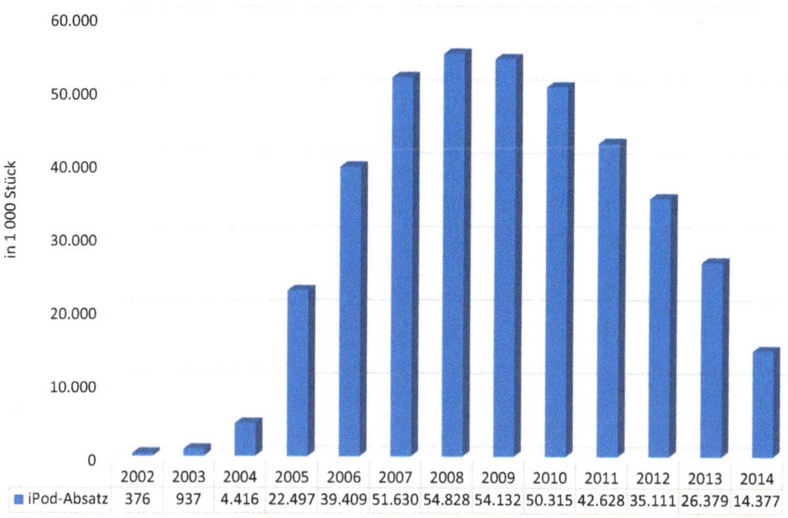

Abb. 3.5 iPod-Absatz, 2002–2014. (Quelle: Wikipedia. 2013. iPod Sales per Quarter. 19. Dezember. https://en.wikipedia.org/wiki/File:Ipod_sales_per_quarter.svg. Zugriff 29. Mai 2026)

das kompatibel mit dem iPod war. Bereits im Juli 2002 begann Apple mit dem Verkauf von iPods, die auch mit Windows genutzt werden konnten.[209]

Allerdings war die MusicMatch-Software nicht zufriedenstellend und mit dem iPod für Windows konnte die Musik nicht im iTunes-Store heruntergeladen werden. Apple musste wohl oder übel eine eigene Version von iTunes für Windows, die auch von allen iPods genutzt werden konnte, erstellen. Im Oktober 2003 wurde iTunes für Windows der Öffentlichkeit vorgestellt[210] und die iPod-Absatzzahlen schossen 2004 um 371 % auf 4,4 Mio. in die Höhe. 2005 meldete Apple einen Zuwachs von unglaublichen 409 % auf weltweit 22,5 Mio. verkaufte iPods. Befeuert wurde diese Explosion bei den iPod-Verkäufen durch immer neue Modelle, die Apple veröffentlichte: 2002 wurde bereits die zweite iPod-Generation auf den Markt gebracht, ein Jahr später folgte die dritte Generation und im Januar 2004 wurde der iPod Mini der Öffentlichkeit vorgestellt. Im Juli desselben Jahres war

[209] Levy, Steven. 2006. *The Perfect Thing. How the iPod Shuffles Commerce, Culture, and Coolness*. New York etc.: Simon & Schuster, S. 209–210.

[210] Levy, Steven. 2006. *The Perfect Thing. How the iPod Shuffles Commerce, Culture, and Coolness*. New York etc.: Simon & Schuster, S. 211.

die vierte iPod-Generation am Markt und im Januar 2005 folgte der iPod-Shuffle, der weder über einen Bildschirm noch über das Click Wheel verfügte. Zum Verkaufsschlager wurde dann der iPod Nano, der im September 2005 den iPod Mini ablöste. Ein Monat später kam die fünfte Generation des klassischen iPods auf den Markt, auf dem neben Musik auch Videos gespeichert werden konnten. Im September 2006 folgte dann die zweite Generation des iPod Nano und ein Jahr später noch der briefmarkengroße iPod Shuffle der ebenfalls zweiten Generation. Damit war dann aber Schluss mit dem iPod, der 2007 vom iPhone abgelöst werden sollte.[211]

Zwar ließen der iPod Shuffle und der iPod Nano den Absatz im Finanzjahr 2006 um 75 % auf 39,4 MillionenStück ansteigen und 2007 gab es mit 31 % noch ein deutliches Absatzplus, aber 2008 wuchsen die iPod-Absatzzahlen nur mehr um 6 % auf 54,8 Mio. Stück, womit der historische Höchstwert erreicht wurde. Die Markteinführung des iPhones und anderer Smartphones sowie die Verlagerung des Musikkonsums zum Musikstreaming ließ die Absatzzahlen für den iPod nach 2008 zurückgehen. Zwar wurden 2009 54,1 Millionen und 2010 immerhin noch 50,3 Mio. Stück von den diversen iPod-Modellen weltweit verkauft. Ab 2011 brach der Absatz dann aber merklich ein. Als 2014 nur mehr 14,8 Mio. iPods von Apple abgesetzt werden konnten, was einem Rückgang zum Vorjahr von 45 % entsprach, wurden um im darauffolgenden Geschäftsjahr keine Absatzzahlen für den MP3-Player mehr veröffentlicht.

Bis zu diesem Zeitpunkt hatte Apple fast 400 Mio. Stück iPods verkauft. In kürzester Zeit war der iPod zum beliebtesten Multimedia-Player, insbesondere MP3-Player, geworden und hatte 2005 einen weltweiten Marktanteil von 75 %.[212] Mit dem iPod revolutionierte Apple aber nicht nur die Musikindustrie, sondern Apple revolutionierte auch sich selbst. War das Unternehmen 2000 noch ein Computer-Hersteller in einer kleinen aber feinen Marktnische, so war Apple 2005 im Musikbusiness tätig. In diesem Jahr entfielen 15 % des Konzernumsatzes auf iPod-Verkäufe. 2006 waren es schon mehr als 25 % und 2007 war der iPod für 60 % aller Umsätze verantwortlich und stellte den iMac und das iBook weit in den Schatten.[213] Das erkannten auch die Apple-Verantwortlichen und der Vice President für

[211] Die Timeline zu den verschiedenen Produktvarianten des iPods findet sich in Levy, Steven. 2006. The Perfect Thing. How the iPod Shuffles Commerce, Culture, and Coolness. New York etc.: Simon & Schuster, S. vii–viii.

[212] Levy, Steven. 2006. *The Perfect Thing. How the iPod Shuffles Commerce, Culture, and Coolness*. New York etc.: Simon & Schuster, S. 3.

[213] Richter, Felix. 2022. Farewell iPod: The Rise and Fall of an Icon. Statista, 11. Mai. https://www.statista.com/chart/10469/apple-ipod-sales/. Zugriff 29. Mai 2026.

Marketing wurde mit dem Satz zitiert: „We realized that we're going to be in the music business.“[214] Dieses Zitat stand im Zusammenhang mit der Öffnung von iTunes für Windows-NutzerInnen, aber es bezeichnet auch einen wichtigen Wendepunkt in der Musikindustrie, als 2003 der kurz zuvor für Apple-UserInnen konzipierte iTunes-Musikstore auch für die Allgemeinheit zugänglich gemacht wurde. Das war der eigentliche Startschuss für das Musikdownload-Geschäft, welches Apple in kürzester Zeit monopolieren sollte.

3.2.5 Der iTunes Music Store

Der iTunes-Musikstore war die Voraussetzung für den Verkaufserfolg des iPods. Das war auch Steve Jobs und den Verantwortlichen bei Apple klar. Deshalb mussten die Bosse der damals fünf Musik-Majors – Universal, Sony, Warner, EMI und BMG – davon überzeugt werden, ihre Musikkataloge für den Download-Shop zu lizenzieren. Die Sterne für ein legales Musikangebot im Internet standen aber gut, denn die Majors standen unter starkem Druck, den Musiktauschbörsen ein attraktives Angebot entgegenzusetzen. Ihre eigenen Versuche mit MusicNet und Pressplay dem P2P-Filesharing das Wasser abzugraben, waren kläglich gescheitert, wie wir anderer Stelle bereits gezeigt haben. Das Musikangebot auf beiden Plattformen war sehr begrenzt, die Musik konnte nur unter großen Restriktionen gestreamt werden und nach einer gewissen Zeit, konnten die Songs nicht mehr abgespielt werden.

Aufgescheucht durch den Erfolg des iPods, reiste Anfang 2002 eine hochrangige Delegation von Warner Music und Sony nach Cupertino, um Apple davon zu überzeugen, einen Kopierschutz für digitale Musik umzusetzen. In seiner Jobs-Biografie gewährt Isaacson einen Einblick in dieses Meeting. Jobs wies den Vorschlag eines Kopierschutzes für den iPod brüsk von sich und ging in den Gegenangriff über. Die Vertreter der Musikindustrie hätten wohl die Köpfe in den Sand gesteckt, feixte Jobs, und die versammelten Executives der Musikbranche stimmten kleinlaut zu und baten sogar um Hilfe, wie sich Jobs mit einiger Verwunderung erinnerte. Er war aber bereit, Warner und Sony zu unterstützen.[215]

Der war wohl der letzte Stein des Anstoßes, um den iTunes Music Store in die Tat umzusetzen. Diese Mal nahm sich Jobs die Major-Bosse einzeln vor. Im März

---

[214] Richter, Felix. 2022. Farewell iPod: The Rise and Fall of an Icon. Statista, 11. Mai. https://www.statista.com/chart/10469/apple-ipod-sales/. Zugriff 29. Mai 2026.

[215] Isaacson, Walter. 2011. *Steve Jobs. Die autorisierte Biografie des Apple-Gründers*. München: C. Bertelsmann, S. 467.

2002 flog der Warner Music CEO, Roger Ames, nach Cupertino, wo er mit Jobs und Eddy Cue, der für iTunes zuständig war, zusammentraf. Jobs präsentierte ihm den Prototyp des iTunes Stores und Ames war beeindruckt, sicherte seine Unterstützung zu und versprach, sich auch bei den anderen Majors dafür einzusetzen.[216] Im Gegenzug sicherte Jobs zu, einen FairPlay-Kopierschutz einzubauen, der sicherstellte, dass ein gekauftes Musikfile nur auf einer begrenzten Anzahl von Geräten genutzt werden konnte und dass Playlists maximal zehn Mal auf CD gebrannt werden konnten.[217]

Als nächstes war der CEO des größten Musik-Majors, Doug Morris, an der Reihe. Jobs besucht ihn im Universal-Headquarter in New York City und auch Morris war vom integrierten Ansatz angetan. Er beauftragte Jimmy Iovine, der früher die Alben von Bruce Springsteen produziert hatte und nun für Interscope-Geffen-A&M-Labelgruppe von Universal verantwortlich war, sich den iTunes Store genauer anzusehen. Iovine reiste nach Cupertino und ließ sich den iTunes Store vorführen. Er war so beeindruckt, dass er vorschlug, die Kooperation mit Sony rund um Pressplay zu beenden und die Zusammenarbeit mit Apple zu suchen.[218]

Nun galt es, die härteste Nuss zu knacken: Sony. Sony war ein direkter Konkurrent auf dem Markt für MP3-Player und hatte erfolglos versucht, sein proprietäres Audioformat gegen die MP3 durchzusetzen. Jobs verhandelte direkt mit dem neuen Chef von Sony Music, Andy Lack, der zwar das Preismodell von US$ 0,99 für einen Song- und US$ 9,99 für einen Album-Download akzeptieren wollte, wovon 70 % an die Majors fließen sollte, aber im Gegenzug einen weiteren Umsatzanteil an den iPod-Verkäufen einforderte, weil die Musik von Sony im iTunes Store die iPod-Verkäufe ankurbeln würde.[219] Job hielt naturgemäß wenig von diesem Vorschlag und überredete Ames und Morris, sich nicht dieser aus seiner Sicht absurden Idee anzuschließen. Sony war damit isoliert und musste sich wohl oder übel Universal und Warner anschließen.[220] Nachdem Apple die drei großen Musik-

[216] Isaacson, Walter. 2011. *Steve Jobs. Die autorisierte Biografie des Apple-Gründers*. München: C. Bertelsmann, S. 471.

[217] Levy, Steven. 2006. *The Perfect Thing. How the iPod Shuffles Commerce, Culture, and Coolness*. New York etc.: Simon & Schuster, S. 153.

[218] Levy, Steven. 2006. *The Perfect Thing. How the iPod Shuffles Commerce, Culture, and Coolness*. New York etc.: Simon & Schuster, S. 472–473.

[219] Isaacson, Walter. 2011. *Steve Jobs. Die autorisierte Biografie des Apple-Gründers*. München: C. Bertelsmann, S. 474

[220] Isaacson, Walter. 2011. *Steve Jobs. Die autorisierte Biografie des Apple-Gründers*. München: C. Bertelsmann, S. 474.

konzerne an Bord hatte, folgten schließlich auch noch die EMI und die BMG, deren Repertoire für Apple natürlich wichtig war, die aber nicht über die gleiche Marktmacht wie Universal, Sony und Warner verfügten.

Die Verhandlungen mit den Verantwortlichen der Musikkonzerne waren mühsam gewesen und drohten nicht nur einmal zu scheitern, aber der Leidensdruck der Majors, ein legales Musikangebot im Netz zu ermöglichen, war so groß, dass sie schließlich zustimmten. Jobs hatte sie auch damit geködert, dass der iTunes-Music Store nur für Mac-NutzerInnen zugänglich wäre. Es ist die Aussage von Doug Morris von der Universal Music Group gegenüber seinen skeptischen MitarbeiterInnen überliefert: „I don't understand how Apple could ruin the record business in one year. Why shouldn't we try this?“[221]

Am 28. April 2003 öffnete der iTunes Music Store seine Pforten, nachdem Steve Jobs in einer weiteren denkwürdigen Veranstaltung im Moscone Convention Center in San Francisco in Anwesenheit der Musikindustrie-Bosse den iTunes Store der Öffentlichkeit präsentiert hatte.[222] Jobs scheute nicht davor zurück, auch gegen die Majors auszuteilen. MusicNet und Pressplay würden die Musikfans wie Verbrecher behandeln und wären keine Alternative zu den Musiktauschbörsen. Aber man hätte sich nun nach langen Verhandlungen mit der Musikindustrie geeinigt. Es gibt nun mit den iTunes Music Store eine legale Alternative, sich einzelne Songs um USc 99 zu kaufen – ein Drittel, was ein Latte macchiato bei Starbucks kostet, wie Jobs launig hinzusetzte. Auch Eddy Cue, der für den iTunes Store zuständig war, kam zu Wort und prognostizierte, dass innerhalb der nächsten sechs Monate eine Million Musikstücke über den iTunes Music Store verkauft werden würden. Er irrte sich aber gewaltig, es waren eine Million Songs in nur einer Woche.[223]

Dieser unglaubliche Erfolg im überschaubaren Apple-Universum ließ sich aber potenzieren, wenn der iTunes Music Store nicht nur für Mac-NutzerInnen, sondern auch auf Windows-PCs verfügbar wäre. Der Hacken war aber, dass Jobs den Majors versprochen hatte, den iTunes-Store auf den Mac und somit auf eine Marktni-

[221] Levy, Steven. 2006. *The Perfect Thing. How the iPod Shuffles Commerce, Culture, and Coolness*. New York etc.: Simon & Schuster, S. 150.

[222] Apple Novinky. 2018. Steve Jobs introduces iTunes Music Store – Apple Special Event 2003. YouTube, 4. Apri. https://www.youtube.com/watch?v=NF9o46zK5Jo. Zugriff 29. Mai 2026.

[223] Levy, Steven. 2006. *The Perfect Thing. How the iPod Shuffles Commerce, Culture, and Coolness*. New York etc.: Simon & Schuster, S. 156.

sche von 5 % zu begrenzen.[224] Apple musste also erneut den Weg zu den große Inhabern der Musikkataloge antreten, um diese von der Ausweitung auf Windows zu überzeugen. Um den Druck auf die Majors zu erhöhen, hatte Jobs den direkten Kontakt zu einigen Superstars des Musikbusiness gesucht, von denen bekannt war, dass sie in ihren Labelverträgen eine Digitalklausel hineinverhandelt hatten, die es ihnen erlaubte, selbst über die digitale Nutzung ihrer Aufnahmen zu entscheiden. Auf diese Weise konnte Jobs Bono von U2 und Dr. Dre überzeugen, ihre Musik für die Windows-Version von iTunes zur Verfügung zu stellen.[225]

Jobs wusste aber auch, dass die Majors den überwältigenden Erfolg des iTunes Stores, der nun erstmals Geld vom Verkauf digitaler Musik in ihre Kassen spülte, nicht gefährden wollte. Und es wäre ein Publicity-Desaster für die Musikkonzerne gewesen, sich öffentlich gegen die Ausweitung des iTunes Stores für Windows-NutzerInnen zu stellen. Im Nachhinein kann durchaus der Eindruck entstehen, dass Steve Jobs die Major-Verantwortlichen über den Tisch gezogen hatte. Aber der Deal war letztendlich eine Win-Win-Situation für beide Seiten. Die Majors konnten in ihrem Kampf gegen das P2P-Filesharing argumentieren, dass sie nun ein einfach zu nutzendes, legales und noch dazu preiswertes Download-Angebot unterstützten, an dem sie auch gut verdienten. Apple konnte mit dem iTunes Music Store den iPod-Verkauf massiv ankurbeln und zum Marktführer in diesem Marktsegment werden.

So fand sechs Monate nach der Premiere des iTunes Music Store im Oktober 2003 der nächste Special Event von Apple in San Francisco statt, auf dem der iTunes Store für Windows der Öffentlichkeit präsentierte wurde.[226] Unter den Klängen des Beatles-Songs „In My Life", in der Interpretation von Johnny Cash, betrat Steve Jobs die Bühne und begann seine Präsentation damit, die Weiterentwicklung am iPod, der nun bis zu 10.000 Songs speichern konnte, anzupreisen. Dann leitete er auf den iTunes Music Store über, über den seit seinem Launch im April 2003 insgesamt 13 Mio. Songs gekauft und heruntergeladen worden waren und der mit neuen Features angereichert wurde, die Jobs in der Folge präsentierte. Er erwähnte dann aber noch ein Feature, von dem viele Leute meinten, dass es niemals von Apple umgesetzt werden würde. Auf der Leinwand erschien in großen Lettern

224 Levy, Steven. 2006. *The Perfect Thing. How the iPod Shuffles Commerce, Culture, and Coolness*. New York etc.: Simon & Schuster, S. 157.

225 Isaacson, Walter. 2011. *Steve Jobs. Die autorisierte Biografie des Apple-Gründers*. München: C. Bertelsmann, S. 480.

226 Apple Novinky. 2018. Steve Jobs introduces iTunes for Windows – Apple Special Event 2003. YouTube, 4. April. https://www.youtube.com/watch?v=MvCJ613HORA. Zugriff 29. Mai 2026.

„Hell froze over", was großes Gelächter im Publikum auslöste und gleichzeitig schmolzen die Buchstaben dahin. Und dann kam die große Ankündigung, dass die zweite Generation von iTunes und vom iTunes Music Store nicht nur auf dem Mac, sondern auch auf Windows XP und 2000 laufen würde. Mit einem Seitenhieb auf Bill Gates und Microsoft verkündete Jobs, dass iTunes für Windows das beste Programm wäre, das jemals für Windows geschrieben worden ist. Jobs betonte auch, dass die Windows-Version vom iTunes Store keine Schmalspurversion wäre, sondern eine identische Vollversion mit allen bekannten Features. Dann setzte er sich an den vorbereiteten PC und führte den Windows-iTunes-Store dem Publikum vor. Den Abschluss der Präsentation bildeten iChat-Auftritte von Bono, Mike Jagger und Dr. Dre, die wenig überraschend den iPod und iTunes in den höchsten Tönen priesen.

Mit dem iTunes-Music Store für Mac und Windows im Rücken, explodierten die Musik-Download-Zahlen. Anfangs jubelten die VertreterInnen der phonografischen Industrie wie z. B. der Präsident der Recording Industry Association of America (RIAA), Cary Sherman, der in einem Interview sagte: „The iPod and the iTunes Store are shining light at a very bleak time in the industry."[227] Aber schon bald regte sich auch Unmut in der Branch. Der Warner CEO Edgar J. Bronfman Jr. beklagte sich, dass die Labels die Kontrolle über die Preissetzung für ihre Musik an Apple abgetreten hätten und insgesamt nicht mehr den digitalen Musikvertrieb kontrollieren könnten.[228] Sie malten auch das Schreckensszenario an die Wand, dass Apple direkte Deals mit ihren KünstlerInnen eingehen könnte, was den Einstieg des Computerherstellers in das Label-Business bedeuten würde. Anlass für die Panikreaktion war der U2 iPod, den Apple Ende Oktober 2004 unter dem Beisein der irischen Rockband präsentierte, auf dem der gesamte Musikkatalog der Band verfügbar war.[229] 2006 brachte Apple zudem einen iPod mit 773 Songs von Bob Dylan für US$ 199 auf den Markt,[230] aber Apple hatte nie die Absicht, in das Label-Business einzusteigen, sondern wollte lediglich seine iPods verkaufen.

[227] Levy, Steven. 2006. *The Perfect Thing. How the iPod Shuffles Commerce, Culture, and Coolness*. New York etc.: Simon & Schuster, S. 157.

[228] Levy, Steven. 2006. *The Perfect Thing. How the iPod Shuffles Commerce, Culture, and Coolness*. New York etc.: Simon & Schuster, S. 169.

[229] Levy, Steven. 2006. *The Perfect Thing. How the iPod Shuffles Commerce, Culture, and Coolness*. New York etc.: Simon & Schuster, 166.

[230] Isaacson, Walter. 2011. *Steve Jobs. Die autorisierte Biografie des Apple-Gründers*. München: C. Bertelsmann, S. 493.

3.2.6 Das iTunes-Monopol

Am meisten schmerzte es die Musikkonzerne, dass sie die Kontrolle über den digitalen Musikkonsum an Apple abgegeben hatten. Der Tech-Konzern aus Cupertino sollte in den kommenden Jahren den Musikdownload-Markt monopolartig dominieren, wie die Zahlen belegen. Betrachten wir zuerst den weltweit größten phonografischen Markt, und zwar jenen der USA. Erstmals 2004 wies die Recording Industry Association of America (RIAA) Umsätze aus dem Download-Business aus, nachdem der iTunes Music Store 2003 einen fulminanten Start hingelegt hatte. 2004 wurden bereits 139 Mio. Single-Downloads und 5 Mio. Album-Downloads in den USA gezählt, was einem Umsatz von US$ 184 Mio. entsprach. Im Vergleich zu den CD-Verkäufen, die 2004 einen Umsatz von US$ 11,4 Mrd. generierten, nahm sich das noch bescheiden aus. Die Download-Umsätze stellten aber die Einnahmen aus dem Musikstreaming mit US$ 7 Mio. klar in den Schatten. Trotz des in den Folgejahren rasant wachsenden Streamingmarkts, blieben die Musik-Downloadverkäufe der wichtigste Wachstumstreiber in den USA, die aber den Umsatzrückgang bei den CD-Verkäufen nicht kompensieren konnten. 2012 wurde erstmals mit US$ 2,8 Mrd. mehr Umsatz mit Musikdownloads als mit CDs gemacht. Gleichzeitig begann aber das Musikstreaming den Musikdownload zu kannibalisieren. 2015 war es dann so weit. Mit Musikstreaming (US$ 2,33 Mrd.) konnte erstmals mehr Umsatz erzielt werden als mit Musik-Downloads (US$ 2,29 Mrd.). Die CD-Umsätze von US$ 1,4 Mrd. folgten weit abgeschlagen an dritter Stelle. Die Schere sollte in den folgenden Jahren immer weiter aufgehen und die Musikdownloads wurden als Umsatzträger marginalisiert. 2021 wurde erstmals wieder mehr Umsatz mit CDs (US$ 586 Mio.) als mit Downloads (US$ 572 Mio.) gemacht. Allerdings lagen die Verkäufe von Vinyl-Schallplatten 2021 mit US$ 1,1 Mrd. fast so hoch wie CD- und Downloadumsätze zusammengenommen (siehe Abb. 3.6).

Betrachten wir nun aber den Aufstieg des Musik-Downloadmarktes von 2004 bis Mitte der 2010er-Jahre und die Rolle, die Apples iTunes dabei spielte. Der mit Abstand wichtigste Markt für Downloads waren die USA. Die Wachstumsraten waren atemberaubend. 2005 wuchs der Markt für Single-Downloads um 163 %, 2006 um 60 %, 2007 um 40 % und 2008 immerhin noch um 27 %. Die Album-Downloads, die wertmäßig zwar nicht mit den Single-Downloads mithalten konnten, explodierten im selben Zeitraum um das fast 14-fache, und wiesen bis 2012 noch eine durchschnittliche Wachstumsrate von 17 % auf. Bei den Single-Downloads zeigten sich aber bereits 2010 erste Anzeichen einer Stagnation. Der Umsatzzuwachs fiel mit 10 % vergleichsweise bescheiden aus. Hier machte sich

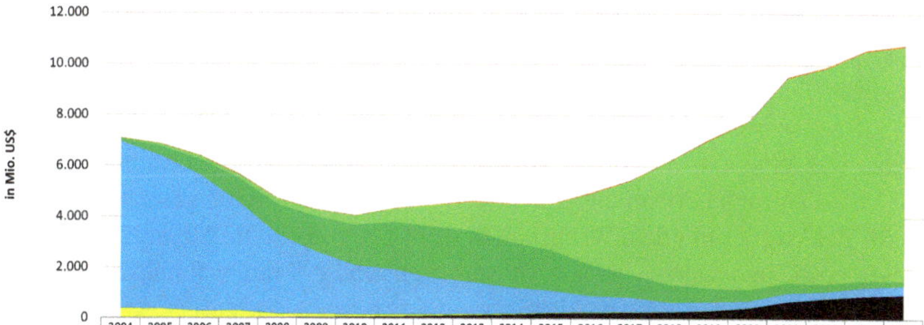

	2004	2005	2006	2007	2008	2009	2010	2011	2012	2013	2014	2015	2016	2017	2018	2019	2020	2021	2022	2023	2024
digital andere	0	1	1	2	2	4	4	2	2	4	2	2	19	18	21	23	20	32	26	28	35
Streaming	7	95	136	153	211	259	355	529	833	1.133	1.481	1.811	2.788	3.662	4.868	5.821	6.581	8.045	8.480	9.003	9.185
Download	133	362	621	946	1.205	1.385	1.596	1.872	2.057	2.043	1.811	1.617	1.245	918	700	539	454	410	320	279	236
CD-Album	6.549	6.019	5.356	4.259	3.127	2.468	1.937	1.772	1.420	1.252	1.024	848	638	575	373	353	276	341	270	345	339
Video	358	355	266	286	134	124	105	89	69	55	43	35	30	21	16	15	16	11	8		
physisch andere	18	12	9	8	3	3	3	4	4	3	5	4	3	4	3	4	4	5	8	16	22
Vinyl-Album	12	9	10	14	34	39	54	72	97	128	153	210	225	246	268	322	427	679	800	906	954

Abb. 3.6 Der phonografische Markt in den USA, 2004–2024. (Quelle: Recording Industry Association of America (RIAA), US Music Revenue Database, https://www.riaa.com/u-s-sales-database/. Zugriff 29. Mai 2026)

der Aufschwung des Musikstreamings also früher bemerkbar als bei den Album-Downloads.

2010 war das Jahr, in dem Apple den 10 Milliardsten Download-Verkauf feierte[231] und der gesamte Beatles-Katalog im November nach jahrelangem Widerstand der Band und ihres Labels, der EMI, im iTunes-Store verfügbar war.[232] Zu diesem Zeitpunkt hatte Apple im US-Download-Geschäft einen Marktanteil von fast 80 % und lag damit weit vor der Konkurrenz von Amazon und Google.[233] Mit der iCloud, die Steve Jobs noch vor seinem Tod am 6. Juni 2011 der Öffentlichkeit präsentierte, konnte Apple seine Marktmacht im Musik-Downloadgeschäft weiter festigen.[234]

---

[231] Bruno, Antony. 2010. iTunes Reaches 10 Billion Milestone. Billboard, 25. Februar. https://www.billboard.com/music/music-news/itunes-reaches-10-billion-milestone-1210683/. Zugriff 29. Mai 2026.

[232] Bruno, Antony. 2010. Beatles On iTunes: The Story Behind the Deal. Billboard, 16. November. https://www.billboard.com/music/music-news/beatles-on-itunes-the-story-behind-the-deal-1197545/. Zugriff 29. Mai 2026.

[233] Mumbi Moody, Nekesa. iTunes Great for Apple, But Was It For Music Biz? Billboard, 10. Oktober. https://www.billboard.com/music/music-news/itunes-great-for-apple-but-was-it-for-music-biz-1164252/. Zugriff 29. Mai 2026.

[234] Bruno, Antony. 2011. Apple Unveils iCloud with Few Surprises. Billboard, 6. Juni. https://www.billboard.com/music/music-news/apple-unveils-icloud-with-few-surprises-470832/. Zugriff 29. Mai 2026.

2011 wurden in den USA 1,3 Mrd. Single-Downloads zu einem Wert von US$ 1,5 Mrd. und 104 Mio. Album-Downloads zu US$ 1,1 Mrd. getätigt, wovon der Großteil auf den iTunes Store von Apple entfiel. Ein Jahr später wurde dann in den USA der historische Höchstwert von knapp 1,4 Mrd. Single-Downloads erreicht, was einem Umsatz von US$ 1,6 Mrd. entsprach. Gleichzeitig wurden 117 Mio. Download-Alben mit einem Wert von US$ 1,2 Mrd. abgesetzt.

Ab 2013 war es mit dem Wachstum in den USA vorbei. Die Album-Downloads wiesen noch ein mageres Umsatzwachstum von rund 2 % auf, während die Single-Downloads schon um 3 % rückläufig waren. Das war aber nur der Anfang. Vom historischen Höchstwert der Single-Downloadverkäufe 2012 stürzte der Umsatz bis 2024 um 90 % ab. Bei den Album-Downloads ging 86 % des Umsatzkuchens verloren. Musikstreaming hatte seine Herrschaft angetreten und wuchs so stark, dass die Verluste im Download-Geschäft und bei den CD-Verläufen mehr als kompensiert werden konnten (siehe Abb. 3.7 und 3.8).

Ein ähnliches Bild ergibt sich für den weltweit drittgrößten phonografischen Markt im Vereinigten Königreich. Im UK waren die Wachstumsraten bei den Download-Verkäufen in den ersten Jahren nach dem Start des iTunes Stores ähnlich stark wie in den USA. 2005 sprang der Umsatz bei Single-Downloads um 360 % und bei den Album-Downloads um fast 800 % nach oben. 2006 wuchsen die Verkäufe von Single-Downloads um mehr als das Doppelte und jene der Album-Downloads um 67 %. Von 2007 bis 2009 blieben die Wachstumsraten im UK-Download-Geschäft hoch: Plus 62% bei den Single-Downloads und plus 47 % bei

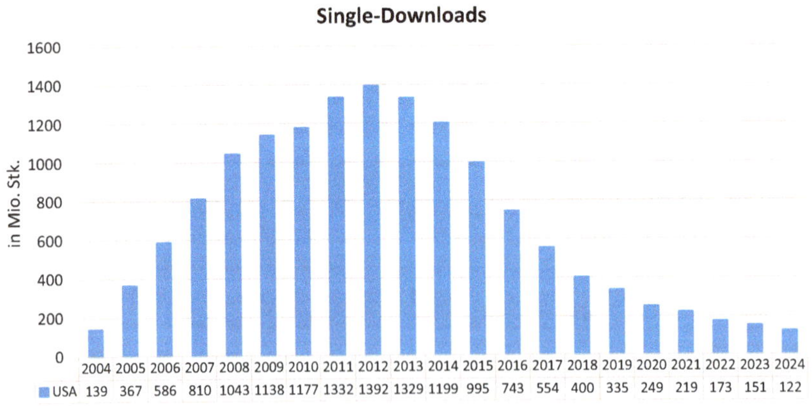

Abb. 3.7 Der Musik-Download-Markt in den USA, 2004–2024, Absatz in Mio. Stück. (Quelle: Recording Industry Association of America (RIAA), US Music Revenue Database, https://www.riaa.com/u-s-sales-database/. Zugriff 29. Mai 2026)

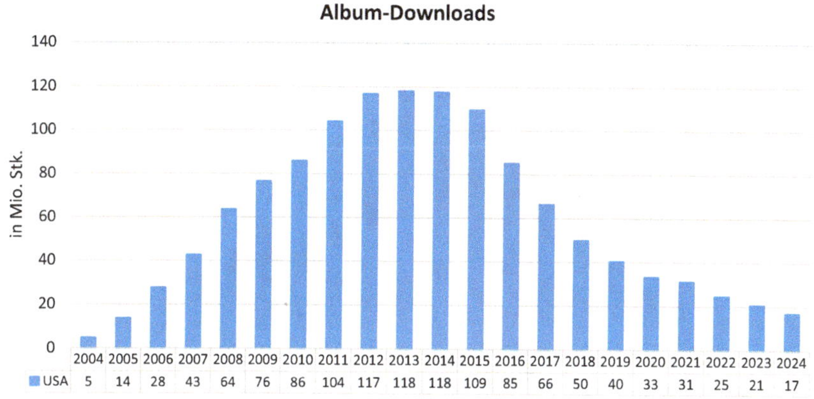

Abb. 3.7 (Fortsetzung)

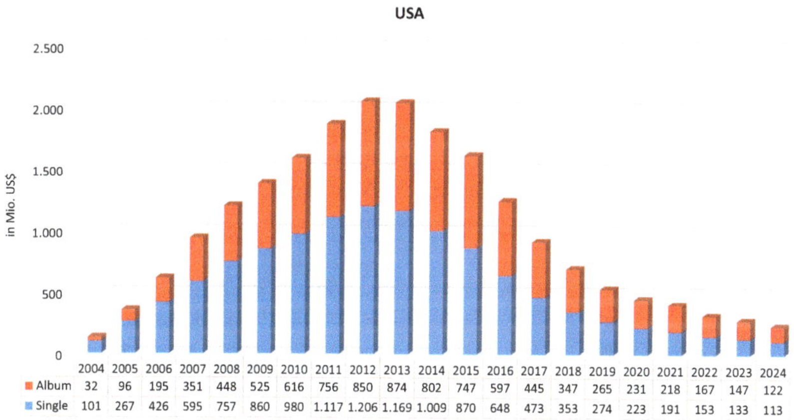

Abb. 3.8 Der Musik-Download-Markt in den USA, 2004–2023, Umsatz in Mio. US$. (Quelle: Recording Industry Association of America (RIAA), US Music Revenue Database, https://www.riaa.com/u-s-sales-database/. Zugriff 29. Mai 2026)

den Album-Downloads 2007, 53 % (Single) und 42 % (Album) im Jahr 2008 und 47 % (Single) und 54 % (Album) im Jahr 2009. Interessant zu erwähnen ist, dass ab 2010 die Album-Downloads im UK noch stark weiterwuchsen und die Single-Downloads wertmäßig sogar überholten. 2013, als die Single-Downloads erstmals um 4 % rückläufig waren, wuchsen die Album-Download-Verkäufe noch einmal um satte 19 %. 2014 war es dann aber mit dem Wachstum vorbei. Der Single-

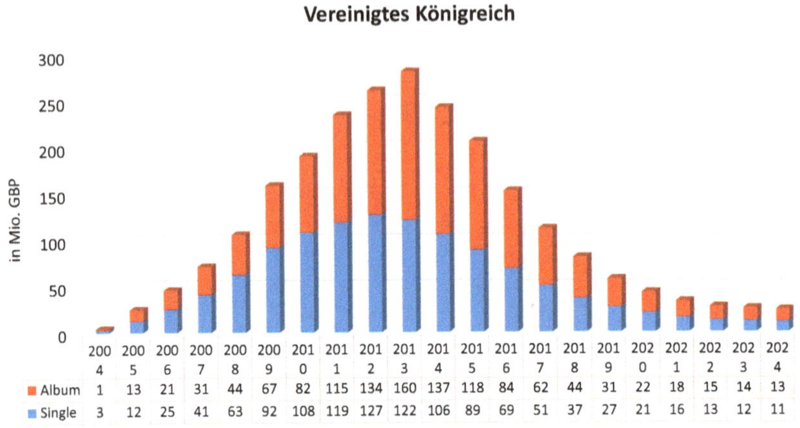

Abb. 3.9 Der Musik-Download-Markt im Vereinigten Königreich (UK), 2004–2023, Umsatz in Mio. GBP. (Quelle: British Phonographic Industry (BPI), Statistical Handbook for 2004–2016 and All About Music for 2017–2024)

Downloadmarkt schrumpfte um 13 % und jener für Album-Downloads um 15 %. Seit 2014 gingen in beiden Marktsegmenten die Umsätze um jeweils rund 90 % zurück und machten zusammen 2024 nur mehr 1,6 % des gesamten Umsatzkuchens der phonografischen Industrie im Vereinigten Königreich aus. Im Vergleich dazu hatte die Vinyl-Schallplatte einen Marktanteil von 9,8 % und die CD von 6,5 % (siehe Abb. 3.9).[235]

Apples iTunes Store war hauptverantwortlich für den Musik-Download-Boom im UK und der unangefochtene Marktführer. 2007, als der Umsatz mit Single-Downloads im UK bei GBP 41 Mio. und jener der Album-Downloads bei GBP 31 Mio. lag, wies der britische Musikindustrieverband BPI erstmals die Marktanteile für iTunes und andere Download-Shops im Internet aus. Dabei kam Apple mit seinem Download-Store auf einen Marktanteil von knapp 72 % bei den Single-Downloads und fast 90 % bei den Album-Downloads, wobei der Album-Markt noch vom Tonträgerverkauf dominiert wurde, der für 94 % des Umsatzes verantwortlich zeichnet. Ein Jahr später lagen die Marktanteile des iTunes Music Stores

[235] British Phonographic Industry (BPI). 2024. All About the Music 2023. Recorded Music in the UK: Facts, Figures & Analysis. London, S. 15.

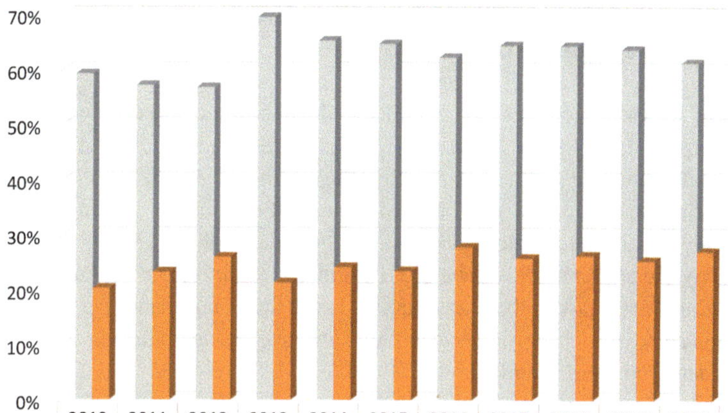

	2010	2011	2012	2013	2014	2015	2016	2017	2018	2019	2020
Apple iTunes	59%	57%	57%	70%	65%	65%	62%	64%	64%	64%	61%
Amazon	20%	23%	26%	21%	24%	24%	28%	26%	26%	25%	27%

Abb. 3.10 Die Marktanteile von Apple-iTunes und Amazon am britischen Musik-Download-Markt, 2010–2020. (Quelle: British Phonographic Industry (BPI), Statistical Handbook for 2010–2016 and All About Music for 2017–2020)

bei den Single-Downloads immer noch bei 75 % und bei 81 % bei den Album-Downloads.[236]

Ab 2010 berichtete die BPI die Download-Umsätze nicht mehr getrennt nach Single- und Albumformat, sondern als Gesamtwert. Dabei fällt auf, dass Amazon mit seinem Download-Angebot Marktanteile von iTunes gewinnen konnte., wie aus Abb. 3.10 hervorgeht.

An der Dominanz von Apple im Download-Geschäft änderte das aber nichts. Mit Marktanteilen, die je nach Jahr in einer Spanne von 57 bis 70 % lagen, war der iTunes Music Store der unangefochtene Marktführer. Amazon als zweitgrößter Musik-Download-Anbieter kam bestenfalls auf 28 % Marktanteil. Es ist daher wenig verwunderlich, dass den Labels und insbesondere den Majors die dominante Marktposition des iTunes Music Stores ein Dorn im Auge war. Sie begrüßten daher das Aufkommen der Musikstreamingdienste und vermieden den Fehler, den sie noch in den Verhandlungen mit Steve Jobs gemacht hatten, nämlich die Kontrolle über einen Musikvertriebsweg abzugeben, der dann von Apple quasi monopolisiert wurde.

[236] British Phonographic Industry (BPI). 2009. Statistical Handbook 2008, S. 68–69 und British Phonographic Industry (BPI). 2010. Statistical Handbook. 2009, S. 62–63.

3.2.7 Das iPhone als Trojanisches Pferd des Musikstreamings

Steve Jobs war sich bewusst, dass der Verkaufserfolg des iPods auch eine Gefahr für Apple darstellte, weil das Tech-Unternehmen dadurch von einem einzelnen Produkt abhängig werden könnte. Er drängte daher schon 2005 auf die nächste Innovation und die sollte sich beim Mobiltelefon ereignen.[237] Schon damals waren Handys mit Digitalkameras ausgestattet, wie das Nokia 7650, wie der finnische Handy-Hersteller im November 2001 in einer Pressemitteilung ankündigte und das 2002 auf den Markt gebracht wurde.[238] Es war daher nur mehr eine Frage der Zeit, wann Handys auch Musik speichern und abspielen konnten und so zur Konkurrenz für den iPod werden sollten.

Ursprünglich wurde die Idee verfolgt, ein bereits existierendes Mobiltelefon mit einem iPod-Chip auszustatten, was in einer Kooperation mit Motorola mündete. Dabei wurde das RAZR-Handy, das bereits mit einer Digitalkamera ausgestattet war, durch einen iTunes-Player ergänzt und als ROKR E1 im September 2005 auf den Markt gebracht.[239] Die Kritiken waren vernichtend und PC World kürte das ROKR zu einem der 25 schlechtesten Tech-Produkte aller Zeiten. Kritisiert wurde, dass der Speicherchip nur Platz für 100 Songs hatte, der Datentransfer quälend langsam und die Schnittstelle zu iTunes fehlerhaft war. Man konnte nicht einmal über eine Mobilfunkverbindung Musik herunterladen.[240]

Der Flop veranlasste Jobs, ein eigenes Mobiltelefon von Grund auf neu zu konzipieren, weil die auf dem Markt befindlichen Geräte zu kompliziert waren, aber vor allem hässlich aussahen und stanken.[241] Interessant ist, wie wir aus Issacsons Steve-Jobs-Biografie erfahren, dass das iPhone zwei Geburtshelfer hatte. Zum

---

[237] Isaacson, Walter. 2011. *Steve Jobs. Die autorisierte Biografie des Apple-Gründers*. München: C. Bertelsmann, S. 546.

[238] Nokia. 2001. Nokia's first imaging phone marks start of Multimedia Messaging era. Pressemitteilung, 19. November. https://web.archive.org/web/20160924133635/http:/company.nokia.com/en/news/press-releases/2001/11/19/nokias-first-imaging-phone-marks-start-of-multimedia-messaging-era. Zugriff 29. Mai 2026.

[239] Apple. 2005. Apple, Motorola & Cingular Launch World's First Mobile Phone with iTunes. Pressemitteilung, 7. September. https://www.apple.com/newsroom/2005/09/07Apple-Motorola-Cingular-Launch-Worlds-First-Mobile-Phone-with-iTunes/. Zugriff 29. Mai 2026.

[240] Tynan. Dan. 2006. The 25 Worst Tech Products of All Time. PC World, 26. März. https://web.archive.org/web/20080703122019/http:/www.pcworld.com/article/125772-7/the_25_worst_tech_products_of_all_time.html. Zugriff 29. Mai 2026.

[241] Isaacson, Walter. 2011. *Steve Jobs. Die autorisierte Biografie des Apple-Gründers*. München: C. Bertelsmann, S. 547.

einen wurde versucht, den iPod in ein Mobilfunkgerät umzuwandeln und zum anderen sollten die Erkenntnisse eines bereits laufenden, streng geheimen Entwicklungsprojekt für einen Tablet-Computer einfließen. Auch wenn das iPad erst Jahre später als das iPhone auf den Markt kam, stand es doch dafür Pate. Vom iPad-Vorläufer stammte nämlich der Touchscreen, an der die Apple-Ingenieure bereist tüftelten.[242] Ein weiteres wichtiges Feature war das unzerbrechliche Glas, das die Firma Corning im Bundesstaat New York als „Gorilla-Glas" erfunden hatte und von Apple nun in Exklusivlizenz bezogen wurde.[243] Damit war ein völlig neues, tragbares Multimedia-Gerät geschaffen worden, das nur aus einem bruchfesten Display ohne Tastatur bestand und in einem abgerundeten Gehäuse aus rostfreiem Stahl eingebettet war.

Bei der Präsentation am 9. Januar auf der Macworld in San Francisco kündigte Steve Jobs das iPhone als die Neuerfindung des Telefons an.[244] Statt einer Tastatur, die fast die Hälfte einer Mobiltelefon-Benutzeroberfläche belegte, bot das iPhone einen vollständigen Bildschirm, der fast die gesamte Vorderseite einnahm. Unter tosendem Applaus erschien das iPhone 1 nun auf der Leinwand. Der Bildschirm sollte aber nicht mit einem Stift gesteuert werden, sondern mit dem Finger, was durch die von Apple entwickelte Multi Touch-Technologie ermöglicht wurde. Auf der Rückseite war eine 2-MP-Digitalkamera verbaut, deren Fotos sogleich bearbeitet und verschickt werden konnten. Mit dem iOS 10 Betriebssystem war das iPhone so leistungsstark wie jeder damals erhältliche Computer und es konnte eine Vielzahl an Anwendungen auf dem iPhone steuern. Dadurch wurde es auch möglich, das iPhone mit iTunes zu synchronisieren, wodurch das iPhone über den iPod hinauswachsen sollte. Alle digitalen Inhalte wie Fotos, Musik, Hörbücher, Podcasts, Filme, Musikvideos und TV-Shows waren nun am iPhone verfügbar. Jobs betonte daher, dass Apple im iPhone drei revolutionäre Geräte in einem integrierte: einen iPod, ein Mobiltelefon und ein Internet-Kommunikationsgerät. Es war vor allem das Potenzial des Internet-Kommunikationsgeräts, das Apple und auch Jobs selbst unterschätzten. Noch steckten die Social-Media-Anwendungen in den Kinderschuhen und Musikstreaming spielte in der Musikindustrie so gut wie keine Rolle.

---

[242] Isaacson, Walter. 2011. *Steve Jobs. Die autorisierte Biografie des Apple-Gründers*. München: C. Bertelsmann, S. 548–552.

[243] Isaacson, Walter. 2011. *Steve Jobs. Die autorisierte Biografie des Apple-Gründers*. München: C. Bertelsmann, S. 553.

[244] Protectstar Inc. 2013., iPhone 1 – Steve Jobs MacWorld keynote in 2007 – Full Presentation. YouTube, 16. Mai. https://www.youtube.com/watch?v=VQKMoT-6XSg, Zugriff 29. Mai 2026.

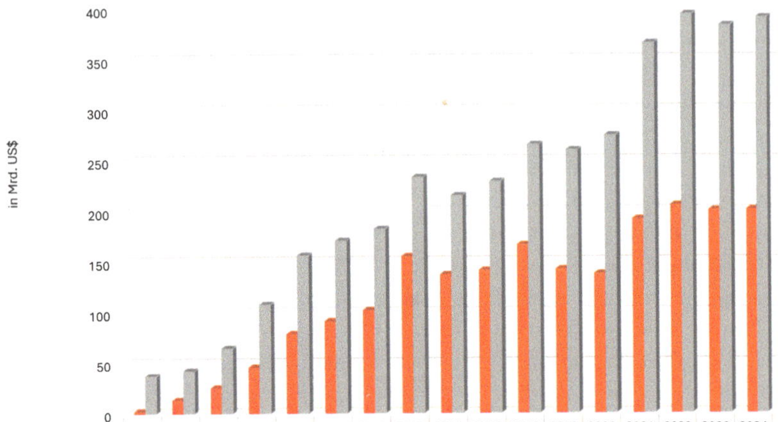

	2008	2009	2010	2011	2012	2013	2014	2015	2016	2017	2018	2019	2020	2021	2022	2023	2024
iPhone-Umsatz	2	13	25	46	79	91	102	155	137	141	166	142	138	192	205	201	201
Apple Gesamtumsatz	37	43	65	108	156	171	183	234	215	229	266	260	275	366	394	383	391

Abb. 3.11 Die Umsatzentwicklung des iPhones im Vergleich zu Apple-Konzernumsatz, 2008–2024. (Quelle: Curry, David. 2025. Apple Statistics (2024). Business of Apps blog, August 6. https://www.businessofapps.com/data/apple-statistics/. Zugriff 29. Mai 2026)

Trotz der stolzen US$ 499, die das iPhone kostete, als es Ende Juni 2007 in den USA in die Geschäfte kam, war es sogleich ein Verkaufsschlager. 2008 wurden weltweit 11,6 Mio. iPhones verkauft, 2009 waren es bereits 20,7 Mio., was einer Umsatzsteigerung von 622 % auf US$ 13,0 Mrd. entsprach. Das Umsatzwachstum war auch in den Folgejahren mit 93 % (2010), 83 % (2011) und 71 % (2012) beeindruckend hoch. 2013 wurden erstmals mehr als 150 Mio. iPhones weltweit abgesetzt und 2015 wurden mit 231 Mio. Stück verkauften Geräten, die 200-Millionen-Schallmauer durchbrochen. Damit war aber ein historischer Höchstwert erreicht und der Umsatz ließ sich nur mehr über Preissteigerungen erhöhen. Trotzdem brachen die iPhone-Umsätze immer wieder ein, wie z. B. 2016 um 12 % und 2019 um 14 %. Das hatte auch negative Auswirkungen auf den Konzernumsatz, der mit den Jahren immer stärker vom iPhone abhängig wurde. 2015, als das iPhone 6 auf den Markt kam, wurden zwei Drittel des Umsatzes mit dem iPhone gemacht. Erst in den letzten Jahren ist diese Abhängigkeit ein wenig zurückgegangen, aber das iPhone steuert immer noch mehr als die Hälfte des Apple-Umsatzes bei (siehe Abb. 3.11).[245]

[245] Curry, David. 2025. Apple Statistics (2024). Business of Apps blog, 6. August. https://www.businessofapps.com/data/apple-statistics/. Zugriff 29. Mai 2026.

Das iPhone begann ab 2010 die iPod-Verkäufe, wie wir bereits gesehen haben, zu kannibalisieren. Da das iPhone ursprünglich als iPod mit Telefon- und Internetfunktion konzipiert war, wurde der MP3-Player schon bald überflüssig. Das iPhone hat aber nicht nur den iPod abgelöst, sondern wurde, ohne dass es Apple so richtig bemerkt hatte, zum Trojanischen Pferd für das Musikstreaming. Die meisten Musikstreaming-Apps waren auch im iTunes Store verfügbar und wurden massenhaft auch auf die iPhones heruntergeladen. Da sich Apple selbst aber als Musikdownload-Anbieter definierte und viel Geld in den Aufbau der Infrastruktur, wie z. B. der iCloud investiert hatte, wurde das Musikstreaming sträflich vernachlässigt.

In einer Studie von Asymco wurde berechnet, dass Apple 2011 pro Monat mit iTunes US$ 313 Mio. annahm, wovon 64 % oder US$ 197 Mio. an die Rechteinhaber ausgeschüttet wurden. Da Apple verkündete, dass iTunes mehr oder weniger Break-even wirtschaftete, müssten in etwa monatlichen US$ 116 Mio. für alle anderen Kosten zum Betrieb von iTunes aufgewendet werden. Das wären im Jahr rund US$ 1,4 Mrd., wovon ein nicht beträchtlicher Anteil in die Infrastruktur zum Betrieb von iTunes fließen würde.[246]

Dieses Investment wäre natürlich verloren gewesen, wenn Apple von heute auf morgen einen eigenen Musikstreamingdienst aufgebaut hätte, was mit hohen Kosten vor allem für die Content-Beschaffung einhergegangen wäre. Es war daher billiger für Apple, mit Beats Music einen bereits am Markt gut etablierten Streamingdienst um US$ 3 Mrd. vom US-Rap-Superstar Dr. Dre und den Musikindustrie-Veteranen Jimmy Iovine 2014 zu kaufen.[247] Der Eintritt in den Musikstreamingmarkt musste nichtsdestotrotz teuer erkauft werden und die Existenz des iTunes Music Stores war somit infrage gestellt. Es war daher wenig überraschend, dass iTunes 2019 seinen Betrieb einstellte und durch andere Dienste ersetzt wurde.[248] Damit ging die Erfolgsgeschichte von Apple im Musikdownload-Business zu Ende und der Tech-Konzern war im Zeitalter des Musikstreamings angekommen. An dieser Stelle sei noch gesagt, dass auch ein so innovativer Technologiekonzern wie Apple,

---

[246] Peoples, Glenn. 2011. Business Matters: If iTunes Is Still Breaking Even, It Could Cost $1.3 Billion Per Year To Run. Billboard, 14. Juni. https://www.billboard.com/music/music-news/business-matters-if-itunes-is-still-breaking-even-it-could-cost-13-billion-1177476/. Zugriff 29. Mai 2026.

[247] Adegoke, Yinka. 2014. Apple Buys Beats in $3 Billion Deal; Iovine, Dr. Dre to Join Tech Giant. Billboard, 28. Mai. https://www.billboard.com/music/music-news/apple-buys-beats-in-3-billion-deal-iovine-dr-dre-to-6099405/. Zugriff 29. Mai 2026.

[248] Phelan, David. 2019. How Apple Killed Off iTunes And What It Means. Forbes, 3. Juni. https://www.forbes.com/sites/davidphelan/2019/06/03/how-apple-killed-off-itunes-and-what-it-means/?sh=59d121c76fb3. Zugriff 29. Mai 2026.

der einen wesentlichen Beitrag zur Neuausrichtung der Musikindustrie geleistet hat, die Zeichen der Zeit zu spät erkannt hat und nun im Musikstreamingmarkt nur mehr die zweite Geige spielt.

3.3 Google und YouTube

3.3.1 Google kauft YouTube

Am 10. Oktober 2006 erschien auf YouTube folgendes Video[249]: Vor einem TGI-Friday's Restaurant im kalifornischen San Bruno stehen Chad Hurley und Steve Chen, beide in schwarzen Jacketts und offenen Hemdkragen und verkünden mit einem breiten Grinsen, dass YouTube soeben von Google gekauft worden war. Zuerst ist Chad Hurley zu hören: „Hi YouTube, this Chad and Steve. We're the co-founders of this site, and we want to say ‚Thank You'. Today, we have some exciting news for you. We have been acquired by Google." Dann bedanken sich die beiden YouTube-Mitbegründer mehrmals bei den vielen NutzerInnen, die sie als YouTube-Community ansprechen und versprechen, dass das Service der Videoplattform noch innovativer werden und sich verbessern wird. Am Ende des Videos kommt Hurley noch einmal ins Schwärmen: „And this is great. Two kings have gotten together, and we're going to be able to provide even better service and build even more innovative features for you." Warum die beiden an dieser Stelle nun wie Teenager einen Lachanfall bekommen, denen irgendetwas peinlich ist, lässt sich nicht ganz nachvollziehen. Chen presst noch hervor: „I don't know. Just keep going." Und Hurley wiederholt: „Two kings have gotten together. The king of search, the king of video have gotten together. We're going to have it our way." Der Rest des Videos geht in einer weiteren Lachsalve von Chen unter und Hurley beendet es mit dem Ausruf „Cut".

Es scheint, als würden die beiden es noch gar nicht begriffen haben, dass Google YouTube um US$ 1,65 Mrd. gekauft hatte,[250] und sie nun Millionäre waren. In der Tat ist es auch heute noch unglaublich, dass ein Unternehmen, das von drei ehemaligen PayPal-Mitarbeitern vor nicht einmal eineinhalb Jahren gegründet worden war, plötzlich mehr als eine Milliarde US-Dollar wert sein sollte. Aber die beiden

[249] YouTube. 2006. A Message From Chad and Steve. 10. Oktober. https://www.youtube.com/watch?v=QCVxQ_3Ejkg. Zugriff 29. Mai 2026.

[250] Sorkin, Andrew R. und Jeremy W. Peters. 2006. Google to Acquire YouTube for $1.65 Billion. The New York Times, 9. Oktober. https://www.nytimes.com/2006/10/09/business/09cnd-deal.html. Zugriff 29. Mai 2026.

Co-Gründer von YouTube wussten, dass der unglaubliche Unternehmenswert auf die intensive Nutzung durch die YouTuberInnen, wie die NutzerInnen des Online-Videoportals schon bald bezeichnet wurden, zurückzuführen war. Deshalb bedankten sie sich in dem 1 min und 36 s lang dauernden Video so oft bei der YouTube-Community.

Das Video war am 9. Oktober 2006 aufgenommen worden, nachdem Hurley und Chen mit dem engsten Kreis ihrer Vertrauten im TGI-Friday's Restaurant den Deal mit Google gefeiert hatten. Am frühen Nachmittag dieses denkwürdigen Tages waren der Google-Mitbegründer Sergey Brin und der Google-CEO Eric Schmidt mit ihrem Anwaltsteam im neuen Hauptquartier von YouTube in San Bruno, das erst Stunden davor von den MitarbeiterInnen bezogen worden war, eingetroffen, um in einem Conference Call den Übernahmedeal gemeinsam mit Hurley und Chen gegenüber Wall Street-AnalystInnen und InvestorInnen zu verkünden. Den Gründern des Videoportals war versprochen worden, dass YouTube ein eigenständiges Unternehmen bleiben und alle 67 MitarbeiterInnen übernommen werden würden, inklusive Hurley und Chen, die ab sofort Co-CEOs des Unternehmens waren.[251] Vonseiten Googles gab es nur eine Vorgabe: YouTube sollte weiterwachsen und neue NutzerInnen auf die Plattform locken.[252]

YouTube hatte eine beispiellose Erfolgsgeschichte seit seiner Gründung am 14. Februar 2005, als der Domain-Name „YouTube.com" aktiviert worden war, hingelegt. Als die Video-Plattform am 15. Dezember 2005 offiziell nach einer Probephase gelauncht worden war, wurden täglich 2 Mio. Videos von der Seite aufgerufen. Einen Monat später im Januar 2006 waren es bereits 25 Mio. Aufrufe von 25 Mio. verfügbaren Videos. Und täglich kamen massenhaft neue Videos dazu. Im März 2006 wurden täglich 20.000 Videos auf die Plattform hochgeladen und knapp vor der Übernahmeankündigung durch Google im Sommer 2006 wurden täglich bereits 100 Mio. Videos bei YouTube aufgerufen.[253]

Dabei hat alles ganz trivial begonnen.[254] Der 28-jährige Web- und Grafikdesigner Chad Hurley wollte Anfang 2005 etwas Neues beginnen, nachdem er bei

---

[251] NBC News. 2006. Google buys YouTube for $1.65 billion. 9. Oktober. https://www.nbcnews.com/id/wbna15196982. Zugriff 29. Mai 2026.

[252] Bergen, Mark. 2022. *YouTube – Die globale Supermacht. Wie Googles Videoplattform unsere Weltsicht dominiert*. München: Droemer HC, S. 96.

[253] Hosch, William L. 2025. YouTube. Encyclopædia Britannica, 15. Oktober. https://www.britannica.com/topic/YouTube. Zugriff 29. Mai 2026.

[254] Eine ausführliche Geschichte von YouTube liefert Bergen, Mark. 2022. *YouTube – Die globale Supermacht. Wie Googles Videoplattform unsere Weltsicht dominiert*. München: Droemer HC.

dem Internet-Zahlungsdienstleister PayPal gekündigt hatte, wo er den aus Taiwan stammenden Steve Chen und den in Ostdeutschland geborenen Jawed Karim, die beide an der University of Illinois Computerwissenschaften studiert hatten, kennengelernt hatte. Chen und Karim, die ein bzw. zwei Jahre jünger als Hurley waren, hatten PayPal ebenfalls verlassen, nachdem das Unternehmen vom Online-Auktionshaus eBay um US$ 1,5 Mrd. im Oktober 2002 gekauft worden war.[255]

Hurley nahm Kontakt zu seinen ehemaligen Kollegen auf und schlug ihnen vor, eine Dating-Videoplattform fürs Internet zu erstellen. Dazu gab es mit „Tune in, Hook up" auch schon einen Slogan. Sie verbreiteten in Internetforen eine Anzeige, die Frauen US$ 20 versprach, wenn sie von sich selbst ein Video auf YouTube hochladen würden, in denen sie erzählen, wie sie sich ihren Traumprinzen vorstellten. Da die Resonanz auf diese Aktion gleich Null war, entschieden Hurley, Chen und Karim es dabei zu belassen, YouTube als Plattform zu positionieren, auf die jedermann seine mit den damals beliebten Camcordern gemachten Videos hochladen konnte.[256] Um gleich einmal ein Beispiel zu geben, welche Inhalte sich die YouTube-Gründer für die Plattform erwarteten, marschierte Jawed Karim mit seiner Kamera in den Zoo von San Diego, um das erste YouTube-Video zu drehen. Karim stand dabei mit einer sportlichen Winterjacke bekleidet vor dem Elefanten-Gehege und erzählte im Plauderton: „Alright so here we are in front of the elephants", wobei er sich zu den Tieren dreht und feststellt: „Cool thing about these guys is that they have really, really, really long – uhm – trunks. And that's cool." Nach einem weiteren Blick auf die Elefanten beschließt Karim das Video lapidar mit: „And that's pretty much all there is to say." Insgesamt dauerte das erste YouTube-Video 18 s und ist an Trivialität kaum zu überbieten. Am 23. April 2006 wurde es online gestellt und erhielt seitdem mehr als 373,6 Mio. Aufrufe und 18 Mio. Likes.[257]

Um die Startseite von YouTube zu befüllen, lud Karim noch einige Clips von startenden und landenden Jumbo-Jets hoch und Katzenfreund Chen steuerte noch Videos von seiner Katze JP bei.[258] Die YouTube-Gründer waren sich nun einig,

[255] Kane, Margaret. 2002. eBay picks up PayPal for $1.5 billion. CNET, 18. August. https://www.cnet.com/tech/tech-industry/ebay-picks-up-paypal-for-1-5-billion/. Zugriff 29. Mai 2026.

[256] Dredge, Stuart. 2016. YouTube was meant to be a video-dating website. The Guardian, 16. März. https://www.theguardian.com/technology/2016/mar/16/youtube-past-video-dating-website. Zugriff 29. Mai 2026.

[257] Jawed. 2005. Me at the Zoo. YouTube, 24. April. https://www.youtube.com/watch?v=jNQXAC9IVRw. Zugriff 29. Mai 2026.

[258] Bergen, Mark. 2022. *YouTube – Die globale Supermacht. Wie Googles Videoplattform unsere Weltsicht dominiert*. München: Droemer HC, S. 35.

dass die NutzerInnen auf der Seite einfach ihre selbst gemachten Video posteten, also quasi selbst auf Sendung gehen konnten. Damit war der neue YouTube-Slogan geboren: „Broadcast Yourself“.[259]

YouTube war aber keineswegs die erste Online-Plattform für Home-Videos. Bereits 1997 bot die Website ShareYourWorld ihren NutzerInnen die Möglichkeit, selbstgemachte Videoclips mit unterschiedlichen digitalen Formaten auf die Seite zu laden, die dann heruntergeladen werden konnten. Weil zu diesem Zeitpunkt im Internet noch nicht die entsprechenden Bandbreiten verfügbar und auch die Coding-Technologien sehr begrenzt waren, konnte sich die Plattform nicht durchsetzen und wurde 2001 bereits wieder eingestellt.[260]

Im Juli 2003 wurde in Israel Metacafe Inc. gegründet, die eine Online-Videoplattform ähnlich zu YouTube betrieb. Es gelang, einige Investoren für das Projekt zu gewinnen. Mitte 2006 verzeichnete Metacafe monatlich 17 Mio. NutzerInnen, die 450 Mio. Videoclips online gestellt hatten.[261] Ende Dezember 2006 wurden Gerüchte laut, dass Metacafe um US$ 200 Mio. von Yahoo gekauft werden sollte.[262] Der Deal zerschlug sich aber und Metacafe landete schließlich 2012 ausgerechnet bei The Collective, einer Agentur, die YouTuberInnen vermittelte.[263] The Collective betrieb die Seite bis 2021 weiter und stellte sie dann ein.[264]

Ebenfalls noch vor YouTube kam im Oktober 2004 die Videosharing-Plattform Pandora TV in Südkorea auf den Markt. Pandora TV war die erste User-Generated-Content-Plattform, die ihre Inhalte mit Werbeanzeigen kombinierte und damit ein neues Geschäftsmodell etablierte. Bis 2008 war Pandora TV in Südkorea der unangefochtene Marktführer mit einem Marktanteil von 34 %, als YouTube im Land

---

[259] Bergen, Mark. 2022. *YouTube – Die globale Supermacht. Wie Googles Videoplattform unsere Weltsicht dominiert.* München: Droemer HC, S. 36.

[260] Der Gründer von ShareYourWorld, Chase Norlin, erzählte 2007 in einem Videointerview, warum seine Plattform zum Vorläufer von YouTube wurde und warum ihr kein Erfolg beschieden war: Plesser, Andy. 2007. First Video Sharing Site Paved the Way for YouTube – ShareYourWorld.com Was There First to Launch Ten Years Back. Beet.tv, 7. Juli. https://www.beet.tv/2007/07/first-video-sha.html. Zugriff 29. Mai 2026.

[261] YNET. 2006. Exclusive: Metacafe to be sold for USD 200 Mio. 7. Dezember. https://www.ynetnews.com/articles/0,7340,L-3337353,00.html. Zugriff 29. Mai 2026.

[262] TechCrunch. 2006. Metacafe May Be Sold For $200 Mio. 7. Dezember. https://techcrunch.com/2006/12/07/metacafe-may-be-sold-for-200-million/. Zugriff 29. Mai 2026.

[263] Kafka, Peter. 2012. YouTube Star Manager The Collective Buys Web Video Pioneer Metacafe. The Wall Street Journal, 14. Juni. https://www.wsj.com/articles/DJFVW00020120614e86es85v0. Zugriff 29. Mai 2026.

[264] Newsground. 2022. Why did Metacafe shut down? 12. Februar. https://www.newgrounds.com/bbs/topic/1494212/1. Zugriff 29. Mai 2026.

aktiv wurde.[265] Pandora TV konterte auf die neue Konkurrenz mit der Möglichkeit, Videos nicht nur in Koreanisch, sondern auch in Chinesisch, Japanisch und Englisch auf die Plattform zu laden.[266] Pandora TV verlor trotzdem immer mehr Marktanteile an den US-Konkurrenten und musste letztendlich mit Ende Januar 2023 seine Tätigkeit einstellen.[267]

Es waren aber nicht diese Internet-Start-ups, die den YouTube-Start fast zum Scheitern brachten, sondern ausgerechnet Google selbst. Mitte April 2005, also noch bevor das erste YouTube-Video auf der Plattform gepostet wurde, rief der Suchmaschinen-Gigant seine NutzerInnen dazu auf, selbst gemachte Videos einzuschicken, damit diese dann von Google ins Netz gestellt werden konnten. Das war die Geburtsstunde von Google-Video, einem Projekt, das von Susan Wojcicki geleitet wurde. Wojcicki war es gewesen, die den beiden Doktorratsstudenten der Stanford Universität, Larry Page und Sergey Brin, ihre Garage in Menlo Park für monatlich US$ 1.700 vermietete,[268] damit diese ihr Forschungsprojekt „BackRub" in die Tat umsetzen konnten.

Die Idee, die Page bereits in seiner Doktorarbeit verfolgt hatte, bestand darin, die Seiten im World Wide Web (WWW) anhand der Anzahl der Links zu bewerten, die auf sie verweisen aber auch auf sie rückverweisen, in etwa so, wie es im akademischen Bereich üblich ist, wissenschaftliche Arbeiten, die öfter zitieren werden, höher zu bewerten als jene, die nicht so oft zitiert werden. Das Problem bestand nun darin, die rund 10 Mio. Dokumente, aus denen das WWW damals bestand und seine unzähligen Verknüpfungen zu erfassen und zu strukturieren. Page programmierte zu diesem Zweck einen Webcrawler, der auf der mathematischen Graphentheorie beruhte, die ihn bald überforderte.

Da kam das Mathematikgenie Sergey Brin, Sohn eines aus Russland stammenden NASA-Wissenschaftlers, ins Spiel, der Page bereits 1995 an der Stanford Uni-

[265] Sung, So-young. 2008. YouTube to launch Web site here, where many others have failed. Korea JoongAng Daily, 22. Januar. https://koreajoongangdaily.joins.com/news/article/article.aspx?aid=2885381. Zugriff 29. Mai 2026.

[266] TechCrunch. 2008. Korea's Pandora.TV Looks To International Markets. 2. April. https://techcrunch.com/2008/04/02/koreas-pandoratv-looks-to-international-markets/. Zugriff 29. Mai 2026.

[267] Lee. Jae-lim. 2022. Streaming service Pandora TV to end its service next month. Korea JoongAng Daily, 19. Dezember. https://koreajoongangdaily.joins.com/2022/12/19/business/industry/Pandora-TV-October-2004-video-streaming/20221219140711906.html. Zugriff 29. Mai 2026.

[268] The New York Times. 2024. Susan Wojcicki, a Pivotal Chief of YouTube, Dies at 56. 10. August. https://www.nytimes.com/2024/08/10/business/susan-wojcicki-dead.html. Zugriff 29. Mai 2026.

versität kennengelernt hatte. Gemeinsam gelang es ihnen, einen Algorithmus, der PageRank genannt wurde, zu programmieren.[269] PageRank berücksichtigt sowohl die Anzahl der Links zu einer Website als auch die Anzahl der Links zu jeder der verlinkenden Websites. Oder anders gesagt: Eine Website wird dann höher gerankt, wenn nicht nur viele Links auf sie verweisen, sondern wenn sie auch auf die verlinkenden Seiten zurückverweist.[270] Unter dem Titel „The anatomy of a large-scale hypertextual Web search engine" veröffentlichten Brin und Page ihre Erkenntnisse 1998 in einer wissenschaftlichen Fachzeitschrift, wo sie bereits von „Google, a prototype of a large-scale search engine which makes heavy use of the structure present in hypertext" sprechen.[271] Google leitet sich dabei vom Begriff „Googol" ab, der die Zahl 1 gefolgt von 100 Nullen bezeichnet[272] – ein weiterer Insider-Witz der beiden Standford-Doktorranden. Am 15. September 1997 wurde Google.com schließlich als Internet-Domain von Page und Brin angemeldet.[273]

Im zitierten Artikel wiesen Brin und Page bereits darauf hin, dass Google bessere Suchergebnisse für das World Wide Web lieferte als die damals meistgenutzten Suchmaschinen wie Yahoo, Altavista und Excite. Damit hatten sie bereits das wirtschaftliche Potenzial von „BackRub" bzw. Google angedeutet. Die erste Google-Version lief im August 1996 noch auf der Website der Stanford Universität,

---

[269] Der erste CEO von Google, Eric Schmidt, erzählt in seinem Buch „Wie Google tickt – How Google Works", dass Larry Page einen Traum hatte, in dem er sich fragte, was passieren würde, wenn man das ganze World Wide Web (WWW) herunterladen könnte und alles bis auf die Links entfernen würde? Der Rest wäre das Grundgerüst des WWW, das zeigt, wie alles miteinander verbunden ist. Page machte nach dem Aufwachen eine Skizze von dieser Vorstellung, die angeblich zur Basis von Googles zentralem Algorithmus wurde.

[270] Ausführlich werden die wissenschaftlichen Vorarbeiten zu Google erklärt in Battelle, John. 2005. The Birth of Google. Wired issue 13.08 – August 2005. https://web.archive.org/web/20140117080901/http:/www.wired.com/wired/archive/13.08/battelle.html?pg=2&topic=battelle&topic_set=. Zugriff 29. Mai 20206.

[271] Brin Sergey und Lawrence Page. 1998 The anatomy of a large-scale hypertextual Web search engine, *Computer Networks and ISDN Systems*, 30(1–7): 107–117, https://doi.org/10.1016/S0169-7552(98)00110-X.

[272] Die Zahl Googol soll die riesige Menge an Materie im Universum fassen. Angeblich stammt die Idee von einem Mitbewohner von Page im Studentenheim und ist auf einen Schreibfehler zurückzuführen. Außerdem war die Internet-Domain Googol bereits vergeben und so verblieben Page und Brin bei Google, siehe Schulz, Thomas. 2015. *Was Google wirklich will. Wie der einflussreichste Konzern der Welt unsere Zukunft verändert*. München: Deutsche Verlags-Anstalt, S. 37.

[273] Schulz, Thomas. 2015. *Was Google wirklich will. Wie der einflussreichste Konzern der Welt unsere Zukunft verändert*. München: Deutsche Verlags-Anstalt, S. 36.

wo sie aber fast die Hälfte der gesamten Bandbreite des Universitätsnetzwerks beanspruchte und diese auch lahmlegte.[274]

Es war an der Zeit, das wissenschaftliche Projekt zu kommerzialisieren. Ursprünglich verfolgten Brin und Page die Idee, den Algorithmus an eine bereits bestehende Suchmaschinenfirma zu lizenzieren. Der erste Kontakt war George Bell, CEO von Excite, der die beiden Stanford-Studenten aber aus dem Büro warf, als sie „unverschämte" US$ 1,6 Mio. für eine Google-Lizenz forderten. Aber auch die anderen Suchmaschinen-Betreiber winkten ab, als sie die Forderungen von Brin und Page hörten. Die beiden Google-Masterminds wollten bereits aufgeben, als einer ihrer Doktorratsbetreuer empfahl, den Mitbegründer von Sun Microsystems, Andy von Bechtolsheim, zu kontaktieren. Bei dem Treffen im August 1998 soll Bechtolsheim den beiden verdutzten Studenten vorgeschlagen haben, einen Scheck auszustellen und bot ihnen schließlich US$ 100.000 an, wenn sie ein Unternehmen namens Google Inc. gründen würden. Damit war der Deal abgeschlossen und Brin und Page feierten ihren Erfolg beim nächstgelegenen Burger King.[275]

So wurde gleichsam von Larry Pages Studentenbude aus Google als Unternehmen gegründet und am 7. September 1998 ins Firmenbuch mit Page als CEO und Brin als President of the Board eingetragen. Mit dem ersten Investment kauften die beiden Google-Gründer die technische Infrastruktur, die sie benötigten und mieteten sich in Wojcickis Garage ein. Da die Suchanfragen über Google regelrecht explodierten, wurden neue Mitarbeiter eingestellt und schon bald war die Garage von Susan Wojcicki zu klein und das neue Unternehmen übersiedelte im März 1999 in neue Räumlichkeiten. Im Juni 1999 brachte ein Konsortium unter der Führung der legendären Risikokapitalfirma aus dem Silicon Valley, Sequoia Capital, US$ 25 Mio. auf, um die Existenz des Start-ups abzusichern und den Umzug nach Mountain View, wo Google heute noch residiert, ermöglichte.[276]

Sequoia Capital erhielt im Gegenzug Anteile an Google und installierte eine Vertrauensperson im Vorstand. Damit wuchs der Druck auf die Google-Gründer, ein werbefinanziertes Geschäftsmodell für das Start-up umzusetzen, gegen das sich Brin und Page anfangs gewehrt hatten. Ab Januar 2000 wurden erstmals Suchanfragen mit Werbe-Banner verknüpft und Google begann mit dieser Form der Mikrowerbung Geld zu verdienen, bei der die Anzeigen über AdWords versteigert

[274] Schulz, Thomas. 2015. *Was Google wirklich will. Wie der einflussreichste Konzern der Welt unsere Zukunft verändert*. München: Deutsche Verlags-Anstalt, S. 44.

[275] Schulz, Thomas. 2015. *Was Google wirklich will. Wie der einflussreichste Konzern der Welt unsere Zukunft verändert*. München: Deutsche Verlags-Anstalt, S. 45.

[276] Google. 1999. Google Receives $25 Mio. in Equity Funding. Pressemitteilung, 7. Juni. https://googlepress.blogspot.com/1999/06/google-receives-25-million-in-equity.html. Zugriff 29. Mai 2026.

wurden.[277] Für die Werbekunden hatte dieses neue Modell den Vorteil, dass die Suchanfrage automatisch mit einer thematisch passenden Werbeanzeige verknüpft wurde und die Anzeige nur wenige Dollar kostete und somit auch für kleine Unternehmen und Selbständige erschwinglich war.[278]

Da die Anzahl der Suchanfragen exponentiell weiter anstieg, wuchsen in dem Ausmaß auch die Werbeeinnahmen. Lag der Umsatz von Google 1999 bei lediglich US$ 220.000 bei einem Verlust von US$ 6 Mio., so verdiente das Unternehmen zwei Jahre später bereits mehr als US$ 1 Mrd.[279] Google hatte nun eine solide wirtschaftliche Basis und konnte am 19. August 2004 an die Börse gehen und erreichte aus dem Stand eine Börsenkapitalisierung von US$ 23 Mrd.[280] Google war damit eines der wertvollsten Unternehmen an der Wall Street und ein wirtschaftliches Schwergewicht, das sich anschickte, nach Google Books und dem E-Mail-Service Gmail nun auch mit Google-Video den Markt von User-Generated-Videos zu erobern.

Auf der anderen Seite stand YouTube, das Anfang 2006 seine ersten Büroräumlichkeiten in San Mateo über einer Pizzeria bezogen und mit einer Rattenplage zu kämpfen hatte. Die Mitarbeiter mussten sogar ihre Büromöbel von IKEA selbst zusammenschrauben.[281] Der Umzug nach San Mateo war nur deshalb möglich geworden, weil Roelof Botha, der ehemalige CFO von PayPal, seinen neuen Arbeitgeber Sequoia Capital davon überzeugen konnte, US$ 3,5 Mio. in das Start-up zu investieren und in der zweiten Finanzierungsrunde Artis Capital noch weitere US$ 8 Mio. zuschoss. Sequoia erhielt im Gegenzug 30 % von YouTube und Botha zog in den YouTube-Vorstand ein.[282]

---

[277] Google. o.D. Our history in depth. New Media Institute. https://www.google.com/url?sa=t&source=web&rct=j&opi=89978449&url=https://nmi.cool/wp-content/uploads/2021/10/334801840-Our-History-in-Depth-Company-Google.pdf&ved=2ahUKEwiD2te-58eIAxV287sIHS00KokQFnoECBYQAQ&usg=AOvVaw3_78_60Iv-JDOW5DzV1ZuhO. Zugriff 29. Mai 2026.

[278] Schulz, Thomas. 2015. *Was Google wirklich will. Wie der einflussreichste Konzern der Welt unsere Zukunft verändert*. München: Deutsche Verlags-Anstalt, S. 47.

[279] Schulz, Thomas. 2015. *Was Google wirklich will. Wie der einflussreichste Konzern der Welt unsere Zukunft verändert*. München: Deutsche Verlags-Anstalt, S. 49.

[280] Webb, Cynthia L. 2004. Google's IPO: Grate Expectations. The Washington Post, 19. August. https://web.archive.org/web/20070808031101/http:/www.washingtonpost.com/wp-dyn/articles/A14939-2004Aug19.html. Zugriff 29. Mai 2026.

[281] Bergen, Mark. 2022. *YouTube – Die globale Supermacht. Wie Googles Videoplattform unsere Weltsicht dominiert*. München: Droemer HC, S. 44.

[282] Bergen, Mark. 2022. *YouTube – Die globale Supermacht. Wie Googles Videoplattform unsere Weltsicht dominiert*. München: Droemer HC, S. 46.

Sequoia Capital wurde damit zum wichtigen Link zwischen Google und YouTube. Was selbsterstellte Videos anlangte, hatte YouTube aber Googles Video-Portal weit hinter sich gelassen. Hitwise, ein Unternehmen, das regelmäßig den Web-Traffic erhob, wies YouTube mit einem Marktanteil von 46 % aus, gefolgt von MySpace mit 23 % und weit abgeschlagen folgte Google-Video mit 10 %.[283] Bereits im November 2005 hatte Larry Page ein Auge auf YouTube geworfen, das mit seiner Flash-Technologie, die das Einbetten von YouTube-Videos in anderen Websites ermöglichte, einen technischen Vorsprung hatte.[284]

Nun da Sequoia Capital bei YouTube eingestiegen war und Gerüchte die Runde machten, dass es auch andere Kaufinteressenten für das aufstrebende Start-up gab – genannt wurden Microsoft, Viacom, Yahoo und die News Corporation –,[285] nahm Google im Frühjahr 2006 erstmals Kontakt mit Hurley und Chen wegen eines Übernahmeangebots auf. Ein Angebot von US$ 50 Mio. wurde von den YouTube-Gründern rundweg abgelehnt und sie nahmen Parallelverhandlungen mit Yahoo auf. Auch bei YouTube drängte die Zeit, weil die Kosten zur Aufrechterhaltung des Betriebs explodierten und erste Klagen wegen Urheberrechtsverletzungen drohten. Hurleys und Chens doppeltes Spiel lohnte sich schließlich. Google erhöhte sein Angebot auf US$ 615 Mio. und als sich die beiden YouTube-Gründer immer noch zierten und Yahoo als potenziellen Käufer ins Spiel brachten, legte Google noch eine Milliarde drauf, was letztendlich den Deal in trockene Tücher brachte.[286]

Nun war Zahltag. Sequoia Capital, das mit dem Börsengang von Google bereits Milliarden verdient hatte, erhielt für seinen YouTube-Anteil US$ 516 Mio. als Gegenwert an Google-Aktien. Chad Hurley verdiente US$ 334 Mio. mit dem Deal und Steve Chen US$ 301 Mio. Und sogar Jawed Karim, der noch vor der Google-Übernahme das Unternehmen verlassen hatte, konnte sich über einen Geldregen von US$ 66 Mio. freuen.[287]

---

[283] Helft, Miguel. 2007. YouTube's Payoff: Hundreds of Millions for the Founders. The New York Times, 7. Februar. https://www.nytimes.com/2007/02/07/technology/07cnd-google.html?ex=1328504400&en=96fcc0326d0a7ef6&ei=5088. Zugriff 29. Mai 2026.

[284] Bergen, Mark. 2022. *YouTube – Die globale Supermacht. Wie Googles Videoplattform unsere Weltsicht dominiert*. München: Droemer HC, S. 30.

[285] Helft, Miguel. 2007. YouTube's Payoff: Hundreds of Millions for the Founders. The New York Times, 7. Februar. https://www.nytimes.com/2007/02/07/technology/07cnd-google.html?ex=1328504400&en=96fcc0326d0a7ef6&ei=5088. Zugriff 29. Mai 2026.

[286] Bergen, Mark. 2022. *YouTube – Die globale Supermacht. Wie Googles Videoplattform unsere Weltsicht dominiert*. München: Droemer HC, S. 74–75.

[287] Schonfeld, Erick. 2010. Chad Hurley's Take From The Sale Of YouTube: $334 Mio. TechCrunch, 18. März. https://techcrunch.com/2010/03/18/chad-hurleys-take-from-the-sale-of-youtube-334-million/. Zugriff 29. Mai 2026.

3.3.2 Das Geschäftsmodell von YouTube

Das Problem von YouTube war aber, dass es mit jedem Video, das gestreamt wurde, Geld verbrannte, weil es noch kein tragfähiges Geschäftsmodell gab. Google musste seinerseits seine Aktionäre davon überzeugen, dass das Milliarden-Investment keine Geldverschwendung war, sondern eine Rendite abwarf. Mit der Übernahme durch Google wurde deshalb die Frage immer drängender, wie mit einem User-Generated-Video-Portal Geld verdient werden konnte? Am naheliegendsten war es, das Geschäftsmodell von Google zu übernehmen, das sich mit Werbung finanzierte. Chad Hurley wehrte sich aber gegen dieses Ansinnen und sprach sich vor allem gegen Werbespots aus, die vor einem YouTube-Video eingeblendet wurden, sogenannte Pre-Rolls, weil dadurch das Nutzererlebnis beeinträchtigt werden würde.[288]

Trotzdem hatte YouTube noch vor der Google-Übernahme mit verschiedenen Werbeformaten experimentiert. Im August 2006 wurde der Öffentlichkeit die Werbe-Strategie von YouTube vorgestellt, die auf zwei Säulen beruhen sollte: partizipatorische Video-Werbung und gebrandete YouTube-Kanäle. Die erste Kooperation dieser Art wurde mit Warner Bros. Records abgeschlossen, um das Debütalbum „Paris" des Celebrity-Stars Paris Hilton zu promoten. Dazu wurde der „Paris Hilton-Kanal" eingerichtet, der vom Network Fox gesponsert wurde. Dieser YouTube-Kanal beinhaltete das Musikvideo von „Paris" und darüber wurde Werbung für die 2. Staffel der TV-Serie „Prison Break" eingeblendet. Damit das Video bewertet, geteilt und kommentiert werden konnte, mussten die NutzerInnen die Werbebanner anklicken.[289] Dieses Werbekonzept erwies sich aber als Reinfall. Die UserInnen ignorierten die Werbung und so wurde das Musikvideo kaum bewertet, geteilt und kommentiert.[290]

Ein weiterer Versuch, Werbeeinnahmen zu generieren, bestand darin, YouTuberInnen davon zu überzeugen, Werbung neben ihren Videos anzeigen zu lassen oder Pop-up-Banner in ihre Videos einzubauen. Jeder damit verdiente Werbe-Dollar brachte der YouTuberIn 55 Cents ein und der Rest von 45 Cents verblieb bei You-

[288] Bergen, Mark. 2022. *YouTube – Die globale Supermacht. Wie Googles Videoplattform unsere Weltsicht dominiert.* München: Droemer HC, S. 96.

[289] Morrissey, Brian. 2006. YouTube Shuns Pre-Roll Video Advertising. AdWeek, 22. August. https://web.archive.org/web/20210117221906/https:/www.adweek.com/brand-marketing/youtube-shuns-pre-roll-video-advertising-86148/. Zugriff 29. Mai 2026.

[290] Bergen, Mark. 2022. *YouTube – Die globale Supermacht. Wie Googles Videoplattform unsere Weltsicht dominiert.* München: Droemer HC, S. 97.

Tube.[291] Dieses Experiment wurde gut angenommen und daraus entwickelte sich das „YouTube Partner Program", welches es UserInnen ermöglichte, mit ihren Videos auf der Plattform Geld zu verdienen. Im Dezember 2007 wurde dieses Partnerprogramm ausgeweitet und für alle NutzerInnen in den USA und in Kanada zugänglich gemacht.[292] Damit war das zentrale Geschäftsmodell für YouTube gefunden, auf dem weiterhin die Videos gratis hochgeladen und gestreamt werden konnten und eine Monetarisierung mit Werbung möglich war. Anfangs konnten aber nur die YouTube-Partner Werbung in ihren Kanälen schalten. Das änderte sich, als 2012 beschlossen wurde, dass alle NutzerInnen, die Videos hochluden, diese mit Werbung monetarisieren konnten, sofern sie nicht gegen das Urheberrecht und gegen die Richtlinie zu Hassrede und Gewalt verstießen.[293]

Dennoch wurde damit die Büchse der Pandora geöffnet und zwielichtige Gestalten, die fragwürdigen Content produzierten, konnten nun Geld auf YouTube verdienen. YouTube war immer öfter mit unzufriedenen Werbekunden konfrontiert, die sich darüber beschwerten, dass ihre Werbung mit fragwürdigen und verstörenden Inhalten verknüpft wurde, wie Terroraufrufe des Islamischen Staates (IS) oder Videos von bekennenden Neonazis. Das gipfelte 2017 in einem Werbeboykott wichtiger Markenartikelhersteller wie Pepsi, WalMart und General Motors, der YouTube massive Umsatzeinbrüche bescherte.[294] 2018 musste YouTube daher einlenken und verkündete eine neue Politik, wonach nur YouTuberInnen mit mindestens 1.000 AbonnentInnen ihres Kanals und eine kumulierte Wiedergabezeit ihrer Videos von mindestens 4.000 h hatten, die Möglichkeit erhielten, ihre Inhalte mit Werbung zu monetarisieren. Das führte dazu, dass die Anzahl der monetarisierten Kanäle schlagartig von 6 Mio. auf rund 20.000 sank, was wiederum zahlreiche YouTuberInnen auf die Barrikaden brachte.[295]

Um die Werbung zielgerichteter zu machen, war YouTube bereits vor der Übernahme durch Google eine Kooperation mit der in Manhattan ansässigen Firma DoubleClick eingegangen. Die 1996 gegründete Firma hatte eine Software entwi-

[291] Bergen, Mark. 2022. *YouTube – Die globale Supermacht. Wie Googles Videoplattform unsere Weltsicht dominiert*. München: Droemer HC, S. 98.

[292] YouTube. 2007. Partner Program Expands. YouTube blog, 10. Dezember. https://blog.youtube/news-and-events/partner-program-expands/. Zugriff 29. Mai 2026.

[293] Bergen, Mark. 2022. *YouTube – Die globale Supermacht. Wie Googles Videoplattform unsere Weltsicht dominiert*. München: Droemer HC, S. 217.

[294] Statt, Nick. 2017. YouTube is facing a full-scale advertising boycott over hate speech. The Verge, 24. März. https://www.theverge.com/2017/3/24/15053990/google-youtube-advertising-boycott-hate-speech. Zugriff 29. Mai 2026.

[295] Bergen, Mark. 2022. *YouTube – Die globale Supermacht. Wie Googles Videoplattform unsere Weltsicht dominiert*. München: Droemer HC, S. 419

ckelt, mit der es möglich war, mithilfe von Cookies nachzuvollziehen, welche Seiten InternetnutzerInnen besucht hatten. Diese Informationen wurden über eine Handelsplattform an Kunden verkauft, die entweder Werbung schalteten oder auf ihrer Seite kostenpflichtig platzieren wollten. Es war sozusagen eine Online-Börse für den Kauf und Verkauf von digitaler Werbung. Das Geschäftsmodell war so erfolgreich, dass DoubleClick im Geschäftsjahr 2006 einen Umsatz von US$ 300 Mio. erzielte.[296]

Für Google, das mit AdWords ebenfalls den digitalen Werbemarkt revolutioniert hatte, war DoubleClick ein attraktiver Übernahmekandidat. Aber auch Microsoft hatte ein Auge auf das Online-Werbeunternehmen geworfen und lieferte sich nun eine Bieterschlacht, in der sich letztendlich Google mit US$ 3,1 Mrd. durchsetzte. Damit bekam der Konzern aus Mountain View nicht nur Zugriff auf die innovative Software von DoubleClick, sondern kaufte sich auch in das wertvolle Netzwerk von Werbeagenturen und ihren Großkunden ein.[297] Davon profitierte auch die Tochtergesellschaft YouTube, die nun zu Vorzugskonditionen auf die Leistungen von DoubleClick zugreifen und das Instrumentarium für personalisierte Werbung auf seiner Plattform einsetzten konnte. Im November 2008 fiel dann auch noch das Tabu von sogenannter Pre-Roll-Werbung, die vor dem Abspielen eines Videoclips eingeblendet wurde und entweder sogleich oder erst nach Ablauf einer gewissen Zeit übersprungen werden konnte. Damit hatte sich YouTube den Vorgaben von Google vollständig unterworfen.[298]

Es waren aber nicht nur die YouTuberInnen, die mit Werbung in ihren Clips Geld verdienen wollten, sondern auch die großen Entertainment-Konzerne. Noch vor der Google-Übernahme, hatte YouTube mit NBC einen Lizenzvertrag geschlossen, nachdem die Senderkette mit Klage gedroht hatte, weil zahlreiche Folgen der populären Show „Saturday Night Live" bei YouTube aufgetaucht waren.[299] YouTube war auch rasch zu einer Plattform für das Streaming von Musik und

[296] Story, Louise. 2007. DoubleClick to Set Up an Exchange for Buying and Selling Digital Ads. The New York Times, 4. April. https://www.nytimes.com/2007/04/04/business/media/04adco.html. Zugriff 29. Mai 2026.

[297] Story Louise und Miguel Helft. 2007. Google Buys DoubleClick for $3.1 Billion. The New York Times, 14. April. https://www.nytimes.com/2007/04/14/technology/14DoubleClick.html. Zugriff 29. Mai 2026

[298] Sandoval, Greg. 2008. Report: YouTube ready to run preroll and postroll ads. CNET, 9. Juli. https://www.cnet.com/tech/services-and-software/report-youtube-ready-to-run-preroll-and-postroll-ads/. Zugriff 29. Mai 2026.

[299] Sandoval, Greg. 2006. NBC strikes deal with YouTube. CNET, 28. Juni. https://www.cnet.com/culture/nbc-strikes-deal-with-youtube/. Zugriff 29. Mai 2026.

Musikvideos geworden und deshalb drohten auch die großen Musikkonzerne mit Klagen, wenn YouTube die urheberrechtlichen Inhalte nicht entfernen würde. YouTube konnte aber die Musik-Majors davon überzeugen, dass mit dem neuen Werbemodell auch Geld verdient werden konnte und so ging die Warner Music Group den ersten Lizenzdeal eines Majors mit YouTube ein.[300] Die Vereinbarung erlaubte es YouTuberInnen, Musik von Warner-KünstlerInnen wie Madonna, Led Zeppelin und die Red Hot Chili Peppers in ihre Videos zu integrieren und Warner Music erklärte sich bereit, zahlreiche Musikvideos aus seinem Katalog für YouTube verfügbar zu machen. Im Gegenzug beteiligte YouTube den Musik-Major an den Werbeeinnahmen und verpflichtete sich bis Ende des Jahres eine Identifikationssoftware für urheberrechtlich geschützte Aufnahmen zu entwickeln.[301]

Die Zusammenarbeit mit YouTube wurde sicherlich auch dadurch beschleunigt, weil Google die Video-Plattform ein paar Tage zuvor um US$ 1,65 Mrd. übernommen hatte. YouTube war jetzt nicht mehr das Internet-Start-up, das mit Urheberrechtsverletzungen sein Geschäftsmodell betrieb, wie der Universal Music Boss, Doug Morris, noch ein paar Tage vor dem Warner-Deal gegenüber InvestorInnen geklagt hatte.[302] Nun, als einer der wertvollsten Tech-Konzerne hinter YouTube stand, waren auch die Universal Music Group und Sony-BMG bereit, Lizenzdeals nach dem Vorbild von Warner mit YouTube abzuschließen.[303]

Die Majors sagten auch zu, ihre Aufnahmen in eine Musikdatenbank zu speisen, über die es mithilfe einer Fingerabdruck-Technologie möglich war, urheberrechtlich geschützte Werke zu identifizieren. Die Rechtinhaber konnten dann entscheiden, ob die so erkannten Videos aus dem Portal entfernt oder die Einnahmen aus Werbung, die mit dem Video geschaltet wurde, mit YouTube geteilt werden sollten. YouTube nannte dieses Tool anfangs „YouTube Video Identification", aus

[300] Sweney, Mark. 2006. YouTube strikes licensing deal with Warner Music. The Guardian, 18. September. https://www.theguardian.com/media/2006/sep/18/digitalmedia.news. Zugriff 29. Mai 2026.

[301] Sweney, Mark. 2006. YouTube strikes licensing deal with Warner Music. The Guardian, 18. September. https://www.theguardian.com/media/2006/sep/18/digitalmedia.news. Zugriff 29. Mai 2026.

[302] Wired. 2006. YouTube in Copyright Cross Hairs? 14. September. https://www.wired.com/2006/09/youtube-in-copyright-cross-hairs/. Zugriff 29. Mai 2026.

[303] Anderson, Nate. 2006. YouTube signs up Universal, Sony BMG, CBS, and… Google? Ars Technica, 9. Oktober. https://arstechnica.com/information-technology/2006/10/7935/. Zugriff 29. Mai 2026.

der schon bald die ContentID wurde.[304] Damit war es den Labels schon sehr früh möglich, die Verwendung ihrer Musik in YouTube-Videos zu monetarisieren und die Majors zeigten sich anfangs durchaus zufrieden mit dieser Lösung. In einem Interview mit Greg Sandoval für CNET Ende 2008 sagte Rio Caraeff, Vice President der UMG eLabs, dass Universal mehrere zehn Millionen Dollar von YouTube pro Jahr einnahm. Und er fuhr im Interview fort: „It's a revenue stream, a commercial business. It's growing tremendously. It's up almost 80 % for us year-over-year in the U.S. in terms of our revenue from this category."[305] Im gleichen Beitrag wurden auch noch Schätzungen von ExpertInnen erwähnt, dass die Universal Music Group 2008 an die US$ 100 Mio. mit Videostreaming auf den diversen Plattformen eingenommen hatte, wovon der Großteil von YouTube stammte.

Das Interview wurde zwei Tage nach der Meldung publiziert, dass die Verhandlungen zwischen YouTube und der Warner Music Group zur Verlängerung des Lizenzdeals aus dem Jahr 2006 gescheitert waren und der Musikkonzern beabsichtigte, alle Musikvideos von der Plattform zu entfernen.[306] Warner hatte sich nach der Milliarden-Übernahme durch Google mehr Einnahmen von YouTube erwartet und hatte wohl das werbebasierte Geschäftsmodell der Video-Plattform überschätzt. Nun versuchte Warner mit seinem Boykott Druck auf YouTube und seiner Muttergesellschaft Google auszuüben, um höhere Lizenzeinnahmen zu erzielen. Die Verhandlungen zogen sich neun Monate hin, währenddessen keine Warner-KünstlerInnen mehr auf YouTube gestreamt werden konnten.

Über die konkreten Ergebnisse der zähen Verhandlungen zwischen Warner und YouTube wurde nichts verlautbart, aber einige Details wurden dann doch bekannt. YouTube räumte Warner die Möglichkeit ein, seine eigene Werbung bei Musikvideos von Warner-KünstlerInnen aber auch bei von NutzerInnen hochgeladenen Videos mit Musik von Warner zu schalten. Der Anteil an den Werbeeinnahmen wurde noch zugunsten von Warner verschoben und der Deal beinhaltete auch die Verlagsrechte, die von Warner Chappell kontrolliert wurden.

---

[304] King, David. 2007. Latest content ID tool for YouTube. Google blog, 15. Oktober. https://googleblog.blogspot.com/2007/10/latest-content-id-tool-for-youtube.html. Zugriff 29. Mai 2026.

[305] Sandoval, Greg. 2008. Universal Music seeing ‚tens of millions' from YouTube. CNET, 22. Dezember. https://www.cnet.com/tech/services-and-software/universal-music-seeing-tens-of-millions-from-youtube/. Zugriff 29. Mai 2026.

[306] Kafka, Peter. 2008. Warner Music Group Disappearing From YouTube: Both Sides Take Credit. AllThingsDigital, 20. Dezember. https://web.archive.org/web/20110512041753/http:/mediamemo.allthingsd.com/20081220/warner-music-group-disappearing-from-youtube-both-sides-take-credit/. Zugriff 29. Mai 2026.

Es wurde auch kolportiert, dass Warner Zugang zum Musikvideo-Portal VEVO erhalten sollte, dass von Universal und Sony gemeinsam mit Abu Dhabi Media im Dezember 2008 gelauncht und von YouTube gehostet wurde.[307] Die Verhandlungen führten aber zu keinem Erfolg und Warner lizenzierte erst 2016 seinen Musikkatalog für VEVO.[308]

3.3.3 User Generated Content (UGC) und das Urheberrecht

Das werbefinanzierte Geschäftsmodell von YouTube erlaubte es, nicht nur Premiuminhalte wie die Musikvideos der Labels auf der Plattform anzubieten, sondern auch die von UserInnen hochgeladenen Videos, auch wenn sie urheberrechtlich geschütztes Material beinhalteten, zu monetarisieren. Aber was, wenn eine RechteinhaberIn kein Interesse an der Monetarisierung ihrer Inhalte hatte und YouTube Urheberrechtsverletzung vorwarf? Genau das tat nämlich der Entertainment-Konzern Viacom, der im März 2007 YouTube und seine neue Muttergesellschaft Google verklagte. Das Verfahren und vor allem sein Ausgang entschieden maßgeblich darüber, ob eine Plattform in den USA für die Urheberrechtsverletzungen seiner NutzerInnen haftbar gemacht werden konnte oder nicht. Der Urteilsspruch hatte weitreichende Auswirkungen darauf, ob ein User-Generated-Content-Portal überhaupt legal betrieben werden konnte, auch wenn den NutzerInnen das Urheberrecht verletzten.

Viacom war zu diesem Zeitpunkt einer der größten Entertainment-Konzerne in den USA, dem unter anderem die Musik-TV-Sender MTV und VH1, das Kinderfernsehen Nikelodeon, Comedy Central, Paramount Pictures und die DreamWorks-Studios gehörten. Verantwortliche in diesen Tochterunternehmen hatten schon längst wahrgenommen, dass von ihnen kontrollierte und urheberrechtlich geschützte Inhalte auf YouTube verfügbar waren, weil NutzerInnen dieses Material hochgeladen hatten. Viacom hatte sich deshalb auch schon an YouTube mit der Forderung, diese Inhalte zu löschen, gewandt und die Video-Plattform war dem auch nachgekommen. Aber es tauchten täglich neue „Raubkopien", wie Viacom

---

[307] Kincaid, Jason. 2009. Warner Music Negotiates More Control In New YouTube Deal. Could This Be Trouble For VEVO? TechCrunch, 29. September. https://techcrunch.com/2009/09/29/warner-music-negotiates-more-control-in-youtube-deal-could-this-be-trouble-for-vevo/. Zugriff 29. Mai 2026.

[308] Warner Music Group. 2016. Vevo and Warner Music Group Announce Partnership. Pressemitteilung, 2. August. https://www.wmg.com/news/vevo-and-warner-music-group-announce-partnership-21561. Zugriff 29. Mai 2026.

die YouTube-Videos bezeichnete, auf. Als mit Google ein milliardenschwerer Konzern Eigentümer von YouTube wurde, ventilierten die Verantwortlichen bei Viacom eine Klage wegen Urheberrechtsverletzung einzubringen. Dessen war sich auch der neue YouTube-Eigentümer Google bewusst und dessen CEO, Eric Schmidt, trat in Verhandlungen mit Viacom ein, in denen er dem Kabel-TV-Giganten US$ 500 Mio. an Werbeeinnahmen versprach, wenn Viacom von einer Klage absehen würde.[309] Viacom schwebte hingegen eine Zahlung von US$ 1 Mrd. vor. Angeblich hätte man sich dann per Handschlag auf US$ 800 Mio. geeinigt, wie auch aus Viacom-Quellen verlautbart wurde, aber Google hätte dann doch einen Rückzieher gemacht.[310]

So brachten Viacom und einige seiner Tochterunternehmen am 17. März 2007 eine Klage wegen Urheberrechtsverletzung gegen YouTube und Google beim US-Bezirksgericht für den Southern District of New York ein.[311] Darin warf Viacom YouTube vor, mit seiner Technologie Urheberrechte im großem Umfang zu verletzen, wodurch AutorInnen, KomponistInnen und InterpretInnen um ihren gerechten Lohn gebracht würden und wies explizit darauf hin, dass YouTube von rechtwidrigen Handlungen Dritter profitieren würde, ohne für kreative Inhalte zu bezahlen bzw. Nutzungslizenzen dafür zu erwerben. Damit verwies Viacom auf den „User Generated" Video-Content, der auf der YouTube-Seite zu finden wäre und der massenhaft das Urheberrecht des Klägers verletzten würde. Die RechtsanwältInnen von Viacom erwähnten in der Folge mehr als 150.000 unautorisierte Videoclips von TV-Programminhalten, für die Viacom-Unternehmen das Copyright hatten und die insgesamt 1,5 Mrd. Mal angesehen wurden. Mit den Urheberrechtsverletzungen würde YouTube nicht nur Werbeeinnahmen erzielen, sondern sie wären auch eine tragende Säule des Geschäftsmodells. YouTube würde aktiv nichts gegen die massenhafte Verletzung der Urheberrechte unternehmen, sondern die Verantwortung auf die RechteinhaberInnen abschieben, die die rechtswidrigen Inhalte

---

[309] Bergen, Mark. 2022. *YouTube – Die globale Supermacht. Wie Googles Videoplattform unsere Weltsicht dominiert.* München: Droemer HC, S. 87–89.

[310] Bergen, Mark. 2022. *YouTube – Die globale Supermacht. Wie Googles Videoplattform unsere Weltsicht dominiert.* München: Droemer HC, S. 87–89.

[311] Viacom International, Inc. et al. v. YouTube, Inc. and Google, Inc., Complaint for Declaratory and Injunctive Relief and Damages. 17. März 2007. US District Court of the Southern District of New York. Case No. 07-CV-02103-LLS. https://www.docketalarm.com/cases/New_York_Southern_District_Court/1%2D%2D07-cv-02103/Viacom_International_Inc._et_al_v._Youtube_Inc._et_al/1/. Zugriff 29. Mai 2016.

selbst auf der Seite aufspüren und sogenannte Take-Down-Notices an YouTube schicken mussten.[312]

Deshalb machte Viacom Entschädigungsansprüche für direkte Urheberrechtsverletzungen durch YouTube geltend, weil die Plattform urheberrechtlich geschützte Inhalte öffentlich verbreitete und zur Schau stellte sowie vervielfältigte. Außerdem würde YouTube zu Urheberrechtsverletzungen anstiften und Beihilfe dazu leisten sowie Urheberrechtsverletzungen durch Dritte in Kauf nehmen.[313] Das waren schwere Geschütze, die Viacom gegen YouTube und Google in Stellung brachte, die implizierten dass eine Plattform für User Generated Content für Copyrightverletzungen seiner NutzerInnen haftbar gemacht werden konnte.

Die Reaktion von Google ließ nicht lange auf sich warten. In seiner Gegendarstellung wies der Tech-Gigant alle Anschuldigungen von Viacom zurück und verwies darauf, dass YouTube von den Safe Harbor-Bestimmungen des Digital Copyright Millennium Acts 1998 geschützt war.[314] Dabei geht es in erster Linie um den Paragrafen 512 (Limitations on liability relating to material online), der festlegt, wann ein Internet Service Provider (ISP) für Urheberrechtsverletzungen haftbar zu machen ist. Keine Haftung besteht für den ISP, wenn er lediglich die Inhalte Dritter, ohne Änderungen vorzunehmen, weiterleitet und diese auch nicht speichert, sondern lediglich flüchtige Kopien für technische Zwecke macht. Des Weiteren ist ein ISP auch dann nicht für Urheberrechtsverletzungen Dritter verantwortlich zu machen, wenn er keine Kenntnis von den rechtsverletzenden Tatbeständen haben

---

312 Viacom International, Inc. et al. v. YouTube, Inc. and Google, Inc., Complaint for Declaratory and Injunctive Relief and Damages. 17. März 2007, S. 2–3. US District Court of the Southern District of New York. Case No. 07-CV-02103-LLS. https://www.docketalarm.com/cases/New_York_Southern_District_Court/1%2D%2D07-cv-02103/Viacom_International_Inc._et_al_v._Youtube_Inc._et_al/1/. Zugriff 29. Mai 2016.

313 Viacom International, Inc. et al. v. YouTube, Inc. and Google, Inc., Complaint for Declaratory and Injunctive Relief and Damages. 17. März 2007, S. 18–26. US District Court of the Southern District of New York. Case No. 07-CV-02103-LLS. https://www.docketalarm.com/cases/New_York_Southern_District_Court/1%2D%2D07-cv-02103/Viacom_International_Inc._et_al_v._Youtube_Inc._et_al/1/. Zugriff 29. Mai 2016.

314 Eine ausführliche und zusammenfassenden Gegendarstellung der Google-AnwältInnen findet sich einem Dokument aus einer späteren Phase im Gerichtsverfahren: Viacom International, Inc. et al. v. YouTube, Inc. et al. and The Football Association Premier League Ltd. et al. v. YouTube, Inc. et al. Defendants' Opposition to Plaintiffs' Motions for Partial Summary Judgement, 10. Mai 2010. US District Court of the Southern District of New York. Case No. 07-CV-2103 (LLS) and Case No. 07-CV-3582. https://www.eff.org/de/document/youtube-opposition-brief. Zugriff 29. Mai 2026. Die englische und schottische Premier-League sowie die Rodgers & Hammerstein Organization haben zu einem späteren Zeitpunkt Klage gegen YouTube eingebracht und die beiden Fälle wurden in der Folge zusammengefasst.

kann. Sollte er aber darauf hingewiesen werden, muss er unverzüglich das inkriminierte Material von seiner Plattform entfernen. Darüber hinaus darf der ISP nicht finanziell von den Urheberrechtsverletzungen Dritter profitieren. Der ISP muss auch ein öffentlich zugängliches Meldesystem für Urheberrechtsverstöße anbieten, das ganz bestimmte formale Voraussetzungen erfüllen muss.[315]

Im März 2010 kam es dann vor dem New Yorker Gericht zum Showdown. Die Google-AnwältInnen demonstrierten anhand von drei Videos, wie schwierig es war zu identifizieren, welches Video gegen das Urheberrecht verstieß. Niemand im Gerichtssaal konnte das problematische Video erkennen, nämlich ein Amateurvideo eines bekannten YouTubers. Hingegen fiel ein Videomitschnitt aus einer bekannten Comedy-Show unter die Fair-Use-Bestimmung und ein Clip mit Bill Clinton von Fox News war vom TV-Sender genehmigt worden.[316] Google deckte aber auch einige Widersprüche in der Argumentation der Kläger auf. So hatte Viacom selbst jahrelang heimlich eigene Videos mithilfe von achtzehn Marketingagenturen auf YouTube hochladen lassen und dann Urheberrechtsverletzungen angezeigt, wie die Leiterin der Rechtsabteilung von YouTube, Zahavah Levine, genüsslich in einem Blog-Post berichtete.[317] Im selben Blog-Beitrag verwies die Chef-Justiziarin von YouTube darauf, dass das Unternehmen bereits 2008 mit der ContentID ein effektives Instrument zur Bekämpfung von Urheberrechtsverletzungen zur Verfügung stellte und damit den Safe Harbor-Bestimmungen des DCMA entsprach.[318]

Die geschickte Verteidigungslinie des AnwältInnen-Teams von Google überzeugte den Bezirksrichter, Louis Stanton, der in seinem Urteil vom 23. Juni 2010 klarstellte, dass YouTube von den Safe Harbor-Bestimmungen des DCMA geschützt ist, weil YouTube als ISP angesehen werden konnte, der lediglich Material von Dritten ohne Bearbeitung weiterleitete und auch nicht willentlich von Urheberrechtsverstößen profitierte. YouTube hatte nachweislich auch alle angezeigten

---

[315] Ein ausführlicher Kommentar zu den Safe Habor-Bestimmungen des DCMA findet sich auf der Webpage der Cornell Law School. o.D. 17 U.S. Code § 512 – Limitations on liability relating to material online. https://www.law.cornell.edu/uscode/text/17/512. Zugriff 29. Mai 2026.

[316] Bergen, Mark. 2022. *YouTube – Die globale Supermacht. Wie Googles Videoplattform unsere Weltsicht dominiert.* München: Droemer HC, S. 134.

[317] Levine, Zahavah. 2010. Broadcast Yourself. YouTube blog, 18. März. https://publicpolicy.googleblog.com/2010/03/broadcast-yourself.html. Zugriff 29. Mai 2026.

[318] Fairerweise muss an diese Stelle gesagt werden, dass sich die Viacom-Klage explizit auf Urheberrechtsverletzungen vor Einführung der ContentID bezog.

Inhalte, die das Copyright verletzten, von der Seite genommen und mit der ContentID ein entsprechendes Meldesystem im Sinne des Gesetzes installiert.[319]

YouTube und Google feierten dieses Urteil als großen Sieg, aber auch andere Social Media-Anbieter waren erleichtert, weil bei einem Schuldspruch auch sie für Urheberrechtsverletzungen ihrer NutzerInnen haftbar gemacht werden konnten. Allerdings war nur eine Schlacht gewonnen, weil Viacom und die anderen Kläger sofort in Berufung gingen. Dieses Mal konzentrierten sich die Anwaltsteams der klagenden Parteien auf den internen E-Mail-Verkehr zwischen YouTube-MitarbeiterInnen, aus denen hervorging, dass diese sehr wohl von den Rechtsverstößen der NutzerInnen wussten. Das Berufungsgericht folgte der Argumentation von Viacom & Co. und hob das erstinstanzliche Urteil weil „a reasonable jury could find that YouTube had actual knowledge or awareness of specific infringing activity on its website."[320] Es gehe nicht um das Wissen über einzelne, konkrete Urheberrechtsverstöße, sondern um grundsätzlich rechtswidrige Handlungen, wie die beiden RichterInnen der zweiten Instanz urteilten. Sie gestanden dem Bezirksgericht aber zu, dass alle anderen Tatbestände unter die Safe Harbor-Bestimmungen fallen würden. Trotzdem wurde der Fall an die Erstinstanz zurückverwiesen, um die neue Beweislage zu würdigen.[321] Das tat Richter Stanton, kam aber zum gleichen Ergebnis wie bei seinem Ersturteil. YouTube konnte aufgrund der täglichen Flut von Video-Uploads nicht erkennen, ob diese urheberrechtlich geschützte Inhalte beinhaltete, und es hatte keineswegs rechtsverletzende Tatbestände ignoriert. Darüber hinaus hatte YouTube seine NutzerInnen nicht zu Urheberrechtsverletzungen motiviert und sei demnach auch kein Beitragstäter.[322]

---

[319] Viacom International, Inc. et al. v. YouTube, Inc. et al. and The Football Association Premier League Ltd. et al. v. YouTube, Inc. et al. Opinion and Order, 23. Juni 2010. US District Court of the Southern District of New York. Case No. 07-CV-2103 (LLS) and Case No. 07-CV-3582. https://www.eff.org/de/document/order-granting-summary-judgment-youtube. Zugriff 29. Mai 2026.

[320] Viacom International, Inc. et al. and The Football Association Premier League Ltd. et al. v. YouTube, Inc., Opinion, 5. April 2012, S. 2. US Court of Appeals for the Second Circuit Case No. 10–3270-CV and Case No. 10–3342-CV. https://www.eff.org/de/document/2nd-circuit-opinion. Zugriff 29. Mai 2026.

[321] Viacom International, Inc. et al. and The Football Association Premier League Ltd. et al. v. YouTube, Inc., Opinion, 5. April 2012, S. 35. US Court of Appeals for the Second Circuit Case No. 10-3270-CV and Case No. 10-3342-CV. https://www.eff.org/de/document/2nd-circuit-opinion. Zugriff 29. Mai 2026.

[322] Viacom International, Inc. et al. v. YouTube, Inc. et al. Opinion, 18. April 2013. District Court of the Southern District of New York. Case No. 07-CV-02103-LLS. https://www.eff.org/de/document/district-court-opinion-sdny. Zugriff 29. Mai 2026.

Mit dem Urteil war Viacom alles andere als zufrieden und ging erneut in Berufung. Dieses Mal scharrten die beiden Streitparteien ihre Getreuen um sich. Viacom holte sich Unterstützung bei den wichtigen Lobbygruppen der RechteinhaberInnen wie bei der American Association of Musicians, der American Society of Composers, Authors and Publisher, bei den US-Musikverwertungsgesellschaften, der Copyright Alliance, der Motion Picture Association of America und der Independent Film & Television Alliance. YouTube bzw. Google versammelte hinter sich unter anderem die Electronic Frontier Foundation, die Computer & Communications Industry Association, die Consumer Electronics Association, die National Consumers League, die National Alliance for Media, Arts and Culture und die Konkurrenten eBay, Facebook, Tumblr, Yahoo sowie 31 UniversitätsprofessorInnen für IP- und Internetrecht.[323] Allein schon diese Auflistung zeigt, wie viel für beide Seiten auf dem Spiel stand und dass der Ausgang des Prozesses weit über den YouTube-Fall hinaus Auswirkungen haben würde.

Zu einem zweiten Berufungsprozess kam es aber nicht mehr, weil sich Viacom und Google außergerichtlich einigten. Dabei soll kein Geld geflossen sein, wie InsiderInnen berichteten.[324] Viacom hatte offensichtlich eingesehen, dass es sinnvoller war, mit YouTube und anderen Social Media-Anbietern bezüglich seiner Inhalte zu kooperieren und Google wollte nicht noch mehr Geld für Verfahrens- und Gerichtskosten ausgeben. Finale Rechtssicherheit war mit dieser Einigung allerdings nicht gegeben, aber es erscheint nach den Urteilen der Erstinstanz unwahrscheinlich, dass sich RechteinhaberInnen auf eine erneute Klage gegen User-Generated-Content-Plattformen einlassen, wenn dort urheberrechtlich geschütztes Material auftaucht, das nach Anzeige unverzüglich von der Seite entfernt wird.

3.3.4 Der YouTube-GEMA-Konflikt

Am 1. April 2009 war die Lizenzvereinbarung zwischen der deutschen Musikverwertungsgesellschaft GEMA[325] und YouTube, die 2007 abgeschlossen worden war,

[323] Alle Stellungnahmen für die klagende und beklagte Seite können auf der Webpage der Electronic Frontier Foundation (EFF) nachgelesen werden: Electronic Frontier Foundation (EFF). o.D. Viacom v. YouTube. https://www.eff.org/de/cases/viacom-v-youtube. Zugriff 29. Mai 2026.

[324] Stempel, Jonathan. 2014. Google, Viacom settle landmark YouTube lawsuit. Reuters, 18. März. https://www.reuters.com/article/us-google-viacom-lawsuit-idUSBREA2H11220140318/. Zugriff 29. Mai 2026.

[325] GEMA steht für Gesellschaft für musikalische Aufführungs- und mechanische Vervielfältigungsrechte.

ohne Nachfolgeregelung ausgelaufen. Beide Vertragspartner hatten sich im Vorfeld nicht auf ein von der GEMA gefordertes, höheres Vergütungsentgelt einigen können. Daraufhin sperrte YouTube tausende Videos mit Musik von KünstlerInnen, die bei der GEMA Mitglieder waren.[326] YouTube hatte schon davor in einem Konflikt mit der britischen Verwertungsgesellschaft PRS for Music Videos von der Seite genommen, weil man sich nicht auf die Entgelthöhe pro gestreamtem Musikvideo hat einigen können. Letztendlich wurde der Streit beigelegt und YouTube zahlte der PRS umgerechnet 0,22 Cent pro Videoabruf. Die GEMA verlangte nun aber 1 Cent pro Musikvideo, was YouTube als unverhältnismäßig hoch ablehnte.[327]

Der Druck auf YouTube erhöhte sich Monate später, als einige deutsche Indie-Labels, Musikverlage und KünstlerInnen am 26. Oktober 2009 Klage gegen YouTube beim Hamburger Landgericht wegen Unterstützung von Urheberrechtsverletzungen einbrachte. Am Beispiel der britischen Sängerin Sarah Brightman versuchte deren deutscher Produzent, Frank Peterson, exemplarisch aufzuzeigen, dass User Generated Videos auf YouTube systematisch Urheberrechte verletzten würden und YouTube dagegen nichts unternehmen und auch keine Nutzungsentgelte dafür ausschütten würde. YouTube versuchte die Vorwürfe zu entkräften, indem es auf die Safe Habor-Bestimmungen in der EU-Urheberrechtslinie aus dem Jahr 2001 und auf die ContentID verwies, mit der RechteinhaberInnen ihre Inhalte auf YouTube kontrollieren konnten.[328]

Während sich YouTube mit dieser Klage herumschlagen musste, liefen parallel die Gespräche mit der GEMA für einen neuen Lizenzvertrag. Im Mai 2010 berichteten die Branchenmedien, dass die Lizenzverhandlungen zwischen YouTube und der GEMA gescheitert waren. Die Verwertungsgesellschaft verlangte von YouTube, 600 Musikvideos von der Plattform zu entfernen.[329] Da im September 2010 das Hamburger Gericht YouTube wegen Urheberrechtsverletzungen und Schaden-

---

[326] Die Zeit Online. 2009. YouTube sperrt Musikvideos in Deutschland. 31. März. https://www.zeit.de/online/2009/14/youtube-gema-rechte. Zugriff 29. Mai 2026.

[327] O'Brian, Kevin J. 2009. Royalty Dispute Stops Music Videos in Germany. The New York Times, 2. April. https://web.archive.org/web/20180811005734/https:/www.nytimes.com/2009/04/03/technology/internet/03youtube.html. Zugriff 29. Mai 2026.

[328] Spahr, Wolfgang. 2009. German Indies, Artists, File Against YouTube/Google. Billboard, 26. Oktober. https://www.billboard.com/music/music-news/german-indies-artists-file-against-youtubegoogle-1263814/. Zugriff 29. Mai 2026.

[329] Spahr, Wolfgang. 2010. GEMA Talks With YouTube Break Down. Billboard, 10. Mai. https://www.billboard.com/music/music-news/gema-talks-with-youtube-break-down-1207103/. Zugriff 29. Mai 2026.

ersatz in Millionenhöhe im Sarah-Brightman-Fall verurteilte,[330] wurde die Video-Plattform in Deutschland immer mehr in die Enge getrieben, vor allem nachdem die GEMA am 30. September 2010 Klage wegen Urheberrechtsverletzungen durch YouTube beim gleichen Hamburger Gericht eingebracht hatte.[331]

YouTube versuchte seinerseits Druck auf die GEMA auszuüben, indem es mit wichtigen Verwertungsgesellschaften in der EU wie der italienischen SIAE und der französischen SACEM Lizenzvereinbarungen geschlossen hatte. Anstatt Entgelte für jeden einzelnen Stream abzurechnen, wie das die deutsche GEMA verlangte, akzeptierten die SIAE und SACEM Anteile an den Werbeeinnahmen von YouTube in den jeweiligen Ländern.[332] In der Folge schlossen noch weitere Verwertungsgesellschaften Lizenz-Deals mit YouTube ab, was den Druck auf die GEMA erhöhte, es ihnen gleich zu tun.

Aber auch bei den deutschen Major-Labels regte sich Unmut über die starrköpfige Haltung der GEMA. Seit Monaten waren nun viele Musikvideos ihrer KünstlerInnen in Deutschland auf YouTube nicht verfügbar und der damit verbundene Promotionseffekt ging dadurch verloren. Im Juni 2011 meldeten sich die Deutschland-Chefs der Sony Music und Universal Music medial zu Wort und kritisierten die GEMA dafür, nicht im digitalen Musikzeitalter angekommen zu sein und drängten auf einen raschen Lizenz-Deal mit YouTube. Wenn aber die GEMA ihre starrköpfige Haltung nicht aufgeben würde, entgingen den KünstlerInnen und Labels in Deutschland potenzielle Einnahmen in Millionenhöhe.[333] Eine wissenschaftliche Studie von Tobias Kretschmer und Christian Peukert aus dem Jahr 2020 sollte dann diesen Vorwurf bestätigen und errechnete, dass der Musikvideo-Boykott die Umsätze der phonografischen Industrie in Deutschland um 5 bis 10 %

---

[330] Lardinois, Frederic. 2010. YouTube Loses in German Court: Held Liable for Copyrighted Videos. ReadWrite, 3. September. https://readwrite.com/youtube_loses_in_german_court_sarah_brightman_case/. Zugriff 29. Mai 2026.

[331] Spahr, Wolfgang. 2009. GEMA, YouTube Heading To Court. Billboard, 30. September. https://www.billboard.com/music/music-news/gema-youtube-heading-to-court-1199864/. Zugriff 29. Mai 2026.

[332] Wilkens, Andreas. 2010. Italienische Verwertungsgesellschaft schließt Lizenzvereinbarung mit YouTube. Heise.de, 28. Juli. https://www.heise.de/news/Italienische-Verwertungsgesellschaft-schliesst-Lizenzvereinbarung-mit-YouTube-1046807.html. Zugriff 29. Mai 2026 und Spahr, Wolfgang. 2010. YouTube Signs With France's Sacem. Billboard, 30. September. http://www.billboard.biz/bbbiz/content_display/industry/e3i39345a5f3df-4c124858306bb193ce7f5. Zugriff 29. Mai 2026.

[333] Reißmann, Ole und Konrad Lischka. 2011. Plattenbosse rebellieren gegen YouTube-Blockade. Der Spiegel Online, 16. Juni. https://www.spiegel.de/netzwelt/netzpolitik/streit-mit-der-gema-plattenbosse-rebellieren-gegen-youtube-blockade-a-768816.html. Zugriff 29. Mai 2026.

verringerte, wobei der negative Effekt für NewcomerInnen und weniger gut am Markt etablierte KünstlerInnen sogar noch stärker ausfiel.[334]

Aber anstatt sich mit YouTube zu einigen, ließ die GEMA den Konflikt noch weiter eskalieren. Nachdem YouTube vom Hamburger Landgericht wegen Urheberrechtsverletzungen und zur Vorab-Filterung von urheberrechtlich geschützten Inhalten verurteilt worden war,[335] brachte die GEMA eine Klage über Schadenersatzzahlungen von EUR 1,6 Mrd. gegen YouTube ein.[336] Während der Konflikt mit der GEMA weiter schwellte, gelang es YouTube in den folgenden Jahren seine Lizenz-Deals mit anderen Verwertungsgesellschaften in der EU zu erneuern. YouTube bzw. seine Muttergesellschaft Google kündigte im März 2013 zudem einen Bezahldienst für Musikvideos auf YouTube unter dem Namen „YouTube Pass" an.[337] Obwohl die Lizenzverhandlungen dafür zäh und langwierig waren und sogar ein heftiger Streit mit den Indie-Labels über die Lizenzbedingungen ausgebrochen war,[338] konnte man sich schließlich Anfang November 2014 doch einigen und das neue Musikstreamingservice ging unter dem Namen „YouTube Music Key" online.[339]

Der Lizenz-Streit mit der GEMA schwebte aber weiterhin wie ein Damoklesschwert über YouTubes Haupt. Die Fronten waren seit Jahren verhärtet und keine der beiden Seite schien nachgeben zu wollen. Aber das Blatt begann sich zugunsten YouTubes zu wenden. Am 1. Juli 2015 entschied das Oberlandesgericht Hamburg als Berufungsinstanz, dass YouTube grundsätzlich nicht für Rechtsverstöße seiner

[334] Kretschmer, Tobias und Christian Peukert. 2020 Video Killed the Radio Star? Online Music Videos and Recorded Music Sales. *Information Systems Research* 31(3): 776–800, https://doi.org/10.1287/isre.2019.0915.

[335] Spahr, Wolfgang. 2012. German Court Rules Against YouTube In GEMA Copyright Case. Billboard, 20. April. http://www.billboard.biz/bbbiz/industry/legal-and-management/german-court-rules-against-youtube-in-gema-1006830552.story. Zugriff 29. Mai 2026.

[336] Hart, Tina. 2013. GEMA calls for 1.6 m Euros of damages from YouTube in copyright infringement case. Musicweek, 14. Januar. https://www.musicweek.com/news/read/gema-calls-for-1-6m-euros-of-damages-from-youtube/053149. Zugriff 29. Mai 2026.

[337] Bradley, Ryan. 2013. YouTube to launch music streaming service, take on Spotify. Fortune, 5. März. https://fortune.com/2013/03/05/youtube-to-launch-music-streaming-service-take-on-spotify/. Zugriff 29. Mai 2026.

[338] Brzeski, Patrick. 2014. Indie Music Labels Set to File Complaint Over YouTube's ‚Strong-Arm' Tactics. Billboard, 4. Juni. https://www.billboard.com/music/music-news/indie-music-labels-set-to-file-complaint-over-youtubes-strong-arm-6106509/. Zugriff 29. Mai 2026.

[339] Flanagan, Andrew. 2014. YouTube's Music Streaming Service Launches. Billboard, 12. November. https://www.billboard.com/pro/youtubes-music-streaming-service-launches/. Zugriff 29. Mai 2026.

NutzerInnen haftet, sondern lediglich im Sinn der Störerhaftung einzelne Musikvideos löschen muss, wenn es auf Urheberrechtsverletzungen hingewiesen wird.[340] Da YouTube mit seiner ContentID dem schon seit Jahren nachgekommen war, wäre auch kein wirtschaftlicher Schaden entstanden und die Schadenersatzforderung somit hinfällig.[341]

Endgültig kam Bewegung in den Konflikt, als am 28. Januar 2016 das Oberlandesgericht München entschied, dass YouTube nicht für Urheberrechtsverletzungen seiner UserInnen haftbar gemacht werden konnte.[342] Nun geriet die GEMA in die Defensive und wie durch ein Wunder kamen nun die Verhandlungen mit YouTube in die Gänge. Am 1. November 2016 ließ die GEMA in einer Pressemitteilung die Öffentlichkeit wissen, dass man sich mit YouTube nach sieben Jahren endlich auf einen Lizenzvertrag geeinigt hatte.[343] Aus der Mitteilung ging zwar nicht hervor, wie die Lizenzbedingungen lauteten, aber zwischen den Zeilen kann doch herausgelesen werden, dass die GEMA schließlich doch vom Prinzip der Abgeltung jedes einzelnen Streams abgerückt war und, wie im Fall aller anderen Verwertungsgesellschaften, einer Beteiligung an den Werbeerlösen zugestimmt hatte.

Wie immer man die Positionen der beiden Konfliktparteien beurteilen mag, die jahrelange Auseinandersetzung belegt, dass User Generated Content nicht mit originären Musikinhalten, die über Musikstreamingdienste verbreitet werden, gleichgesetzt werden kann. Das Urteil des Oberlandesgerichts München stellte zudem klar, dass auch in der Europäischen Union UGC-Plattformen von der Safe-Habor-Bestimmung geschützt sind und YouTube keine Ausnahme war. Das warf die grundsätzliche Frage auf, ob YouTube und ähnlich gelagerte Angebote überhaupt von einem „sicheren Hafen" geschützt werden sollen? Es ist daher wenig verwunderlich, dass diese Frage auch bei der Ausgestaltung einer neuen EU-

---

[340] Briegleb, Volker. 2015. Gema vs. YouTube: Gericht bestätigt Sperrzwang. Heise.de, 1. Juli. https://www.heise.de/news/Gema-vs-YouTube-Gericht-bestaetigt-Sperrzwang-2732964.html. Zugriff 29. Mai 2026.

[341] Mueller, Bianca. 2017. OLG Hamburg: Kein Schadensersatz gegen Youtube. LawDownUnder blog, 16. Februar. https://web.archive.org/web/20170904111153/http:/www.lawdownunder.de/schadensersatz-gegen-youtube/. Zugriff 29. Mai 2026.

[342] Music Business Worldwide. 2016. YouTube not liable for copyright infringement, rules German court. 1. Februar. https://www.musicbusinessworldwide.com/youtube-not-liable-for-copyright-infringement-rules-german-court/. Zugriff 29. Mai 2026.

[343] GEMA. 2016. GEMA signs agreement with YouTube: Milestone for a fair remuneration of music authors in the digital age achieved. Pressemitteilung, 1. November. https://www.gema.de/en/w/gema-signs-agreement-with-youtube-milestone-for-a-fair-remuneration-of-music-authors-in-the-digital-age-achieved. Zugriff 29. Mai 2026.

Urheberrechtsrichtlinie aufgeworfen wurde und zu einem Konflikt führte, der sich zu einem Kulturkampf um den Artikel 13 im ursprünglichen Gesetzesentwurf auswuchs.

3.3.5 Der Kulturkampf um Artikel 13

Am 1. November 2016 erhielt der Botschafter der USA bei der Europäischen Union in Brüssel, Anthony L. Gardner, Post aus seiner Heimat. Unterschrieben war der Brief von so gut wie allen Interessensvertretungen der US-Musikindustrie wie die Recording Industry Association of America (RIAA), ASCAP, BMI, SESAC, SoundExchange, American Federation of Musicians bis hin zur Christian Music Trade Association und Gospel Music Association. Die Unterzeichnenden appellierten an den US-Botschafter in der EU: „We enthusiastically support passage of Article 13 of the recent proposed EC Copyright Directive, which will benefit American creators by directly addressing what has been called the ‚Value Gap'."[344]

Der Vorwurf eines „Value Gap" richtete sich direkt gegen YouTube, wie aus dem Schreiben hervorging. Die Verfasser des Briefes rechneten vor, dass der schwedische Musikstreamingdienst Spotify US$ 18 für jede Musikschaffende 2014 ausbezahlt hätte und YouTube nicht einmal US$ 1. Als Grund dafür wurden die wenig vorteilhaften Bestimmungen des US Digital Copyright Millennium Acts (DCMA) genannt. Das Gesetz würde Plattformen wie YouTube gegenüber solchen bevorzugen, die ihr Geschäftsmodell nicht auf User Generated Content aufbauten, wodurch sich ein unfairer Wettbewerbsnachteil ergäbe, der zum Schaden der US-amerikanischen Musikschaffenden wäre.[345]

Es ist leicht zu durchschauen, dass sich der Brief in erster Linie auf die, aus Sicht der Musikindustrieverbände, unbefriedigende Situation in den USA bezog und weniger auf die Europäische Union, die ausdrücklich für ihre Gesetzesinitiative gelobt wurde. Noch lag die gescheiterte Viacom-Klage den Verantwortlichen der US-Musikindustrie schwer im Magen. YouTube konnte im Schutz der

[344] Der offene Brief der US-Musikindustrieverbände ist im gesamten Wortlaut abgedruckt in Music Business Worldwide. 2016. US music biz urges Government to back EU proposals to squeeze YouTube ‚value gap'. 3. November. https://www.musicbusinessworldwide.com/us-music-biz-urges-government-to-back-eu-proposals-to-squeeze-youtube-value-gap/. Zugriff 29. Mai 2026.

[345] Music Business Worldwide. 2016. US music biz urges Government to back EU proposals to squeeze YouTube ‚value gap'. 3. November. https://www.musicbusinessworldwide.com/us-music-biz-urges-government-to-back-eu-proposals-to-squeeze-youtube-value-gap/. Zugriff 29. Mai 2026.

Safe Habor-Bestimmungen des DCMA sein Geschäftsmodell weiterbetreiben und die RechteinhaberInnen mussten jede Urheberrechtsverletzung anzeigen oder dafür sorgen, dass ihre Inhalte auf YouTube mit Werbung monetarisiert wurden. Deshalb wurde vonseiten der phonografischen Industrie gegen den „Value Gap“ bei YouTube und ähnlichen UGC-Angebote kampagnisiert. Im Digital Music Report der International Federation of the Phonographic Industry (IFPI) zog dessen CEO, Frances Moore, gegen YouTube zu Felde. Sie prangerte die Safe-Habor-Bestimmungen, die YouTube & Co. beschützten, an, und forderte, dass User-Generated-Content-Plattformen ähnlich wie Musikstreamingdienste Lizenzdeals mit den Rechteinhabern abschließen müssten.[346]

Bei der EU-Kommission schienen die Lobbying-Aktivitäten der Musikindustrieverbände auf fruchtbaren Boden gefallen zu sein. Im Entwurf zu einer EU-Richtlinie über das Urheberrecht und die verwandten Schutzrechte im digitalen Binnenmarkt, der am 14. September 2016 vorgelegt wurde, erregte vor allem der Artikel 13 mit dem sperrigen Titel „Nutzung geschützter Inhalte durch Diensteanbieter der Informationsgesellschaft, die große Mengen der von ihren Nutzern hochgeladenen Werke und sonstigen Schutzgegenstände speichern oder zugänglich machen“ große öffentliche Aufmerksamkeit.[347] In der Ursprungsfassung besagte Artikel13, dass User-Generated-Content-Plattformen wie YouTube, Maßnahmen ergreifen müssen, die gewährleisten, „[...] dass die mit den Rechteinhabern geschlossenen Vereinbarungen, die die Nutzung ihrer Werke oder sonstigen Schutzgegenstände regeln, oder die die Zugänglichkeit der von den Rechteinhabern genannten Werke oder Schutzgegenstände über ihre Dienste untersagen, eingehalten werden. Diese Maßnahmen wie beispielsweise wirksame Inhaltserkennungstechniken müssen geeignet und angemessen sein. Die Diensteanbieter müssen gegenüber den Rechteinhabern in angemessener Weise darlegen, wie die Maßnahmen funktionieren und eingesetzt werden und ihnen gegebenenfalls über die Erkennung und Nutzung ihrer Werke und sonstigen Schutzgegenstände Bericht erstatten.“[348]

[346] International Federation of the Phonographic Industry (IFPI). 2016. IFPI Digital Music Report 2015, London: IFPI, S. 5.

[347] Europäische Kommission. 2016. Vorschlag für eine Richtlinie des Europäischen Parlaments und des Rates über das Urheberrecht im digitalen Binnenmarkt. 14. September 2016. COM(2016) 593 final. https://eur-lex.europa.eu/legal-content/DE/TXT/PDF/?uri=CELEX:52016PC0593. Zugriff 29. Mai 2026.

[348] Europäische Kommission. 2016. Vorschlag für eine Richtlinie des Europäischen Parlaments und des Rates über das Urheberrecht im digitalen Binnenmarkt. 14. September 2016. COM(2016) 593 final, S. 31–32.

Diese in umständlichem Amtsdeutsch formulierte Regelung besagte nicht anderes, dass YouTube & Co. dafür sorgen mussten, dass kein urheberrechtlich geschütztes Material von den NutzerInnen mehr auf die Plattformen hochgeladen werden konnte. YouTube würde also keinen „sicheren Hafen“ in der EU haben, um sein Geschäftsmodell mit User-Generated-Content zu betreiben. Darüber hinaus wurden Betreiber dieser Plattformen verpflichtet, Lizenzvereinbarungen mit den RechteinhaberInnen abzuschließen.[349] Genau das versetzte die US-Musikindustrieverbände in Verzückung, als sie an den US-Botschafter in Brüssel schrieben, was einen Kulturkampf auslöste. Dieser wurde unter Einsatz großer finanzieller Mittel beider Seiten, mit gegenseitigen Anschuldigungen und Beleidigungen geführt, die Massendemonstrationen und sogar Bombendrohungen zur Folge hatten.

Vorerst löste der Richtlinien-Entwurf der EU-Kommission hektische Betriebsamkeit bei den Technologiefirmen des Silicon Valleys aus. Ihre Lobbying-Aktivitäten in Brüssel wurden verstärkt, um im Begutachtungsverfahren Verbesserungen aus ihrer Sicht durchzusetzen. Der Vorschlag der bulgarischen Ratspräsidentschaft sah auch einige Kompromisse zugunsten der Tech-Konzerne vor. So war der Artikel 13 von drei Absätzen auf acht angewachsen. Zwar blieb die Verpflichtung, dass UGC-Plattformen Lizenzvereinbarungen mit den Rechteinhabern abschließen müssen, aufrecht. Ein neuer Paragraf sah nun aber vor, dass YouTube & Co. keine Haftung für unautorisierte Inhalte auf ihren Seiten hätte, wenn sie nachweisen könnten, dass sie alles in ihrer Macht Stehende unternommen hätten, um die Inhalte zu entfernen.[350] In den Kommentaren zum Gesetzesvorschlag des EU-Rates stand noch lesen, dass die UGC-Plattformen keine Haftung für unautorisierte Handlungen ihrer NutzerInnen unter bestimmten Umständen träfe, vor allem wenn sie vorab effektive Maßnahmen zur Erkennung und Beseitigung geschützter Inhalte getroffen hätten. Wenn RechtinhaberInnen aber auf die unautorisierten Inhalte aufmerksam machen würden, wären diese von Plattformen unverzüglich zu entfernen und sie müssten sicherstellen, dass sie nicht wieder hochgeladen würden.[351]

[349] Europäische Kommission. 2016. Vorschlag für eine Richtlinie des Europäischen Parlaments und des Rates über das Urheberrecht im digitalen Binnenmarkt. 14. September 2016. COM(2016) 593 final, S. 22.

[350] Europäischer Rat. 2018. Proposal for a Directive of the European Parliament and the Council on copyright in the Digital Single Market – Presidency compromise proposal. 13. April 2018, S. 56. ST 7927 2018 INIT – 2016/0280 (COD). https://eur-lex.europa.eu/legal-content/EN/TXT/?uri=consil%3AST_7927_2018_INIT. Zugriff 29. Mai 2026.

[351] Europäischer Rat. 2018. Proposal for a Directive of the European Parliament and the Council on copyright in the Digital Single Market – Presidency compromise proposal. 13. April 2018, S. 56. ST 7927 2018 INIT – 2016/0280 (COD), S. 31.

Das rief sogleich KritikerInnen aus den Reihen der RechteinhaberInnen auf den Plan, die eine Wiedereinführung der Safe Harbor-Bestimmung durch die Hintertür von Artikel 13 Absatz 4 befürchteten.[352] Es blieb aber im Großen und Ganzen ein Entwurf zugunsten der RechteinhaberInnen, der den Tech-Firmen sauer aufstieß. Da das Europäische Parlament über die überarbeitete Urheberrechtsrichtlinie Ende Juni 2018 abstimmen sollte, intensivierten die Technologiekonzerne ihr Lobbying. Aber es waren nicht nur Google & Co., die gegen die neue EU-Richtlinie ins Feld zogen., sondern auch namhafte Tech-Pioniere wie der Erfinder des World Wide Web (WWW), Tim Berners-Lee, der Mitbegründer der Online-Enzyklopädie Wikipedia, Jimmy Wales, der Gründer der gemeinnützigen Internet Archives, Brewster Kahle, und weitere rund 70 Internet-und UrheberrechtsexpertInnen, die sich in einem offenen Brief an den Präsidenten des EU-Parlaments, Antonio Tajani, vor allem gegen den Artikel 13 in der Richtlinie aussprachen, weil dieser zur automatischen Überwachung der Internetnutzung führen würde. Die Unterzeichnenden sprachen sich zwar grundsätzlich für die Intention von Artikel 13 aus, die Einnahmen aus der Nutzung von Inhalten im Internet fairer zu verteilen, da sie sich ja selbst auch zu den Creators zählten, aber die konkrete Umsetzung durch ein automatisches Filtern von Inhalten würde an Zensur grenzen. Und die Internet-PionierInnen und UrheberrechtsexpertInnen schlussfolgerten: „Article 13 takes an unprecedented step towards the transformation of the Internet from an open platform for sharing and innovation, into a tool for the automated surveillance and control of its users."[353] Wikipedia setzte noch eines drauf und blockierte demonstrativ in Italien eine Woche lang den Zugang zu ihrer Webseite und warnte in einem Hinweis, dass die Internet-Enzyklopädie bei Verabschiedung von Artikel 13 in der Urheberrechtsrichtlinie gesperrt werden könnte.[354]

Aber auch die Gegenseite ließ ihre Truppen aufmarschieren. Zahlreiche namhafte KünstlerInnen wie Annie Lennox, Placido Domingo, David Guetta und der Musikproduzent Max Martin sprachen sich für den Richtlinien-Entwurf der EU-Ratspräsidentschaft aus, allen voran Sir Paul McCartney, der noch einen Tag vor

---

[352] Zitiert in Orlowski, Andrew. 2018. Under-fire Silicon Valley to gain new copyright ‚safe harbour' in EU, fume critics. The Register, 27. April. https://www.theregister.com/offbeat/2018/04/27/under-fire-silicon-valley-to-gain-new-copyright-safe-harbour-in-eu-fume-critics/510292. Zugriff 29. Mai 2026.

[353] Cerf, Vint et al. 2018. Article 13 of the EU Copyright Directive Threatens the Internet. Offener Brief von Vint Cerf et al. an den Präsidenten des Europäischen Parlaments, Antonio Tajani, 12. Juni 2018. https://www.eff.org/files/2018/06/13/article13letter.pdf. Zugriff 29. Mai 2026.

[354] BBC News. 2018. Italy Wikipedia shuts down in protest at EU copyright law. 3. Juli. https://www.bbc.com/news/world-europe-44696302. Zugriff 29. Mai 2026.

der Abstimmung im EU-Parlament einen offenen Brief an die ParlamentarierInnen richtete, in dem er leidenschaftlich an sie appellierte, der Gesetzesinitiative zuzustimmen: „We need an Internet that is fair and sustainable for all. But today some User Upload Content platforms refuse to compensate artists and all music creators fairly for their work, while they exploit it for their own profit. The value gap is that gulf between the value these platforms derive from music and the value they pay creators. The proposed Copyright Directive and its Article 13 would address the value gap and help assure a sustainable future for the music ecosystem and its creators, fans and digital music services alike. Please vote to uphold the mandate on Copyright and Article 13. You hold in your hands the future of music here in Europe.“[355]

Andere VertreterInnen der MusikrechteinhaberInnen waren weniger zurückhaltend als der Ex-Beatles und verstiegen sich zu wüsten Beschimpfungen, die sich gegen die Tech-Konzerne richteten. So kritisierte der Vorsitzende von UK Music, Michael Dugher, dass Google hinter den Kulissen mit einer EUR 31 Mio.-Kampagne die Richtlinie zu Fall bringen möchte und verglich den YouTube-Eigentümer mit einem Aasgeier, der sich an den Musikschaffenden bereichern würde. Und er setzte in seiner Kampfrhetorik noch eines drauf, indem er schimpfte: „Google is acting like a monolithic mega-corp trying to submerge the truth under a tsunami of misinformation and scare stories pedalled by its multi-million propaganda machine.“ Statt eine zynische und eigennützige Kampagne gegen die Interessen der Kreativen anzuführen, sollte Google einen positiven Beitrag für die Musikschaffenden leisten, forderte Dugher am Ende seines Angriffs auf den Tech-Konzern aus dem Silicon Valley.[356]

Die Stimmung war also sehr aufgeheizt, als am 5. Juli 2018 im EU-Parlament in Straßburg die Abgeordneten zusammentrafen, um über den Richtlinien-Entwurf abzustimmen. Die Meinungslage in den parlamentarischen Fraktionen war ähnlich gespalten wie zwischen Tech-Firmen und RechtinhaberInnen. Das Abstimmungsergebnis war dann ein Knalleffekt: 318 Abgeordnete sprachen sich gegen den Ent-

[355] Der gesamte offene Brief ist abgedruckt in Music Business Worldwide. 2018. Sir Paul McCartney tells European Parliament: Vote through Article 13 to ensure a ‚sustainable future for music‘. July 4. https://www.musicbusinessworldwide.com/sir-paul-mccartney-tells-european-parliament-vote-through-article-13-to-ensure-a-sustainable-future-for-music/. Zugriff 29. Mai 2026.

[356] Music Business Worldwide. 2018. Sir Paul McCartney tells European Parliament: Vote through Article 13 to ensure a ‚sustainable future for music‘. July 4. https://www.musicbusinessworldwide.com/sir-paul-mccartney-tells-european-parliament-vote-through-article-13-to-ensure-a-sustainable-future-for-music/. Zugriff 29. Mai 2026.

wurf aus, 278 wollten das Gesetzgebungsverfahren fortsetzen und stimmten für die Vorlage und 31 Abgeordnete enthielten sich der Stimme. Damit war die Urheberrechtsrichtlinie im EU-Parlament durchgefallen und musste nun neu verhandelt werden.[357]

Sogleich meldeten sich die VertreterInnen der MusikrechteinhaberInnen zu Wort und drückten ihr Missfallen über das Abstimmungsergebnis im EU-Parlament aus. Der Musiker und Komponist, Jean-Michel Jarre, der gleichzeitig auch Präsident des internationalen Dachverbandes der Musikverwertungsgesellschaften, CISAC, war, hielt mit seiner Enttäuschung nicht hinter dem Berg und sah den jahrelangen Kampf der kreativ Schaffenden für eine faire Entlohnung durch die Internet-Konzerne zurückgeworfen. Er warf zudem Google und seinen Verbündeten vor, mit falschen Argumenten und Panikmache die EU-ParlamentarierInnen beeinflusst zu haben.[358] VertreterInnen von vielen nationalen Verwertungsgesellschaften, Musikindustrieverbänden und Interessensvertretungen von Musikschaffenden schlossen sich der Kritik an und riefen trotzig dazu auf, den Kampf fortzusetzen.[359]

Aber auch YouTube war mit dem Richtlinien-Entwurf unzufrieden. Im Vorfeld der erneuten Abstimmung der Urheberrechtslinien, die für den 12. September 2018 angesetzt war, kritisierte der YouTube-Geschäftsführer, Robert Kyncl, der später die Seiten wechseln sollte und CEO der Warner Music Group wurde, in einem Blog-Post vor allem den Inhalt von Artikel 13, der dazu führen könnte, dass es den Plattformen verunmöglicht würde, User Generated Content zu hosten. Der Entwurf würde die kreative Freiheit zerstören und hätte auch negative Auswirkungen auf die Einkommensgenerierung durch YouTube. Kyncl gab zu bedenken, dass über die ContentID RechteinhaberInnen ohnehin vollständige Kontrolle über ihre Inhalte hätten und zwischen der Entfernung und Monetarisierung durch Werbung entscheiden könnten. Rund 90 % der REchtinhaberInnen würden sich trotz der Verletzung ihrer Urheberrechte dann doch für die Monetarisierung entscheiden, gab er zu bedenken.[360]

---

[357] BBC News. 2018. Controversial copyright law rejected by EU parliament. 5. Juli. https://www.bbc.com/news/technology-44712475. Zugriff 29. Mai 2026.

[358] Music Business Worldwide. 2018. Music industry defeated over Article 13 vote in European Parliament… but it's not over yet. 5. Juli. https://www.musicbusinessworldwide.com/music-industry-defeated-over-article-13-vote-in-european-parliament/. Zugriff 29. Mai 2026.

[359] Music Business Worldwide. 2018. Music industry defeated over Article 13 vote in European Parliament… but it's not over yet. 5. Juli. https://www.musicbusinessworldwide.com/music-industry-defeated-over-article-13-vote-in-european-parliament/. Zugriff 29. Mai 2026.

[360] Kyncl, Robert. 2018. Why creators should care about European copyright rules. YouTube blog, 4. September. https://blog.youtube/news-and-events/why-creators-should-care-about european/. Zugriff 29. Mai 2026.

Obwohl das EU-Parlament noch im Juli 2018 mehrheitlich gegen den Entwurf für eine neue Urheberrechtsrichtlinie gestimmt hatte, entschieden die ParlamentarierInnen in einem zweiten Abstimmungsanlauf am 12. September 2018 mit einer knappen Mehrheit, den Richtlinien-Entwurf ohne Änderungen mit dem EU-Rat und der EU-Kommission im sogenannten Trialog weiter zu verhandeln. In seltener Einmütigkeit begrüßten die Musikindustrieverbände und Interessensvertretungen der Musikschaffenden die Entscheidung des EU-Parlaments.[361]

Für Google/YouTube und seine Verbündeten schrillten aber jetzt die Alarmglocken und es schaltete sich sogar die ansonsten sehr zurückhaltende YouTube-Chefin, Susan Wojcicki ein, die einst die Gründung von Google in ihrer Garage ermöglicht hatte. In einem offenen Brief an die YouTube-Creators malte sie ein düsteres Bild, wenn der Artikel 13 der neuen EU-Richtlinie in dieser Form in Kraft treten würde: „Article 13 as written threatens to shut down the ability of millions of people – from creators like you to everyday users – to upload content to platforms like YouTube. It threatens to block users in the EU from viewing content that is already live on the channels of creators everywhere. This includes YouTube's incredible video library of educational content, such as language classes, physics tutorials and other how-to's." Artikel 13 würde YouTube zwingen, nur mehr vorab genehmigte Inhalte der großen RechteinhaberInnen auf der Seite zu belassen und müsste viele Inhalte, die möglicherweise Urheberrecht verletzen könnten, im vorauseilenden Gehorsam löschen.[362] In einem Editorial in der Financial Times setzte Wojcicki noch einmal nach und wies daraufhin, dass ihr Unternehmen EUR 800 Mio. an RechteinhaberInnen in der EU im letzten Jahr ausgeschüttet hatte. KünstlerInnen würden finanzielle Einbußen erleiden, wenn Artikel 13 in der aktuellen Fassung umgesetzt würde. Viele Inhalte müssten nämlich gefiltert werden und sie ließen sich dann nicht mehr auf YouTube monetarisieren. Ein globaler Hit wie „Despacito", der im Sommer die Charts gestürmt hatte, wäre unter Artikel 13 nicht möglich, behauptete Wojcicki. Insgesamt würden YouTube-NutzerInnen in den EU-Ländern ein wesentlich geringeres Angebot haben, weil

[361] Music Business Worldwide. 2018. European Parliament sides with music industry in crucial copyright vote which could ‚close the Value Gap'. 12. September. https://www.musicbusinessworldwide.com/european-parliament-sides-with-music-industry-in-crucial-copyright-vote-which-could-close-the-value-gap/. Zugriff 29. Mai 2026.

[362] Der offene Brief von Wojcicki findet sich im Wortlaut bei Music Business Worldwide. 2018. YouTube's Susan Wojcicki tells artists: Article 13 poses ‚a threat to your livelihood'. 22. Oktober 22. https://www.musicbusinessworldwide.com/youtubes-susan-wojcicki-tells-artists-article-13-poses-a-threat-to-your-livelihood/. Zugriff 29. Mai 2026.

monetarisierbare aber das Urheberrecht verletzende Videos, geblockt werden müssten.[363]

Gleichzeitig startete Google auf seiner ansonsten so spartanisch gehaltenen Startseite eine Kampagne gegen den Artikel unter dem Hashtag „#SaveYourInternet",[364] die von zahlreichen NGOs in den EU-Mitgliedsstaaten unterstützt wurde und über die negativen Folgen von Artikel 13 für die Freiheit des Internets aus ihrer Sicht informierte. Die Reaktion der Musikindustrie ließ nicht lange auf sich warten und sie viel heftig aus. Der CEO der British Phonographic Industry (BPI), Geoff Taylor, warf Google ein Flächenbombardement an Propaganda gegen den Richtlinie-Entwurf vor, das die Legitimität des demokratischen Entscheidungsprozesses innerhalb der EU infrage stellen würde.[365]

Je näher der entscheidende Abstimmungstermin im EU-Parlament rückte, der nun für den 26. März 2019 angesetzt war, desto mehr verschärfte sich die Rhetorik auf beiden Seiten. Und schon längst war die Richtlinie und vor allem Artikel 13 zu einem Politikum innerhalb der EU geworden. Unterstützt wurde die Gesetzesinitiative von der Europäischen Volkspartei, von den Liberalen und der Sozialdemokratischen Fraktion im EU-Parlament. Gegen den Richtlinie-Entwurf sprachen sich vor allem rechtspopulistische Fraktionen wie die italienische Lega Nord, die UK Independence Party und die in Polen regierenden PiS aus. Aber auch linksgerichtete Parteien wie die Fünf-Sterne-Bewegung in Italien, die Linke und Grüne/Bündnis 90 in Deutschland mobilisierten gegen den Richtlinien-Entwurf.

Als der Trialog-Prozess zwischen Kommission, Rat und Parlament in der EU abgeschlossen und ein überarbeiteter Richtlinie-Entwurf im Februar 2019 veröffentlicht wurde, war die Empörung bei den Gegnern groß, obwohl einige Veränderungen zugunsten der Online-Plattformen vorgenommen worden waren. Im Artikel 13 wurde die von den Plattformen geforderte Haftungsbefreiung, wenn wirksame und angemessene Maßnahmen gegen urheberrechtlich geschützte Inhalte zu Einsatz kommen, implementiert und zwischen RechteinhaberInnen und Plattformen ausgehandelte Lizenzierungsvereinbarungen wurden auf die ein-

[363] Wojcicki, Susan. 2018. The potential unintended consequences of Article 13. YouTube blog, 12. November. https://blog.youtube/inside-youtube/i-support-goals-of-article-13-i-also/. Zugriff 29. Mai 2026.

[364] #SaveYourInternet. o.D. The #SaveYourInternet fight against Article 17 [ex Art. 13] continues. https://saveyourinternet.eu/. Zugriff 29. Mai 2026.

[365] Ingham, Tim. 2018. Record industry attacks YouTube for ‚carpet-bombing propaganda' over Article 13. Music Business Worldwide, 21. November. https://www.musicbusinessworldwide.com/record-industry-attacks-youtube-for-carpet-bombing-propaganda-over-article-13/. Zugriff 29. Mai 2026.

zelnen NutzerInnen ausgeweitet, sofern sie keine kommerziellen Absichten verfolgten. Kleine und noch junge Plattformen wurden ebenso von den Bestimmungen des Artikels 13 ausgenommen wie auch nicht-kommerzielle Online-Enzyklopädien wie z. B. Wikipedia oder wissenschaftliche Repositorien im Internet.[366]

Das waren aber keine ausreichenden Zugeständnisse für die KritikerInnen des Richtlinien-Entwurf. Die Kontroverse entzündete sich vor allem an den „wirksamen und angemessenen Maßnahmen" zur Verhinderung von Urheberrechtsverstößen, die mit der zwanghaften Einführung von Upload-Filtern gleichgesetzt wurde. Vor allem in Deutschland war der Widerstand gegen Artikel 13 besonders groß und spaltete sogar die damals regierende große Koalition von CDU/CSU und SPD, weil im Koalitionspakt explizit die Einführung von Upload-Filtern im Internet abgelehnt worden war. Die GegnerInnen des Richtlinien-Entwurfs in Deutschland starteten eine Online-Petition zur Streichung von Artikel 13, der sich auch BürgerInnen-Initiativen in anderen EU-Ländern anschlossen und am 21. März 2019 mehr als 5 Mio. Unterschriften zählte.[367]

Schon Anfang März 2019 hatte die Initiative SaveTheInternet in Deutschland zu Demonstrationen gegen die EU-Urheberrechtsrichtlinie aufgerufen, die sich bis knapp vor der Abstimmung im EU-Parlament am 23. März 2019 zu Massendemonstrationen in vielen europäischen Städte mit hunderttausenden TeilnehmerInnen ausweiteten.[368] Die Auseinandersetzung zwischen den RechteinhaberInnen und Google/YouTube um Artikel 13, der im neuen Entwurf in Artikel 17 umgewandelt worden war, hatte sich zu einem Kulturkampf ausgewachsen, in dem auf der einen Seite der Untergang des Internets heraufbeschworen und auf der anderen Seite die Ausbeutung der kreativ Schaffenden durch US-amerikanische Tech-Konzerne angeprangert wurde. Eine rationale und sachliche Diskussion war in einem derart vergifteten Meinungsklima nicht mehr möglich. Der traurige Höhepunkt war eine Bombendrohung gegen den Berichterstatter des EU-Parlaments für

[366] Europäischer Rat. 2019. Proposal for a Directive of the European Parliament and the Council on copyright in the Digital Single Market – Agreed negotiating mandate. 25. Mai 2019. ST 9134/18–2016/0280 (COD). http://www.consilium.europa.eu/media/35373/st09134-en18.pdf. Zugriff 29. Mai 2026.

[367] Sanchez, Daniel. 2019. Anti-Article 13 Petition Reaches 5 Mio. Signatures – And Counting. Digital Music News, 22. März. https://www.digitalmusicnews.com/2019/03/22/anti-article-13-petition-signatures/. Zugriff 29. Mai 2026.

[368] Meaker, Morgan. 2019. Inside the giant German protest trying to bring down article 13. Wired, 26. März. https://www.wired.com/story/article-13-protests/. Zugriff 29. Mai 2026.

den Richtlinien-Entwurf von der EVP-Fraktion, Alex Voss, sollte das EU-Parlament dem Entwurf mehrheitlich zustimmen.[369]

Die Spannung war daher groß, als das Europäische Parlament am 26. März 2019 zusammentrat, um erneut über die neue Urheberrechtsrichtlinie abzustimmen. In der aufgeheizten Stimmung zogen sich durch fast alle Parlamentsfraktionen die Konfliktlinien und das Ergebnis war nicht vorhersagbar. Umso erleichterter waren die VertreterInnen der Content-Industrien als die Richtlinie mit 348 Ja-Stimmen und 274 Nein-Stimmen bei 36 Enthaltungen von den EU-ParlamentarierInnen angenommen wurde.[370]

So groß der Jubel bei den Interessenverbänden der Musikindustrie war, so schlimm war die Kater-Stimmung bei den AktivistInnen der Gegenseite und bei den Tech-Konzernen des Silicon Valley. Diese verstärkten nun ihr Lobbying in Brüssel, weil abschließend noch der Rat der EU-Mitgliedsländer die Urheberrechtslinie absegnen musste. Von den damals 28 Mitgliedsstaaten war eine Mehrheit der Stimmen und Bevölkerungsanteile nicht garantiert. Neben ausgesprochenen Befürwortern der Richtlinie wie dem Vereinigten Königreich und klaren Gegnern wie Polen und Italien, gab es sehr viele unentschlossene Regierungen, die noch überzeugt werden mussten. Schließlich gelang es den Befürwortern nicht zuletzt mit Zusagen an einige kleinere Mitglieder in anderen Politikfeldern doch eine klare Mehrheit von 19 Staaten, die mehr als 71 % der UnionsbürgerInnen vertraten, auf ihre Seite zu ziehen. Dennoch stimmten sechs EU-Länder – Finnland, Italien, Luxemburg, die Niederlande, Polen und Schweden – gegen die Richtlinie-Entwurf.[371] Die rechtsgerichtete polnische Regierung brachte sogar eine Nichtigkeitsklage gegen die nunmehr verabschiedete Urheberrechtsrichtlinie beim Europäischen Gerichtshof (EuGH) ein, die schließlich 2022 vom EuGH zurückgewiesen wurde.[372]

---

[369] Banks, Martin. 2019. Updated: EU copyright debate turns sinister as MEP receives bomb threat. The Parliament, 19. März. https://www.theparliamentmagazine.eu/news/article/updated-eu-copyright-debate-turns-sinister-as-mep-receives-bomb-threat. Zugriff 29. Mai 2026.

[370] European Parliament News. 2019. European Parliament approves new copyright rules for the internet. Pressemitteilung, 26. März. https://www.europarl.europa.eu/news/en/press-room/20190321IPR32110/european-parliament-approves-new-copyright-rules-for-the-internet. Zugriff 29. Mai 2026.

[371] BBC News. 2019. Article 13: UK helps push through new EU copyright rules. 15. April. https://www.bbc.com/news/technology-47933530. Zugriff 29. Mai 2026.

[372] Frankfurter Allgemeine Zeitung. 2022. EuGH weist Polens Klage gegen EU-Urheberrechtsreform zurück. 26. April. https://www.faz.net/aktuell/wirtschaft/eugh-weist-polnische-klage-gegen-eu-urheberrechtsreform-zurueck-17984281.html. Zugriff 29. Mai 2026.

Nun verlagerte sich das Lobbying von YouTube & Co. auf die Ebene der einzelnen EU-Länder, weil diese nun zwei Jahre Zeit hatten, die Richtlinie in nationales Recht umzusetzen. Mittlerweile ist die „Richtlinie des Europäischen Parlaments und des Rates vom 17. April 2019 über das Urheberrecht und die verwandten Schutzrechte im digitalen Binnenmarkt“,[373] wie ihr offizieller Titel lautet in allen EU-Mitgliedsstaaten gültig, außer im Vereinigten Königreich, das sich immer lautstark für die Umsetzung der Richtlinie eingesetzt hatte, aber – so die Ironie der Geschichte – durch den BREXIT aus der EU und dem gemeinsamen Binnenmarkt ausgeschieden ist.

Der Kampf um den Artikel 13 bzw. 17 der EU-Urheberrechtsrichtlinie zeigt exemplarisch die unterschiedliche Interessenslage zwischen den Tech-Konzernen, die kreative Inhalte für ihr Geschäftsmodell benötigen und den Kreativindustrien, die die Rechte an diesen Inhalten kontrollieren. Beiden Seiten geht es dabei nicht um die KünstlerInnen, die kreative Inhalte schaffen, sondern sie verteidigen ihre jeweiligen Geschäftsmodelle und wirtschaftlichen Interessen. Um diese Interessen durchzusetzen, haben beide Seiten Dritte für sich eingespannt, die an vorderster Front stellvertretend für die Konzerne kämpften. Auf Seite der Musikindustrie waren es die Musikschaffenden, die, angestachelt von der Rhetorik eines „Value Gap“, Angst vor Einkommensverlusten hatten. Google und YouTube ihrerseits haben die Teile der Zivilgesellschaft, die sich für den Schutz der Meinungsfreiheit einsetzen, mit dem Schreckgespenst einer Internetzensur und sogar dem drohenden Zusammenbruch des Internets vor ihren Karren gespannt. Der dadurch ausgelöste Kulturkampf wäre beinahe eskaliert und es hat nicht mehr viel gefehlt, dass er auch Opfer gefordert hätte. Nachträglich sollten sich beide Seiten ihrer gesellschaftlichen Verantwortung bewusst sein und aus diesem Konflikt die Lehre ziehen, dass nicht jeder Zweck die Mittel heiligt.

Jetzt, nachdem die Richtlinie in allen EU-Mitgliedsstaaten Gesetzeskraft erlangt hat, entpuppen sich die Argumente beider Seiten als hohle Propagandaphrasen. Nur wenige Superstars profitieren vom angeblichen Schließen des „Value Gap“. Der Großteil der KünstlerInnen verdient keinen Cent mehr, weil YouTube Videos mit urheberrechtlich geschützten Inhalten identifizieren muss. Andererseits ist das Internet weder zusammengebrochen noch durch eine Zensur beeinträchtigt. Dazu wäre der Artikel 13 auch gar nicht fähig gewesen. Autoritäre und totalitäre

[373] Europäische Union. 2019. Richtlinie (EU) 2019/790 des Europäischen Parlaments und des Rates vom 17. April 2019 über das Urheberrecht und die verwandten Schutzrechte im digitalen Binnenmarkt und zur Änderung der Richtlinien 96/9/EG und 2001/29/EG, L 130/19. https://eur-lex.europa.eu/legal-content/DE/TXT/HTML/?uri=CELEX:32019L0790. Zugriff 29. Mai 2026.

Regime treffen ganz andere Maßnahmen, um das Internet zu zensurieren und von ihnen unerwünschten Inhalten freizuhalten. Es bleibt also ein schaler Nachgeschmack und die Erkenntnis, dass Tech- und Entertainmentkonzerne zum Wohle ihrer StakeholderInnen kooperieren sollten.

3.3.6 YouTube – der Musikvideo-Monopolist

Musik war von Anfang an ein wichtiger Inhalt auf YouTube. So gut wie kein YouTube-Video kam ohne Musikuntermalung aus und schon bald fanden auch Musikvideos, die ursprünglich auf MTV liefen, ihren Weg auf die Video-Plattform. Auch aus Sicht von YouTube gehörte Musik neben Kinder-Content und Gaming zu den drei wichtigsten Kategorien und 2015 wurde eine neue Strategie eingeschlagen, für jeden dieser Content-Bereiche eine eigene App zu entwickeln. Für Musik war es, wie wir bereits gesehen haben, YouTube Music Key, das bald schon in YouTube Red und schließlich einfach nur in YouTube Music umbenannt wurde, um Musikvideos ohne Werbeunterbrechungen konsumieren zu können.[374]

Im selben Jahr hatte die International Federation of the Phonographic Industry (IFPI) eine Studie in Auftrag gegeben, aus der hervorging, dass 57 % der Internet-NutzerInnen im letzten Halbjahr regelmäßig Musik-Video-Plattformen wie YouTube nutzten, die Musikstreaming (30 %) und Musikdownloading (26 %) deutlich hinter sich ließen. Zudem gaben 27 % der Internet-NutzerInnen an, Musik auf YouTube rein akustisch – also ohne das Musikvideo anzusehen – zu konsumieren.[375] YouTube hatte sich also als Art Radio des 21. Jahrhunderts etabliert.

Auch die digitale Musiknutzung in großen Märkten, wie jene in Deutschland und im Vereinigten Königreich (UK), war von YouTube geprägt. Im Vereinigten Königreich wies die British Phonographic Industry (BPI) für die Jahre 2013 bis 2015 Nutzungsdaten für YouTube aus (Tab. 3.2).

Quelle: British Phonographic Industry (BPI). 2015. Statistical Handbook 2015, S. 61 and British Phonographic Industry (BPI). 2016. Statistical Handbook 2016, S. 61

Die Zahlen belegen, dass zwischen 2013 und 2015 ein immer größerer Anteil der britischen Bevölkerung über 13 Jahre zumindest einmal pro Tag einen Musikstreamingdienst genutzt hat. Waren es 2013 noch 37,8 % so nutze zwei Jahre später

---

[374] Bergen, Mark. 2022. *YouTube – Die globale Supermacht. Wie Googles Videoplattform unsere Weltsicht dominiert*. München: Droemer HC, S. 310.

[375] International Federation of the Phonographic Industry (IFPI). 2016. IFPI Digital Music Report 2015, London: IFPI, S. 4.

Tab. 3.2 Die YouTube-Nutzung im Vereinigten Königreich im Vergleich, 2013–2015

Anteil der Bevölkerung, die Streamingdienste nutzen (in %)	2013	2014	2015
Musikstreamingdienste gesamt	37,8 %	41,9 %	50,1 %
YouTube	24,2 %	28,8 %	38,1 %
Spotify	15,0 %	17,1 %	19,0 %
Apple Music	–	–	6,0 %
Google Play Music	2,1 %	4,2 %	4,7 %
Vevo	0,8 %	2,3 %	3,5 %
Amazon Prime Music	–	–	3,3 %
Deezer	2,3 %	2,4 %	2,7 %
Last FM	2,8 %	1,7 %	1,5 %
Xbox Music	1,0 %	1,1 %	1,2 %
Napster	1,0 %	0,8 %	0,9 %
Sony Music Unlimited	0,5 %	0,6 %	–
Rdio	0,5 %	0,6 %	–
Tidal	–	–	0,2 %

schon mehr als die Hälfte der Bevölkerung im UK irgendein Musikstreamingangebot. Der mit Abstand beliebteste Streamingdienst war in diesen drei Jahren YouTube, dessen Reichweite von 24,2 % im Jahr 2013 auf 38,1 % 2015 gestiegen war. Deutlich abgeschlagen war Spotify mit einer Reichweite von 19 % im Jahr 2015. Mit großem Abstand folgten 2015 Apple Music (6,0 %), Google Play Music (4,7 %) und das Musikvideo-Streamingangebot Vevo (3,5 %), das allerdings von YouTube gehostet wurde. YouTube beherrschte also nicht nur den Musikvideo-Streamingmarkt, sondern war auch unangefochtener Marktführer im Musikstreaming insgesamt.

In seinem Bericht für das Jahr 2016 ließ die BPI eine zusätzliche Studie von AudienceNet zur YouTube-Musiknutzung durchführen, die sehr interessante Details zutage förderte.[376] So gaben 13,5 % aller Internet-NutzerInnen im Vereinigten Königreich an, dass sie täglich YouTube zum Musikhören nutzen würden und weitere 24,9 % würden das mehrfach in der Woche tun. 42,3 % nutzten YouTube ab und zu, um Musik zu konsumieren und lediglich 19,3 % hörten niemals Musik über YouTube. Weiters gaben 46,4 % der befragten Internet-NutzerInnen an, dass sie Musik, die sie nicht in digitaler oder physischer Form besitzen, mit YouTube streamen würden. Und schließlich sagten 3 % der Befragten, dass sie ausschließlich YouTube zum Musikhören nutzen würden, also auch kein Radio oder Tonträger

[376] British Phonographic Industry (BPI). 2017 All About the Music 2017. Recorded Music in the UK: Facts, Figures & Analysis. London, S. 79.

hörten. 11,5 % würden hauptsächlich Musik über YouTube hören und weitere 15,2 % gaben an, dass zumindest die Hälfte ihres Musikkonsums von YouTube gedeckt wäre. Das sind beeindruckende Zahlen, die die Dominanz von YouTube Mitte der 2010er-Jahre beim Musikkonsum im Vereinigten Königreich belegen.

Leider veröffentlichte die BPI seit 2017 keine genauen Zahlen zum Musikkonsum mit YouTube, sondern lieferte nur bis 2019 allgemeine Zahlen zur Nutzungsreichweite von Musikvideo-Streaming. Geht man davon aus, dass YouTube die mit Abstand größte Reichweite aller Musikvideo-Streamingangebote aufwies, belegen Zahlen, dass YouTube bis 2019 an Relevanz gegenüber Audiostreamingangeboten und insbesondere Bezahl-Modellen eingebüßt hat. Lag die Reichweite von Bezahl-Angeboten wie jenes von Spotify 2017 bei den 16 bis 79-jährigen noch bei 18,9 %, so stieg der Anteil 2019 auf 28,4%. Die Reichweite von Musikvideo-Streaming lag 2019 hingegen bei 24,5 % und somit deutlich niedriger als noch 2015 und 2016.[377]

Die COVID-19-Pandemie hat dann den Musikkonsum wieder verändert. So gaben in einer Studie von MIDiA Research 19 % der Befragten an, dass sie in den Lockdowns mehr Musik über YouTube angehört haben als noch vor der Pandemie. Da in den BPI-Studien für die Jahre 2021 bis 2023 keine Daten zur Musikvideo-Streamingnutzung publiziert wurden, lässt sich leider kein Trend mehr ablesen.

Besser ist die Datenlage für Deutschland, wo bereits im Januar 2012 eine Studie vom Institut für Marketing und Medien der Universität Hamburg für den Bundesverband der Musikindustrie in Deutschland (BVMI) durchgeführt wurde, die erstmals repräsentativ erhoben hat, dass der Anteil des Musikvideo-Streamings an der Gesamtzeit des Musikhörens schon damals bei ungefähr 8 % lag und damit in etwa in der gleichen Höhe wie der Anteil des Premium Audio-Streamings. Die Musiknutzung auf YouTube wurde zwar nicht explizit abgefragt, aber man kann davon ausgehen, dass der größte Teil auf die Google-Tochter fiel. Spitzenreiter beim Musikhören war aber das terrestrische Radio mit einem Anteil von 34 % an der gesamten Zeit des Musikhörens, gefolgt vom Abspielen gespeicherter Musikdownloads (28 %) und der Wiedergabe gekaufter Musiktonträger (20 %).[378]

Für 2018 führte die Marktforschungsfirma AudienceNet im Auftrag der IFPI in London eine Studie zu den Hörgewohnheiten in einer repräsentativen Stichprobe

---

[377] Siehe dazu: British Phonographic Industry (BPI). 2020. All About the Music 2020. Recorded Music in the UK: Facts, Figures & Analysis. London, S. 46.

[378] Bundesverband Musikindustrie (BVMI). 2012. Musikindustrie 2011 in Zahlen. Berlin, S. 29; 6800 TeilnehmerInnen in einer repräsentativen Online-Befragung im Januar 2012. Gefragte wurde nach der Musiknutzung in den letzten 24 h.

von Befragten in 18 Ländern durch, darunter auch in Deutschland.[379] Dabei wurde erstmals auch die YouTube-Nutzung beim Musikhören untersucht. Demnach entfielen 12,1 % von der Gesamtzeit des Musikhörens pro Woche auf YouTube. Das war ein in etwa gleich hoher Anteil wie die Nutzung von Bezahl-Streamingdienste und wesentlich mehr als die Nutzung werbefinanzierter Gratis-Audiostreamingangebote (4,6 %). Aber auch 2018 dominierte in Deutschland das lineare Radio (terrestrisch und digital) mit 43,3 % die Musik-Hörgewohnheiten, gefolgt vom Abspielen gekaufter Tonträger (17,2 %). Betrachtet man aber nur die On-Demand-Musiknutzung im Internet, lag YouTube mit einem Anteil von 41,7 % knapp vor dem kostenpflichtigen Premium-Musikstreaming (40,9 %), aber deutlich vor dem kostenlosen Audio-Streaming mit 15,8 %. Andere Musikvideo-Streamingdienste spielten mit einem Anteil von 1,6 % an der Online-Nutzung nur eine untergeordnete Rolle.

Die Studie wurde 2019 wiederholt und es wurden auch Indien und China ins Sample mitaufgenommen. Für Deutschland zeigte sich, dass YouTube weiterhin mit 12 % am Musikhören pro Woche sehr relevant war. Allerdings stieg der Anteil des Musikhörern über Bezahl-Streamingdienste auf 17 %. Damit vergrößerte sich der Anteil des Premium-Musikstreamings beim Online-Musikkonsum auf 52,1 %, während sich der Anteil von YouTube auf 36,7 % verringerte. Gratis-Musikstreaming fiel auf 10,3 % zurück und andere Musikvideo-Streamingangebote blieben mit 0,9 % irrelevant.[380]

In den Folgejahren wurde die Methodik des Musiknutzungsverhaltens erneut verändert und für 2022 und 2023 wurden die Untersuchungen des „Engaging with Music"-Projekts herangezogen, in dem insgesamt 43.000 TeilnehmerInnen zwischen 16 und 64 Jahren in 26 Ländern zu ihrem Musiknutzungsverhalten befragt wurden. Für Deutschland ergab sich 2023 eine Verschiebung zwischen dem Radiohören (terrestrisch und online) mit einem Anteil von 26 % hin zum kostenpflichtigen Audiostreaming mit 23 % an der Gesamtheit des Musikhörens pro Woche. Der Anteil von Musikvideo-Streaming blieb mit 14 % relativ stabil, wobei die YouTube-Nutzung nicht speziell abgefragt wurde. Es kann aber davon ausgegangen werden, dass YouTube weiterhin einen Anteil von 12 % hatte. Umgelegt

---

[379] Bundesverband Musikindustrie (BVMI). 2019. Musikindustrie 2018 in Zahlen. Berlin, S. 25; die Untersuchung wurde innerhalb einer repräsentativen Stichprobe der Onlinebevölkerung (1000 bis 2000 Befragte) zwischen 16 und 64 Jahren in Argentinien, Australien, Brasilien, Deutschland, Frankreich, Italien, Japan, Kanada, Mexiko, Niederlande, Polen, Russland, Schweden, Spanien, Südafrika, UK und USA durchgeführt.

[380] Bundesverband Musikindustrie (BVMI). 2020. Musikindustrie 2019 in Zahlen. Berlin, S. 25.

auf die Höranteile für das On-Demand-Streaming lag YouTube bei einem Anteil von 29 % aber deutlich hinter dem Premium-Musikstreaming mit 51 %.[381]

Auch wenn die Zahlen über die Jahre hinweg aufgrund unterschiedlicher Erhebungs- und Auswertungsmethoden nicht vergleichbar sind, so zeigt sich doch, dass YouTube beim Musikvideo-Streaming einen extrem hohen Marktanteil und fast eine Monopolstellung hat. Im Vergleich zu anderen Musiknutzungsformen, nimmt aber die Relevanz von YouTube über die Jahre hinweg kontinuierlich ab. Das belegt auch eine Studie der Musikdaten-Analysefirma Chartmetric, in der Musiknutzung zwischen YouTube und Spotify in den Jahren 2022 und 2023 gemessen wurde.[382] Betrachtet man die am häufigsten gestreamten Songs auf Spotify im Jahr 2023, so hatten 36 der 40 Titel ein begleitendes Musikvideo, das auf YouTube angesehen und angehört werden konnte. Während diese Songs auf Spotify 2023 durchschnittlich mehr als 1,1 Mrd. Streams verzeichnen konnten, generierten sie auf YouTube lediglich 375 Mio. Views, was einer Lücke von 731 Mio. Streams entspricht. Beispielsweise „Flowers", der Top-Hit des Jahres von Miley Cyrus, der am 12. Januar 2023 releast worden war, erzielte auf Spotify 1,8 Mrd. Streams, wohingegen das Musikvideo, das eine Woche später herauskam, 720 Mio. Mal angeklickt wurde. Auch die täglichen Zuwachsraten für Audio- und Videostreams unterscheiden sich in diesem Fall erheblich. „Flowers" wurde auf Spotify im Durchschnitt täglich 4,39 Mio. Mal öfter als am Vortag angeklickt. Bei YouTube betrug die tägliche durchschnittliche Wachstumsrate lediglich 1,76 Mio. Views.

Ein ähnliches Bild ergibt sich für alle anderen Songs mit Ausnahme von Taylor Swift's „Blank Space" von ihrem Album „1989″, das schon 2014 veröffentlich worden war. Dieser Song wurde auf Spotify 2023 insgesamt 1,7 Mrd. Mal gestreamt, aber erzielte auf YouTube 3,4 Mrd. Views. Das könnte auch damit zusammenhängen, dass es sich um die Ursprungsversion des Songs handelt und nicht um die wiederaufgenommene Taylor's Version des Albums aus dem Jahr 2023.

Quer über alle Musikgenres hinweg zeigt die Studie, dass die täglichen durchschnittlichen Zuwachsraten beim Audiostreaming deutlich höher sind als beim Videostreaming. Einzelne Ausnahmen gibt es bei den Genres „Latin" und „K-Pop", bei denen gut gemachte und aufwendig produzierte Musikvideos wichtig sind. So performte der erfolgreichste Latin-Hit des Jahres 2023, „TQG" von Karol G und Shakira auf YouTube mit einer durchschnittlichen Änderungsrate von 2,71 Mio. Views ein wenig besser als bei Spotify mit 2,67 Mio. Streams.

---

[381] Bundesverband Musikindustrie (BVMI). 2024. Musikindustrie 2023 in Zahlen. Berlin, S. 25.

[382] Haddad, Jubran. 2024. Do Music Videos Still Matter? Chartmetric blog, 28. Februar. https://hmc.chartmetric.com/do-music-videos-still-matter/. Zugriff 29. Mai 2026.

Ansonsten ist die Performance der Songs auf Spotify stets besser als auf YouTube und zahlreiche KünstlerInnen sind dazu übergangen, nach dem Erstrelease eines Songs auf den Audio-Streamingplattformen mit der Veröffentlichung des Musikvideos zu warten, um damit neue Aufmerksamkeit für den Song zu erregen. Das Musikvideo mutierte auf diese Weise zum Promotionstool für den Audiostream. Insgesamt zeigt die Studie, dass YouTube und Musikvideos weniger relevant für den Chart-Erfolg eines Songs zugunsten von reinen Musikstreamingdiensten geworden sind. Dennoch wollen die StudienautorInnen die Relevanz von Musikvideos im Streamingzeitalter nicht unterschätzen: „While Spotify streams may exceed YouTube views for many popular tracks today, the role of music videos in the industry remains substantial. They are not just promotional tools but integral parts of an artist's creative expression and a key element in the music ecosystem, offering unique experiences that audio alone cannot provide."[383] Anders formuliert: YouTube-Musikvideos erfüllen eine andere Funktion als Audio-Streaming und sind weiterhin ein wichtiger Bestandteil der digitalen Musikpromotion.

3.3.7 Der Hauptkonkurrent als Kooperationspartner: VEVO

Es klingt komisch, aber der Hauptkonkurrent von YouTube nutzt dessen Seite, um von der immensen Reichweite der UGC-Plattform zu profitieren. Vielen NutzerInnen ist es vielleicht noch gar nicht aufgefallen, dass sie beim Abrufen der offiziellen Musikvideos bei YouTube zu VEVO wechseln, auch wenn das Logo rechts oben deutlich erkennbar eingeblendet wird. Während aber YouTube ständig mit Urheberrechtsverletzungen und sogar mit einer Gesetzesänderung in der EU zu kämpfen hatte, war VEVO von Anfang ein volllizenziertes Musikvideo-Angebot, das von Anfang an von der Musikindustrie geliebt wurde. Kein Wunder, wurde es doch 2009 von der Universal Music Group gemeinsam mit Google bzw. YouTube gegründet.

Die Idee stammte angeblich von U2-Frontman Bono, der ein freundschaftliches Verhältnis zum Google-CEO, Eric Schmidt, pflegte, und den Universal-Boss, Doug Morris, davon überzeugen konnte, die Kooperation mit YouTube zu suchen. Das Problem für die Universal Group war, dass sie ihren Musikvideo-Content an verschiedene Plattformen wie Yahoo!, MTV und natürlich auch an YouTube lizenzierte, um einen Teil der Werbeeinnahmen, die mit den Videos generiert wurden, zu erhalten. Da aber diese Plattformen um den gleichen Werbekundenkreis buhlten, entstand eine Preisspirale nach unten. Jede Plattform versuchte mit noch günstige-

[383] Haddad, Jubran. 2024. Do Music Videos Still Matter? Chartmetric blog, 28. Februar. https://hmc.chartmetric.com/do-music-videos-still-matter/. Zugriff 29. Mai 2026.

ren Konditionen die Werbekunden an sich zu binden. Das führte in der Folge zu immer geringeren Werbeeinnahmen für die Labels. Diesen Teufelskreis sollte VEVO aufbrechen. Universal war bereit, seine sämtlichen Musikvideos, aber auch Interview-Aufzeichnungen von Universal-KünstlerInnen und Konzertmitschnitte auf VEVO verfügbar zu machen, um statt US$ 3 bis 8 pro tausend Videostreams US$ 25 bis 40 zu verdienen, wie es bei Online-TV- und Filmplattformen der Fall war. YouTube sollte dafür die technische Infrastruktur zur Verfügung stellen und einen Anteil am Werbekuchen erhalten.[384]

Auch für YouTube war die Kooperation mit der Universal essenziell. Ende 2008 konnte der Boykott von YouTube durch die Warner Music Group, den wir an anderer Stelle ausführlich dargestellt haben, beigelegt werden und die Video-Plattform konnte jetzt belegen, dass eine Zusammenarbeit mit einem Musik-Major trotz aller Differenzen möglich war. Außerdem konnte YouTube verhindern, dass im Musikvideo-Markt eine ähnliche Konkurrenz mit Premium-Inhalten auftauchen würde, wie es Hulu für TV- und Filminhalte war. Ende Oktober 2007 hatten nämlich die News Corporation und NBC Universal mit finanzieller Unterstützung von Providence Equity Partners ein gemeinsames Online-Videoportal gelauncht, das direkt gegen YouTube gerichtet war. Diesem Dienst schlossen sich später auch noch ABC und die Walt Disney Company an, was YouTube noch nervöser machte, weil Hulu natürlich auch als Host für Musikvideos infrage kam.[385]

Google und YouTube konnten aber einen Erfolg verbuchen, als Anfang Juni 2009 bekannt wurde, dass auch die Sony Music Entertainment bei VEVO eingestiegen war und seinen gesamten Musikvideo-Content dort exklusiv zur Verfügung stellte.[386] Im Oktober desselben Jahres beteiligte sich zudem auch noch die Abu Dhabi Media Company, die vollständig im Besitz des Emirats am Golf war, mit geschätzten US$ 300 Mio. bei VEVO, um das Joint-Venture wirtschaftlich abzusichern.[387] Schließlich war dann auch noch der dritte Musik-Major, die EMI Music Group, bereit, einen Tag vor dem US-Launch am 8. Dezember 2009 seinen

---

[384] Bruno, Antony. 2009. UMG, Google partner for video service. The Hollywood Reporter, 9. April. https://www.hollywoodreporter.com/business/business-news/umg-google-partner-video-service-82189/. Zugriff 29. Mai 2026.

[385] Bergen, Mark. 2022. *YouTube – Die globale Supermacht. Wie Googles Videoplattform unsere Weltsicht dominiert*. München: Droemer HC, S. 108.

[386] Bruno, Antony. 2009. Sony Partners With UMG For Vevo. Billboard, 4. Juni. https://www.billboard.com/music/music-news/sony-partners-with-umg-for-vevo-1269642/. Zugriff 29. Mai 2026.

[387] Kafka, Peter. 2009. Vevo Gets Its Investor: Abu Dhabi Media Joins ‚Hulu for Music Videos'. AllThingsDigital, 19. Oktober. https://allthingsd.com/20091019/vevo-gets-its-investor-abu-dhabi-media-joins-hulu-for-music-videos/. Zugriff 29. Mai 2026.

großen Musikvideo-Katalog für VEVO zu lizenzieren.[388] Nur die Warner Music Group, die sich einen vorteilhaften Deal nach dem Ende seines YouTube-Boykotts mit VEVO erhofft hatte, hielt sich mit einer Beteiligung am neuen Musikvideo-Onlineportal vornehm zurück.

Am Abend des 8. Dezember 2009 wurde VEVO im Skylight Studio in New York City mit einem Staraufgebot aus der Musikbranche wie Rihanna, Lady Gaga, Bono, Justin Timberlake, Mariah Carey, Taylor Swift und dem damals erst 15-jährigen Justin Bieber aus der Taufe gehoben.[389] Königin Rania von Jordanien hielt in ihrer Funktion als Verfechterin von Kinderechten zugunsten der Bildungsinitiative 1GOAL für Kinder eine Rede, in der sie dazu aufrief, die Kraft und Kreativität der Musik zu nutzen, um die Bildungschancen für Kinder und Jugendliche weltweit zu verbessern.[390] So wurde mit weihevollen Reden und Auftritten von Pop-Superstars das Musikvideo-Portal der Musik-Majors mit YouTubes technischem Support der Weltöffentlichkeit vorgestellt. Endlich konnten auch die Majors „ihr" Musikstreamingservice präsentieren.

Alle Majors? Nein, die Warner Music Group hatte die Verhandlungen im Vorfeld des VEVO-Launches im Dezember 2009 abgebrochen und sich mit MTV Entertainment zusammengetan, um seine Musikvideos exklusiv über die digitalen Angebote der MTV Music Group, zu der auch die Musikvideosender MTV und VH1 zählten, zu verbreiten und exklusiv Werbung rund um die Videos zu schalten. Ende Juni 2010 wurde die Partnerschaft zwischen MTV und Warner bekanntgegeben.[391] Es trübte die Erfolgsbilanz von VEVO, als bekannt gegeben wurde, dass es von MTV bei der Onlinenutzung in kürzester Zeit überholt worden war.[392] Aber mithilfe von YouTube gelang es VEVO erfolgreich zurückzuschlagen. Im März 2011 präsentierte VEVO auf der Canadian Music Week Zahlen, wonach das

[388] Bruno, Antony. 2009. EMI Joins Vevo. Billboard, 7. Dezember. https://www.billboard.com/music/music-news/emi-joins-vevo-1262142/. Zugriff 29. Mai 2026.

[389] Billboard. 2009. Lady Gaga, Adam Lambert Lead Star-Studded Vevo Launch Party. 9. Dezember. https://www.billboard.com/photos/lady-gaga-adam-lambert-lead-star-studded-vevo-launch-party/1-103807-rihanna_adam_lambert_617_409/. Zugriff 29. Mai 2026.

[390] Queen Raina Media Center. 2009. Queen Rania Calls on Music World to Support 1GOAL Education Campaign. 8. Dezember 8. https://www.queenrania.jo/en/media/news/queen-rania-calls-music-world-support-1goal-education-campaign. Zugriff 29. Mai 2026.

[391] Rao, Leena. 2010. Warner Music Group Taps MTV For Content Partnership And Video Advertising Sales. TechCrunch, 30. Juni. https://techcrunch.com/2010/06/30/warner-music-group-taps-mtv-for-content-partnership-and-video-advertising-sales/. Zugriff 29. Mai 2026.

[392] Smith, Ethan. 2010. MTV Overtakes Vevo as Top Online Music Destination. The Wall Street Journal, 8. September. https://www.wsj.com/articles/BL-SEB-46396. Zugriff 29. Mai 2026.

Portal 350 Mio. Streams pro Monat in den USA und 750 Mio. weltweit generierte. Im Januar 2011 verzeichnete VEVO 56,1 Millionen Unique UserInnen und belegte damit Rang 18 der meistbesuchten Online-Seiten in den USA. Bemerkenswert war aber vor allem, dass 90 % des Traffics von 2,2 Mrd. Streams im Zeitraum von Januar 2010 bis Januar 2011 über YouTube und lediglich 10 % über die eigene VEVO.com-Seite lief.[393] Zudem berichtete das Marktforschungsinstitut Nielsen, dass VEVO im Februar 2011 mit 32,2 Mio. NutzerInnen hinter YouTube mit 108 Mio. den zweiten Platz noch vor Facebook mit 31,7 Mio. belegte.[394] Auch diese Zahl belegt, wie wichtig YouTube für VEVOs Verbreitung war.

Für das NutzerInnen-Wachstum war aber auch VEVOs Expansionsstrategie verantwortlich. Im April 2011 wurde das Musikvideo-Portal im Vereinigten Königreich und in Irland verfügbar,[395] ein Jahr später auch in Australien und Neuseeland[396] und im November 2012 folgten Spanien, Italien und Frankreich.[397] Bis Ende 2012 war VEVO in allen wichtigen europäischen Märkten aktiv geworden. Die große Ausnahme war Deutschland, wo der Musikvideo-Streamingdienst sich mit der GEMA nicht auf die Höhe der Lizenzentgelte einigen konnte.[398] Die Musikverlage und somit auch die Industrieverlage der Major-Companies Universal, Sony, Warner und EMI legten sich in Deutschland bei VEVO genauso quer wie bei YouTube. Anders aber als bei YouTube dauerte es nicht sieben Jahre, um zu einer Lizenzvereinbarung zu kommen. Auf Druck der Musik-Majors, die großes Interesse an einem VEVO-Launch in Deutschland hatten, musste die Verlagsseite schließlich

[393] Peoples, Glenn. 2011. Business Matters: The Numbers Behind Vevo's Growth. Billboard, 14. März. https://www.billboard.com/music/music-news/business-matters-the-numbers-behind-vevos-growth-1178853/. Zugriff 29. Mai 2026.

[394] Peoples, Glenn. 2011. Business Matters: The Numbers Behind Vevo's Growth. Billboard, 14. März. https://www.billboard.com/music/music-news/business-matters-the-numbers-behind-vevos-growth-1178853/. Zugriff 29. Mai 2026.

[395] Billboard. 2011. Vevo Goes Live in the UK. 26. April. http://www.billboard.biz/bbbiz/industry/digital-and-mobile/vevo-goes-live-in-the-uk-1005154222.story. Zugriff 29. Mai 2026.

[396] Billboard. 2012. Vevo Launches in Australia and New Zealand. 16. April http://www.billboard.biz/bbbiz/industry/digital-and-mobile/vevo-launches-in-australia-and-new-zealand-1006770752.story. Zugriff 29. Mai 2026.

[397] Billboard. 2012. Vevo Launches in Spain, France, Italy. 16. November. http://www.billboard.biz/bbbiz/industry/digital-and-mobile/vevo-launches-in-spain-france-italy-1008017452.story. Zugriff 29. Mai 2026.

[398] Rungg, Andrea. 2010. Sony hofft auf Frieden zwischen Youtube und Gema. Financial Times Deutschland, 8. November. https://web.archive.org/web/20101109085912/http:/www.ftd.de/it-medien/medien-internet/:musikplattform-vevo-sony-hofft-auf-frieden-zwischen-youtube-und-gema/50192187.html. Zugriff 29. Mai 2026.

einlenken und im Oktober 2013 war die Musikvideo-Plattform auch für deutsche NutzerInnen trotz anhaltendem YouTube-Boykott, zugänglich.[399]

Ein paar Monate davor hatte VEVO den Vertrag mit YouTube zum Hosten seiner Seite, der im April 2013 ausgelaufen war und nur provisorisch verlängert wurde, erneuert.[400] Dem waren aber harte Verhandlungen mitsamt Drohungen, die Zusammenarbeit zu beenden, vorangegangen. Anfang 2012 waren wohl nicht ganz zufällig Informationen über Geheimverhandlungen zwischen VEVO und Facebook, Googles härtestem Konkurrenten, in die Öffentlichkeit gelangt, in denen über einen Wechsel von VEVO auf die Social Media-Seite gesprochen wurde. Ähnlich wie beim YouTube-Deal sollten sich beide Vertragspartner die Werbeeinnahmen der monetarisierten Musikvideos teilen.[401] VEVO hatte auch schon einen konkreten Schritt gesetzt, um sich von YouTube zu emanzipieren, indem es seine Musikvideo-Inhalte auch für die Online-Angebote von MTV Entertainment verfügbar gemacht hatte. Im Gegensatz zu YouTube waren nun bei MTV und VH1 die Musikvideos von allen Musik-Majors verfügbar, weil Warner mit der Viacom-Tochter einen exklusiven Deal ausverhandelt hatte.[402] Und VEVO setzte seine Provokationen fort, indem es ab 9. März 2012 Facebook-UserInnen ermöglichte, mit ihrem Login auch VEVO zu nutzen, um sich beispielsweise eine Facebook-Music-Playlist anzulegen und mit anderen NutzerInnen zu teilen. Diese Integration von VEVO in die Facebook-App wurde von vielen BeobachterInnen bereits als Zeichen für einen bevorstehenden Wechsel von VEVO zu Facebook gewertet.[403]

Ein Wechsel von VEVO zur größten Social-Media-Plattform hätte beiden Seiten durchaus Vorteile gebracht. Facebook benötigte dringend lizenzierte Premium-Inhalte für seine wachsende NutzerInnen-Schar und hätte VEVO mit offenen Armen empfangen. Außerdem stand Facebook mit seinen User-Generated-Inhalten nicht in direkter Konkurrenz zu VEVO. Es wäre also für die Musik-

[399] Szalai, Georg. 2013. Vevo Launches in Germany. Billboard, 1. Oktober 1, 2013. https://www.billboard.com/music/music-news/vevo-launches-in-germany-5740722/. Zugriff 29. Mai 2026.

[400] Pham, Alex. 2013. YouTube Confirms Vevo Deal. Billboard, 2. Juli. https://www.billboard.com/music/music-news/youtube-confirms-vevo-deal-1568816/. Zugriff 29. Mai 2026.

[401] Rys, Dan. 2012. Vevo In Talks With Facebook, May Leave YouTube (Report). Billboard, 20. Januar. https://www.billboard.com/music/music-news/vevo-in-talks-with-facebook-may-leave-youtube-report-1099396/. Zugriff 29. Mai 2026.

[402] Billboard. 2012. MTV Reunites With Vevo, Now Has Licensing Deals From All Four Majors. 6. März. http://www.billboard.biz/bbbiz/industry/digital-and-mobile/mtv-reunites-with-vevo-now-has-licensing-1006374952.story. Zugriff 29. Mai 2026.

[403] Billboard. 2012. VEVO Launches Redesign With Facebook in Mind. 9. März. http://www.billboard.biz/bbbiz/industry/digital-and-mobile/vevo-launches-redesign-with-facebook-in-1006416162.story. Zugriff 29. Mai 2026.

Majors, die hinter VEVO standen, kein argumentativer Spagat nötig, warum sie ihre Musikvideos auf einer Seite zur Verfügung stellten, der sie gleichzeitig Urheberrechtsverletzungen und einen „Value Gap" bei der Auszahlung der Nutzungsentgelte vorwarfen. Andererseits wäre ein Wechsel auch mit Nachteilen verbunden gewesen. YouTube war zu diesem Zeitpunkt bereits der unangefochtene Marktführer für Online-Videos. Allein im Mai 2013 wurden auf YouTube fast 14 Mrd. Videos gestreamt. Im Vergleich dazu kam Facebook auf lediglich 727 Mio. Videostreams und VEVO auf 591 Mio.[404] Zudem verfügte Facebook über keine ContentID-Technologie wie YouTube, mit der es einfach war, die Musikvideos mit Werbung zu monetarisieren und Facebook war noch kein börsennotiertes Unternehmen wie die YouTube-Mutter Google und verfügte daher noch nicht über die entsprechenden finanziellen Möglichkeiten. Das Hauptargument gegen Facebook war aber YouTubes eindrucksvolle Reichweite. Das Online-Videoportal war im Gegensatz zu Facebook bereits weltweit aktiv und VEVO hätte in den Marktaufbau investieren müssen, um einen ähnlichen Verbreitungsgrad wie YouTube zu erzielen.

Da die Vorteile für einen Verbleib bei YouTube die Nachteile eines Wechsels zu Facebook klar überwogen, war es für InsiderInnen dann doch wenig überraschend, dass VEVO den Vertrag mit YouTube bzw. Google verlängerte. Ausschlaggebend könnte noch gewesen sein, dass Google bereit war, sich mit 7 % an VEVO zu beteiligen und dafür rund US$ 50 Mio. bezahlte, wie das Billboard Magazine errechnet hatte.[405] Damit war aber die Zusammenarbeit zwischen Google/YouTube und VEVO langfristig abgesichert und sie bestand sogar die Belastungsprobe durch den mit aller Härte geführten Konflikt um Artikel 13 (nunmehr Artikel 17) in der neuen EU-Urheberrechtsrichtlinie, wie wir bereits an anderer Stelle ausgeführt haben.

2016 konnten YouTube und VEVO einen weiteren Erfolg verbuchen, als die Warner Music Group sich nun doch überzeugen ließ, seine Musikvideo-Inhalte für VEVO und somit auf der YouTube-Seite verfügbar zu machen. Damit waren alle drei Musik-Majors, die EMI war in der Zwischenzeit von der Universal Music Group gekauft worden, auf VEVO mit ihren Musikvideo-Inhalten vertreten, ob-

[404] Comscore. 2013. Comscore Releases May 2013 U.S. Online Video Rankings. Pressemitteilung, 14. Juni. https://www.comscore.com/Insights/Press-Releases/2013/6/comScore-Releases-May-2013-US-Online-Video-Rankings. Zugriff 29. Mai 2026.

[405] Pham, Alex. 2013. Vevo Looks To Raise Capital as It Continues Talks With Google. Billboard, 14. Februar. https://www.billboard.com/music/music-news/vevo-looks-to-raise-capital-as-it-continues-talks-with-google-1539270/. Zugriff 29. Mai 2026.

wohl die Warner Music Group keine Anteile an VEVO erworben hat.[406] Zu diesem Zeitpunkt wurde der Wert von VEVO auf rund US$ 170 Mio. geschätzt.[407] Der Jahresumsatz für 2016, der vor allem mit dem Verkauf von Werbung rund um die Musikvideos, erzielt wurde, lag bei US$ 500 Mio. und konnte im Folgejahr um 30 % auf US$ 650 Mio. erhöht werden. Für 2018 wurde sogar das erstmalige Erreichen der Gewinnzone prognostiziert.[408]

Diese Erfolgszahlen waren aber nur möglich, weil VEVO YouTube als Trägerrakete für seine Musikvideos verwenden konnte und eine symbiotische Beziehung mit dem UGC-Portal eingegangen war. Für YouTube hatte die Kooperation den Vorteil, seinen NutzerInnen Premium-Musikinhalte zum Nulltarif anbieten zu können und an den Werbeeinnahmen, die die VEVO-Videos generierten, zu partizipieren. Da der Haupttraffic für die Musikvideos auf YouTube erzielt wurde, stellte VEVO im Mai 2018 seine Streamingangebot auf Vevo.com ein und entfernte seine Apps aus den diversen Stores.[409] Stattdessen setzte VEVO auf Vertriebskooperationen mit Content-Providern wie Apple TV, Comcast, Samsung TV, Virgin Media, LG Channels oder Telstra TV. YouTube blieb aber weiterhin VEVOs Hauptpartner. Insgesamt wurden 2022 über VEVO durchschnittlich 26 Mrd. Musikvideos im Monat gestreamt und 1,5 Mrd. Stunden Musikvideos konsumiert. Damit hat VEVO gemeinsam mit YouTube das Musikvideo-Business revolutioniert und eine neue Ära eingeläutet, obwohl YouTube genau genommen VEVOs Hauptkonkurrent im hart umgekämpften Musikstreamingmarkt ist.[410]

---

[406] Ingham, Tim. 2016. Warner, impressed by Vevo's ‚new vision', confirms licensing deal. Music Business Worldwide, 2. August. https://www.musicbusinessworldwide.com/warner-impressed-vevos-new-vision-confirms-licensing-deal/. Zugriff 29. Mai 2026.

[407] Ingham, Tim. 2016. Warner, impressed by Vevo's ‚new vision', confirms licensing deal. Music Business Worldwide, 2. August. https://www.musicbusinessworldwide.com/warner-impressed-vevos-new-vision-confirms-licensing-deal/. Zugriff 29. Mai 2026.

[408] Jones, Rhian. 2018. Vevo revenues rise 30 % to hit $650 m in 2017, profitability forecast in 2018. Music Business Worldwide, 2. Januar. https://www.musicbusinessworldwide.com/vevo-revenues-rise-30-hit-650m-2017-forecasts-profitability-2018/. Zugriff 29. Mai 2026.

[409] Schneider, Marc. 2018. Vevo to Shutter Its Apps and Website in Coming Weeks. Billboard, 24. Mai. https://www.billboard.com/pro/vevo-video-apps-website-shutting-down/. Zugriff 29. Mai 2026.

[410] Andrews, Robert. 2023. Vevo Re-Invents Music TV With Huge Streaming Footprint. Beet.tv, 4. Januar. https://www.beet.tv/2023/01/vevo-re-invents-music-tv-with-huge-streaming-footprint.html. Zugriff 29. Mai 2026.

3.3.8 Die anderen Konkurrenten von YouTube

Ungefähr zur gleichen Zeit wie YouTube – im März 2005 –, legten Benjamin Bejbaum, Olivier Poitrey und vier weitere Verbündete EUR 6.000 zusammen, um in Poitreys Pariser Appartment den Online-Videohosting-Dienst Dailymotion zu gründen. Das Konzept war mehr oder weniger das Gleiche wie jenes von YouTube, indem NutzerInnen ihre selbst gemachten Videos auf die Plattform hochladen konnten.

2008 war Dailymotion mithilfe französischer InvestorInnen so stark gewachsen, dass die New York Times es wert fand, über Dailymotion eine ausführliche Reportage zu veröffentlichen.[411] Darin wurde berichtet, dass die Video-Plattform in Frankreich mit monatlich 10,2 Mio. Unique UserInnen YouTube mit 8,8 Mio. Unique UserInnen in der Beliebtheit überholt hatte, wobei Musikvideos der bei Weitem beliebteste Content war. Zu diesem Zeitpunkt war Dailymotion auch schon im Vereinigten Königreich, in Deutschland und in den USA aktiv, wobei sich die monatlichen NutzerInnen-Zahlen mit 32 Mio. außerhalb von Frankreich im Vergleich mit YouTube, das 258 Mio. verzeichnen konnte, noch recht bescheiden ausnahm.[412]

Aber Dailymotion versuchte es trotzdem mit „Godzilla", wie die New York Times YouTube wenig schmeichelhaft nannte, aufzunehmen und verkündete im März 2008 als erste Plattform High-Definition-Videos von seinen NutzerInnen hochladen zu lassen.[413] Bis Ende Oktober 2009 konnte Dailymotion zudem in drei Finanzierungsrunden umgerechnet US$ 68,5 Mio. einsammeln, wobei Atlas Venture, Advent Venture Partners und Idinvest Partners die führenden Investoren waren.[414]

[411] Carvajal, Doreen. 2008. Taking on the Godzilla of video-sharing sites. The New York Times, 21. März. https://web.archive.org/web/20170625113039/https:/www.nytimes.com/2008/03/21/business/worldbusiness/21iht-motion24.html. Zugriff 29. Mai 2026.

[412] Carvajal, Doreen. 2008. Taking on the Godzilla of video-sharing sites. The New York Times, 21. März. https://web.archive.org/web/20170625113039/https:/www.nytimes.com/2008/03/21/business/worldbusiness/21iht-motion24.html. Zugriff 29. Mai 2026.

[413] VentureBeat. 2008. Dailymotion adds HD content, but is the world ready for it? 18. Februar. https://venturebeat.com/business/dailymotion-adds-hd-content-but-is-the-world-ready-for-it. Zugriff 29. Mai 2026.

[414] Crunchbase. o.D. Dailymotion, company financials. https://www.crunchbase.com/organization/dailymotion/financial_details. Zugriff 29. Mai 2026.

Das Geld war gut angelegt, weil der französische Telekommunikationskonzern Orange im Januar 2011 um EUR 59 Mio. 49 % an Dailymotion kaufte[415] und ein Jahr später den verbleibenden Rest um EUR 61 Mio. erwarb.[416] Da Orange zu France Telekom gehörte, an der der französische Staat einen Minderheitsanteil von 27 % besaß, hatte die öffentliche Hand in Frankreich ein Mitspracherecht auch bei Dailymotion. Das wurde deutlich, als der US-Suchmaschinenkonzern Yahoo! 2013 versuchte, Dailymotion zu kaufen. Da die französische Regierung lediglich bereit war, Yahoo! zur Hälfte am Online-Videoportal zu beteiligen, und der US-Konzern nicht einlenken wollte, blockierte die Regierung den Verkauf von Dailymotion.[417] Weniger Probleme machte der französische Staat im Juni 2015, als der Mischkonzern Vivendi, der von der französischen Industriellenfamilie Bolloré kontrolliert wurde, um EUR 217 Mio. 80 % an Dailymotion von Orange S.A. erwarb[418] und diesen Anteil noch im September desselben Jahres auf 90 % erhöhte.[419]

Damit war das Online-Videoportal unter dem gleichen Konzerndach angesiedelt wie der größte Musikkonzern der Welt, die Universal Music Group. Das ist insofern bemerkenswert, weil Dailymotion, ähnlich wie YouTube, immer wieder Probleme mit RechteinhaberInnen bezüglich der Verletzung von Urheberrechten hatte. Schon im Juli 2007 wurde Dailymotion vom Pariser Höchstgericht wegen Beihilfe zur Urheberrechtsverletzung verurteilt. Die Produzenten des Films „Joyeux Noel" hatten Dailymotion verklagt, weil es wissentlich als Verleger ihr urheberrechtlich geschütztes Werk veröffentlicht hatte. Das Gericht entschied zwar, dass Dailymotion nicht als Verleger, sondern als Host-Provider gehandelt hätte, aber trotzdem nicht die Safe Habor-Bestimmung in Anspruch nehmen könnte, weil es wissentlich die Urheberrechtsverletzung durch ihre NutzerInnen geduldet hat-

[415] Varza, Roxanne. 2011. Confirmed: Orange acquires 49 % of DailyMotion for €59 million, rest to follow. TechCrunch, 25. Januar. https://techcrunch.com/2011/01/25/confirmed-orange-acquires-49-of-dailymotion-for-e59-million-rest-to-follow/. Zugriff 29. Mai 2026.

[416] Dillet, Romain. 2013. Orange Acquired Dailymotion For $168 Mio. By Buying Out Remaining 51 % Stake. TechCrunch, 22. Februar. https://techcrunch.com/2013/02/22/orange-acquired-dailymotion-for-168-million-by-buying-out-the-remaining-51-stake/. Zugriff 29. Mai 2026.

[417] CNN Business. 2013. France blocks Yahoo bid for video site. May 2.

[418] Lunden, Ingrid. 2015. Vivendi Buys 80 % Of France's Dailymotion, Valuing The YouTube Rival At $295 M. TechCrunch, 30. Juni. https://techcrunch.com/2015/06/30/vivendi-buys-80-of-frances-dailymotion-valuing-the-youtube-rival-at-295m/. Zugriff 29. Mai 2026.

[419] RTT News. 2015. Vivendi Reportedly Raises Stake In Dailymotion To 90 %. 2. September. https://www.rttnews.com/2547600/vivendi-reportedly-raises-stake-in-dailymotion-to-90.aspx. Zugriff 29. Mai 2026.

te.[420] Das Fall ist deshalb bemerkenswert, weil erstmals eine Online-Plattform in der EU wegen Beihilfe zur Urheberrechtsverletzung verurteilt wurde.

Um das Risiko weiterer Klagen zu reduzieren, trat Dailymotion mit vielen RechteinhaberInnen in Lizenzverhandlungen ein. Vor allem das Hosten von Musikvideos bereitete den Verantwortlichen bei Dailymotion Kopfzerbrechen. Deshalb wurden mit der Universal Music Group, der EMI und der Warner Music Group im Laufe der Jahre Lizenz-Deals abgeschlossen, die massive Kosten für das UCG-Content-Portal verursachten.[421] Trotzdem wurde Dailymotion im Dezember 2014 vom Paris Tribunal de Grande wegen Verletzung der Urheberrechte des TV-Senders TF1 und der Presseagentur LCI zu einem Schadenersatz von EUR 1,3 Mio. verurteilt, weil NutzerInnen unbefugt Nachrichtensendungen auf die Online-Plattform geladen hatten.[422] Mit Vivendi als Muttergesellschaft, die nicht nur Eigentümerin der Universal Music Group war, sondern auch mit Canal+ den größten französischen Privat-TV-Sender betrieb, konnte sich Dailymotion solche Urheberrechtsverstöße nicht mehr leisten und sorgte für umfangreiche Lizenz-Deals mit den Rechteinhabern.

Mit Klagen wegen Urheberrechtsverletzung musste sich immer wieder auch die dritte relevante Video-Streamingplattform, Vimeo, herumschlagen. Am 10. Dezember 2009 brachte die US-Tochtergesellschaft der EMI, Capitol Records, Klage gegen Vimeo beim US-Bezirksgericht des Southern District von New York State ein, in der Vimeo beschuldigt wird, direkte und indirekte Urheberrechtsverletzungen begangen zu haben, weil die Plattform es zugelassen hatte, dass UserInnen 199 Musikaufnahmen von Capitol Records auf die Seite hochluden und die MitarbeiterInnen nichts dagegen unternommen bzw. einige der Aufnahmen sogar zur Nutzung empfohlen hatten.[423]

---

[420] Spitz, Brad. 2007. DailyMotion: a ‚hosting provider' liable for copyright infringement. Juriscom.net, 18. Juli. https://web.archive.org/web/20160603112939/http:/juriscom.net/2007/07/dailymotion-a-hosting-provider-liable-for-copyright-infringement/. Zugriff 29. Mai 2026.

[421] Bruno, Antony. 2010. WMG Onboard With Dailymotion Video Service. Billboard, 5. März. https://www.billboard.com/music/music-news/wmg-onboard-with-dailymotion-video-service-1210258/. Zugriff 29. Mai 2026.

[422] Digital.tv. 2014. Paris court fines Dailymotion €1.3 m for copyright infringement. 4. Dezember. https://www.digitaltveurope.com/2014/12/04/paris-court-fines-dailymotion-e1-3m-for-copyright-infringement/. Zugriff 29. Mai 2026.

[423] Capitol Records, LLC, et al. v. Vimeo, LLC d/b/a Vimeo.com, et al. Opinion and Order, 31. Dezember 2013. US District Court of the Southern District of New York. Case No. 09 Civ. 10 101 (RA). https://law.justia.com/cases/federal/district-courts/new-york/nysdce/1:2009cv10101/355893/139/. Zugriff 29. Mai 2026.

Dabei war Vimeo seit seiner Gründung immer darauf bedacht gewesen, dass nur originäre Inhalte der NutzerInnen auf der Plattform verfügbar waren. Der Online-Videohosting-Dienst wurde im November 2004 von der Firma Connected Ventures gelauncht, auf der StudentInnen ulkige Videoclips aus ihrem Studentenleben posten konnten. Connected Ventures war bereits 1999 von Josh Abramson und Ricky Van Veen gegründet worden, um die Social Media-Plattform CollegeHumor zu betreiben, die im Januar 2000 online gegangen war. Bald schon stießen der Softwareentwickler Jake Lodwick und Zach Klein zu Gründerteam hinzu. Der damals 23-jährige Lodwick und der ein Jahr ältere Klein, der bereits an der School of Visual Arts in New York City als Lehrbeauftragter tätig war, waren die Masterminds hinter Vimeo, einer Verballhornung von „Video" und „Me". Mit Vimeo wollte es Connected Ventures mit dem soeben erst gegründeten YouTube aufnehmen, das aber wesentlich rascher wuchs als Vimeo. Als YouTube 2006 in einem Milliarden-Deal von Google übernommen wurde, musste sich auch Connected Ventures einen wirtschaftlich starken Partner suchen und verkaufte daher einen 51-Prozentanteil im August 2006 an die IAC Inc. des Medienmoguls Barry Diller.[424]

Die neuen Eigentümer erkannten das Potential von Vimeo und machten Lodwick und Klein zu den beiden Hauptverantwortlichen bei Vimeo, das nun als eigenständiger Unternehmensteil positioniert wurde. Um sich von YouTube zu differenzieren, setzte Vimeo aber schon sehr früh auf die Content-Creators und ermöglichte ab Oktober 2007 das Gestalten und Bereitstellen von High-Definition Videos. Damit wollte sich Vimeo von YouTube abheben, das sich ganz klar als User-Generated-Videoplattform positionierte.[425]

Als 2009 die Klage von Capital Records eingereicht wurde, waren die Vimeo-Gründer, Lodwick und Klein, schon längst nicht mehr an Bord, weil sie sich von den bürokratischen IAC-Konzernstrukturen in ihrer Kreativität eingeschränkt fühlten. Die neuen maßgeblichen EntscheidungsträgerInnen bei Vimeo wollten verhindern, dass Vimeo ähnlich wie YouTube eine Plattform für alle möglichen, auch urheberrechtlich geschützten Inhalte wurde. Deshalb wurde der Fokus verstärkt auf kleine Firmen gelegt, denen die nötigen technischen und finanziellen Skills fehlten, um gute Videos für die Onlinenutzung zu machen. Ihnen sollten Tools an die Hand gegeben werden, mit denen sie das bewerkstelligen konnten, für die sie aber auch

[424] Zur Vorgeschichte von Vimeo siehe ausführlich: Knibbs, Kate. 2020. CollegeHumor Helped Shape Online Comedy. What Went Wrong? Wired, 28. Januar. https://web.archive.org/web/20201130214444/https:/www.wired.com/story/collegehumor/. Zugriff 29. Mai 2026.

[425] Pullen, John P. 2011. How Vimeo became hipster YouTube. Fortune, 23. Februar. https://web.archive.org/web/20201108022616/https:/fortune.com/2011/02/23/how-vimeo-became-hipster-youtube/. Zugriff 29. Mai 2026.

bezahlen mussten. Deshalb wurde für Content-HerstellerInnen auch ein monatliches Premium-Abonnement eingeführt, in dem sie Videos in HD-Qualität erstellen konnten.[426]

Damit wollte das Unternehmen auch Urheberrechtsstreitigkeiten, wie jene mit Capitol Records, vermeiden. Ironischerweise rettete aber gerade die Eigenschaft, eine UGC-Plattform zu sein, Vimeo vor Gericht. Ende Dezember 2013 urteilte nämlich das zuständige Bezirksgericht in Manhattan, dass Vimeo als User-Generated-Content-Plattform für Musikaufnahmen, die nach 1972 entstanden waren, nicht für die Urheberrechtsverletzungen ihrer NutzerInnen zur Verantwortung gezogen werden könnte, weil es unter die Safe-Harbor-Bestimmung des Digital Millennium Copyright Act (DMCA) fiel. Es gäbe aber eine Haftung gegenüber den NutzerInnen für Aufnahme, die vor 1972 entstanden sind, weil diese nicht vom DMCA, sondern von den Gesetzen der einzelnen Bundesstaaten geschützt sind. Außerdem, so urteilte der Richtersenat, hätten MitarbeiterInnen von Vimeo selbst urheberrechtlich geschützte Musikvideos hochgeladen und einige der hochgeladenen Videos promotet.[427]

Dieses Urteil war zwar ein Teilerfolg für Vimeo, aber die Verurteilung wegen Urheberrechtsverstöße bei Aufnahmen, die vor 1972 entstanden waren, schmerzte doch. So ging Vimeo in Berufung und erzielte einen vollen Erfolg, als die Berufungsinstanz im Juni 2016 das Urteil der Erstinstanz aufhob und Vimeo vollumfänglich durch die Safe-Harbor-Bestimmung des DCMA, auch für die Musikaufnahmen, die vor 1972 entstanden waren, geschützt sah: „We conclude that the safe harbor of § 512(c) applies to pre-1972 sound recordings; the mere fact that a video contains all or virtually all of a ‚recognizable,‘ copyrighted sound recording and was viewed in some fashion by a service provider's employee is insufficient to prove knowledge or red flag knowledge of infringement; and Plaintiffs' evidence was insufficient to support the imputation of knowledge to Vimeo through the theory of willful blindness.“[428] Mit diesen Worten wurde der Fall erneut zur Ver-

[426] Milian, Mark. 2012. Vimeo to emphasize videos in redesign. CNN Business, 24. Januar. https://edition.cnn.com/2012/01/24/tech/vimeo-redesign/index.html. Zugriff 29. Mai 2026.

[427] Capitol Records, LLC, et al. v. Vimeo, LLC d/b/a Vimeo.com, et al. Opinion and Order, 31. Dezember 2013. US District Court of the Southern District of New York. Case No. 09 Civ. 10 101 (RA). https://law.justia.com/cases/federal/district-courts/new-york/nysdce/1:2009cv10101/355893/139/. Zugriff 29. Mai 2026.

[428] Capitol Records, LLC, et al. v. Vimeo, LLC d/b/a Vimeo.com, et al. Opinion and Order, 16. Juni 2016. US Court of Appeals for the Second Circuit. Case No. 14–1048/1049/1067/1068. https://law.justia.com/cases/federal/appellate-courts/ca2/14-1048/14-1048-2016-06-16.html. Zugriff 29. Mai 2026.

handlung an die Erstinstanz zurückverwiesen, die nach vielen weiteren Anhörungen am 28. Mai 2021 schließlich Vimeo vom Vorwurf der Urheberrechtsverletzung freisprach.[429]

Dieses Urteil bestätigte nicht nur den Safe-Harbor-Schutz, den UGC-Plattformen in den USA genießen und der schon im Fall im Viacom vs. YouTube gerichtlich festgestellt worden war, sondern weitete den Schutz auch auf Musikaufnahmen aus, die außerhalb des Geltungsbereichs des Digital Copyright Millennium Act lagen. Vimeo sah sich aber zu diesem Zeitpunkt nicht mehr User-Generated Content-Plattform, sondern versuchte sich, ähnlich wie Netflix, als Video-on-Demand Bezahldienst zu etablieren, der auch mithilfe seiner NutzerInnen eigenständige Inhalte auf hoher Qualität anbieten konnte.[430] Ergänzend dazu wurde bereits 2014 mit Copyright Match ein ähnliches Tool zum Erkennen urheberrechtlich geschützter Inhalte wie YouTubes ContentID, eingeführt.[431] Vimeo wollte damit unbedingt weg vom Image eines Urheberrechtsverletzters.

In Europa war es nämlich nicht so gut gelaufen wie in den USA. Im Januar 2019 hatte nämlich ein Berufungsgericht in Rom Vimeo zu einem Schadenersatz von EUR 8,5 Mio. verurteilt, weil es sich geweigert hatte, rund 2.000 TV-Produktionen von der italienischen Mediasat des Medienmoguls und Politiker Silvio Berlusconi von der Plattform, zu löschen, die von NutzerInnen in Italien hochgeladen worden waren. Im Gegensatz zu den USA sah das Gericht in Rom aber Vimeo nicht von der Safe-Harbor-Bestimmung der EU-Urheberrechtslinie geschützt.[432] Das veranlasste die International Federation of the Phonographic Industry in Italien ebenfalls gegen Vimeo gerichtlich vorzugehen und brachte am 5. Mai 2021 eine Klage ein, weil es

---

[429] Capitol Records, LLC, et al. v. Vimeo, LLC d/b/a Vimeo.com, et al. Opinion and Order, 28. Mai 2021. Case No. 1:2009cv10101 – Document 227, US District Court of the Southern District of New York. https://law.justia.com/cases/federal/district-courts/new-york/nysdce/1:2009cv10101/355893/227/. Zugriff 29. Mai 2026.

[430] Spangler, Todd. 2016. Vimeo Plans to Spend ‚Tens of Millions' of Dollars on Content for New Subscription VOD Services. Variety, 2. November. https://variety.com/2016/digital/news/vimeo-svod-tens-of-millions-dollars-1201907431/. Zugriff 29. Mai 2026.

[431] Flanagan, Andrew. 2014. Vimeo to Launch Music Copyright ID System (Exclusive). Billboard, 21. Mai. https://www.billboard.com/music/music-news/vimeo-to-launch-music-copyright-id-system-exclusive-6092241/. Zugriff 29. Mai 2026.

[432] Maxwell, Andy. 2019. Vimeo ‚Fined' €8.5 m For Failure to Remove Copyrighted TV Content. TorrentFreak, 16. Januar. https://torrentfreak.com/vimeo-fined-e8-5m-for-failure-to-remove-copyrighted-tv-content/. Zugriff 29. Mai 2026.

verabsäumt hätte, urheberrechtlich geschützte Musik von seiner Plattform zu entfernen.[433]

Zu diesem Zeitpunkt war bereits der Börsengang von Vimeo auf Schiene, nachdem der Eigentümer IAC Inc. in zwei Finanzierungsrunden US$ 450 Mio. aufgebracht hatte, um das Online-Videoportal fit für die Börse zu machen. Da hatte Vimeo bereits seine nächste strategische Neuausrichtung hinter sich, nachdem das Video-on-Demand-Projekt nach dem Vorbild von Netflix gescheitert war. Nun wurde Vimeo als „Software-as-a-Service"-Modell (SaaS) neu positioniert und zielte darauf ab, für große Unternehmenskunden wie Amazon, Starbucks und Siemens Tools für die Erstellung hochqualitativer Videos in einem Abo-Modell anzubieten. Damit war der letzte Schritt weg von einem User-Generated-Content-Service gesetzt und es wurden NutzerInnen von Vimeo auch erlaubt, die Videos auf andere Plattformen wie z. B. auf YouTube zu stellen. So gesehen ist Vimeo, der nunmehr ein milliardenschwerer börsennotierter Konzern ist und in 190 Ländern rund 1,5 Mio. zahlende KundInnen hat, kein direkter YouTube-Konkurrent mehr.[434]

YouTube und VEVO sind somit die unangefochtenen Marktführer für Online-Musikvideos in großen Teilen der Welt. Die große Ausnahme ist aber China, wo mit QQ Video von Tencent Music und Tudou sowie Youku vom Online-Händler Alibaba den Musikvideo-Markt dominieren, ganz zu schweigen von TikTok, das mit seinen Kurzvideos den Markt revolutioniert hat und zu einer Herausforderung für YouTube geworden ist. Alle diese Unternehmen und Angebote werden in Band 3 dieses Buchprojekts genauer unter die Lupe genommen werden.

3.4 Social Media

Über die Social-Media-Konzerne wurde in den letzten Jahren sehr viel geschrieben. Anfangs waren die Beiträge durchwegs positiv und verwiesen auf die Vorteile der Vernetzung von Menschen und die damit verbundene Demokratisierung der Kom-

---

[433] Dredge, Stuart. 2021. Record labels sue Vimeo in Italy for copyright infringement. MusicAlly, 6. Mai. https://musically.com/2021/05/06/record-labels-sue-vimeo-in-italy-for-copyright-infringement/. Zugriff 29. Mai 2026.

[434] Spangler, Todd. 2021. Vimeo Raises $300 Mio., Valuation Tops $5 Billion Ahead of IAC's Planned Spinoff. Variety, 25. Juni. https://variety.com/2021/digital/news/vimeo-raises-300-million-iac-spinoff-1234891777/. Zugriff 29. Mai 2026.

munikation ohne Gatekeeper.[435] Diese Euphorie ist aber schon bald der Ernüchterung über den Missbrauch der Marktmacht der Social Media Giganten wie Facebook, X (vormals Twitter) und TikTok gewichen. Nicht erst seit dem Datenmissbrauchsskandal von Cambridge Analytica und die Beeinflussung der US-Präsidentschaftswahlen im Jahr 2016 werden Social-Media-Angebote kritisch hinterfragt und wurden Gegenstand parlamentarischer Anhörungen sowie juristischer Untersuchungen. Aber um all das soll es in diesem Abschnitt des Buches nicht gehen, weil es dazu ausgezeichnete Literatur gibt.[436] Hier soll vor allem der vielfältige Einfluss von Social Media auf die Musikindustrie genauer beleuchtet werden. So haben Social-Media-Plattformen die Musikpromotion nachhaltig revolutioniert und die direkte Vernetzung zwischen KünstlerInnen mit ihren Fans ermöglicht. Social-Media-Angebote bieten ihren NutzerInnen auch die Möglichkeit, Inhalte zu teilen und zu verbreiten, was wiederum urheberrechtliche Fragen aufwirft. Schließlich sollen noch Kooperationen zwischen den Betreibern von Social-Media-Portalen und den Akteuren der Musikindustrie thematisiert werden.

3.4.1 Die Anfänge von Social Media

Im Dezember 1969 publizierten Jeffrey Travers und Stanley Milgram in der Zeitschrift Sociometry eine Studie, in der sie das „Kleine-Welt-Problem" untersuchten.[437] Sie gingen der Frage nach, wie viele Intermediäre zufällig ausgewählte Personen in Nebraska und Boston benötigten, um eine Zielperson in Massachusetts ausfindig zu machen und zu kontaktieren. Die erstaunliche Antwort, die die Studie lieferte, war, dass es im Durchschnitt nur 5,2 Intermediäre braucht, um den Kontakt zur Zielperson herzustellen. Die beiden Soziologen bezeichneten das als das „Kleine-Welt-Phänomen", wonach es nur weniger sozialer Kontakte bedarf, um x-beliebige Menschen kennenzulernen.

---

[435] Siehe beispielsweise Benckler, Yochai. 2006. *The Wealth of Networks. How Social Production Transforms Markets and Freedom.* New Haven und London: Yale University Press und Jenkins, Henry. 2006. *Convergence Culture. Where Old and New Media Collide.* New York und London: New York University Press.

[436] Siehe beispielsweise Zuboff, Shoshana. 2018. *The Age of Surveillance Capitalism: The Fight for a Human Future at the New Frontier of Power.* New York: Profile Books and Andree, Martin. 2023. *Big Tech muss weg! Die Digitalkonzerne zerstören Demokratie und Wirtschaft – wir werden sie stoppen.* Frankfurt am Main: Campus Verlag.

[437] Travers, Jeffrey und Stanley Milgram. 1969. An Experiment Study of the Small World Problem. *Sociometry* 32(4): 425–443, https://doi.org/10.1016/B978-0-12-442450-0.50018-3.

Ende der 1960er-Jahre war diese Erkenntnis von rein akademischem Interesse und auch die Autoren selbst sahen dafür noch keine praktische Anwendung. Das änderte sich aber, als das Internet in den 1990er-Jahren die Welt über Computernetzwerke verband. Nun war es möglich, sich mit jeder beliebigen Person, die das Internet nutzte, zu verbinden. Genau das wollte Andrew Weinreich. Der Mitzwanziger, der gerade erst sein Anwaltsexamen bestanden hatte, griff das „Kleine-Welt-Phänomen“ auf, wonach jeder Mensch auf dieser Welt nur sechs Bekanntschaftsgrade von allen anderen Menschen entfernt ist und gründete im Mai 1996 die Firma SixDegrees. Im Januar 1997 stellte er die erste Social-Networking-Plattform einem kleinen Kreis von InvestorInnen und JournalistInnen in New York City vor.[438] Zwar gab es bereits mit Classmates seit Dezember 1995 eine Seite, auf der nach alten SchulkollegInnen gesucht werden konnte, aber es fehlte die soziale Netzwerkkomponente.[439]

SixDegrees hingegen ermöglichte es seinen NutzerInnen, Einladungen per E-Mail zu verschicken und sich so zu vernetzen. Obwohl das Internet 1997 noch nicht so weit verbreitet war, hatte SixDegrees innerhalb kürzester Zeit 3,5 Mio. registrierte NutzerInnen. Das reichte aus, um das Unternehmen in der sich immer weiter ausdehnenden Dotcom-Blase um US$ 125 Mio. an YouthStream Media Networks zu verkaufen.[440] Das Platzen der Spekulationsblase in Sommer 2000 sollte aber gleichzeitig auch das Ende von SixDegrees bedeuten. Der Plattform fehlte noch die kritische Masse an UserInnen und jene Features, die eine Social Media-Plattform erst attraktiv machten. Am 30. Dezember 2000 kündigte SixDegrees an, seine Türen zu schließen und lud die NutzerInnen ein, die Schwesterseite teen.com zu besuchen.[441]

SixDegrees war damit zwar Geschichte, aber es legte nicht nur das Fundament für eine neue Generation von Social Networking Plattformen, sondern es hinterließ auch ein zentrales Patent, welches ein Anwalt in der New York Times als den Schlüssel für Social Media bezeichnete.[442] Diese später auch als „Social Networ-

---

[438] Levy, Steven. 2020. *Facebook. Weltmacht am Abgrund.* München: Droemer, S. 31.

[439] CBS News. 2015. Then and now: a history of social networking sites. 11. Februar. https://www.cbsnews.com/pictures/then-and-now-a-history-of-social-networking-sites/. Zugriff 29. Mai 2026.

[440] Levy, Steven. 2020. *Facebook. Weltmacht am Abgrund.* München: Droemer, S. 34.

[441] SixDegrees. 2000. Sitedown Message. 30. Dezember. https://web.archive.org/web/20010302022623/http:/www.sixdegrees.com/. Zugriff 29. Mai 2026

[442] Riordan, Teresa. 2003. Idea for Online Networking Brings Two Entrepreneurs Together. The New York Times, 1. Dezember. https://www.nytimes.com/2003/12/01/technology/technology-media-patents-idea-for-online-networking-brings-two-entrepreneurs.html. Zugriff 29. Mai 2026.

king Patent" getaufte Softwarelizenz sollte noch eine zentrale Rolle in der Entwicklung von Social Media und für den Aufstieg von Facebook zum größten sozialen Netzwerk der Welt spielen.

Das Erbe von SixDegrees trat die Seite Friendster an, die im März 2002 vom ehemaligen Netscape-Programmierer Jonathan Abrams und Peter Chin gegründet und ein Jahr später für die Öffentlichkeit gelauncht wurde. Ähnlich wie bei SixDegrees ging Friendster vom „Kleine-Welt-Phänomen" aus und ermöglichte es seinen NutzerInnen, einen virtuellen Freundeskreis aufzubauen und Inhalte wie Videos, Fotos und Nachrichten über selbst angelegte Profile zu teilen.[443] Letztendlich war Friendster aber eine Dating-Seite, die allerdings die Online-Identität mit einer realen Person verknüpfte und sich somit von anderen Seiten unterschied, auf denen unter dem Deckmantel der Anonymität zwielichtige Gestalten ihr Unwesen trieben. Friendster gelang es in wenigen Monaten, mehr als 3 Mio. registrierte NutzerInnen zu gewinnen. Das rief Google auf den Plan, das Friendster um US$ 30 Mio. in Google-Aktien kaufen wollte. Abrams lehnte aber ab und versuchte mithilfe von Risikokapitalgebern zu expandieren.[444] Hätte er das Kaufangebot angenommen, wäre er heute wohl Milliardär, aber so setzte sich eine Abwärtsspirale in Gang, die letztendlich dazu führte, dass Friendster von der Konkurrenz überholt und im Juni 2011 als Social-Gaming-Seite neu positioniert wurde und die Social-Media-Funktionen stilllegte.[445]

3.4.2 MySpace – Social Media wird erwachsen

Ein Nutzer von Friendster war Chris DeWolfe, der seine E-Mail-Marketingfirma ResponseBase im September 2002 an eUniverse verkauft hatte und in dessen Vorstand einzog.[446] ResponseBase verfügte über eine Datenbank von 30 Mio. E-

[443] Levy, Steven. 2020. *Facebook. Weltmacht am Abgrund.* München: Droemer, S. 58.

[444] Rivlin, Gary. 2006. Wallflower at the Web Party. The New York Times, 15. Oktober. https://web.archive.org/web/20170419094331/http:/www.nytimes.com/2006/10/15/business/yourmoney/15friend.html?_r=1. Zugriff 29. Mai 2026.

[445] Steinberg, Scott. 2011. Friendster Is Dead: Encourages U.S. Users to Move On. Rolling Stone, 11. Mai. https://archive.ph/20120912135826/http:/www.rollingstone.com/culture/blogs/gear-up/friendster-is-dead-encourages-u-s-users-to-move-on-20110511#selection-563.0-563.52. Zugriff 29. Mai 2026.

[446] Die Geschichte von eUniverse vor der Gründung von MySpace geht aus dem Jahresbericht von eUniverse Inc. für das Finanzjahr, das im März 2003 endete, hervor: eUniverse Inc. 2003. Annual Report for the Financial Year Ending 31 March 2003. Form 10-K. Delaware, USA.

Mailadressen, über die eigene Produkte und Dienstleistungen sowie jene von Drittanbietern vermarktet und verkauft wurden. Das war ein wertvolles Asset für die Firma eUniverse, die im April 1999 aus einer Fusion mit dem in Connecticut beheimateten CD- und DVD-Onlinehändler CDUniverse hervorgegangen war. Der eUniverse Mitbegründer und CEO, Brad Greenspan, wollte allerdings über den CD- und DVD-Handel hinaus expandieren und kaufte 2000 zahlreiche Online-Gaming-Unternehmen sowie teils fragwürdige Unterhaltungsseiten im Internet. Das führte dazu, dass der Gründer von CDUniverse, Charles Beilman, das Unternehmen im Oktober 2000 um US$ 1 Mio. zurückkaufte. eUniverse überstand das Platzen des Dotcom-Blase und kaufte weitere Entertainment-Seiten im Internet und launchte im April 2001 die Spaßseite Flowgo.com für Kinder, die sich rasch großer Beliebtheit erfreute. Weitere Spieleseiten und die Dating-Site CupidJunction.com folgten. Dieses Sammelsurium an Unterhaltungs-, Spiele-, Fitness- und Datingseiten diente allerdings nur dazu, um dort Werbung von Drittanbietern zu schalten, worin das eigentliche Geschäftsmodell von eUniverse bestand.[447]

2003 geriet eUniverse allerdings in Schwierigkeiten. Zum einen mussten 20 % der rund 300 Mitarbeiter abgebaut werden, um Kosten einzusparen und zum anderen hatte die New Yorker Technologiebörse NASDAQ, wo eUniverse seit April 2000 notierte, Anfang Mai 2003 den Aktienhandel wegen Unregelmäßigkeiten in der Berichtslegung eingestellt, was die US-Börsenaufsicht SEC veranlasste, eine Untersuchung gegen eUniverse einzuleiten.[448] Das Unternehmen musste bis August 2003 korrigierte Zahlen für Einnahmen, Ausgaben und Gewinn vorlegen, um nicht vom Börsenhandel ausgeschlossen zu werden.

Just in dieser kritischen Phase hatte Chris DeWolfe den eUniverse-CEO, Brad Greenspan, zu Friendster eingeladen. De Wolfe und Greenspan waren sich einig, dass diese Social-Media-Plattform Potenzial hatte, aber mehr als nur eine verklausulierte Dating-Site sein könnte. Sie beschlossen daher im August 2003 ein Konkurrenzangebot mit dem Namen MySpace zu starten. In wenigen Monaten wurde MySpace programmiert, indem die wichtigsten Features von Friendster übernommen wurden.[449] Über die rund 20 Mio. BesucherInnen von diversen eUniverse-Angeboten und mithilfe des mehr als 30 Mio. Adressen umfassenden E-

[447] eUniverse Inc. 2003. Annual Report for the Financial Year Ending 31 March 2003. Form 10-K. Delaware, USA, S. 8 und 12.

[448] eUniverse Inc. 2003. Annual Report for the Financial Year Ending 31 March 2003. Form 10-K. Delaware, USA, S. 5.

[449] Die ausführliche Geschichte zu MySpace findet sich in Angwin, Julia. 2009. *Stealing MySpace: The Battle to Control the Most Popular Website in America.* Kindle-Ausgabe. New York: Random House

Mailverteilers wurden in kürzester Zeit hunderttausende NutzerInnen gewonnen, die auf MySpace ihre Profile anlegten.[450] Dank eines Programmierfehlers war es den NutzerInnen sogar möglich, den Webcode der Seite so zu verändern, dass Farben und inhaltliche Elemente in den Profilen gestaltet und somit personalisiert werden konnten, was zu einem Markenzeichen von MySpace werden sollte.[451]

Chris DeWolfe wurde zum CEO von MySpace und sein ehemaliger Mitarbeiter bei ResponseBase, Tom Anderson, President of the Board. Beide trieben nun das Wachstum des sozialen Netzwerks voran, das vor allem für MusikerInnen und Bands die ideale Promotionsplattform zur direkten Kontaktpflege mit ihren Fans wurde.[452] Im April 2005 wurde MySpace für die Öffentlichkeit freigeschaltet und erreichte in kürzester Zeit mehr als 27 Mio. registrierte NutzerInnen. Damit war es die Top-Seite im Internet, die sogar Google in den monatlichen Seitenaufrufen in den Schatten stellte. Eine durchschnittliche NutzerInnen verbrachte 1 h und 43 min auf der Seite, womit MySpace Friendster und das soeben erst gelaunchte Facebook weit hinter sich ließ.[453] Im Juni 2004 vermeldete MySpace mehr als 1 Millionen Unique UserInnen pro Monat, die die Möglichkeit hatten, sich über ihre LieblingsmusikerInnen und Bands auszutauschen.[454] Obwohl MySpace als allgemeine Social-Media-Plattform konzipiert wurde, war es der Ort, wo sich vor allem Musikschaffende mit ihren Fans vernetzten.

MySpace schien das soziale Netzwerk zu sein, dass die Welt im Sturm erobern würde, um zum unangefochtenen Marktführer sozialer Netzwerke zu werden. Damit wurde es auch zum Objekt der Begierde für große Medienkonzerne. Im November 2004 hatte MTV von seiner Konzernmutter Viacom grünes Licht erhalten, in Übernahmegespräche mit den MySpace-Verantwortlichen einzutreten. Der Musik-TV-Sender, der Anfang der 1980er-Jahre das Musikbusiness revolutioniert hatte, litt nach dem Millennium unter ZuseherInnenschwund und musste dringend seine Digitalsparte, die jährlich Verluste machte, neu strukturieren. Das rasch

[450] Angwin, Julia. 2009. *Stealing MySpace: The Battle to Control the Most Popular Website in America*. Kindle-Ausgabe. New York: Random House.

[451] Gillette, Felix. 2011. The Rise and Inglorious Fall of Myspace. Businessweek, 22. Juni. https://web.archive.org/web/20110625031242/http:/www.businessweek.com/magazine/content/11_27/b4235053917570.htm. Zugriff 29. Mai 2026.

[452] Die wichtige Rolle die MySpace für Musikschaffende nicht nur als Promotionsplattform, sondern auch als Karrieresprungbrett spielte, thematisiert Tedder, Michael. 2023. *Top Eight. How MySpace Changed Music*. Chicago: Chicago Review Press.

[453] Tedder, Michael. 2023. *Top Eight. How MySpace Changed Music*. Chicago: Chicago Review Press, S. 109.

[454] Tedder, Michael. 2023. *Top Eight. How MySpace Changed Music*. Chicago: Chicago Review Press, S. 87.

wachsende MySpace passte gut ins Konzept und der Chief Digital Officer von MTV Networks sollte eine Übernahme ausloten, die auf ein Volumen von US$ 30 bis 40 Mio. taxiert wurde.[455]

MySpace hatte sich im Dezember 2004 zudem von seiner Muttergesellschaft eUniverse, die sich im März 2004 in Intermix Media umbenannt hatte, emanzipiert, indem sich der Risikokapitalgeber Redpoint um US$ 11,5 Mio. mit 25 % an MySpace beteiligte, was einen Unternehmenswert von US$ 46 Mio. implizierte. Intermix Media kontrollierte mit 53 % weiterhin das Social-Media-Netzwerk und 19,9 % entfielen auf die beiden MySpace Co-Gründer DeWolfe und Anderson, die zusätzlich noch US$ 3 Mio. aus dem Deal ausbezahlt bekamen, und der Rest von 2,1 % auf Kleinanleger.[456] Der Vertrag enthielt noch die ungewöhnliche Klausel, dass bei einem Verkauf von Intermix Media innerhalb von einem Jahr, MySpace einen garantierten Fixpreis von US$ 125 Mio. erhalten sollte, egal wie hoch der Kaufpreis für Intermix ausfallen sollte.[457] DeWolfe hielt das für einen guten Deal, weil er sich nicht vorstellen konnte, dass der Mehrheitseigentümer Intermix einen Verkaufspreis, der weit über dem Wert von MySpace von US$ 48 Mio. lag, erzielen könnte. Das sollte sich aber als fataler Irrtum erweisen.

Vorerst schienen aber die weiteren Entwicklungen DeWolfe zu bestätigen. Im Dezember 2004 hatte der Generalstaatsanwalt von New York State, Eliot Spitzer, Untersuchungen gegen Intermix Media und seinen Gründer Brad Greenspan eingeleitet, weil das Unternehmen in seinen Programmen Spyware eingebaut hatte, die Pop-Up-Werbung ermöglichte, wenn die Programme heruntergeladen wurden. Damit war Intermix in den Kreuzzug gegen Spam und Spyware des ambitionierten Generalstaatsanwalts geraten und musste Schadenersatz in mehrfacher Millionenhöhe befürchten.[458] Am 28. April 2005 platzte dann die Bombe. Nach erfolglosen Verhandlungen zwischen der Rechtsabteilung von Intermix Media mit Eliot Spitzer, brachte dieser Klage gegen das Unternehmen ein und forderte Schadenersatz in der Höhe von US$ 50 Mio. Das war für Intermix Media existenzgefährdend, weil es lediglich über US$ 7,5 Mio. an liquiden Mitteln verfügte.[459] Die Börse

---

[455] Angwin, Julia. 2009. *Stealing MySpace: The Battle to Control the Most Popular Website in America.* Kindle-Ausgabe. New York: Random House, Pos. 2075.

[456] Angwin, Julia. 2009. *Stealing MySpace: The Battle to Control the Most Popular Website in America.* Kindle-Ausgabe. New York: Random House, Pos. 2021.

[457] Angwin, Julia. 2009. *Stealing MySpace: The Battle to Control the Most Popular Website in America.* Kindle-Ausgabe. New York: Random House, Pos. 2032.

[458] Angwin, Julia. 2009. *Stealing MySpace: The Battle to Control the Most Popular Website in America.* Kindle-Ausgabe. New York: Random House, Pos. 2256–2266.

[459] Angwin, Julia. 2009. *Stealing MySpace: The Battle to Control the Most Popular Website in America.* Kindle-Ausgabe. New York: Random House, Pos. 2332–2344.

schickte daraufhin die Intermix-Aktie auf Talfahrt und der geplante Deal zwischen MTV und MySpace war mit dieser Nachricht Geschichte.

Um dem Untergang zu entgehen, musste zuerst die Klage von Eliot Spitzer aus der Welt geschafft werden, um danach einen Investor von der Übernahme zu überzeugen. Das erste Ziel wurde im Juni 2005 erreicht, als Eliot Spitzer und sein Team davon überzeugt werden konnten, gegen eine Strafzahlung von US$ 7,5 Mio. die Klage fallen zu lassen.[460] Damit waren mit einem Schlag die Barmittel des Unternehmens aufgebraucht und die Zeit drängte, einen Investor zu finden. Dieses Mal ging es aber nicht nur um MySpace, sondern um das gesamte Unternehmen Intermix Media. Dessen CEO, Richard Rosenblatt, musste sich nun auf ein gewagtes Spiel einlassen. Er musste Intermix zu einem möglichst hohen Preis verkaufen, damit die AktionärInnen und das Board zufrieden gestellt werden konnten, aber für MySpace durfte kein separates Kaufangebot gelegt werden, das über US$ 125 Mio. lag, weil sonst die Sonderklausel im Gesellschaftsvertrag wirksam wurde, wonach MySpace unabhängig von seiner Muttergesellschaft agieren konnte. Das wäre das Ende von Intermix Media gewesen.

Auch Rosenblatt war klar, dass die Social-Media-Plattform das wichtigste Asset von Intermix Media war und mit den rasant steigenden NutzerInnen-Zahlen immer mehr an Wert gewann. Das schlug sich auch im nunmehr steigenden Kurs der Intermix-Aktien nieder, der sich von seinem Tiefstwert während der Spitzer-Klage allmählich wieder erholte. Darin lag nun auch die Chance, möglichst rasch ein Übernahmeangebot zu erhalten, weil potenzielle Käufer einen zu hohen Kaufpreis vermeiden wollten. Ein weiterer Vorteil für Rosenblatt war, dass sich neben Viacom, das nun wieder Interesse an MySpace bekundete, auch die News Corporation des Medienmoguls Rupert Murdoch an einer Übernahme von Intermix Media interessiert war. Damit waren die Voraussetzungen für eine Bieterschlacht gegeben, in der beide Seiten sich nicht in die Karten blicken lassen wollten. Zudem musste der Intermix-CEO auch gegenüber den MySpace-Gründern DeWolfe und Anderson über die genauen Absichten der beiden Kaufinteressenten bluffen.

Das sich nun entfaltende Drama wurde von Julia Angwin in ihrem Buch „Stealing MySpace" bis ins kleinste Detail rekonstruiert.[461] Die Bieterschlacht dauerte

[460] Der Intermix-Gründer, Brad Greenspan, verpflichtete sich zusätzlich eine Strafe von US $750.000 zu bezahlen und weitere US$ 50.000 für eine Antispyware-Kampagne des Center for Democracy and Technology zu spenden. Siehe dazu Angwin, Julia. 2009. *Stealing MySpace: The Battle to Control the Most Popular Website in America.* Kindle-Ausgabe. New York: Random House, Pos. 2409–2421.

[461] Angwin, Julia. 2009. *Stealing MySpace: The Battle to Control the Most Popular Website in America.* Kindle-Ausgabe. New York: Random House, Pos. 2537–2708.

nur wenige Tage Anfang Juli 2005, war aber an Dramatik kaum zu überbieten. Das Intermix-Team führte parallel vertrauliche Gespräche mit beiden Kaufinteressenten und gleichzeitig durften die MySpace-Verantwortlichen nicht in die Details eingeweiht werden. Aufseiten von Viacom verhandelten die Co-Presidents der beiden Unternehmensteile Tom Freston für MTV und Leslie Moonves für CBS und für die News Corp. Ross Levinson, der für den digitalen Geschäftsbereich im Medienkonzern verantwortlich war. Viacom war vor dem Wochenende, an dem der Nationalfeiertag am 4. Juli begangen wurde, bereit, zumindest US$ 8 pro Aktie für Intermix zu bezahlen, was eine Kaufsumme von US$ 400 Mio. ergeben würde. Allerdings legte die Intermix-Aktie in der Woche darauf deutlich an Wert zu und der Unternehmenswert stieg bis Freitag auf US$ 441 Mio. Das beunruhigte die Viacom-Verantwortlichen nicht weiter, weil Tom Freston seinem Verhandlungsteam die Vollmacht erteilt hatte, zwischen US$ 550 bis 800 Mio. für Intermix zu bieten. Da er annahm, dass damit der Deal in trockenen Tüchern war, reiste der MTV-Gründer mit seiner Familie nach Hawaii, um ein paar Tage Strandurlaub zu genießen.

Dieser Urlaub sollte ihn letztendlich den Job kosten. Am 12. Juli 2005 schaltete sich nämlich Rupert Murdoch persönlich in die Kaufverhandlungen ein und lud den Intermix-CEO Rosenblatt in sein Büro in die Fox Studios in Los Angeles ein. Das Meeting dauerte nur 20 min, in dem Rosenblatt sein Unternehmen und vor allem MySpace anpries und dessen Wert auf US$ 12 pro Aktie taxierte. Murdoch wies darauf hin, dass Intermix aktuell bei US$ 9,95 notierte, aber Rosenblatt bestand darauf, dass der Unternehmenswert bei US$ 12 lag. Darauf antwortete Murdoch nur lapidar: „You got it" und fragte nach, ob der Deal bis Sonntag unter Dach und Fach gebracht werden konnte, was Rosenblatt bejahte.[462] Damit war Intermix samt MySpace um US$ 580 Mio. an die News Corp. verkauft worden.

Dieses entscheidende Treffen war am Dienstag. Es blieben also nur fünf Tage, um den gesamten Deal im Detail auszuverhandeln oder ein noch besseres Angebot zu bekommen. Zwei Tage nach dem Kaufangebot von Murdoch, rief Rosenblatt den Viacom Co-President und MTV-Chef Freston im Urlaub auf Hawaii an, um ihm mitzuteilen, dass ein Kaufangebot für Intermix vorlag und nur wenig Zeit bis Sonntag blieb, um ein Gegenangebot auf den Tisch zu legen. Freston hielt das für einen Bluff und hielt an seinem Zeitplan fest, einen Vorschlag für ein Kaufangebot

[462] Angwin, Julia. 2009. *Stealing MySpace: The Battle to Control the Most Popular Website in America*. Kindle-Ausgabe. New York: Random House, Pos. 64–76.

nach Abschluss der Due Diligence am Mittwoch nächster Woche dem Aufsichtsrat vorzulegen.[463]

Eigentlich wäre es für Viacom einfach gewesen, den Deal zu durchkreuzen. Der Medienkonzern hätte nur mehr als US$ 125 Mio. für MySpace bieten müssen und dann wäre die Vertragsklausel zum Tragen gekommen, dass die MySpace-Eigentümer selbst über ihr Schicksal entscheiden konnten. Da aber weder Viacom noch MySpace aktiv wurden, trat die Kaufoption in Kraft, wonach Intermix bei einer Übernahme durch einen dritten Partner ein Vorkaufsrecht auf die MySpace-Anteile hatte, um damit das Social-Media-Netzwerk in die Akquisition miteinzubeziehen.

Es hätten aber bei den Viacom-Verantwortlichen die Alarmglocken schrillen müssen, als am Freitagnachmittag die News Corp. in einer Presseaussendung die Gründung der Fox Interactive Media ankündigte, in der die Internetaktivitäten der Fox-TV-Sender gebündelt wurden.[464] Aber niemand schöpfte Verdacht, dass der Launch von Interactive Media die Übernahme von MySpace vorbereitete. Kurz nach der Veröffentlichung der Pressemitteilung trafen die beiden Verhandlungsteams von Intermix und News Corp. zum finalen Showdown im Ernst & Young Building in Downtown Los Angeles zusammen. Es war der Auftakt für intensive und harte Verhandlungen, die immer wieder knapp vor dem Scheitern standen.[465] Am Sonntagnachmittag setzte sich ein Intermix-Banker mit Viacom-Verantwortlichen in Verbindung, um dem Konzern zu ermöglichen, bis Ende des Tages ein Gegenangebot zu legen. Viacom wollte sich aber nicht unter Druck setzen lassen und so hielt man am Plan fest, erst nach der Aufsichtsratssitzung am Mittwoch nächster Woche ein Angebot zu legen.[466]

Damit hatte sich Viacom aus dem Spiel genommen und frühmorgens am Montag, dem 18. Juli 2005, wurde der Kaufvertrag zwischen der News Corp. und Intermix Media, die zuvor die Kaufoption für MySpace gezogen hatte, unterschrieben. Um die MySpace-Gründer, die nicht an den Verhandlungen teilnahmen, zufriedenzustellen, sicherte ihnen die News Corp. freie Hand bei der Unternehmensleitung

[463] Angwin, Julia. 2009. *Stealing MySpace: The Battle to Control the Most Popular Website in America.* Kindle-Ausgabe. New York: Random House, Pos. 2709–2718.

[464] Angwin, Julia. 2009. *Stealing MySpace: The Battle to Control the Most Popular Website in America.* Kindle-Ausgabe. New York: Random House, Pos. 2792.

[465] Julia Angwin beschreibt auf Basis von zahlreichen Interviews mit Involvierten den Verhandlungsmarathon, der von Freitagnachmittag bis Montag frühmorgens andauerte. Angwin, Julia. 2009. *Stealing MySpace: The Battle to Control the Most Popular Website in America.* Kindle-Ausgabe. New York: Random House, Pos. 2804–2889.

[466] Angwin, Julia. 2009. *Stealing MySpace: The Battle to Control the Most Popular Website in America.* Kindle-Ausgabe. New York: Random House, Pos. 2846–2857.

zu und versüßte die Übernahme mit US$ 75 Mio., die über zwei Jahre ausbezahlt werden sollten. Weiters wurden US$ 69 Mio. für den Kauf der MySpace-Aktien zugesagt und Intermix-CEO Rosenblatt durfte sich über die Auszahlung von Aktienoptionen in der Höhe von US$ 23 Mio. freuen. Insgesamt hatte die News Corp. US$ 747 Mio. für die Übernahme von Intermix-MySpace ausgegeben.[467]

Als die Viacom-Executives am Montagmorgen aus den Medien von der Intermix-Übernahme durch die News Corp. erfuhren, trauten sie ihren Ohren nicht. Sie fühlten sich hintergangen und als ihr Boss, Tom Freston, in seinem Urlaub auf Hawaii davon erfuhr, wies der seine Mitarbeiter an, ein Gegenangebot über US$ 810 Mio. zu legen.[468] Aber es war zu spät, der Intermix-Kauf war nicht mehr rückgängig zu machen und MySpace wurde Teil der Fox Interactive Media-Gruppe.

So triumphierte Rupert Murdoch über seinen Langzeitrivalen Sumner Redstone, der als President of the Board die Geschicke von Viacom seit Jahren lenkte. Als die News Corp. dann auch noch IGN Enterprise, ein Anbieter von Online-Games, um US$ 650 Mio. Viacom, das seit Monaten mit dem IGN-Management wegen einer Übernahme verhandelte, in letzter Sekunde wegschnappte, war das Maß für Redstone voll und er feuerte den Gründer und CEO von MTV, dem der Urlaub in Hawaii wohl noch länger in Erinnerung geblieben sein wird.[469]

3.4.3 MySpace und die Revolution der Musik-Promotion

MySpace surfte nun auf der Erfolgswelle. Die NutzerInnen-Zahlen wuchsen exponentiell an. Im Juni 2006 wurden 66,4 Mio. aktive NutzerInnen auf der Seite gezählt, die insgesamt 90 Mio. Profile erstellt haben. Anfang August 2006 wurde die Schwelle von 100 Mio. Mitgliederseiten auf MySpace überschritten.[470] 2006 war auch das Jahr, in dem die ersten MySpace-Stars ihren Durchbruch schafften. Im April 2006 war im Onlinemagazine Slate eine ausführliche Story über das Model und Amateur-Sängerin Tila Tequila zu lesen, die durch ihren Internetauftritt 31,5 Mio. Views auf ihrer Seite verzeichnen konnte und deren selbst auf-

---

[467] Angwin, Julia. 2009. *Stealing MySpace: The Battle to Control the Most Popular Website in America.* Kindle-Ausgabe. New York: Random House, Pos. 2889–2899.

[468] Angwin, Julia. 2009. *Stealing MySpace: The Battle to Control the Most Popular Website in America.* Kindle-Ausgabe. New York: Random House, Pos. 2899.

[469] Angwin, Julia. 2009. *Stealing MySpace: The Battle to Control the Most Popular Website in America.* Kindle-Ausgabe. New York: Random House, Pos. 3757.

[470] Sweney, Mark. 2006. MySpace signs 100 millionth member. The Guardian, 9. August. https://www.theguardian.com/media/2006/aug/09/digitalmedia.web20. Zugriff 29. Mai 2026.

genommenen Songs massenhaft über MySpace geteilt wurden.[471] Die vietnamesisch-stämmige Künstlerin, die eigentlich Thien Thanh Thi Nguyen heißt, hatte mit ihren freizügigen Posts auf MySpace mehr als 1,7 Mio. FollowerInnen gesammelt, die Ende Februar 2007 ihre Debut-Single „I Love You", die vom Rapper Lil Jon produziert und ohne Labelvertrag auf Apple-iTunes veröffentlich worden war, auf MySpace gestellt. Das berichtete nicht nur das Branchenmedium Billboard,[472] sondern es war sogar der New York Times[473] eine Meldung wert. Zwar war der musikalische Erfolg von Tila Tequila mit lediglich zwei EPs sehr überschaubar und sie machte in weiterer Folge nur mehr mit Negativschlagzeilen auf sich aufmerksam,[474] aber dennoch war die Sängerin ein erstes Beispiel dafür, welches Promotionspotential MySpace für Musikschaffende hatte.

2006 schaffte auch der Make-up-Künstler und Musiker, Jeffree Star, seinen Durchbruch mithilfe von MySpace. Der als Drag Queen auf MySpace bekannt gewordene Jeffrey Lynn Steininger Jr. begann 2006 seine ersten selbst produzierten Songs auf seinem MySpace-Profil zu posten und erhielt rasch sehr viel Traffic. Bald schon waren es 500.000 FollowerInnen, die jeden Post mit rund 50.000 Kommentaren versahen.[475] Damit avancierte er zum MySpace-Star und veröffentlichte 2009 das Studioalbum „Beauty Killer", auf dem in einem Song die noch unbekannte Nicki Minaj gefeatured wurde.[476] Aber auch die Musikkarriere von Jeffree

[471] Weiner, Jonah. 2006. Tila Tequila for President. Slate, 11. April. https://slate.com/culture/2006/04/tila-tequila-the-first-star-of-myspace.html. Zugriff 29. Mai 2026.

[472] Billboard. 2007. MySpace Sensation Tila Tequila Releases Single. 28. Februar. https://www.billboard.com/music/music-news/myspace-sensation-tila-tequila-releases-single-1326409/. Zugriff 29. Mai 2026.

[473] Aspan, Maria. 2007. The Toast of MySpace Tries the Music Business. The New York Times, 26. Februar. https://www.nytimes.com/2007/02/26/technology/26tequila.html. Zugriff 29. Mai 2026.

[474] Tila Tequila trat in zahlreichen Reality-Shows auf, spielte auch die Hauptrolle in zwei Pornofilmen und sorgte mit ihrer unverhohlenen Bewunderung für Adolf Hitler und rassistischen sowie antisemitischen Äußerungen immer wieder für mediale Skandale. Siehe dazu Wikipedia. 2026. Tila Tequila. 10. Mai. https://en.wikipedia.org/wiki/Tila_Tequila. Zugriff 29. Mai 2026.

[475] Immediato, Linda. 2007. Jeffree Star. The fairest one of all. Los Angeles Weekly, 9. Mai. https://archive.ph/20130411061241/http:/www.laweekly.com/2007-05-10/la-life/jeffree-star/full/#selection-1289.6-1291.0. Zugriff 29. Mai 2026.

[476] Wikipedia. 2026. Beauty Killer. 1. Mai. https://en.wikipedia.org/wiki/Beauty_Killer. Zugriff 29. Mai 2026

Star war nicht nachhaltig. 2013 stieg er aus dem Musikbusiness aus und vermarktete über YouTube sehr erfolgreich seine Kosmetiklinie.[477]

Letztendlich waren es die Arctic Monkeys, die die Regeln der Musik-Promotion mithilfe von Social Media neu schrieben. Die Alternative Rockband aus Sheffield, die 2002 von Alex Turner, Matt Helders, Jamie Cook und Andy Nicholson gegründet worden war, hatte sich mit Demo-Aufnahmen, die sie auf ihren Konzerten in Clubs und Bars an die ZuhörerInnen verschenkten, eine treue Fanbase aufgebaut, die sich über MySpace organisierte, um sich über die Band auszutauschen und Tracks der Demos hochlud.[478] Die Band erkannte sogleich das Potenzial von MySpace und vernetzte sich über ihr eigenes Profil mit den Fans. Es war erstmals möglich, ohne den Filter eines Labels mit den Fans Kontakt aufzunehmen. Für die Arctic Monkeys war ein Label-Deal insgesamt nicht mehr erstrebenswert. Sie organisierten ihre Gigs, die sie durch ganz Nordengland und Schottland führten, selbst und sie verschenkten die CDs nicht nur im Rahmen ihrer Konzerte, sondern hinterließen sie auch in öffentlichen Verkehrsmitteln und verteilten sie an zufällige PassantInnen. Damit wurde die Fangemeinde auf MySpace immer größer, sodass die Band im Mai 2005 ihre erste EP „Five Minutes With Arctic Monkeys", die sie mit dem eigenen Label Bang Bang Recordings produziert hatte, veröffentlichen konnte. Zwar wurden nur 500 Stück CDs und 1.000 Stück Schallplatten gepresst, die sie selbst über die Post versendeten, aber die Musik war auch über den iTunes-Music-Store von Apple erhältlich, der wiederum mit der MySpace-Seite der Band verknüpft war.[479]

Die Internetpräsenz erregte auch die Aufmerksamkeit der traditionellen Medien, die nun über die Arctic Monkeys berichteten und zu einem BesucherInnen-Ansturm bei den Auftritten der Band bei den Musikfestivals in Reading und Leeds im Mai 2005 führte. Um den mühsamen physischen Vertrieb der CDs und Schallplatten auszulagern, ging die Band im Juni 2005 einen Deal mit dem kleinen Indie-

---

[477] Bluestone, Gabriele. 2017. Meet the Real Jeffree Star: ‚I'm in a Different Place. I'm Growing Up.'. Cosmopolitan, 7. September. https://www.cosmopolitan.com/entertainment/celebs/a44535376/james-charles-interview-2023/. Zugriff 29. Mai 2026.

[478] Die Frühgeschichte der Arctic Monkeys und die Rolle, die MySpace dabei gespielt hatte, wurde im kanadischen Exclaim! Magazine dargestellt: Muir, Ava. 2018. Arctic Monkeys' Career So Far: From Rubble to the Ritz. Exclaim! Magazine, 21. Juni. https://exclaim.ca/music/article/arctic_monkeys_career_retrospective_from_rubble_to_the_ritz. Zugriff 29. Mai 2026.

[479] Muir, Ava. 2018. Arctic Monkeys' Career So Far: From Rubble to the Ritz. Exclaim! Magazine, June 21. https://exclaim.ca/music/article/arctic_monkeys_career_retrospective_from_rubble_to_the_ritz. Zugriff 29. Mai 2026.

Label Domino Records ein, dessen Gründer Laurence Bell ein Jahr zuvor die Alternative Rockband Franz Ferdinand unter Vertrag genommen hatte und der sein Label von seiner Wohnung in London aus betrieb. Am 17. Oktober 2005 veröffentlichten die Arctic Monkeys mit „I Bet You Look Good on the Dancefloor“ die erste Single bei Domino Records, die im Vereinigten Königreich sogleich auf Platz 1 der Charts stürmte. Auch die zweite Single „When the Sun Goes Down“ toppte die UK-Charts und es war an der Zeit, ein Album herauszubringen, das unter dem Titel „Whatever People Say I Am, That's What I'm Not“ Platz 1 der UK-Album-Charts erreichte und zum bestverkauften Debütalbum der Geschichte im Vereinigten Königreich wurde.[480] Das war der Beginn einer Weltkarriere, die nicht mehr auf die Vermarktungsstrukturen der Musik-Majors angewiesen war. Damit hatten die Arctic Monkeys bewiesen, dass es möglich war, mit einem DIY-Ansatz, der vor allem auf einem starken Internetauftritt beruhte, auch kommerziell erfolgreich zu sein. In einem Interview widersprachen die Bandmitglieder zwar der weitverbreiteten Meinung, dass sie ihren Durchbruch MySpace zu verdanken hätten,[481] aber ohne MySpace wäre dieser Erfolg wohl nicht möglich gewesen.

Schon eher lässt sich das von der aus London stammenden Singer/Songwriterin Lily Allen behauptet, deren Karriere ohne MySpace nicht denkbar gewesen wäre. Lily Allen hatte die besten Voraussetzungen, um im Musikbusiness Karriere zu machen. Ihre Mutter war eine erfolgreiche Filmproduzentin und der Vater, Keith Allen, ein bekannter Schauspieler, Comedian und Musiker, der gut in der britischen Musikszene vernetzt war. Bereits mit 15 Jahren schrieb sie ihre eigenen Songs, manche auch gemeinsam mit ihrem Vater, der ihr 2002 einen Plattenvertrag bei London Records, einem Sublabel der britischen Decca, vermittelte. Allerdings zerschlugen sich die Pläne zur Produktion eines Albums und Allen arbeitete eine Zeitlang als Floristin, um sich finanziell über Wasser zu halten.[482]

Dann wurde sie von einer befreundeten Musikerin auf MySpace aufmerksam gemacht, wie sie im November 2006 in einem ausführlichen Interview mit der Musikzeitschrift Pitchfork erzählte.[483] Sie legte ein persönliches Profil an und be-

---

[480] Brandle, Lars. 2006. Fever rises for Arctic Monkeys. M&C Music, 30. Januar. https://web.archive.org/web/20061114040456/http:/music.monstersandcritics.com/features/article_1092341.php. Zugriff 29. Mai 2026.

[481] Park, Dave. 2007. Arctic Monkeys aren't fooling around (Part I). Prefix Magazine, 21. Dezember. https://web.archive.org/web/20071221180601/http:/www.prefixmag.com/features/arctic-monkeys/arent-fooling-around-part-1-of-2/12565/. Zugriff 29. Mai 2026.

[482] Salmon, Chris. 2006. Me, my dad and Dumbo. The Guardian, 22. September. https://www.theguardian.com/arts/filmandmusic/story/0,,1877506,00.html. Zugriff 29. Mai 2026.

[483] Plagenoef, Scott. 2006. Lily Allen. Pitchfork, 6. November. https://web.archive.org/web/20121023165259/http:/pitchfork.com/features/interviews/6476-lily-allen/. Zugriff 29. Mai 2026.

gann ab November 2005 regelmäßig Demo-Aufnahmen und Mixtapes auf ihrer Seite zu posten. Kurz davor hatte sie mit dem kleinen zur EMI gehörigen Label Regal Records einen Artist Development Deal über GBP 25.000 angeschlossen, der zu einem Debütalbum führen sollte.[484] Schmunzelnd erzählt Allen im Interview, dass die Label-Verantwortlichen keine Ahnung von MySpace hatten und diese erst auf die Social-Media-Plattform aufmerksam wurden, als sie dort schon längst ihr Profil angelegt hatte. Sie war selbst von ihrem Erfolg auf MySpace überrascht. Binnen kürzester Zeit hatte sie mehrere zehntausende FollowerInnen, die ihre erste Single „LDN" (kurz für London), von der 500 Stück Vinyl-Platten gepresst wurden, direkt über MySpace bestellten, die Allen dann per Post verschicken musste.[485]

Im März 2006 veröffentlichte der Guardian in seiner einflussreichen Rubrik „The Observer Music Monthly" (OMM) ein ausführliches Porträt der Künstlerin, in der sie als Poster-Girl der MySpace-Generation bezeichnet wurde.[486] Dadurch wurde Allen auch außerhalb ihrer MySpace Community bekannt und erhöhte den Druck auf ihr Label, bald ihr Debütalbum zu veröffentlichen. Der unerwartete Erfolg auf MySpace überzeugte nun das Label Lily Allen mehr Kontrolle über die Produktion zu gewähren, die sie dazu nutzte, um eigene Songs zu schreiben und sich mit den beiden US-Produzenten Greg Kurstin und Mark Ronson zusammenzutun, um innerhalb von nur zwei Wochen das Album „Alright, Still" fertigzustellen, das am 17. Juli 2006 veröffentlicht wurde.[487] Das Album stieg sogleich auf Position 2 in den UK-Albumcharts ein und erreichte bereits kurz danach mit mehr als 100.000 verkaufte Einheiten den Gold-Status.[488]

Damit war der Durchbruch geschafft und Lily Allen erregte nun auch die Aufmerksamkeit in den USA, wo die New York Times ihr Anfang August 2006 einen

[484] Plagenoef, Scott. 2006. Lily Allen. Pitchfork, 6. November. https://web.archive.org/web/20121023165259/http:/pitchfork.com/features/interviews/6476-lily-allen/. Zugriff 29. Mai 2026.

[485] Plagenoef, Scott. 2006. Lily Allen. Pitchfork, 6. November. https://web.archive.org/web/20121023165259/http:/pitchfork.com/features/interviews/6476-lily-allen/. Zugriff 29. Mai 2026.

[486] Sawyer, Miranda. 2006. Pictures of lily. The Guardian, 21. Mai. https://www.theguardian.com/music/2006/may/21/popandrock.lilyallen. Zugriff 29. Mai 2026.

[487] Sawyer, Miranda. 2006. Pictures of lily. The Guardian, 21. Mai. https://www.theguardian.com/music/2006/may/21/popandrock.lilyallen. Zugriff 29. Mai 2026.

[488] Letztendlich sollte „Alright, Still" 4-fach Platin im UK erreichen und 2,5 Mio. Einheiten weltweit absetzen. Siehe: Wikipedia. 2026. Alright, Still. 6. Mai. https://en.wikipedia.org/wiki/Alright,_Still. Zugriff 29. Mai 2026.

ausführlichen Artikel widmete.[489] Darin wurde auch auf die wichtige Rolle der 57.000 MySpace-FollowerInnen verwiesen, die ihren Durchbruch ermöglichten. In diesem Interview verwies Lily Allen aber auch auf die viele Zeit, die für die Kontaktpflege mit den Fans investiert werden muss: „My page is in a really bad state at the moment. There are 15,000 people waiting to be approved as friends. It's just too much." Dieses Zitat belegt, dass die Labels zu diesem Zeitpunkt weder über das Know-How noch über die personellen Kapazitäten verfügten, um ihre KünstlerInnen bei der Social-Media-Arbeit zu unterstützen. Es dauerte noch einige Zeit, bis die Label-Verantwortlichen begriffen, wie wichtig die Social-Media-Promotion war.

Die Arctic Monkeys und Lily Allen waren nur zwei Beispiele von KünstlerInnen, die MySpace als Karrieresprungbrett nutzten. Im Gegensatz zu Facebook, dass allen NutzerInnen das gleiche Design für ihr persönliches Profil anbot, konnte die eigene MySpace-Seite individuell gestaltet werden, was vor allem für KünstlerInnen von großem Nutzen war. So konnten sie ihr Image besser transportieren und ihre kreativen Ideen leichter umsetzten. Deshalb wurde MySpace rasch zur perfekten Promotionsplattform für Musikschaffende. Eine wissenschaftliche Studie aus dem Jahr 2008 belegt, dass Musikinhalte auf den MySpace-Profilen eine wichtige Rolle spielten. Knapp 20 % der NutzerInnen gaben an, sich auf MySpace mit FreundInnen über Musik auszutauschen, wobei 24 % der männlichen Befragten und 16 % der weiblichen über Musik kommunizierten.[490]

Diese Musikaffinität von MySpace versuchten auch die Superstars für sich zu nutzen und so gab es keine KünstlerIn von Rang und Namen, die in jener Zeit nicht ihr eigenes MySpace-Profil einrichteten. Der Ex-Beatles, Paul McCartney, ging sogar noch einen Schritt weiter und veröffentliche am 25. November 2008 sein Album „Electric Arguments" auf MySpace. Zwei Tage zuvor hatte Geffen Records das lang erwartete Album der Metalband Guns N' Roses „Chinese Democracy" auf MySpace herausgebracht.[491]

---

[489] Michel, Sia. 2006. Lily Allen, Britain's New Pop Star, Has Cheek, and Bite, to Spare. The New York Times, 5. August. https://www.nytimes.com/2006/08/05/arts/music/05alle.html. Zugriff 29. Mai 2026.

[490] Jones, Steve, Sarah Millermaier, Mariana Goya-Martinez und Jessica Schuler. 2008. Whose space is MySpace? A content analysis of MySpace profiles. *First Monday* 13(9), September 1, 2008. https://firstmonday.org/ojs/index.php/fm/article/download/2202/2024.

[491] ABC News. 2008. McCartney, Guns N Roses albums to launch on MySpace. 20. November. https://www.abc.net.au/news/2008-11-20/mccartney-guns-n-roses-albums-to-launch-on-myspace/212544. Zugriff 29. Mai 2026.

Praktischerweise konnten beide Alben sogleich auf MySpace Music angehört werden, das im September 2008 gelauncht worden war. MySpace Music war das logische Konsequenz der Tatsache, dass zum Zeitpunkt des Launches mehr als 5 Mio. MusikerInnen ein Profil auf MySpace angelegt hatten und auf zwei Drittel aller Seiten Musikinhalte zu finden waren, die monatlich 6 Mrd. Mal wiedergegeben wurden.[492] Darüber waren die großen Rechteinhaber, vor allem die Musik-Majors, wenig erfreut und übten Druck auf MySpace bzw. die Konzernmutter News Corp. aus, millionenschwere Lizenzdeals abzuschließen. Die Universal Group ging sogar so weit, gegen MySpace im November 2006 eine Klage wegen Urheberrechtsverletzung einzubringen, weil Songs und Musikvideos aus ihrem Katalog durch die NutzerInnen verfügbar gemacht worden waren.[493] Um die Klage abzuwenden, musste MySpace das wildwuchernde Musikangebot auf eine legale Basis stellen. Universal andererseits musste hoffen, dass MySpace nicht unter die Safe Habor-Bestimmung des Digital Copyright Millennium Act fallen würde, sonst wäre die Klage hinfällig geworden.

Beide Seiten standen daher unter Druck, zu einem Ergebnis zu kommen, denn auch die Musik-Majors wollten der Marktmacht von Apples iTunes Music Store etwas entgegensetzen. Nach langen und harten Verhandlungen kam man letztendlich zu einem Ergebnis, das für beide Seiten akzeptabel war. Die damals noch vier Musik-Majors – Universal, Sony-BMG, Warner und EMI – sowie der digitale Musikvertrieb The Orchard und einige kleinere US-Labels wie Fontana und Caroline stellten ihre Musikkataloge zum kostenlosen Streaming zur Verfügung.[494] Die NutzerInnen konnten dafür bis zu 100 Songs in eine Playlist ziehen. Der Haken war aber, dass die Musik nur über PC und nicht über die damals schon verfügbaren Smartphones abgespielt werden konnte. Es war aber möglich, dass Musik als MP3 in die MySpace-Profile eingebettet wurde und über Amazons Downloadservice heruntergeladen werden konnte. Eine ähnliche Kooperation war MySpace mit Jamster eingegangen, um Ringtones gratis herunterladen zu können.[495]

---

[492] Gallo, Phil. 2008. MySpace Music sets launch date. Variety, 24. September. https://variety.com/2008/digital/news/myspace-music-sets-launch-date-1117992827/. Zugriff 29. Mai 2026.

[493] Leeds, Jeff. 2006. Universal Music Sues MySpace for Copyright Infringement. The New York Times, 18. November. https://www.nytimes.com/2006/11/18/technology/18myspace.html. Zugriff 29. Mai 2026.

[494] Sandoval, Greg. 2008. MySpace Music makes its debut. CNET, 25. September. https://www.cnet.com/tech/services-and-software/myspace-music-makes-its-debut/. Zugriff 29. Mai 2026.

[495] Sandoval, Greg. 2008. MySpace Music makes its debut. CNET, 25. September. https://www.cnet.com/tech/services-and-software/myspace-music-makes-its-debut/. Zugriff 29. Mai 2026.

Finanziert wurde das Gratisangebot durch Werbepartner wie McDonalds, Sony Pictures, State Farm und Toyota, die auf allen MySpace Music-Playlists Werbung platzieren konnten. Weiteres Kapital in der Höhe von US$ 100 Mio. konnte durch eine Kooperation mit einer Private Equity Firma aufgestellt werden und schließlich kauften sich auch die Majors bei MySpace Music, das als selbständiges Unternehmen gegründet worden war, mit Unternehmensanteilen ein.[496] Wie die Deals ausgestaltet waren, lässt sich aufgrund der Geheimhaltungspolitik der Vertragspartner nicht eruieren, aber es kann vermutet werden, dass sie ähnlich gelagert waren, wie das Vorschussmodell, das die Majors kurz danach mit Spotify ausgehandelten. Alternative wäre es noch möglich, dass MySpace ähnlich wie Rhapsody, LastFM oder iMeem pro gestreamten Song zwischen US$ 0,005 bis 0,01 an die Labels bezahlen musste. Wie auch immer, MySpace war mit seinem Musikdienst vom Wohlwollen der großen Rechteinhaber abhängig und die Lizenzzahlungen machten sicherlich einen Großteil der operativen Kosten aus.

Das stellte für MySpace Music aber kein Problem dar, weil es mit MySpace und vor allem mit der News Corp. finanzstarke Partner im Rücken hatte. MySpace hatte also die besten Voraussetzungen, der Weltmarktführer für soziale Netzwerke zu sein. Im Juni 2006 wurde MySpace im Vereinigten Königreich aktiv, im August in Australien und im September folgten Deutschland und Frankreich. Besonders aufwendig war der Launch in Japan, der im November 2006 erfolgte, weil erstmals eine andere als die lateinische Schrift zum Einsatz kommen musste, von den kulturellen Unterschieden zu den USA ganz zu schweigen. Aber auch 2007 wurde der Expansionskurs fortgesetzt. Allein im Januar wurde MySpace in Spanien, Kanada, Mexiko, Neuseeland und in Italien verfügbar.[497]

Schließlich stieg MySpace auch in den schwierigen chinesischen Markt ein. Direkte Investments waren dort für ausländische Firmen zu diesem Zeitpunkt nicht möglich und so musste man sich mit JointVentures zufriedengeben. Da Rupert Murdochs Frau, Wendi, chinesischer Abstammung war und einen MBA an der Yale University erworben hatte, führte sie die Verhandlungen mit den kommunistischen Behörden im Land der Mitte. Das Ergebnis war das Joint Venture MySpace China, an dem die News Corp. mit 51,2 % beteiligt war, mit der chinesischen Data Group und einer Investmentfirma eines chinesischen Eigentürmers. Allerdings durfte die

[496] Arrington, Michael. 2008. MySpace Music Already Has Revenue Locked, May Raise Outside Capital At $2 Billion Valuation. TechCrunch, 14. September. https://techcrunch.com/2008/09/14/myspace-music-already-has-revenue-locked-may-raise-outside-capital-at-2-billion-valuation/. Zugriff 29. Mai 2026.

[497] Angwin, Julia. 2009. *Stealing MySpace: The Battle to Control the Most Popular Website in America*. Kindle-Ausgabe. New York: Random House, Pos. 4060–4070.

News Corp. nur die Technologie zur Verfügung stellen, hatte aber keinen Einfluss auf die inhaltliche Ausgestaltung des Social-Media-Angebots.[498]

Die internationale Expansion ließ die NutzerInnen-Zahlen in die Höhe schnellen, aber auch am heimischen US-Markt konnte die Zahl der monatlichen Unique UserInnen im Februar 2007 auf 64 Mio. erhöht werden,[499] was die Attraktivität von MySpace bei den Werbekunden massiv erhöhte. 2008 war MySpace am Gipfel seines Erfolgs. Es war das weltweit größte soziale Netzwerk, das mit MySpace Music einen attraktiven Musikstreamingdienst anbot. 2009 sollte MySpace Music ebenfalls wie seine Muttergesellschaft international expandieren. Im Dezember 2009 wurde MySpace Music im Vereinigten Königreich verfügbar, nachdem, neben den Majors, auch die Indie-Musiklizenzverband MERLIN einen Deal mit dem Musikstreamingdienst abgeschlossen hatte.[500] Kurz davor hatte MySpace den Musikstreamingdienst iMeem um nicht ganz US$ 1 Millionen aufgekauft[501] und sich somit eines wichtigen Konkurrenten entledigt.

iMeem war 2003 von früheren Mitarbeitern der gescheiterten P2P-Musiktauschbörse Napster gegründet worden, um Napster als P2P Social-Media-Seite neu erstehen zu lassen. Es beinhaltete Funktionen für Online-Chats, Blogging, Instant Messaging und eine File-Sharing-Anwendung für Musik, wie beim Launch der Seite im August 2005 verkündet wurde.[502] Es war somit eine Mischung aus sozialem Netzwerk und Streamingplattform.

Das rief sogleich die Musik-Majors auf den Plan, die hinter iMeem einen weiteren Versuch witterten, urheberrechtlich geschützte Inhalte gratis an die NutzerInnen abzugeben. Um dem Schicksal von Napster zu entgehen, das viele iMeem-MitarbeiterInnen hautnah miterleben mussten, zeigte sich das Unternehmen ko-

[498] Angwin, Julia. 2009. *Stealing MySpace: The Battle to Control the Most Popular Website in America.* Kindle-Ausgabe. New York: Random House, Pos. 4098.

[499] Angwin, Julia. 2009. *Stealing MySpace: The Battle to Control the Most Popular Website in America.* Kindle-Ausgabe. New York: Random House, Pos. 4170.

[500] Smirke, Richard. 2009. MySpace Music Launches In The U.K. Billboard, 2. Dezember. https://www.billboard.com/music/music-news/myspace-music-launches-in-the-uk-1262315/. Zugriff 29. Mai 2026.

[501] Bruno, Antony. 2009. Done Deal: MySpace Music Acquires Imeem. Billboard, 8. Dezember. https://www.billboard.com/music/music-news/done-deal-myspace-music-acquires-imeem-1262056/. Zugriff 29. Mai 2026.

[502] iMeem. 2005. imeem Introduces Fun, Secure Way to Share Personal Content with Friends and Colleagues Online. Pressemitteilung, 15. August. https://web.archive.org/web/20091003020238/http:/blog.imeem.com/press-room/press-releases/imeem-2005/imeem introduces fun secure way to share personal content with friends-and-colleagues-online/. Zugriff 29. Mai 2026.

operationsbereit. Im März 2007 ging iMeem eine Kooperation mit dem Content Management Start-up SNOCAP ein, das ausgerechnet vom Napster-Erfinder, Shawn Fanning, gegründet worden war. Fanning hatte die Erfahrungen aus seiner Napster-Zeit genutzt, um eine Fingerprinting-Software zu entwickeln, mit der urheberrechtlich geschützte Medieninhalte schnell erkannt und blockiert werden konnte. iMeem sollte damit in die Lage versetzt werden, vorab Content, den die NutzerInnen auf ihre Profile hochluden, auf Urheberrechtsverstöße zu kontrollieren. Auf dem iMeem-Blog wurde die Kooperation als Schutzmaßnahme für KünstlerInnen, Labels und andere Rechtinhaber angepriesen, die damit auch einen Anteil an den Werbeeinnahmen erhalten sollten, wenn sie zustimmten, das Material online zu lassen.[503] Es war eine Art ContentID, die YouTube im gleichen Jahr eingeführt hatte.

Trotzdem wurde iMeem im Mai 2007 von der Warner Music Group wegen Urheberrechtsverletzungen verklagt und es drohten dem Unternehmen Strafen von US$ 150.000 pro Verletzungshandlung.[504] Die Warner Music Group entschied sich, ähnlich wie die Universal im Fall von MySpace für die Kooperation, nicht zuletzt, weil Apple mit iTunes begann, den Musikdownload-Markt zu dominieren. Im August 2007 ließ Warner die Klage gegen iMeem fallen und beteiligte sich sogar am sozialen Musiknetzwerk und wurde neben Sequoia Capital, das zuvor schon YouTube finanziert hatte, zum wichtigsten Investor.[505]

iMeem gelang es aber in der Folge nicht, profitabel zu wirtschaften. Im Oktober 2008 musste das Unternehmen 25 % seiner Belegschaft abbauen, um die explodierenden Kosten einzudämmen. iMeem verbrannte aber weiterhin sehr viel Geld, sodass sich die Investoren zu entschieden, einen Käufer zu finden. Die Warner Music Group hatte ohnehin schon sein Investment in iMeem von US$ 16 Mio.

---

[503] iMeem. 2007. Social Network imeem Partners With SNOCAP To Provide Innovative Content Promotion And Ad-Supported Revenue Model, Giving Artists, Labels And Fans Protection And Accessibility. Pressemitteilung, 8. März. https://web.archive.org/web/20091224221441/http:/blog.imeem.com/press-room/press-releases/imeem-2007/social-network-imeem-partners-with-snocap-to-provide-innovative-content-promotion-and-ad-supported-revenue-model-giving-artists-labels-and-fans-protection-and-accessibility/. Zugriff 29. Mai 2026.

[504] The Hollywood Reporter. 2007. Warner Music sues Imeem for piracy. 17. Mai. https://www.hollywoodreporter.com/business/business-news/warner-music-sues-imeem-piracy-136470/. Zugriff 29. Mai 2026.

[505] Reuters. 2007. Warner Music drops Imeem suit, forms partnership. 9. August. https://www.reuters.com/article/technology/warner-music-drops-imeem-suit-forms-partnership-idUSN12267299/. Zugriff 29. Mai 2026.

abgeschrieben und hoffte nur noch darauf, das Fehlinvestment loszuwerden.[506] Dadurch konnte MySpace iMeem zu Schnäppchenpreis erwerben und hatte gar nicht die Absicht die Geschäfte des Konkurrenten weiterzuführen.

MySpace hatte damit nicht nur einen lästigen Konkurrenten ausgeschalten, sondern auch Zugriff auf die Content-Management-Technologie von iMeem bekommen. Trotz aller Erfolge musste MySpace 2009 eine Abwanderungsbewegung der NutzerInnen zum aufstrebenden Facebook beobachten. MySpace hatte eigentlich alles, was Facebook nicht hatte. Es konnte Medieninhalte über MySpace Music anbieten, es verfügte über eine Content-Management-Technologie und war nicht nur soziales Netzwerk, sondern betrieb auch einen Musikstreamingdienst. Und trotzdem geriet MySpace gegenüber Facebook ins Hintertreffen. Die Gründe dafür sind komplex und lassen sich nicht auf eine Ursache reduzieren und werden nun im nächsten Abschnitt genauer untersucht.

3.4.4 Der tiefe Fall von MySpace ist Facebooks Aufstieg

MySpace war das Kronjuwel der Intermix Media-Akquisition und anfänglich das Liebkind von Rupert Murdoch, der den Unternehmenssitz in Santa Monica sogar persönlich besuchte.[507] Er hatte auch allen Grund MySpace zu hofieren, da die Social-Media-Plattform mit 24 Mio. BesucherInnen im Oktober 2005 einen neuen Rekordwert erzielte und damit sogar eBay und Google in den Schatten stellte.[508] MySpace war DAS soziale Netzwerk und hatte nun mit der News Corp. einen mächtigen und finanzstarken Partner im Rücken. Die Marktmachte wollte MySpace auch nutzen, um sich lästige Konkurrenten vom Hals zu halten. Deshalb hatte Ross Levinsohn, CEO der neuen Fox Interactive Media, zu der nun auch MySpace gehörte, im Oktober 2005 ein Treffen zwischen Chris DeWolfe und dem

[506] Sandoval, Greg. 2009. Imeem, Lala investments not paying for Warner. CNET, 7. May. https://www.cnet.com/tech/services-and-software/imeem-lala-investments-not-paying-for-warner/. Zugriff 29. Mai 2026

[507] Angwin, Julia. 2009. *Stealing MySpace: The Battle to Control the Most Popular Website in America*. Kindle-Ausgabe. New York: Random House, Pos. 3133.

[508] Angwin, Julia. 2009. *Stealing MySpace: The Battle to Control the Most Popular Website in America*. Kindle-Ausgabe. New York: Random House, Pos. 3054.

21-jährigen Gründer des sozialen Netzwerks The Facebook,[509] Mark Zuckerberg, in einem Hotel in Los Angeles arrangiert. The Facebook war mit seinen 10 Mio. monatlichen BesucherInnen um die Hälfte kleiner als MySpace, wuchs aber rasant. Erst vor kurzem hatte sich Facebook, das ursprünglich nur in Universitätsnetzwerken verfügbar war, für High School-SchülerInnen geöffnet, was einen neuen Wachstumsschub auslöste. Das Treffen zwischen Zuckerberg und DeWolfe sollte aber kein Kaffeeplausch zwischen Gleichgesinnten sein, sondern diente dazu auszuloten, ob Facebook zum Verkauf stünde und wie hoch der Kaufpreis sein würde. In den Medien machten bereits Gerüchte die Runde, dass Yahoo! Interesse an Facebook hätte und so konnte Zuckerberg selbstbewusst einen Kaufpreis von US$ 750 Mio. in den Raum stellen.[510] Das war auch für die News Corp., die allein für die Intermix- und IGN-Übernahmen US$ 1,23 Mrd. ausgegeben hatte, ein zu hoher Preis. Und so zerschlugen sich die Übernahmepläne von Facebook durch MySpace.

Es war aber nicht das erste Mal, dass der MySpace-CEO ein Verkaufsangebot von Zuckerberg abgelehnt hatte. Einige Monate zuvor, im Februar 2005, also noch vor der Übernahme durch die News Corp., hatte sich DeWolfe mit dem Facebook-Gründer getroffen, der ihm sein Unternehmen um den scheinbaren Schnäppchenpreis von US$ 75 Mio. verkaufen wollte. DeWolfe lehnte aber schon damals ab. Was heute als schwere Fehlentscheidung erscheint, war damals durchaus nachvollziehbar. MySpace war im Februar 2005 vier Mal größer als Facebook und wurde mit US$ 46 Mio. bewertet. Warum sollte MySpace für ein Start-up das mehr als Eineinhalbfache des eigenen Unternehmenswerts bezahlen?[511] So verpasste MySpace zwei Mal die Gelegenheit einen gefährlichen Konkurrenten durch eine Übernahme loszuwerden, was, wie wir nachträglich wissen, ein schwerer Fehler war und zum späteren Untergang von MySpace beitrug.

Facebook verstand sich zudem als Technologieunternehmen, wohingegen MySpace Teil eines internationalen Medienkonglomerates war und die Online-Sparte des News Corp. anführte. Deshalb strebte MySpace auch nicht nach der Techno-

[509] Mark Zuckerberg musste ursprünglich als Internetdomain-Namen für sein soziales Netzwerk thefacebook.com wählen, weil die Facebook.com-Domain bereits von der Firma AboutFace gehörte, die MitarbeiterInnen-Verzeichnisse für Anwaltskanzleien erstellte. Erst 2005 wurde die Domain um US$ 200.000 von Mark Zuckerberg gekauft. Ab diesem Zeitpunkt firmierte die Social-Media-Plattform schlicht unter „Facebook", siehe dazu Levy, Steven. 2020. *Facebook. Weltmacht am Abgrund.* München: Droemer, S. 126.

[510] Angwin, Julia. 2009. *Stealing MySpace: The Battle to Control the Most Popular Website in America.* Kindle-Ausgabe. New York: Random House, Pos. 3098.

[511] Angwin, Julia. 2009. *Stealing MySpace: The Battle to Control the Most Popular Website in America.* Kindle-Ausgabe. New York: Random House, Pos. 2109.

logieführerschaft bei den sozialen Netzwerken und vernachlässigte die Produktentwicklung. Ganz anders agierte Facebook, das von Anfang an von den Tech-Risikokapitalgebern aus dem Silicon Valley finanziell unterstützt wurde. Nachdem die noch jugendlichen Facebook-Gründer im Sommer 2004 von der Harvard University nach Palo Alto umgezogen waren und mit Sean Parker, den 26-jährigen Mitbegründer von Napster, eine Kontaktperson zu den Silicon-Valley-Größen an Bord genommen hatten,[512] floss schon das erste Geld für die Social-Media-Plattform. Parker überzeugte Reid Hoffman, der als Mitbegründer von PayPal reich geworden war und später das berufliche Online-Netzwerk LinkedIn gegründet hatte, sich bei Facebook zu beteiligen.[513]

Ein weiterer früher Investor in Facebook war Mark Pincus, der bereits Napster finanziell unterstützt hatte. Gemeinsam mit Hoffman war er auch bei Friendster eingestiegen, von dessen Geschäftsmodell als Online-Datingseite er aber nicht überzeugt war. Im September 2003 stand das SixDegree-Patent, das ursprünglich Andrew Weinreich 2001 angemeldete hatte, zum Verkauf. Hoffman und Pincus schnappten es Yahoo!, das auch am zentralen Social-Media-Patent, das als „Method and apparatus for constructing a networking database and system" betitelt war, um US$ 700.000 weg. Aber anstatt es bei Friendster einzubringen, stellten es Pincus und Hoffman dem aufstrebenden Facebook von Mark Zuckerberg zur Verfügung.[514] Damit hatte Facebook die Kontrolle über die wichtigste Erfindung im Bereich sozialer Medien, ohne dafür auch nur einen Dollar ausgegeben zu haben. Der dritte wichtige Financier von Facebook in dieser Frühphase war Peter Thiel, der ebenfalls mit dem Verkauf seiner PayPal-Anteil zu Reichtum gelangt war. Mit seinem Founders Fund stieg er bei Facebook mit US$ 500.000 ein und erhielt im Gegenzug einen 7-Prozentanteil am Unternehmen, der später Milliarden Dollar wert sein sollte.[515]

Mit diesen finanziellen Mitteln konnte Facebook im März 2005 eigene Büroräumlichkeiten in Palo Alto mieten und MitarbeiterInnen beschäftigen.[516] Aber noch wesentlich wichtiger war, über den Universitäts- und High School-Bereich hinaus zu expandieren. Mit dem Projekt Open Registration (kurz OpenReg) wurde es allen Internet-NutzerInnen ermöglicht, sich bei Facebook zu registrieren und ein

[512] Wie Sean Parker eher zufällig auf Mark Zuckerberg und seine Mitstreiter stieß wird ausführlich in Kapitel 4 Levy, Steven. 2020. *Facebook. Weltmacht am Abgrund.* München: Droemer beschrieben.

[513] Levy, Steven. 2020. *Facebook. Weltmacht am Abgrund.* München: Droemer, S. 105.

[514] Levy, Steven. 2020. *Facebook. Weltmacht am Abgrund.* München: Droemer, S. 106–107.

[515] Levy, Steven. 2020. *Facebook. Weltmacht am Abgrund.* München: Droemer, S. 106–107.

[516] Levy, Steven. 2020. *Facebook. Weltmacht am Abgrund.* München: Droemer, S. 122.

Profil anzulegen.[517] Damit war die Seite weltweit verfügbar und kam Zuckerbergs Vision, grundsätzlich jeden Menschen zu erreichen und alle Menschen miteinander zu vernetzen, einen Schritt näher.

Ungefähr zur gleichen Zeit führte Facebook den Newsfeed für seine NutzerInnen ein. Zuvor musste man die Seiten anderer Facebook-NutzerInnen aktiv besuchen, um zu sehen, ob es Neuigkeiten gab. Ab 5. September 2006 wurden nun die neuen Posts von befreundeten Profilen automatisch auf die persönliche Startseite gespült. Was Social Media revolutionieren sollte, stieß anfänglich auf lautstarke Ablehnung. Schon einen Tag nach dem Launch des Newsfeeds formierte sich unter „Students Against Facebook News Feed“ eine Facebook-Gruppe, die zum Boykott des sozialen Netzwerks aufrief und innerhalb eines Tages auf 100.000 Mitglieder anwuchs, sodass sogar Mark Zuckerberg ausrücken musste, um die Facebook-Community in einem Post zu beruhigen: „Calm down. Breathe. We hear you. We didn't take away any privacy options.“[518] Letztendlich war es ein Sturm im Wasserglas und die NutzerInnen beruhigten sich bald, als sie erkannten, wie nützlich die neue Funktion war. Aber es hätte damals schon ein Fingerzeig für Facebook sein müssen, die persönlichen Daten der NutzerInnen besser zu schützen. Vielleicht hätte sich das Unternehmen spätere Skandale damit erspart.

Ähnlich war es mit der Einführung einer Programmierschnittstelle – API (application programming interface) – im August 2006, die es Software-EntwicklerInnen ermöglichte, ihre Programme mit Facebook zu verknüpfen, um auf die dort gespeicherten Daten zuzugreifen. Was später zum Cambridge Analytica-Skandal beitragen sollte, war 2006 eine große technische Errungenschaft und machte Facebook zu einer richtigen Plattform, mit der sich andere Anwendungen verknüpfen konnten.[519]

Damit unterschied sich Facebook fundamental von MySpace, das große Vorbehalte hatte, externen Unternehmen Zugriff auf die Daten seiner NutzerInnen zu geben. Das geschah nicht aus datenschutzrechtlichen Überlegungen, sondern die Verantwortlichen wollte vermeiden, dass EntwicklerInnen ihr Geschäftsmodell auf

[517] Arrington, Michael. 2006. Facebook Just Launched Open Registrations. TechCrunch, 26. September. https://techcrunch.com/2006/09/26/facebook-just-launched-open-registrations/. Zugriff 29. Mai 2026.

[518] Arrington, Michael. 2006. Facebook Users Revolt, Facebook Replies. TechCrunch, 6. September. https://techcrunch.com/2006/09/06/facebook-users-revolt-facebook-replies/. Zugriff 29. Mai 2026.

[519] Arrington, Michael. 2006. Facebook requests developer friends with new API. TechCrunch, 15. August. https://techcrunch.com/2006/08/15/facebook-requests-developer-friends-with-new-api/. Zugriff 29. Mai 2026.

der MySpace-Infrastruktur aufbauten. Damit verhinderte aber MySpace auch, dass Werbetreibende eine API nutzen konnten. Stattdessen musste diese mühsam Firmen-Profile anlegen, um ihre Werbung auf MySpace platzieren zu können.[520] Facebook hingegen stellt seine API nicht nur den ProgrammentwicklerInnen zur Verfügung, sondern auch werbetreibenden Unternehmen, die auf diese Weise maßgeschneiderte Werbung auf Facebook platzieren konnten.[521] Ohne API konnten App-Anbieter nur vermuten, wie ihre Software mit der MySpace kommunizieren würde, was einiges an Frustration auslöste. Dem noch nicht genug, ließ MySpace Anfang 2007 zahlreiche Widgets, also kleine Programme, die mit einer anderen Software interagieren konnten, entfernen, weil diese nicht den allgemeinen Nutzungsbedingungen entsprachen.[522] Damit machte MySpace seine Seite für externe Anbieter immer unattraktiver, während für Facebook kurz nach dem Start der API mehr als 2.000 Widgets verfügbar waren und Risikokapitalfirmen des Silicon Valley die externen Facebook-EntwicklerInnen zu finanzieren begannen.[523]

MySpace erkannte sehr spät die Nützlichkeit einer API und musste schließlich Google beauftragen, eine solche zu entwickeln, weil die hauseigenen Kapazitäten dafür nicht vorhanden waren. Erst im Februar 2008 stand EntwicklerInnen endlich eine MySpace-API für ihre Widgets zur Verfügung.[524] Ähnlich verhielt es sich mit dem Newsfeed, den die Verantwortlichen bei MySpace eher abschätzig betrachteten, nachdem er von Zuckerberg im September 2006 eingeführt worden war. Sie fühlten sich von der ursprünglichen Protestwelle gegen den Facebook-Newsfeed bestätigt, und erkannten viel zu spät das riesige Potenzial dieses Features. Erst im Dezember 2007 wurde der Facebook-Newsfeed durch die Funktion des „Friends Update" kopiert.[525] MySpace wurde durch diese zögerliche Haltung gegenüber technischen Neuerungen zum Nachahmer von Facebook und geriet dadurch immer mehr ins Hintertreffen.

---

[520] Angwin, Julia. 2009. *Stealing MySpace: The Battle to Control the Most Popular Website in America.* Kindle-Ausgabe. New York: Random House, Pos. 4246.

[521] Angwin, Julia. 2009. *Stealing MySpace: The Battle to Control the Most Popular Website in America.* Kindle-Ausgabe. New York: Random House, Pos. 4331.

[522] Angwin, Julia. 2009. *Stealing MySpace: The Battle to Control the Most Popular Website in America.* Kindle-Ausgabe. New York: Random House, Pos. 4348.

[523] Angwin, Julia. 2009. *Stealing MySpace: The Battle to Control the Most Popular Website in America.* Kindle-Ausgabe. New York: Random House, Pos. 4376.

[524] Angwin, Julia. 2009. *Stealing MySpace: The Battle to Control the Most Popular Website in America.* Kindle-Ausgabe. New York: Random House, Pos. 4570.

[525] Angwin, Julia. 2009. *Stealing MySpace: The Battle to Control the Most Popular Website in America.* Kindle-Ausgabe. New York: Random House, Pos. 4570.

Das rasche Wachstum von MySpace hatte nicht nur positive Effekte, sondern auch negative. Immer mehr Spammer, Hacker und Verrückte suchten das soziale Netzwerk heim, aber MySpace fand darauf keine rasche und befriedigende Antwort. Es häuften sich die Beschwerden über sexuelle Belästigung Minderjähriger und Pornografie. Immer öfter berichteten die Medien über MySpace als unsicheren Ort für Jugendliche.[526]

Das rief schließlich auch die Behörden auf den Plan. Anfang Februar 2006 kündigte der Generalstaatsanwalt des US-Bundesstaates Connecticut, Richard Blumenthal, an, Untersuchungen gegen MySpace einzuleiten, weil das soziale Netzwerk es verabsäumt hätte, den Zugang Minderjähriger zu obszönen und pornografischen Inhalten zu unterbinden und sie damit sexueller Belästigung durch Erwachsene auszusetzen. Damit begann ein jahrelanger Kreuzzug des Generalstaatsanwalts gegen MySpace und später auch gegen Facebook, der vor allem die Reputation von MySpace nachhaltig beschädigte. Das soziale Netzwerk versuchte den Generalstaatsanwalt mit Maßnahmen zum Schutz von Jugendlichen vor SexualstraftäterInnen zu kalmieren, aber ohne großen Erfolg.[527] Blumenthal, dem sich nun auch der Generalstaatsanwalt von North Carolina angeschlossen hatte, übte weiterhin Druck auf MySpace aus, verdächtige Profile zu sperren. Mit einer einstweiligen Verfügung zwang er MySpace, die Profile von verurteilten SexualstraftäterInnen zu identifizieren. Der Schock war groß, als sich Anfang 2009 herausstellte, dass auf der Website mehr als 90.000 verurteilte und registrierte SexualstraftäterInnen ihr Unwesen trieben.[528] Damit war der Ruf von MySpace endgültig ruiniert.

2009 war auch das Jahr, in dem MySpace von Facebook bei der Anzahl der monatlichen, aktiven NutzerInnen überholt wurde. Schon seit 2007 hatte eine Abwanderungsbewegung von MySpace zu Facebook eingesetzt, die sich nunmehr be-

---

[526] Bloomberg BusinessWeek. 2006. Making MySpace Safe for Kids. 6. März. http://www.businessweek.com/technology/content/mar2006/tc20060306_315174.htm. Zugriff 29. Mai 2026.

[527] Angwin, Julia. 2009. *Stealing MySpace: The Battle to Control the Most Popular Website in America*. Kindle-Ausgabe. New York: Random House, Pos. 3515.

[528] The Office of the Attorney General William Tong. 2009. CT, NC Attorneys General Say MySpace Response To Subpoena Reveals 90,000 Registered Sex Offenders With Profiles. Attorney General of the State of Connecticut, 3. Februar. https://portal.ct.gov/ag/press-releases-archived/2009-press-releases/ct-nc-attorneys-general-say-myspace-response-to-subpoena-reveals-90000-registered-sex-offenders-with. Zugriff 29. Mai 2026.

schleunigte.[529] Es waren vor allem die jungen NutzerInnen unter 18 Jahren, die scharenweise zu Facebook wechselten.[530] Im April 2009 zeigte sich auch News Corp.-Eigentümer Rupert Murdoch von der Performance seines einstigen Lieblings enttäuscht. MySpace war es nicht gelungen, den vorgegebenen Jahresumsatz von US$ 1 Mrd. zu erreichen. Deshalb wurde der MySpace-Mitbegründer DeWolfe als CEO durch ein ehemaliges Facebook-Vorstandsmitglied ersetzt[531] und schließlich im Juni ganz aus dem Unternehmen gedrängt. Ihm folgten auch der zweite MySpace-Gründer, Tom Anderson, so wie 37,9 % der Belegschaft, die von 1.600 auf 1.000 MitarbeiterInnen reduziert wurde.[532] Allerdings scheiterte im Herbst 2009 der Re-Launch der Seite und die Abwanderung zum Konkurrenten Facebook setzte sich fort. Allein in den Monaten Januar und Februar 2011 verlor MySpace 10 Mio. NutzerInnen. Zum Vergleichszeitraum des Vorjahres war somit die Zahl der monatlichen aktiven UserInnen von 95 auf 63 Mio. gesunken.[533]

Zu diesem Zeitpunkt war bereits klar, dass die News Corp. MySpace verkaufen wollte. Aber der gewünschte Verkaufspreis zwischen US$ 50 bis 200 Mio. ließ sich nicht realisieren und so musste die News Corp. die Social-Media-Plattform um US$ 35 Mio. an die Specific Media regelrecht verschleudern,[534] wenn man bedenkt, dass die News Corp. für MySpace bzw. ihre Muttergesellschaft Intermix US$ 580 Mio. bezahlt hatte. MySpace sollte in eine Social-Media-Seite für Musik umgebaut werden, wozu der Popstar Justin Timberlake, der sich an Specific Media beteiligte, an Bord geholt wurde.[535] Zu diesem Zeitpunkt war MySpace nur mehr

[529] PCMag. 2009. More Americans go to Facebook than MySpace. 16. Juni. https://web.archive.org/web/20200814231303/https:/www.pcmag.com/archive/more-americans-go-to-facebook-than-myspace-241432. Zugriff 29. Mai 2026.

[530] Jesdanun, Anick. 2007. MySpace popularity with teens fizzles. NBC News, 11. Juli. https://www.nbcnews.com/id/wbna19717700. Zugriff 29. Mai 2026.

[531] Bloomberg BusinessWeek. 2009. Murdoch Tightens His Grip on MySpace. 27. April. http://www.businessweek.com/technology/content/apr2009/tc20090427_826659.htm. Zugriff 29. Mai 2026.

[532] Gillette, Felix. 2011. The Rise and Inglorious Fall of Myspace. Businessweek, 22. Juni. https://web.archive.org/web/20110625031242/http:/www.businessweek.com/magazine/content/11_27/b4235053917570.htm. Zugriff 29. Mai 2026.

[533] Barnett, Emma. 2011. MySpace loses 10 Mio. users in a month. The Telegraph, 24. März. https://web.archive.org/web/20201112025721/http:/www.telegraph.co.uk/technology/myspace/8404510/MySpace-loses-10-million-users-in-a-month.html. Zugriff 29. Mai 2026.

[534] CNN Money. 2011. News Corp. sells Myspace to Specific Media. 22. Juni.

[535] Fixmer, Andy. 2011. News Corp. Calls Quits on Myspace With Specific Media Sale. Bloomberg BusinessWeek, 29. Juni. https://web.archive.org/web/20110701104739/http:/www.businessweek.com/news/2011-06-29/news-corp-calls-quits-on-myspace-with-specific-media-sale.html. Zugriff 29. Mai 2026.

ein Schatten seiner selbst. Es hatte nur mehr 34,9 Mio. monatliche Unique UserInnen, während Facebook auf 157,2 Mio. davongezogen war.[536] Facebook war damit der unangefochtene Marktführer bei Social Media und MySpace ein immer schwächer werdender Konkurrent.

Auch Specific Media und Justin Timberlake schafften es nicht, MySpace wieder in Schwung zu bringen. Im Februar 2016 kaufte die Time Inc. 60 % an der neu geschaffenen Muttergesellschaft von MySpace, Viant Technology.[537] Aber auch dem neuen Eigentümer gelang es nicht, MySpace neues Leben einzuhauchen. Als dann die Time Inc. 2018 selbst vom Medienkonglomerat Meredith Corporation übernommen wurde, gehörte MySpace zu jenen Unternehmensteilen, die verkauft wurden. In einem Aktienrückkauf wurde MySpace wieder Teil von Viant Technology[538] und existiert heute noch als Website mit einem Schwerpunkt für musikalische Inhalte. Als Social-Media-Plattform spielt MySpace aber keine Rolle mehr am Markt für soziale Netzwerke, der von Facebook bzw. seiner Muttergesellschaft Meta beherrscht wird.

3.4.5 Metas Welt

Am 28. Oktober 2021 stellte Mark Zuckerberg auf der Connect 2021 seine Vision einer virtuellen Welt, die er Metaworld nannte, vor. In einem Video[539] begrüßt uns der Facebook-Gründer auf einem Sofa sitzend in seinem Wohnzimmer, wobei nicht ganz klar ist, ob es sich dabei nicht doch um seinen Avatar handelt, der in einer künstlichen Umgebung zu uns spricht. Ausführlich erklärt Zuckerberg uns seine Metaworld und es werden zahlreiche Anwendungsbeispiele gezeigt, was in dieser virtuellen Welt alles möglich sein wird. Es wird auch die Technologie hinter

---

[536] Fixmer, Andy. 2011. News Corp. Calls Quits on Myspace With Specific Media Sale. Bloomberg BusinessWeek, 29. Juni. https://web.archive.org/web/20110701104739/http:/www.businessweek.com/news/2011-06-29/news-corp-calls-quits-on-myspace-with-specific-media-sale.html. Zugriff 29. Mai 2026.

[537] Spangler, Todd. 2016. Time Inc. Buys Myspace Parent Company Viant. Variety, 11. Februar. https://web.archive.org/web/20201111211738/https:/variety.com/2016/digital/news/time-inc-myspace-viant-1201703860/. Zugriff 29. Mai 2026.

[538] Meredith. 2019. Meredith Corporation Sells Equity Stake In Viant Technology Holding Inc. Pressemitteilung, 4. November. https://meredith.mediaroom.com/2019-11-04-Meredith-Corporation-Sells-Equity-Stake-In-Viant-Technology-Holding-Inc. Zugriff 29. Mai 2026.

[539] Meta. 2021. The Metaverse and How We'll Build It Together – Connect 2021. YouTube, 28. Oktober. https://www.youtube.com/watch?v=Uvufun6xer8. Zugriff 29. Mai 2026.

der Metaworld erklärt und uns eine Zukunft versprochen, in der wir mithilfe einer Brille in virtuelle Welten vordringen können. Das Video endet damit, dass Zuckerberg oder sein Avatar durch ein Gebäude im Headquarter in Menlo Park schlendert und uns erklärt, dass mit der Einführung der Metaworld nun auch das Unternehmen, das bisher Facebook hieß, in Meta umbenannt wurde.

Was für viele überraschend kam, war ein längst fälliger Schritt für ein Unternehmen, dass über die Jahre gewachsen war und zahlreiche Produkte anbot, die nichts mehr mit der ursprünglichen Social-Media-Plattform zu tun hatten. Noch bevor Facebook an die Börse ging, kaufte es um US$ 1 Mrd. im April 2012 die Foto-Sharing-Plattform Instagram, die Kevin Systrom mit Mitstreitern im Sommer 2010 entwickelt hatte und die am 6. Oktober online ging.[540] Zwar gab es mit Flickr eine erfolgreiche Foto-App, aber Instagram unterschied sich davon, dass es Fotos als Kommunikationsmedium einsetzte und nicht wie in einer Galerie präsentierte. Außerdem erlaubte Instagram seinen NutzerInnen, die Fotos zu bearbeiten und Filter darüber zu legen, um sie zu personalisieren. Instagram war ein großer Erfolg und es stellten sich sogleich auch die Risikokapitalgeber des Silicon Valleys ein, die bereit waren, dem Start-up unter die Arme zu greifen.[541]

Ein früher Instagram-Fan war der Twitter-Gründer, Jack Dorsey, der bald mit dem Gedanken spielte, die Foto-App zu kaufen. Aber die Gespräche zwischen Systrom und Dorsey verliefen im Sand, weil Systrom nicht verkaufen wollte.[542] Umso erstaunter war Dorsey, als er Anfang April aus den Medien erfahren musste, dass Facebook Instagram, das gerade einmal eine Handvoll von MitarbeiterInnen beschäftigte, um das Doppelte des angenommenen Wertes gekauft hatte. Obwohl Systrom auch Facebook mit seinem Kaufangebot abblitzen lassen wollte, wurde er bei einer Milliarde dann doch schwach und ließ sich zumindest völlige Freiheit bei der Leistung von Instagram zusichern.[543] Für Zuckerberg und Facebook war Instagram ein guter Kauf. Die Foto-Sharing-Seite hatte riesiges Potenzial und mit dem Kauf war man einen potenziellen Konkurrenten los. Facebook machte also nicht den gleichen Fehler, den Jahre zuvor MySpace gemacht hatte.

Die nächste Milliarden-Akquisition tätigte Facebook, nachdem es in einem der größten Börsengänge der Geschichte die Kriegskasse entsprechend gefüllt hatte. Im Februar 2014 kündigte Facebook an, das Messenger-Service WhatsApp um

[540] Rusli, Evelyn M. 2012. Facebook Buys Instagram for $1 Billion. The New York Times, 9. April. https://archive.nytimes.com/dealbook.nytimes.com/2012/04/09/facebook-buys-instagram-for-1-billion/. Zugriff 29. Mai 2026.

[541] Levy, Steven. 2020. *Facebook. Weltmacht am Abgrund.* München: Droemer, S. 362.

[542] Levy, Steven. 2020. *Facebook. Weltmacht am Abgrund.* München: Droemer, S. 363.

[543] Levy, Steven. 2020. *Facebook. Weltmacht am Abgrund.* München: Droemer, S. 363–364.

US$ 19 Mrd. kaufen zu wollen.[544] Zu diesem Zeitpunkt war der Messenger-Dienst fünf Jahre alt und war eines der am schnellsten wachsenden Internetfirmen. Allerdings hatten die beiden Gründer Jan Koum und Brian Acton nicht die Absicht, das Unternehmen zu verkaufen.

Der aus der Ukraine stammende Koum, der mehr als zehn Jahre für Yahoo! als Softwareentwickler gearbeitet hatte, wandte sich Anfang Februar 2009 an seinen ehemaligen Yahoo!-Kollegen, Brian Acton, um ihm eine App zu präsentieren, die er für das iPhone geschrieben hatte. Er hatte sie WhatsApp getauft. Damit konnten Statusmeldungen anderer iPhone-NutzerInnen angezeigt werden, also ob jemand gerade telefonierte und verfügbar war. Acton war nicht sonderlich beeindruckt, fand aber die Idee cool und Koum gründete daraufhin am 24. Februar 2009 die WhatsApp Inc. in Kalifornien.[545] Als im Juni 2009 Apple die Push-Meldungen für das iPhone einführte, wurde aus dem recht umständlichen System der Abfrage von Statusmeldungen ein Messenger, über den iPhone-NutzerInnen sich gegenseitig Nachrichten senden konnten. Dazu war nur die Telefonnummer der KommunikationspartnerIn nötig. Zwar gab es mit der SMS-Funktion bereits ein gut funktionierendes Messenger-Service, aber die Mobilfunkanbieter verlangten dafür ein nicht unbeträchtliches Entgelt, vor allem wenn die maximale Anzahl an Frei-SMS überschritten wurde. WhatsApp hingegen war gratis und man konnte neben Textnachrichten auch kostenlos Bilder versenden.[546]

Im September 2009 war Acton, nachdem er sich erfolglos bei Facebook beworben hatte, bei WhatsApp eingestiegen. Inzwischen war WhatsApp nicht nur für das iPhone, sondern auch für Android-Geräte und Handys, die andere Betriebssysteme benutzten, verfügbar. Das führte dazu, dass WhatsApp vor allem außerhalb der USA rasch wuchs, weil die Tarife für Messengerdienste dort sehr hoch waren, vor allem innerhalb der Europäischen Union, wo die Mobilfunker vor allem für Nachrichten, die über Ländergrenzen hinweg verschickt wurden, abkassierten.[547]

Um rasch Erlöse zu erwirtschaften und nicht von Fremdkapitalgebern und Werbung abhängig zu sein, entschieden sich Acton und Koum ein monatliches Entgelt von US$ 1 einzuheben. Trotzdem musste aufgrund des rapiden Wachstums im April 2011 Risikokapital in der Höhe von US$ 8 Mio., das von Sequioa stammte,

---

[544] Rushe, Dominic. 2014. WhatsApp: Facebook acquires messaging service in $19bn deal. The Guardian, 20. Februar. https://www.theguardian.com/technology/2014/feb/19/facebook-buys-whatsapp-16bn-deal. Zugriff 29. Mai 2026

[545] Levy, Steven. 2020. *Facebook. Weltmacht am Abgrund.* München: Droemer, 380–381

[546] Levy, Steven. 2020. *Facebook. Weltmacht am Abgrund.* München: Droemer, S. 381.

[547] Levy, Steven. 2020. *Facebook. Weltmacht am Abgrund.* München: Droemer, S. 381.

aufgenommen werden.[548] Mithilfe dieser Finanzspritze konnte WhatsApp weiter expandieren und hatte im Februar 2013 bereits 200 Mio. aktive monatliche NutzerInnen und 50 MitarbeiterInnen.[549] Sequoia schoss noch weitere US$ 50 Mio. nach und hoffte auf ein Kaufangebot für WhatsApp, das mittlerweile auf einen Unternehmenswert von US$ 1,5 Mrd. geschätzt wurde.[550] Ende 2013 hatte sich die Zahl der monatlichen NutzerInnen auf 400 Mio. verdoppelt.[551]

Mark Zuckerberg hatte schon längst ein Auge auf das Start-up geworfen. Da er wusste, dass die WhatsApp-Gründer keine Verkaufsabsichten hegten, musste Facebook tief in die Tasche greifen, um sie überzeugen und bot schließlich US$ 19 Mrd. für ein Unternehmen, dass gerade einmal 55 MitarbeiterInnen hatte und in den USA noch wenig bekannt war. Aber es hatte weltweit bereits 450 Mio. NutzerInnen, allein 40 Mio. in Indien und 30 Mio. in Mexiko und beherrschte in manchen Ländern zwei Drittel des Messenger-Marktes. Dieses Kaufangebot konnten Acton und Koum nicht ablehnen, vor allem da ihnen die volle Autonomie in der Geschäftsführung von WhatsApp zugesichert wurde und eine Klausel im Kaufvertrag verankert wurde, wonach niemals gegen den Willen seiner Gründer Werbung in der App geschalten werden dürfte.[552]

Die dritte Milliardenübernahme tätigte Facebook einen Monat nach dem Erwerb von WhatsApp. Mark Zuckerberg konnte seine Begeisterung kaum verbergen, als er am 25. März 2014 den Kauf der Firma Oculus VR persönlich in einem Post im Facebook-Blog verkündete: „I'm excited to announce that we've agreed to acquire Oculus VR, the leader in virtual reality technology," kam er sogleich zur Sache und ließ sich dann über die Möglichkeiten von Virtueller Realität (VR) aus, die weit über das Gaming hinausgehen würden. Er schwärmte davon, bei einer aus-

---

[548] TechCrunch. 2011. Sequoia Invests $8 Mio. In Messaging App Maker WhatsApp: Sources. 8. April. https://techcrunch.com/2011/04/08/sequoia-whatsapp-funding/. Zugriff 29. Mai 2026.

[549] Olson, Parmy. 2014. Exclusive: The Rags-To-Riches Tale Of How Jan Koum Built WhatsApp Into Facebook's New $19 Billion Baby. Forbes, 23. April. https://www.forbes.com/sites/parmyolson/2014/02/19/exclusive-inside-story-how-jan-koum-built-whatsapp-into-facebooks-new-19-billion-baby/. Zugriff 29. Mai 2026.

[550] Olson, Parmy. 2014. Exclusive: The Rags-To-Riches Tale Of How Jan Koum Built WhatsApp Into Facebook's New $19 Billion Baby. Forbes, 23. April. https://www.forbes.com/sites/parmyolson/2014/02/19/exclusive-inside-story-how-jan-koum-built-whatsapp-into-facebooks-new-19-billion-baby/. Zugriff 29. Mai 2026.

[551] Koum, Jan. 2013. 400 Mio. Stories. WhatsApp blog, 19. Dezember. https://web.archive.org/web/20140412064444/http:/blog.whatsapp.com/index.php/2013/12/400-million-stories/?lang=de. Zugriff 29. Mai 2026.

[552] Levy, Steven. 2020. *Facebook. Weltmacht am Abgrund.* München: Droemer, S. 387–388.

verkauften Sportveranstaltung direkt am Spielfeldrand sitzen zu können oder in einem virtuellen Klassenzimmer mit MitschülerInnen von der ganzen Welt lernen zu können oder einen Arzt online zu konsultieren. Es wäre ausreichend, die passende VR-Brille aufzusetzen, um in diese virtuellen Welten eintauchen zu können. Und enthusiasmiert von seinen eigenen Phantasien schloss Zuckerberg: „The future is coming and we have a chance to build it together. I can't wait to start working with the whole team at Oculus to bring this future to the world, and to unlock new worlds for all of us."[553]

Umsetzen sollte diese Vision die Firma Oculus VR, für die Facebook US$ 2 Mrd. – US$ 400 Mio. in Cash und der Rest in Facebook-Aktien – ausgab,[554] obwohl das Unternehmen gerade erst einmal den Prototypen eines VR-Headsets der Öffentlichkeit vorgestellt hatte. Hinter dem Unternehmen stand Palmer Luckey, der als 19-jähriger im Jahr 2012 ein VR-Headset gebastelt hatte, das die am Markt befindlichen Geräte technisch in den Schatten stellte und statt zehntausende US-Dollar nur rund US$ 300 kosten sollte.[555] Über Vermittlung eines bekannten Gamers lernte Luckey den Spiele-Hersteller und Programmierer Brendan Iribe kennen, der das Wunderkind davon überzeugte, mit ihm und anderen die Firma Oculus VR zu gründen, die den Prototypen des Oculus Rift weiterentwickeln und vermarkten sollte. Dazu wurde eine Crowdfunding-Kampagne durchgeführt, die in kürzester Zeit rund US$ 2,4 Mio. einbrachte.[556]

Dieser Betrag reichte gerade einmal aus, um den Verpflichtungen, die man im Rahmen des Crowdfundings eingegangen war, nachzukommen und so musste rasch frisches Kapital in das Unternehmen fließen. Im Dezember 2013 erklärte sich die Risikokapitalfirma AH Capital Management bereit, US$ 75 Mio. in Oculus zu investieren und dessen CEO, Marc Andreessen, erhielt einen Sitz im Aufsichtsrat.[557] Es traf sich gut, dass Andreessen auch im Facebook-Aufsichtsrat saß und so stellte er den Kontakt zwischen Brendan Iribe von Oculus und Mark Zuckerberg her. Anfang 2014 stellten die Oculus-MitarbeiterInnen den Facebook-Chef das VR-

[553] Zuckerberg, Mark. 2014. Announcement to acquire Oculus VR. Facebook blog, 25. März. https://www.facebook.com/zuck/posts/10101319050523971?stream_ref=10. Zugriff 29. Mai 2026.

[554] Welch, Chris. 2014. Facebook buying Oculus VR for $2 billion. The Verge, 25. März. https://www.theverge.com/2014/3/25/5547456/facebook-buying-oculus-for-2-billion. Zugriff 29. Mai 2026.

[555] Levy, Steven. 2020. *Facebook. Weltmacht am Abgrund.* München: Droemer, S. 390–391.

[556] Levy, Steven. 2020. *Facebook. Weltmacht am Abgrund.* München: Droemer, S. 391.

[557] Hollisten, Sean. 2013. Oculus raises $75 million to jump-start the virtual reality business. The Verge, 13. Dezember. https://www.theverge.com/2013/12/12/5205852/oculus-raises-75-million-to-jumpstart-the-virtual-reality-business. Zugriff 29. Mai 2026.

Headset vor und Zuckerberg war begeistert. Ihm ging es nicht um die Verbesserung des Erlebnisses bei Computerspielen, sondern er wollte eine neue virtuelle Realität schaffen. Wie schon die Gründer von Instagram und WhatsApp zuvor, konnten die Oculus-Verantwortlichen das Milliarden-Übernahmeangebot von Facebook nicht ausschlagen und so wurde die VR-Fima Teil des wachsenden Facebook-Imperiums.

Mit Facebook im Rücken konnte Oculus nun die Produktion seines VR-Headsets vorantreiben. Im März 2016 wurde Oculus Rift CV1 als erschwingliche Version für EndverbraucherInnen auf den Markt gebracht.[558] 2019 folgte der Oculus Quest,[559] nachdem die Firma Oculus seine Eigenständigkeit verloren, und in die Facebook Technologies, LLC eingebracht worden war.[560] Von nun an kontrollierte Mark Zuckerberg persönlich die Geschicke der VR-Sparte, die im August 2020 in die Facebook Reality Labs umgewandelt wurde.[561] Neben Oculus wurden auch andere VR-Unternehmen, die Facebook im Laufe der Jahre gekauft hatte, in die Reality Labs eingebracht, was schließlich im Oktober 2021 zur Umbenennung von Facebook in Meta und zur Entwicklung des Metaverse führte.

Allerdings kommt das Metaverse trotz milliardenschwerer Investition nicht vom Fleck. Zumindest sah das der Apple CEO Tim Cook so in einem Interview mit dem Wirtschaftsmagazin Forbes im Jahr 2022. Die Menschen würde das Metaverse nicht verstehen und es gäbe auch keine ausreichende Nachfrage danach, kritisierte Cook.[562] Nun ist es schon verständlich, dass der Hauptkonkurrent von Meta kein gutes Haar an den Visionen von Mark Zuckerberg lässt, aber auch in den Mainstream-Medien wurden Zweifel laut, ob die Ankündigungen von Mark Zuckerberg im Oktober 2021 überhaupt Realität werden können. In einem Essay ging John Naughton im Guardian sogar so weit, das Metaverse zu Grabe zu tragen.

---

[558] BBC News. 2016. CES 2016: Oculus Rift VR headset goes on sale for $599. 7. Januar. https://www.bbc.com/news/technology-35241175. Zugriff 29. Mai 2026.

[559] Robertson, Adi. 2019. Oculus Quest review: a great system with a frustrating compromise. The Verge, 30. April. https://www.theverge.com/2019/4/30/18523000/oculus-quest-review-vr-headset-price-specs-features. Zugriff 29. Mai 2026.

[560] Heaney, David and Ian Hamilton. 2018. Oculus Is Now A Division Of Facebook Technologies. UploadVR, 16. November. https://www.uploadvr.com/oculus-division-facebook-technologies/. Zugriff 29. Mai 2026.

[561] Bosworth, Andrew. 2020. Introducing the New Facebook Reality Labs. Meta blog, 25. August. https://about.fb.com/news/2020/08/introducing-the-new-facebook-reality-labs/. Zugriff 29. Mai 2026.

[562] Marr, Bernard. 2022. Tim Cook Says The Metaverse Isn't The Future Because People Don't Understand It – They Might Not Have To. The Verge, 21. Oktober 21. https://www.forbes.com/sites/bernardmarr/2022/10/21/tim-cook-says-the-metaverse-isnt-the-future-because-people-dont-understand-it%2D%2Dthey-might-not-have-to/. Zugriff 29. Mai 2026.

Trotz zehntausender MitarbeiterInnen für dieses Projekt und US$ 36 Mrd., die in das Metaverse gepumpt wurden, wären die Ergebnisse dürftig, kritisierte er.[563]

Egal, ob das Metaverse die Zukunft unserer Gesellschaft ist oder nicht, es braucht Inhalte so wie die anderen Anwendungen, die Meta in den letzten Jahren um Milliarden erworben hat. Schon in der Frühzeit von Facebook und erst nach der Akquisition von Instagram und WhatsApp wurde von den großen Musikrechteinhaberinnen kritisiert, dass die Verwendung ihrer urheberrechtlich geschützten Musik durch die NutzerInnen von Facebook und Instagram nicht abgegolten wurde. Facebook hatte schon in der Vergangenheit Berührungspunkte mit der Musikindustrie gehabt. 2011 integrierte Facebook Spotify als Musikangebot für seine NutzerInnen, was dem schwedischen Musikstreamingdienst gleich einmal einen starken NutzerInnen-Zuwachs bescherte.[564] 2012 versuchte Facebook die Musik-Majors davon zu überzeugen, den Musikvideostreamingdienst VEVO auf seiner Plattform zu hosten und YouTube zu verlassen, was letztendlich scheiterte, wie wir bereits im Abschnitt über YouTube gesehen haben. Bei all diesen Projekten ging es aber nicht um die Musiknutzung der Facebook-UserInnen, die im Newsfeed nicht nur Nachrichten, sondern auch Musikvideos und MP3-Songs teilten.

Ende 2017 war es dann so weit. Facebook und die Universal Music Group verkündeten ein „unprecedented global, multi-year agreement", wonach der Musik-Major seinen Master- und Verlagskatalog für die Nutzung auf Facebook, Instagram, WhatsApp und Oculus verfügbar machte.[565] Anfang Januar 2018 folgte dann Sony/ATV Publishing, der Musikverlagsarm des zweitgrößten Musik-Majors.[566] Dem schlossen sich weitere kleine Musikrechteinhaber wie Kobalt, Rumble Fish

[563] Naughton, John. 2023. A moment's silence, please, for the death of Mark Zuckerberg's metaverse. The Guardian, 13. Mai. https://www.theguardian.com/technology/commentisfree/2023/may/13/death-of-mark-zuckerberg-metaverse-meta-facebook-virtual-reality-ai. Zugriff 29. Mai 2026.

[564] Van Buskirk, Eliot. 2011. Spotify Usage Explodes After F8, Facebook Integration. Billboard, 30. September. https://www.billboard.com/music/music-news/spotify-usage-explodes-after-f8-facebook-integration-1165689/. Zugriff 29. Mai 2026.

[565] Music Business Worldwide. 2017. Facebook signs global licensing deal with Universal Music Group. 21. Dezember. https://www.musicbusinessworldwide.com/facebook-signs-global-licensing-deal-universal-music-group/. Zugriff 29. Mai 2026.

[566] Music Business Worldwide. 2018. Now Facebook signs multi-year licensing deal with Sony/ATV. 8. Januar 8. https://www.musicbusinessworldwide.com/now-facebook-signs-multi-year-licensing-deal-with-sony-atv/. Zugriff 29. Mai 2026.

und Global Music Rights an,[567] bevor dann auch noch der dritte Majors, die Warner Music Group, seine Musikkataloge für die Nutzung der Facebook-Plattformen lizenzierte.[568]

Als dann auch alle anderen relevanten RechteinhaberInnen Lizenzdeals mit Facebook geschlossen hatten, wurde die Frage aufgeworfen, wie diese Deals ausgestaltet waren? Eine nutzungsgerechte Abrechnung wie von den Streamingdiensten konnte von Facebook und anderen Social-Media-Plattformen nicht erwartet werden, also wurde sogleich die Vermutung laut, dass Facebook nutzungsunabhängige Pauschalzahlungen an die RechteinhaberInnen leistete. Das rief sogleich die InteressenvertreterInnen der Kreativen auf den Plan, die, wie die British Academy of Songwriters, Composers and Authors (BASCA), eine transparente Abrechnung und Verteilung an die Kreativen verlangten.[569]

Die Forderungen an Facebook und die großen Rechteinhaber blieben aber ohne Resonanz und als 2024 die Lizenz-Deals mit Universal[570] und Warner[571] von Meta für seine Social-Media-Apps und das Metaverse verlängert wurden, wurden wieder Pauschalzahlungen, ohne die tatsächliche Musiknutzung zu erfassen, vereinbart. Damit hing es wohl von den Verträgen, die die KünstlerInnen mit den Labels und Musikverlagen geschlossen hatten, ab, ob sie an den Einnahmen, die von Social-Media-Portalen an die Rechteinhaber fließen, partizipierten oder nicht. Es darf aber vermutet werden, dass von diesen Einnahmen nur wenig bei den KünstlerInnen ankommt und diese in erster Linie vom PR-Potenzial, die Social-Media-Kanäle bieten, profitieren.

---

[567] Music Business Worldwide. 2018. Facebook inks licensing deals with Kobalt, HFA/Rumblefish and Global Music Rights. 11. Januar. https://www.musicbusinessworldwide.com/facebook-inks-licensing-deal-with-hfa-rumblefish-for-us-independent-publishers/. Zugriff 29. Mai 2026.

[568] Music Business Worldwide. 2018. Facebook signs ‚holistic' licensing deal with Warner Music Group. 9. März. https://www.musicbusinessworldwide.com/facebook-signs-global-licensing-deal-with-warner-music-group/. Zugriff 29. Mai 2026.

[569] Jones, Rhian. 2018. BASCA calls on music publishers to share Facebook, Spotify money. Music Business Worldwide, 21. März. https://www.musicbusinessworldwide.com/basca-calls-for-music-publishers-to-share-spotify-ipo-money/. Zugriff 29. Mai 2026.

[570] Stassen, Murray. 2024. Universal Music Group and Meta ink new global deal, covering Facebook, Instagram… and WhatsApp. Music Business Worldwide, 12. August. https://www.musicbusinessworldwide.com/universal-music-group-and-meta-ink-new-global-deal-covering-facebook-instagram/. Zugriff 29. Mai 2026.

[571] Stassen, Murray. 2024. Warner and Meta strike multi-year licensing deal covering Instagram, Facebook and for the first time… WhatsApp. Music Business Worldwide, 7. Oktober. https://www.musicbusinessworldwide.com/warner-music-group-and-meta-strike-multi-year-licensing-deal/. Zugriff 29. Mai 2026.

Literatur

Dokumente, Gerichtsakte, Gesetze, Geschäftsberichte etc.

Amazon. 2024. Annual Report for the Financial Year 2023. Seattle

Apple Computer, Inc. v. Burst.com, Inc. US District Court Northern District of California. Case No. C06 0019 MHP

British Phonographic Industry (BPI). 2000. Statistical Handbook 2000, London

British Phonographic Industry (BPI). 2001. Statistical Handbook 2001, London

British Phonographic Industry (BPI). 2002. Statistical Handbook 2002, London

British Phonographic Industry (BPI). 2003. Statistical Handbook 2003, London

British Phonographic Industry (BPI). 2004. Statistical Handbook 2004, London

British Phonographic Industry (BPI). 2005. Statistical Handbook 2005, London

British Phonographic Industry (BPI). 2006. Statistical Handbook 2006, London

British Phonographic Industry (BPI). 2007. Statistical Handbook 2007, London

British Phonographic Industry (BPI). 2008. Statistical Handbook 2008, London

British Phonographic Industry (BPI). 2011. Statistical Handbook 2011, London

British Phonographic Industry (BPI). 2012. Statistical Handbook 2012, London

British Phonographic Industry (BPI). 2013. Statistical Handbook 2013, London

British Phonographic Industry (BPI). 2014. Statistical Handbook 2014, London

British Phonographic Industry (BPI). 2015. Statistical Handbook 2015, London

British Phonographic Industry (BPI). 2016. Statistical Handbook 2016, London

British Phonographic Industry (BPI). 2017. All About the Music 2017. Recorded Music in the UK: Facts, Figures & Analysis, London

British Phonographic Industry (BPI). 2018. All About the Music 2018. Recorded Music in the UK: Facts, Figures & Analysis, London

British Phonographic Industry (BPI). 2019. All About the Music 2019. Recorded Music in the UK: Facts, Figures & Analysis, London

British Phonographic Industry (BPI). 2020. All About the Music 2020. Recorded Music in the UK: Facts, Figures & Analysis, London

British Phonographic Industry (BPI). 2021. All About the Music 2021. Recorded Music in the UK: Facts, Figures & Analysis, London

British Phonographic Industry (BPI). 2022All About the Music 2022. Recorded Music in the UK: Facts, Figures & Analysis, London

British Phonographic Industry (BPI). 2023. All About the Music 2023. Recorded Music in the UK: Facts, Figures & Analysis, London

British Phonographic Industry (BPI). 2024. All About the Music 2024. Recorded Music in the UK: Facts, Figures & Analysis, London

Bundesverband Musikindustrie (BVMI). 2007. Jahreswirtschaftsbericht 2006, Berlin

Bundesverband Musikindustrie (BVMI). 2010. Musikindustrie 2009 in Zahlen, Berlin

Bundesverband Musikindustrie (BVMI). 2011. Musikindustrie 2010 in Zahlen, Berlin

Bundesverband Musikindustrie (BVMI). 2012. Musikindustrie 2011 in Zahlen, Berlin

Bundesverband Musikindustrie (BVMI). 2013. Musikindustrie 2012 in Zahlen, Berlin

Bundesverband Musikindustrie (BVMI). 2014. Musikindustrie 2013 in Zahlen, Berlin

Bundesverband Musikindustrie (BVMI). 2015. Musikindustrie 2014 in Zahlen, Berlin

Bundesverband Musikindustrie (BVMI). 2016. Musikindustrie 2015 in Zahlen, Berlin

Bundesverband Musikindustrie (BVMI). 2017. Musikindustrie 2016 in Zahlen, Berlin
Bundesverband Musikindustrie (BVMI). 2018. Musikindustrie 2017 in Zahlen, Berlin
Bundesverband Musikindustrie (BVMI). 2019. Musikindustrie 2018 in Zahlen, Berlin
Bundesverband Musikindustrie (BVMI). 2020. Musikindustrie 2019 in Zahlen, Berlin
Bundesverband Musikindustrie (BVMI). 2021. Musikindustrie 2020 in Zahlen, Berlin
Bundesverband Musikindustrie (BVMI). 2022. Musikindustrie 2021 in Zahlen, Berlin
Bundesverband Musikindustrie (BVMI). 2023. Musikindustrie 2022 in Zahlen, Berlin
Bundesverband Musikindustrie (BVMI). 2024. Musikindustrie 2023 in Zahlen, Berlin

Capitol Records, LLC, et al. v. Vimeo, LLC d/b/a Vimeo.com, et al. US District Court of the Southern District of New York. Case No. 09 Civ. 10 101 (RA)

Capitol Records, LLC, et al. v. Vimeo, LLC d/b/a Vimeo.com, et al. Opinion and Order, 16 June 2016. US Court of Appeals for the Second Circuit. Case No. 14–1048/1049/1067/1068

Cornell Law School. n.d. 17 U.S. Code § 512 - Limitations on liability relating to material online. https://www.law.cornell.edu/uscode/text/17/512. Zugriff 29. Mai 2026

Coroamă, Vlad Constantin. 2020Ist Streaming wirklich das neue Fliegen? Eine kritische Auseinandersetzung mit gängigen Berechnungen und Prognosen. In *Nachhaltigkeit von Streaming & Co. Energiebedarf und CO2-Ausstoß der Videonutzung im Netz*, Hrsg. BITKOM, Berlin

eUniverse Inc. 2003. Annual Report for the Financial Year Ending 31 March 2003. Form 10-K. Delaware, USA

Europäische Kommission. 2016. Vorschlag für eine Richtlinie des Europäischen Parlaments und des Rates über das Urheberrecht im digitalen Binnenmarkt. 14. September 2016. COM(2016) 593 final. https://eur-lex.europa.eu/legal-content/DE/TXT/PDF/?uri=CELEX:52016PC0593. Zugriff 29. Mai 2026

Europäisches Patentamt. 1987. US-Patent No. US4667088A. Portable data processing and storage system, angemeldet am 22.09.1986 von Kane N. Kramer und James S. Campbell, veröffentlicht am 19.05.1987

Europäischer Rat. 2018. Proposal for a Directive of the European Parliament and the Council on copyright in the Digital Single Market – Presidency compromise proposal. 13. April 2018, S. 56. ST 7927 2018 INIT – 2016/0280 (COD). https://eur-lex.europa.eu/legal--content/EN/TXT/?uri=consil%3AST_7927_2018_INIT. Zugriff 29. Mai 2026

Europäischer Rat. 2019. Proposal for a Directive of the European Parliament and the Council on copyright in the Digital Single Market – Agreed negotiating mandate. 25. Mai 2019. ST 9134/18 – 2016/0280 (COD). http://www.consilium.europa.eu/media/35373/st09134-en18.pdf. Zugriff 29. Mai 2026

Europäische Union. 2019. Richtlinie (EU) 2019/790 des Europäischen Parlaments und des Rates vom 17. April 2019 über das Urheberrecht und die verwandten Schutzrechte im digitalen Binnenmarkt und zur Änderung der Richtlinien 96/9/EG und 2001/29/EG, L 130/19. https://eur-lex.europa.eu/legal-content/DE/TXT/HTML/?uri=CELEX:32019L0790. Zugriff 29. Mai 2026

Greenpeace. 2017. *Clicking Green. Who is Winning the Race to Build a Green Internet.* Washington D.C.: Greenpeace

Hinteman, Ralph und Simon Hinterholzer. 2020. *Videostreaming: Energiebedarf und CO2-Emissionen*, Hintergrundpapier. Berlin: Borderstep Institut für Innovation und Nachhaltigkeit

International Federation of the Phonographic Industry (IFPI). 2016. IFPI Digital Music Report 2015. London: IFPI

Recording Industry Association of America v. Diamond Multimedia Systems Inc, United States Court of Appeals, Ninth Circuit. Case No. 98–56727

Version Museum. o.D. Original Amazon Website (1995). https://www.versionmuseum.com/history-of/amazon-website. Zugriff 29. Mai 2026

Viacom International, Inc. et al. v. YouTube, Inc. and Google, Inc. US District Court of the Southern District of New York. Case No. 07-CV-02103-LLS

Viacom International, Inc. et al. v. YouTube, Inc. et al. and The Football Association Premier League Ltd. et al. v. YouTube, Inc. et al. US District Court of the Southern District of New York. Case No. 07-CV-2103 (LLS) and Case No. 07-CV-3582

Viacom International, Inc. et al. and The Football Association Premier League Ltd. et al. v. YouTube, Inc., Opinion, 5 April 2012. US Court of Appeals for the Second Circuit Case No. 10-3270-CV and Case No. 10-3342-CV

Bücher, Buchbeiträge und wissenschaftliche Artikel

Andree, Martin. 2023. *Big Tech muss weg! Die Digitalkonzerne zerstören Demokratie und Wirtschaft*. Frankfurt am Main: Campus Verlag

Angwin, Julia. 2009. *Stealing MySpace: The Battle to Control the Most Popular Website in America*. Kindle-Ausgabe. New York: Random House

Benckler Yochai 2006. *The Wealth of Networks. How Social Production Transforms Marketa and Freedom*. New Haven und London: Yale University Press.

Brin Sergey und Lawrence Page. 1998 The anatomy of a large-scale hypertextual Web search engine. *Computer Networks and ISDN Systems* 30(1–7): 107–117. https://doi.org/10.1016/S0169-7552(98)00110-X.

Devine, Kyle. 2019. *Decomposed. The Political Ecology of Music*. Cambridge Mass.: MIT Press

Isaacson, Walter. 2011. *Steve Jobs. Die autorisierte Biografie des Apple-Gründers*. München: C. Bertelsmann

Jenkins, Henry. 2006. *Convergence Culture. Where Old and New Media Collide*. New York und London: New York University Press

Jones, Steve, Sarah Millermaier, Mariana Goya-Martinez und Jessica Schuler. 2008. Whose space is MySpace? A content analysis of MySpace profiles. *First Monday* 13(9), September 1, 2008. https://firstmonday.org/ojs/index.php/fm/article/download/2202/2024

Kretschmer, Tobias & Christian Peukert. 2020 Video Killed the Radio Star? Online Music Videos and Recorded Music Sales. *Information Systems Research* 31(3): 776–800. https://doi.org/10.1287/isre.2019.0915.

Levy, Steven. 2006. *The Perfect Thing. How the iPod Shuffles Commerce, Culture, and Coolness*. New York etc.: Simon & Schuster

Levy, Steven. 2020 *Facebook – Weltmacht am Abgrund: Der unzensierte Blick auf den Tech-Giganten*. München: Droemer

Olim, Jason, Matthew Olim und Peter Kent. 1998. *The CDnow Story. Rags to Riches on the Internet, Lakewood: Top Floor Pub.*

Schmidt, Eric. 2015. *Wie Google tickt – How Google Works, mit einem Vorwort von Larry Page*. Frankfurt am Main: Campus Verlag

Schulz, Thomas. 2015. *Was Google wirklich will. Wie der einflussreichste Konzern der Welt unsere Zukunft verändert*. München: Deutsche Verlags-Anstalt

Sinha, Deepen, James D. Johnston, Sean Dorward und Schuyler R. Quackenbush. 1997. The Perceptual Audio Coder (PAC). In *The Digital Signal Processing Handbook,* Hrsg. Vijay Madisetti und Douglas B. Williams), Artikel 42, S. 1–18. Boca Raton: CRC Press

Southall, Brian. 2009. *The Rise & Fall of EMI Records*. London etc.: Omnibus Press

Stone, Brad. 2018. *Der Allesverkäufer. Jeff Bezos und das Imperium von Amazon*, erweiterte Neuausgabe. Frankfurt und New York: Campus Verlag

Tedder, Michael. 2023. *Top Eight. How MySpace Changed Music*. Chicago: Chicago Review Press

Travers, Jeffrey und Stanley Milgram. 1969. An Experiment Study of the Small World Problem. *Sociometry* 32(4): 425–443. https://doi.org/10.1016/B978-0-12-442450-0.50018-3

Zuboff, Shoshana. 2018. *Das Zeitalter des Überwachungskapitalismus*. Frankfurt am Main: Campus Verlag